호텔 마케팅

김수경 김영갑 박상현 양승훈 장미향 최복수 한동철 공저

Hotel Marketing

이프레스

머리말

PREFACE

2010년대를 넘어서면서 국내에 관광을 오는 외국인의 숫자가 천만 명이 넘어서고 있다. 주로 중국, 일본, 대만, 미국이 주가 되고 그외 나라에서도 우리나라를 방문하고 있다. 한류의 전세계 열풍과 함께 급증한 관광객에 대한 서비스 기관으로서 호텔은 상당히 중요하다.

서비스 영리기관으로서의 호텔이 호텔잠재소비자들에게 무엇을 얼마에 제공하고, 호텔방문과 체류를 쉽게 할 수 있도록 도와주면서 다양한 식음료 서비스를 포함한 편안한 객실을 제공하도록 노력해야 한다.

이와 같은 것들이 호텔마케팅의 핵심개념이다. 호텔고객에게 호텔이 개발한 적정 서비스를 최적의 가격으로 제공하면서 서비스 체류의 편안함과 다양한 홍보를 개발해야 한다.

국내로 진입하는 관광객들 이외에도 국내에 체류하고 있는 내국인과 외국인들에 대한 호텔서비스 제공도 중요하게 부각되고 있다. 많은 호텔과의 경쟁에서 이기기 위해서는 호텔 자체의 특별한 서비스 프로그램을 개발해서 그것들을 차별적인 방식으로 제공하는 노력이 필요하다.

오랜 기간 동안 호텔마케팅의 이론개발과 현실적용에 노력해 온 호텔전문 교수들이 공동으로 좋은 교과서를 집필하려고 준비해 왔다. 호텔의 다양한 부분들에 대해서 빠짐없이, 그러나 기본적인 개념들을 쉽고도 유익한 방식으로 집필했다.

세계의 주요한 선진국으로 발돋움하고 또한 우리나라 보다 경제발전국인 국가의 관광객을 맞이하는 상황인 우리나라의 호텔마케팅을 공부하고 현장에 적용하려는 많은 분들이 이 책을 통해서 이론습득과 현실적용의 노하우를 습득하기 바란다. 저자들 공동의 노력이 결실이 맺을 수 있도록 지원해 주신 출판사에도 감사한다.

2013년 2월 1일

저자일동

차 례

CONTENTS

CONTENTS

CONTENTS

CONTENTS

PART 03 호텔마케팅믹스

CONTENTS

CONTENTS

CONTENTS

HOTEL
MARKETING

PART

01

호텔마케팅의 이해

CHAPTER

CHAPTER

01 호텔마케팅의 개요

1. 마케팅의 정의
2. 호텔마케팅의 함의
3. 마케팅철학의 변화
4. 마케팅을 이해하기 위한 기본개념
5. 호텔마케팅이 필요한 이유
6. 서비스 마케팅믹스(7P)
7. 고객가치의 창조
8. 호텔마케팅의 전략적 체계

HOTEL MARKETING

학습목표

- 마케팅의 정의와 마케팅의 역사를 이해한다.
- 마케팅을 구체적으로 이해하기 위한 기본개념인 욕구와 가치를 이해한다.
- 호텔에서 마케팅이 필요한 이유를 이해한다.
- 고객을 만족시키기 위하여 호텔이 제공하는 마케팅수단으로서의 7P를 이해한다.
- 전략적 마케팅체계는 어떻게 구성되어 있는지 이해한다.

호텔마케팅 전쟁이 다가온다

국내로 들어오는 외국인 관광객 수가 급격하게 늘면서 관광객이 잘 곳이 부족한 현상이 발생하고 있다. 한국을 찾는 외국인 관광객은 2006년을 기준으로 할 때, 2011년까지 매년 평균 10%씩 성장했다. 2012년 관광객의 수가 1000만 명을 돌파하였다.

한국관광공사에 따르면 2011년 말 수도권 객실 수요는 3만 6379실이지만 객실 공급은 2만 6000실에 불과하였다고 한다. 결과적으로 호텔이 부족하여 다른 나라로 간 외국인이 약 120만 명에 달하는 것으로 추정된다.

2011년 기준으로 국내 호텔 수는 711개, 객실 수 7만 7045개다. 한국관광공사는 3년간 3만 1000개의 객실이 더 필요하다고 판단한다. 이러한 예측을 바탕으로 2012년 7월 정부는 한시적으로 호텔건립 시 각종 규제를 풀어주는 '관광숙박시설 확충을 위한 특별법'을 의결했다. 호텔건립 시 일반주거지역의 호텔시설 용적률은 서울시 기준으로 현 150~250%에서 200~400%로, 상업지역의 경우 600~1000%에서 900~1500%까지 확대된다. 용적률 확대 폭만큼 객실을 더 늘릴 수 있게 하려는 조치다. 추가로 정부는 2016년까지 5년간 관광기금 1조2000억 원을 숙박시설 관련 시설자금과 운영자금으로 저리 융자해 주기로 했다.

관광객 수요급증과 호텔건립을 위한 국가차원의 규제완화 등으로 2015년까지 서울시내에 관광호텔만 80개가 들어설 것으로 보인다. 서울시에 따르면 서울시와 자치구의 사업시행(변경)인가를 받아 건축이 진행되고 있는 호텔 47곳(7000여 실), 사업계획 수립 등 막바지 승인절차를 밟고 있는 호텔은 33곳(1만 3000여 실)등 모두 80곳의 객실 2만여 실이 새로 들어선다. 현재 서울시내에 운영 중인 호텔 객실 수가 2만6000실인 점을 감안하면 3~5년 새 객실 수가 1.7배 늘어나는 셈이다.

그러나 일각에서는 호텔이 한꺼번에 들어서면 공급이 과잉될 수 있다는 우려가 나오고 있다. 또한 정부와 서울시의 지원이 관광호텔 짓는 데만 몰려있다는 점도 문제점으로 꼽히고 있다. 한옥이나 홈스테이 등 한국문화를 체험할 수 있는 다양한 숙박시설이 필요하다는 의견이 제기되고 있다.

이상의 내용은 향후 호텔의 수요와 공급에 관한 기사이다. 국내에서 안정적인 수요와 공급을 유지하던 호텔업계에 지각변동이 예상되고 있다. "고객의 요구를 기초로 수요와 공급을 일치시키는 다양한 활동을 통하여 조직의 목표를 달성하려는 총체적 행위"로 정의되는 마케팅의 차원에서 향후 국내 호텔업계의 수요와 공급의 불일치를 해결하기 위한 피나는 노력이 요구되는 시점이다. 외국의 유명 브랜드와 국내 대기업의 그늘에서 큰 어려움을 겪지 않고 안주하던 호텔업계는 마케팅전쟁이라고 할 수 있는 큰 격변을 이겨내면서 우리나라의 호텔경쟁력도 크게 향상될 절호의 기회가 되리라는 긍정적인 생각을 가져본다.

출처: 매일경제(2012. 09. 18.); 이데일리(2012. 06. 30.).

CHAPTER 01 호텔마케팅의 개요

1. 마케팅의 정의

Jim Moore는 마케팅을 "고객이 보고, 만지고, 듣고, 냄새 맡는 모든 것"이라고 하였다. 함주한은 마케팅을 "소비자와 기업 간의 매매가 활발하게 전개될 수 있도록 하는 일련의 행위"라고 하였으며, 미국마케팅학회는 "개인이나 조직의 목적을 충족시키는 교환을 창조하기 위하여 아이디어, 제품, 서비스의 창안, 가격결정, 촉진, 유통을 계획하고 실행하는 과정"으로 마케팅을 정의하였다. 이상의 다양한 마케팅 정의를 바탕으로 호텔마케팅을 '고객이 보고, 느끼고, 식사하고, 휴식을 취하는 행위가 만족하게 이루어짐으로써 호텔의 목적을 달성하게 만드는 일련의 계획, 실행, 통제과정'이라고 정의한다면 어떨까?

호텔은 주로 서비스기업으로 분류되지만 실제로는 제조기업과 서비스기업의 모든 특성을 고르게 가지고 있다. 즉, 호텔은 유형적인 물리적 특성의 다양한 상품과 무형적인 특성의 서비스가 적절하게 결합될 때 최고의 가치를 고객에게 전달할 수 있다. 고객이 호텔의 다양한 유무형의 상품을 구매하기 위하여 호텔을 선택할 때 저차원의 욕구충족 이상을 경험할 수 있어야 호텔이 추구하는 목표를 달성할 수 있게 된다.

다음과 같은 다양한 마케팅의 정의를 추가로 살펴봄으로써 호텔마케팅의 개념을 마케터가 직면한 상황에 적합하도록 정의하고 지속적으로 수정 · 보완하는 노력이 필요하다.

마케팅의 정의

"마케팅은 조직이나 개인이 자신의 목적을 달성하기 위한 교환을 창출하고 유지할 수 있도록 시장을 정의하고 관리하는 과정이다."

- 한국마케팅학회(KMA)

"마케팅이란 개인이나 조직의 목적을 충족시켜 주는 교환을 창조하기 위하여 아이디어, 제품, 서비스의 창안, 가격 결정, 촉진, 유통을 계획하고 실행하는 과정이다."

- 미국마케팅학회(AMA)

"마케팅이란 개인과 집단이 제품과 가치를 창조하고 타인과의 교환을 통하여 그들의 욕구와 욕망을 충족시키는 사회적 또는 관리적 과정이다. 마케팅의 목적은 판매를 불필요하게 만드는 것이다. 즉, 마케팅은 고객을 잘 알고 이해하여 제품과 서비스를 그들에게 맞춤으로써 저절로 판매되게 만드는 것이다."

- Peter Drucker

"환대 및 여행기업이 고객의 욕구와 필요 그리고 조직의 목표를 충족시키도록 고안된 활동을 계획, 조사, 실행, 통제, 평가하는 지속적이고 순차적인 과정이다.

- Alastair M. Morrison

마케팅은 호텔에 생명을 불어넣는 매우 중요한 도구이다. 철저한 계획, 실행, 통제가 따르는 마케팅을 통해 우리는 호텔에 수많은 고객을 불러들일 수 있고, 재방문도 가능하게 만들 수 있다. 마케팅을 통하여 호텔의 경영자는 고객들을 행복하게 해줄 뿐만 아니라 호텔의 경영자 역시 행복하게 만들어주는 도구가 바로 마케팅이다. 호텔마케팅은 경영자나 관리자뿐만 아니라 호텔의 종사자 모두가 관심을 기울여야 하는 매우 중요한 경영활동의 일환이다. 호텔 경영자와 관리자는 열정을 가지고 마케팅에 임해야 하며, 그것이 종사자들에게 충분히 전달되도록 노력해야만 한다. 모든 직원이 하루도 빠짐없이 호텔마케팅에 전력을 다하도록 관심을 둬야만 사업에서 성공할 수 있기 때문이다. 호텔마케팅에서 필수적인 요소는 호텔의 목표고객에게 아주 뛰어난 가치를 제공하는 경험을 창조하고, 이어서 핵심 메시지를 목표 고객과 종업원들에게 전달하는 일련의 행위가 포함된다. 성공한 호텔의 경영자와 관리자는 고객에게 집중적이고 효과적으로 수행했던 마케팅 경험을 상호 간에 공유하고 있음을 알 수 있다. 실제로 호텔마케팅은 항상 즐기면서 도전하는 것이 요구된다. 일반적으로 호텔 경영자가 고객을 위해 최고의 가치를 제공하려는 마케팅 계획은 거의 단기간에 그 효과가 사라진다고 한다. 이러한 결과는 호텔의 고객이 항상 변화하고 있음을 알려주는 대표적인 사례이다. 따라서 마케팅 계획도 항상 변화할 필요가 있다는 사실을 기억해야 한다.

2. 호텔마케팅의 함의

앞에서 살펴본 바와 같이 마케팅의 정의는 시대와 연구자에 따라 다양하게 이루어지고 있다. 하지만 그러한 다양한 정의가 내포하고 있는 의미를 호텔의 상황에 맞게 정리해 볼 필요가 있다. 다양한 마케팅의 정의를 통하여 호텔마케팅의 함의를 살펴보면 다음과 같다.

첫째, 마케팅의 핵심 연구대상은 만족한 교환이다. 마케팅을 이해하기 위한 기본 개념으로 교환은 매우 중요하다. 마케팅활동의 목표는 호텔 이용자와 호텔 관계자 모두가 만족하는 교환의 창출이다. 예를 들어 호텔의 경영자와 그 호텔을 이용하는 고객 간의 교환관계를 살펴보자. 경영자는 자신이 제공하는 시설과 서비스의 원가보다 높은 가격을 받음으로써 최대의 이익을 얻고자 한다. 반면에 고객은 자신이 지불하는 가격에 비하여 높은 가치의 상품과 서비스를 얻으려고 노력한다. 이와 같은 교환과정에서 상호만족이라는 목표는 현실적으로 쉽지 않지만 되도록 상호만족에 가까운 최적의 조건을 모색해야 한다. 경영자만이 만족하는 교환관계는 고객의 방문이 반복되지 않음으로써 교환관계가 종결될 것이며, 소비자만이 만족하는 교환관계는 호텔의 파산으로 이어지게 된다. 당사자 모두가 만족하는 교환은 수요와 공급을 일치시키게 되어 시장을 안정시킨다.

둘째, 호텔과 고객사이의 교환이 지속적으로 이루어지기 위해서는 고객이 획득하는 혜택에 비하여 고객이 지불하는 대가가 작아야 한다. 실제로 이러한 교환관계가 발생하기 위해서는 개인사이의 가치평가에서 차이가 존재해야 한다. 만약 사람들 사이의 가치평가에 차이가 없다면 교환은 절대로 이루어지지 않는다. 그리고 호텔 이용자들이 지불하는 금전적 비용은 물론이고 시간비용과 행동비용, 심리비용 등이 통합적으로 고려되어야 한다. 비용의 대가로 소비자들이 받는 혜택은 개인적 · 기능적 · 사회적 혜택 등이 모두 충족되는지를 검토해야 한다. 사회가 발전할수록 고객들은 저차원의 혜택보다는 고차원의 혜택에 더 많은 가치를 부여하게 된다.

셋째, 마케팅은 대기업과 같은 조직차원에서의 활동만을 의미하지는 않는다. 소규모 개인사업자나 심지어 개인차원에서도 마케팅은 동일한 비중으로 영역을 확대하고 있다. 마케팅활동은 그동안 조직과 조직원의 차원에서 주로 인식되었지만 최근에는 개인차원에서도 교환이라는 행위가 이루어지므로 마케팅활동을 하는 것이라고 할 수 있다. 예를 들어 인터넷상에서 이루어지는 개인의 블로그 활동이 정보를 수집하고 정보를 공유하는 과정을 통해 자신만의 차별화된 브랜드 이미지를 창출한다면 개인경쟁력 창출의 마케팅활동이 되는 것이다. 호텔 조직원 개개인의 마케팅활동이 절실하게 필요한 이유이다.

넷째, 마케팅활동은 영리 부문에만 한정되지 않는다. 비영리 단체나 개인도 만족스러운 상호교환을 이루어내기 위한 마케팅활동을 한다. 예를 들어 최근에 이슈가 되고 있는 '아름다운 가게'와 같은 공익단체가 모금활동을 위해 또는 국가와 지방자치단체가 공익목적의 마케팅활동을 펼치는 것을 볼 수 있다. 또한 재화나 서비스와 같은 상품뿐만 아니라 아이디어, 생각, 사상도 마케팅의 대상이 될 수 있다. 예컨대 환경캠페인이나 그린캠페인을 효과적으로 전개하기 위하여 마케팅의 원리를 적용하기도 한다. 이러한 마케팅활동은 결과적으로 사회적 마케팅 개념을 창출하였다. 호텔마케팅에 있어서도 사회적 마케팅 개념을 적용할 수 있어야 한다.

마지막으로 마케팅활동의 시작은 생산되어진 상품이나 서비스를 판매하기 위한 관점보다는 상품의 개념 설정 또는 착상이라는 측면에서 보고 있다. 따라서 마케팅은 무엇인가를 제시하거나 만들기 전에 미리 누가 어떤 제품을 구매해 줄 것인가를 고려하는 데서 시작한다. 고객을 연구하고 고객이 원하는 바를 충족하고자 하는 고객 중심적 사고가 바로 판매와 마케팅을 구분하는 중요한 영역임을 잊지 말아야 한다.

3. 마케팅철학의 변화

우리 주변에는 많은 호텔이 존재한다. 그리고 각각의 호텔에는 다양한 상품과 서비스가 제시되고 있다. 사람들은 다양한 사회생활을 영위하면서 호텔을 이용할 많은 기회에 직면하게 된다. 그러한 상황에서 소비자들은 더 높은 만족을 위하여 어떤 호텔을 선택해야 할지 또 설사 호텔을 선택하였다 하더라도 어떤 상품을 선택해야 할지 끊임없이 고민하게 된다. 다양한 선택의 기로에서 소비자는 항상 어떤 결정을 내리게 된다. 과연 왜 그 호텔에서 그 상품을 선택하게 되었을까?

우리는 매일 언론매체와 인터넷 사이트, 메일, SNS(social networking service) 등을 통하여 수많은 광고와 홍보 등을 접하게 된다. 그리고 다수의 사람들과 잦은 커뮤니케이션을 한다. 길을 걸으면서 항상 접하는 독창적이면서도 다양한 간판을 볼 수 있으며, 버스와 택시에 부착된 광고를 보기도 한다. 휴대폰을 통하여 광고성 메시지를 하루에도 수십 통씩 받게 되는 것이 일상화 된지 오래이다. 휴대폰 번호가 노출되어 이곳저곳에서 상품판매를 위한 전화가 걸려오는 것도 이젠 낯선 일이 아니지 않는가. 많은 호텔이 그들의 상품과 서비스를 판매하기 위하여 다양한 노력을 기울이고 있다. 공급이 수요를 초과하면서 호텔 간의 경쟁은 더욱 치열해지고 다양한 상품의 출시는 소비자들의 상품 선택을 어렵게 만들고 있다. 또한 소비자를 설득하려는 호텔들의 노력은 상상을 초월한다.

이러한 현상들은 호텔들이 수행하는 마케팅활동의 결과물이다. 그러한 활동은 상품과 서비스가 다양한 경로를 통하여 생산자로부터 소비자에게로 이동하는 데 있어서 당연히 필요하다. 결과적으로 호텔들의 마케팅관리(marketing management)는 조직의 목표를 수립하고 이를 달성할 목적으로 마케팅활동의 계획수립, 실행,

통제하는 관리활동을 말한다. 다만 이러한 마케팅관리활동이 추구하는 지향점은 사회가 발전하면서 지속적으로 변화하고 있다. 시대에 따른 마케팅철학의 변화를 살펴보면 다음과 같다.

[그림 1-1] 마케팅철학의 변천과정

첫째, 생산중심의 마케팅철학 시대에는 제품의 수요가 공급을 초과하였다. 기업은 생산성을 향상하고 과학적 관리기법을 통하여 대량생산을 함으로써 소비자의 수요를 맞추기만 하면 되었던 시절이다. 그러한 시대의 기업 마케팅관리 목표는 기업의 이익극대화에 있었다. 실제로 이때는 마케팅이라는 개념보다는 영업이라는 개념이 더 필요했던 시대이다. 기업들은 고객의 편의나 만족도를 높이기 위한 활동보다는 유통망을 늘리려고 더 노력한다. 종종 호텔의 식음료 매장에서 넓은 공간이 있음에도 직원들이 청소나 정리활동을 편하게 하기 위하여 일부 공간을 고객들에게 개방하지 않는 경우를 발견하게 되는데 이러한 사고는 생산중심의 마케팅철학에서 기인한다고 할 수 있다.

둘째, 제품중심의 마케팅철학 시대이다. 이 시대도 생산중심의 마케팅철학과 동일하게 고객보다는 조직 내부에 더 관심을 갖는 공통점이 있다. 다만 과다한 생산으로 점차 공급이 수요를 초과하게 되면서 기업들은 생산한 제품이나 서비스가 판매되지 않고 재고로 남는 상황에 직면한다는 점에서 과거와 차이가 있다. 따라서 기업은 소비자의 욕구를 파악하고 그 욕구를 만족시킬 수 있는 제품을 생산하여 판매해야 하는 국면의 전환이 필요해졌다. 기업들은 혁신적이고 품질이 탁월한 상품을 만들기 위해 노력하던 시대이다.

셋째, 제품중심의 사고로는 더 이상의 판매가 이루어지지 않게 되면서 판매중심의 마케팅철학 시대가 도래하였다. 기업들은 공격적인 촉진활동에 관심을 가지게 되었다. 이 시대에는 고객과 적극적으로 접촉하고 구매하도록 설득하는 활동이 매우 중요하여 고압적 마케팅이라는 표현도 생겨나게 되었다. 이 시대의 호텔들은 과잉시설을 판매하기 위하여 광고와 홍보에 집중하고 다양한 할인상품을 만들어서 어떻게든 수요를 창출하려고 노력한다. 상품과 서비스를 판매하는 데만 집중하기 때문에 고객과의 장기적인 관계를 맺고 유지하는 데 관심을 가지지도 않는다. 결과적으로 소비자의 욕구를 충족시키지 못하였기 때문에 시장에서 퇴출되는 상황에 직면하게 될 것이다.

넷째, 판매중심 철학에 이어 마케팅중심의 철학이 대두되었다. 이 시대에는 상품이나 서비스의 판매는 잠재소비자의 요구를 만족시켜야 한다고 보았다. 따라서 마케팅철학은 소비자 지향적인 경영원리로서 잠재적인 소비자의 수요에 합치하는 상품 및 서비스를 제공하면서 시장과 고객의 정보를 끊임없이 수집, 분석하여 시장기회를 탐색하고 조직의 모든 활동을 통합시키고 조정하는 활동이다. 제품중심 철학의 목적이 매출의 증대를 통한 이익의 확보라면 마케팅중심의 철학은 고객만족을 통한 이익의 증대라는 점에서 큰 차이를 발견할 수 있다.

다섯째, 관계지향성중심의 철학은 기존의 마케팅활동이 주로 신규고객을 창출하는 데 집중되었던 것에 대한 의문에서 출발하였다. 신규고객보다는 기존고객에 관심을 가지고 투자하는 것이 훨씬 더 효과적이고 효율적이라는 연구결과가 나오면서 고객관계관리의 중요성이 강조된 시대이다.

여섯째, 사회지향적 철학이다. 최근에 이르러 과연 고객만족이 마케팅관리활동의 최우선 과제인가에 대한 의문이 제기되고 있다. 이제는 고객중심적인 사고에서 사회중심적인 사고로 전환해야 한다는 의미이다. 탄소배출량을 고려한 제품의 생산과 그린마케팅의 대두 등이 이러한 사회중심적인 마케팅활동을 촉구하고 있다. 특히 소비자활동이 활발해지면서 사회지향적 마케팅활동은 더욱더 중요해지리라 예상된다. 그럼에도 호텔업계에서 사회적 마케팅철학을 인정하고 적극적으로 받아들이려는 노력은 아직 부족한 것 같다. 앞으로도 지속가능한 경영을 위하여 호텔의 경영자들은 적극적으로 사회적 마케팅철학을 받아들이려는 노력을 기울여야 한다.

고객에서 사랑받는 호텔

고객에게 사랑받는 호텔이 되려면 어떻게 해야 할까? 누구나 한번 방문한 이후에는 꼭 다시 가고 싶은 호텔로 인식되고, 주변 지인들에게도 흔쾌히 추천하는 호텔이 되는 방법은 '관계지향성 중심의 마케팅'에서 그 방법을 찾을 수 있다. "고객 재구매를 유도하고 충성고객을 만들어낸 사원에게 더 큰 보상을 주어야 한다"는 다음의 기사는 그동안 단순히 이론으로만 접하는 관계지향성에 대하여 깊이 있는 고민을 하게 만들어준다.

고객에게 사랑받는 기업들을 살펴보면, 제품을 판매하는 데 집중하는 것이 아니라 고객과의 관계를 생각하고 이를 통해 지속적인 수익을 창출하는 마케팅을 펼친다는 공통점이 있다. 이러한 방식을 'CLV(Customer Lifetime Value)', 즉 고객이 우리 회사에 평생 동안 가져다주는 가치에 집중하는 마케팅이라고 한다. 도대체 어떻게 하는 것일까?

첫째, 최고 마케팅 책임자(CMO: Chief Marketing Officer)를 최고 고객 책임자(CCO: Chief Customer Officer)로 교체하라.

CMO는 제품을 많이 파는 것이 목표이며, 매출이 떨어지는 데 대해 책임을 진다. 때문에 모든 마케팅을 단기적인 시각에서 볼 수밖에 없다. 마케팅 부서가 CLV를 극대화하는 곳으로 만들기 위해서는 CMO가 아닌 CCO를 두어야 한다. 이들은 어떻게 하면 고객을 오래 붙잡아 둘 수 있을지를 고민하고, 직원들이 고객과 만나는 순간을 관리한다. 또한 고객 중심의 기업문화를 만들고 고객 정보가 조직에 잘 공유되도록 한다.

둘째, 마케팅의 성과 평가 기준을 'CLV의 극대화'로 바꿔라.

대부분의 기업은 마케팅 전략의 성공 여부를 평가할 때 일정 기간 제품을 얼마나 판매했는지에 초점을 맞춘다. 하지만 그러한 방법은 단기적인 성과를 올릴 수는 있겠지만, CLV를 극대화하기는 어렵다. 따라서 기존의 마케팅에서 벗어나 우리 기업에 가장 적합한 CLV 극대화 방안을 다양하게 시도해야 할 것이다. 이를 위해서는 장기적인 안목으로 마케팅에 접근할 수 있도록 고객의 재구매율, 만족도, 입소문 등을 활용한 적절한 성과 평가 방법 도입이 선행돼야 한다.

셋째, 영업사원에 대한 보상을 고객 관리에 초점을 맞춰라.

A라는 영업사원은 이번달 4명의 새로운 고객에게 제품을 팔았다. 하지만 지난달에 제품을 판매했던 고객들에게는 전혀 관심을 쏟지 않았다. 반면 영업사원 B는 이달 3개의 제품을 팔았다. 그중 새로운 고객이 구입한 제품은 한 개다. 대신 2개는 지난달에 제품을 구매했던 고객

2명이 각각 재구매한 것이다. 과거에 제품을 구입한 고객들에게 꾸준히 제품을 알린 결과다. 이 경우 보통 A가 B보다 더 많은 보상을 받는다. 하지만 CLV를 극대화하기 위해서는 고객 관리를 잘해 재구매를 유도한 B에게 A 못지않은 보상을 제공해야 한다. B는 다음 달에도 우리 제품을 구입할 가능성이 있는 충성 고객을 만들어 냈기 때문이다.

출처: 조선일보(2012. 11. 1.).

4. 마케팅을 이해하기 위한 기본개념

마케팅은 인간의 욕구와 제품, 가치와 만족, 교환 그리고 관계마케팅 등에 대한 개념을 명확하게 파악하고서야 그 실체를 이해하고 실행에 옮길 수 있다. 특히, 자동차 엔진과 같이 마케팅을 가능케 하는 힘의 원천이라 할 수 있는 3가지 수준의 욕구는 호텔의 마케터가 반드시 이해하고 있어야 하는 매우 중요한 개념이다.

1) 3가지의 욕구

마케팅을 가능하게 만드는 힘의 원천은 인간의 욕구이다. 이러한 욕구는 본원적 욕구(Needs), 구체적 욕구(Wants), 수요(Demands)로 구분할 수 있다. 마케팅을 이해하기 위해서는 인간의 3가지 욕구에 대한 명확한 이해가 선행되어야 한다.

먼저 본원적 욕구라고 할 수 있는 Needs는 생리적, 본능적인 욕구와 같이 인간의 최저 수준의 욕구를 말한다. 예를 들어 여행객이 피곤함을 느껴 쉬고 싶다는 욕구를 느끼게 된다면 이를 Needs라고 할 수 있다. 보통 Needs는 자연스럽게 발생하고 지속성을 갖는 특징이 있다. 이어서 Wants는 좀더 체계화되어 나타나는 방향성이 있는 구체화된 욕구를 뜻한다. 이는 개인의 성향과 가치관 그리고 환경 등에 따라 다르게 나타나는 특징을 가진다. 또한 Needs와 달리 Wants는 정해진 시간이 지나면 소멸하는 특성이 있다. 따라서 본원적 욕구인 Needs와 구별된다. 예를 들면,

피곤하여 쉬고 싶다는 Needs로부터 '호텔에서 자고 싶다'라고 구체적으로 생각하게 되는 것이 Wants라고 할 수 있다.

〈표 1-1〉 Needs와 Wants의 차이

Needs	Wants
생리적, 본능적 욕구	방향성이 있고 구체화된 욕구
모든 사람에서 유사하고 자연스럽게 발생	개인의 성향과 환경에 따라 다름
지속성을 가짐	정해진 시간이 지나면 소멸

마지막으로 Demands는 Wants에 구매력이 추가된 욕구라고 할 수 있다. 호텔이라는 Wants에 호텔을 이용할 수 있는 돈과 의지가 있다면 그것은 Demands가 된다. 따라서 Demands는 구매력을 포함하는 좀더 포괄적인 욕구의 개념이다. 여행객이 돈이 있어서 구매력을 확보한다면 Demands가 되는 것이고, 한편 돈이 있는 소비자라도 구매할 의지가 없다면 Demands가 없는 것이다. 결과적으로 마케팅의 직접적인 관심은 세 가지의 욕구 중에서도 Demands에 집중된다.

마케터는 지금까지 살펴본 세 가지의 욕구를 제대로 이해하는 것이 필수적이다. 소비자의 욕구를 정확히 알아내고, 적절한 대응을 하는 경우에만 고객을 만족시키고 감동시킬 수 있기 때문이다. 예를 들어 여행객이 호텔을 선택하는 경우와 비즈니스맨이 호텔을 선택하는 경우의 욕구를 동일하게 이해해서는 곤란하다. 즉, 여행객은 좀더 안전하고 편안한 휴식을 위해 고급스러운 호텔을 찾는 데 반하여 비즈니스맨은 좀 불편하더라도 저렴하고 자신의 업무처리에 유리한 호텔에 초점을 맞출 수도 있다. 이와 같이 고객의 진정한 욕구를 정확하게 파악하려는 노력은 끊임없이 이루어져야 한다.

2) 제품 또는 서비스

일반적으로 제품(또는 서비스)이란 '소비자의 욕구를 충족시킬 수 있는 그 어떤 것'이라고 정의할 수 있다. 소비자의 욕구를 충족시킬 수 있다는 것은 유형의 제품일 수도 있고, 무형의 서비스일 수도 있다. 마케터는 제품이나 서비스가 소비자들에게 더욱 매력적으로 보이도록 노력한다. 결국 제품은 소비자의 Needs와 Wants를 충족시켜 주는 그 어떤 제공물을 의미한다고 할 수 있다. 실제로 제공물은 앞서 언급한 제품과 서비스 이외에 아이디어나 경험이 될 수도 있고 모든 것의 결합체가 되기도 한다.

3) 가치와 만족

마케터가 시장에서 목표고객에게 가치(value)와 만족(satisfaction)을 제공할 수만 있다면 그 제품과 서비스는 매우 성공적으로 교환이 이루어질 것이다. 가치는 소비자가 얻을 수 있는 것과 해당 소비자가 지불하는 비용의 비율이라고 할 수 있다. 소비자는 효용(utility) 또는 품질(quality)을 얻는 내가로 비용(가격)을 지불한다. 결과적으로 가치는 효용(품질)과 비용(가격) 사이에 존재하는 비율이라고 할 수 있으며, 이를 공식으로 표현하면 다음과 같다.

가치 = 효용 / 비용 = 품질 / 가격

만족은 구매하기 전에 기대하였던 성과와 구매 후에 얻은 성과의 차이로 기쁨과 실망에 대한 개인적 감정을 의미한다. 결국, 만족이란 인지된 성과와 기대 사이에 존재하는 관계라고 할 수 있으며 이른 공식으로 표현하면 다음과 같다.

만족 = 기대한 성과 ≤ 경험한 성과
불만족 = 기대한 성과 〉 경험한 성과

4) 교환

마케터는 자신의 제품이나 서비스를 소비자에게 제공하고 자신이 원하는 반대급부로서 수익을 얻으려고 한다. 마케팅은 모든 기업이 경쟁사보다 목표고객의 욕구를 더 잘 충족시켜 줄 수 있는 제품이나 서비스를 개발한 후, 이익의 실현이 가능하고 소비자가 받아들일 수 있는 가격에 판매함으로써 기업의 목표를 달성하도록 도와준다. 이것은 판매자와 소비자의 입장에서 보면 각각 판매행위와 구매행위로 구분되지만 제3자의 입장에서 보면 교환행위이다. 따라서 교환은 타인에게 대가를 지불하고 원하는 자원을 얻는 과정이라고 할 수 있다. 교환을 통하여 각각의 거래당사자들은 교환 이전에 비하여 높은 효용을 얻는다. 만약 교환 후에 교환 이전보다 효용이 증대되지 않는다면 교환은 발생하지 않는다. 기업의 생산활동이 생산 이전보다 더 높은 가치를 창조하는 것과 마찬가지로 마케팅에서의 관심 대상인 교환도 가치창조의 한 과정이라고 보면 된다.

5) 고객관계마케팅

기업과 소비자 간의 교환이 이루어짐으로써 가치가 창출되면 계속된 거래가 이루어지게 된다. 이때 기업과 소비자 사이의 우호적인 관계가 성립된다. 기업은 기존고객과의 우호적 관계를 계속 유지함으로써 소비자가 지속해서 거래를 유지하도록 노력한다. 이처럼 우호적이면서 지속적인 관계를 창출하여 매출을 발생시키고 브랜드충성도를 높이는 활동을 관계마케팅이라고 한다. 교환과정에서 소비자가 만족하게 되고 이러한 만족이 재구매로 이어짐으로써 기업과 소비자 사이의 지속적인 가치 지향적 관계가 형성되어 관계마케팅이 가능하게 되는 것이다.

CRM(customer relation marketing)은 고객관계마케팅으로 고객의 자료를 세분화하고 적극 관리함으로써 평생고객을 만드는 것이다. 항공사의 마일리지 프로그램은 FFP(frequent flyer program)이라고 하는데 CRM의 구체화된 형태라고 볼 수 있다.

5. 호텔마케팅이 필요한 이유

과거에는 호텔을 운영하는 데 있어서 마케팅은 반드시 해야 하는 업무이기보다는 호텔을 운영하는 데 필요한 하나의 옵션에 불과했다. 마케팅이란 개념보다는 판매나 영업이라는 개념이 필요한 활동으로 인식되는 시기이기도 하였다. 하지만 경쟁이 치열한 환경이 만들어지면서 마케팅은 다른 호텔과의 경쟁적 우위를 지키고 높은 수익률을 올리기 위해서 반드시 수행해야 하는 필수적인 업무가 되었다. 호텔 경영자와 관리자는 경쟁우위를 유지하고 수익성을 확보하기 위하여 고객을 유인하는 데 필요한 마케팅활동을 하고, 고객에게 멋진 경험을 제공해야만 하는 과제를 안고 있다. 마케팅에 성공하기 위해서는 목표고객을 탐색하고 그들의 특성을 이해할 수 있어야 한다. 그리고 목표고객에게 가치를 제공할 수 있는 다양한 마케팅믹스(marketing mix)를 창출하여 제공해야만 한다.

호텔의 경영자와 관리자는 고객과 장기적인 관계를 형성하기 위하여 노력해야 한다. 포럼 컴퍼니의 조사로는 신규고객을 창출하는 데 소요되는 비용보다 단골손님을 유지하는 데 드는 비용이 20% 수준이라고 한다. 기업이 고객유지율을 5%만 증가시켜도 이익이 25%~85%까지 증대시킬 수 있다. 이외에도 최근의 많은 연구 결과를 통하여 우리는 호텔에서 훌륭한 정도의 서비스로는 고객을 만족시키기에 충분하지 않다는 것을 파악할 수 있다. 최상의 서비스만이 생존경쟁에서 살아남는 방법이다. 최근에 방문했던 호텔에서의 경험을 떠올려보자. 만약 그 호텔을 나올 때, 그저 '훌륭하군' 이라고 말했다면 머지않은 시기에 다시 그 호텔을 방문할 것으로 생각하지는 않았을 것이다. 그 이유는 우리 주변에는 훌륭한 정도의 서비스를 제공하는 호텔이 상당히 많기 때문이다. 반면에 우리가 호텔을 나오면서 '정말 특별하군'이라고 말한 곳은 머지않은 시기에 다시 방문하게 될 것이며, 즐거웠던 시간을 다른 사람들에게 전파하고 적극 방문해 볼 것을 권유하기도 한다는 사실을 되새겨 봐야 한다.

앞으로 독자들은 본서에서 다루게 될 호텔마케팅전략을 충분히 활용하여 호텔을 경영한다면 최고의 고객 만족을 제공하게 될 것이다. 또한 많은 고객을 유치하는 데도 도움이 될 것이다.

국내외의 호텔들은 치열한 경쟁 속에서 운영되고 있는 관계로 고객을 유치하기 위해서 매우 공격적인 마케팅활동을 하고 있다. 그들은 광고 에이전시와 홍보 기업에서 일했던 경험이 있는 관리자를 고용하기도 하며, 마케팅활동에 큰 비용을 지출하기도 한다. 반면에 독립 호텔이나 소규모 체인의 경영자들은 커다란 마케팅 자원을 가지고 있지 못하다. 이러한 호텔의 관리자들은 그들이 가진 자원을 더욱 효율적으로 사용할 수 있어야만 하므로 호텔마케팅에 대한 전반적인 지식과 함께 다양한 경험을 기반으로 한 창조적인 마케팅전략을 끊임없이 찾아야 한다. 결과적으로 호텔마케팅이 필요한 이유는 목표고객을 이해하고, 그들이 제품과 서비스를 구매하게 하기 위한 다양한 마케팅 믹스를 창출함으로써 호텔의 목표를 달성하기 위해서이다. 이를 위한 마케팅 믹스의 개념을 살펴보면 다음과 같다.

6. 서비스 마케팅믹스(7P)

호텔의 목표시장 안에서 마케팅 목표를 달성하기 위하여 이용할 수 있는 수단들의 묶음을 마케팅믹스라고 한다. 일반적으로 마케팅믹스는 상품(Product), 가격(Price), 유통경로(Place), 촉진(Promotion)과 같은 4가지 P로 이루어졌다고 해서 4P라고 부른다. 하지만 서비스가 핵심을 이루는 호텔의 서비스 마케팅믹스는 통상 4P(Product, Price, Place, Promotion)에 3P(Process, Physical Evidence, People)를 더해 확장된 마케팅믹스(7P)로 다루기도 한다.

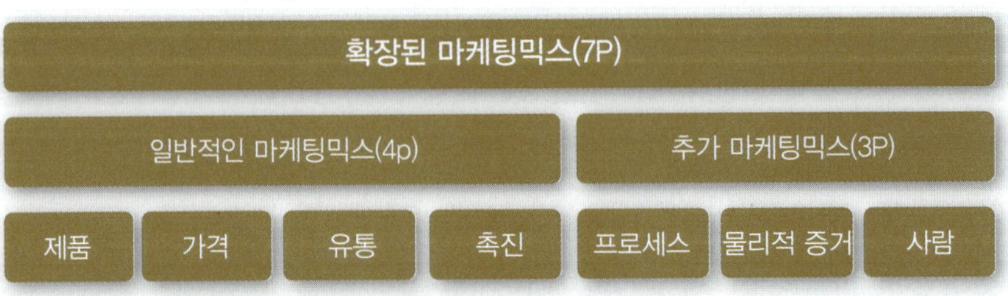

[그림 1-2] 서비스 마케팅믹스

호텔의 마케팅전략이 성공하려면 4P 또는 7P가 전략에 적합하도록 유기적으로 결합되어 제공되어야 한다. 성공한 호텔들은 자신들이 설정한 목표고객을 사로잡는 상품과 서비스를 만들어 내고 고객이 기꺼이 지불할 만한 가격을 제시하면서도 수익성을 확보할 수 있는 시스템을 갖추고 있다. 또한 촉진활동을 포함한 다양한 마케팅 커뮤니케이션을 통해 브랜드 가치를 높이고 있다.

본 내용은 이후 독립된 장을 통해서 자세히 논의할 예정이다.

1) 상품(Product)

호텔의 상품은 크게 두 가지로 나누어질 수 있다. 물리적 환경과 같은 유형의 상품과 서비스와 같은 무형의 상품이다. 상품이란 고객들에게 가치를 창출할 수 있는 모든 요소들을 의미한다. 특히, 서비스 상품은 눈에 보이지 않기 때문에 이를 고객들에게 가시적으로 보여줄 수 있도록 하는 것이 대단히 중요하다. 즉, 무형의 서비스를 유형화하는 노력이 필요하다. 따라서 철저한 품질관리와 고객만족을 통하여 브랜드 이미지를 제고시켜야 한다. 또한 소비자들에게 서비스 상품구매에 따른 불안감을 줄여 주어야 하고, 서비스 품질보증제도 등의 도입을 통해서 서비스 품질을 가시적으로 확인시켜 주는 등의 다양한 유형화 노력이 필요하다.

2) 가격(Price)

가격이란 서비스를 구매하거나 소비하면서 고객들이 지불하는 돈, 시간, 기타 노력 등을 모두 포함하는 개념이다. 물론 이러한 정의는 매우 광의의 정의에 해당되고 협의의 가격개념은 상품이나 서비스를 구매하기 위하여 지불하는 화폐의 가치만을 의미하기도 한다. 특히 가격은 마케팅믹스 중 유일하게 호텔의 수입과 관련이 되어 있는 요소이며, 나머지 마케팅믹스는 모두 비용을 유발하는 요소이다. 따라서 마케터에게 가장 중요한 과제가 바로 가격을 결정하고 경쟁호텔과의 가격경쟁에 대한 의사결정이라고 할 수 있다.

가격이란 명칭은 유형의 상품인 경우에는 비교적 통일되어 있지만 무형성이 강한 서비스의 경우에는 요금, 입장료, 사용료 등과 같이 다양한 명칭이 사용되기도 한다. 그리고 서비스의 경우에는 원가요소를 객관적으로 정확히 측정할 수 없는 경우가 많기 때문에 가격결정구조가 매우 주관적이고 산술적이라서 계산하기 어려운 경우도 많다. 따라서 호텔의 가격결정구조에 따른 소비자의 가격인식은 매우 복잡하다. 무엇보다도 심리적 요인들이 크게 작용하기 때문에 가격전략에 심혈을 기울여야 한다. 무엇보다도 호텔의 가격은 수익성 관리(yield management)에 따른 전략적 결정이 주를 이루므로 일반적인 기업과 많은 차이를 보이는 점에 유의해야 한다. 좀더 세부적인 내용은 마케팅믹스 부분에서 다루기로 한다.

3) 유통(Place)

호텔마케팅에 있어서 유통은 크게 두 가지 개념으로 정의 내릴 수 있다. 하나는 호텔을 이용하는 소비자를 유치하기 위한 유통경로이고 다른 하나는 호텔이라는 물리적 시설이 위치하는 입지를 선택하는 개념이다. 즉 호텔이라는 상품을 판매하는 경로와 호텔을 이용하는 소비자의 접근성을 고려하는 개념으로 구분된다. 유통은 고객들에게 언제, 어디에서, 어떻게 상품과 서비스를 전달할 것인지에 관한 문제이다. 예를 들어 대부분의 호텔들은 소비자를 유치하기 위하여 여행대리점을 중요한 유통경로로 활용하고 있다.

서비스 마케팅에서 유통은 종종 입지로 해석되기도 한다. 유형적인 상품에 비하여 서비스는 보관하거나 저장이 불가능하기 때문에 서비스를 전달하는 장소 내지 입지(location)가 매우 중요하다. 특히 호텔은 서비스를 제공받는 고객들이 접근하기 편리한 곳에 위치하는 것이 핵심 경쟁력이기도 하다. 따라서 호텔의 마케팅믹스에서 유통은 입지와도 연결되어 있다. 호텔비즈니스는 '첫째도 입지, 둘째도 입지, 셋째도 입지'라는 격언은 입지의 중요성이 얼마나 큰지를 알려준다. 다만 입지는 기존 호텔에서의 마케팅 측면보다는 호텔의 설립시 고려해야 하는 요소임을 고려하여 본 책에서는 유통경로를 중심으로 다룬다.

4) 촉진(Promotion)

촉진이란 호텔이 고객들에게 특정 상품과 서비스 상품을 알리고 선호도를 높이기 위해 실행하는 모든 커뮤니케이션 활동을 말한다. 호텔은 현재의 고객은 물론이고 미래의 가망고객과도 지속적으로 의사소통을 해야 하므로 호텔의 마케터는 커뮤니케이터로서의 역할에도 많은 관심을 기울여야 한다. 호텔의 촉진활동은 서비스의 무형성을 전제로 이루어지기 때문에 서비스를 직접적으로 보여줄 수 없고 서비스를 소비함으로서 얻게 되는 혜택이나 결과를 강조하는 촉진활동이 주를 이룬다. 또한 물리적 차별화가 어렵기 때문에 심리적 차별화를 통해 포지셔닝 활동을 전개하기도 한다. 호텔의 전체적인 마케팅 커뮤니케이션 활동은 광고, 판매촉진, 홍보, 인적 판매로 이루어지는데, 이러한 네 가지 활동을 촉진믹스라고 한다.

5) 과정(Process)

서비스는 여러가지 과정을 통해 생산되고 소비자에게 전달된다. 따라서 서비스의 효율성을 높이고 고객만족을 증대하기 위한 서비스 생산 및 전달시스템 설계가 중요하다. 아울러 호텔비즈니스의 경우 고객이 생산과정에 직접 참여하기 때문에 적정한 서비스 전달 단계의 수와 고객들의 참여 수준을 결정하는 것이 대단히 중요한 과제이다. 또한 고객들이 서비스 품질을 느끼게 되는 서비스 접점관리(service encounter)가 강조된다.

6) 물리적 증거(Physical evidence)

호텔에서의 서비스는 눈에 보이지 않기 때문에 물리적 증거를 통해 서비스 기업과 그 기업이 제공하는 서비스 품질을 고객들에게 전하려 한다. 물리적 증거란 서비스가 전달되어지고 서비스 기업과 고객의 상호작용이 이루어지는 환경을 말하며, 마케팅 도구의 하나로 무형적인 서비스를 전달하는 데 동원되는 모든 유형적

요소를 포함한다. 또한 서비스 상품을 차별화시켜주는 역할을 한다. 또한 고객의 구매 의사결정에 영향을 미치며, 서비스 품질에 대한 단서로서 고객의 기대와 평가에 영향을 준다. 뿐만 아니라 이것은 서비스 종업원의 태도와 생산성에 영향을 주는 유형의 요소로 작용한다. 이러한 물리적 증거는 크게 물리적 환경과 기타 유형적 요소(other tangibles)로 구성되며, 물리적 환경은 다시 외부환경과 내부환경으로 나누어 볼 수 있다.

7) 사람(People)

호텔에서의 서비스는 종업원의 행위를 통해 고객들에게 전달되기 때문에 종업원들은 서비스의 생산자이자 전달자이다. 대부분의 성공적인 호텔들이 인적 자원에 대한 중요성을 인식하고 이들에 대한 교육훈련을 끊임없이 강조하는 것이 이 때문이다. 최근에 많은 기업들이 서비스 품질을 일정하게 유지하고 생산성을 증대하기 위해 자동화된 설비를 통해 인적 역할을 대신하고 있지만 이러한 노력이 고객만족이라는 목표와 충돌을 일으키지 않는지 면밀히 검토해야 한다. 이외에도 손님 역시 사람으로서 종업원과 함께 서비스의 생산에 참여한다는 점에서 단순히 구매자의 역할만 하는 제조기업에서의 마케팅믹스와 다른 특징을 갖는다.

종종 호텔의 관리자들이 마케팅과 광고를 동일한 개념으로 이해하는 경우가 있다. 그러나 광고는 단지 마케팅믹스의 한 부문에 속하는 판매촉진의 일부에 불과하다. 그리고 상황에 따라서는 호텔비즈니스에서 마케팅믹스 중 광고를 전혀 사용하지 않을 수도 있다. 예를 들어, 일부 호텔의 관리자들이 고객을 위한 가치 창조를 위하여 마케팅믹스의 다른 요소들로 충분히 성과를 낼 수 있는 경우도 많다. 수년동안 비즈니스를 수행하면서 긍정적인 구전효과로 광고가 필요치 않게 될 수 있기 때문이다. 또 한편으로는 소규모 호텔의 경우 광고를 집행할만한 비용의 여력이 없어서 광고를 하지 못하는 경우도 있다. 마케팅으로부터 얻는 효익을 극대화하기 위하여 호텔경영자는 마케팅믹스의 모든 요소를 이해하고 활용할 필요가 있다. 메뉴를 구성하는 식재료가 다양한 것처럼, 호텔경영자는 마케팅계획을 수립하기 위한 7P를 어떻게 활용할지를 결정해야 한다. 마케팅믹스는 각각 별개의 것처럼 인식되기 도 하지만 실제로는 서로 매우 밀접한 관계를 가지고 있다. 예를 들면, 6성급의 호텔을 성공시키기 위한 마케팅믹스와 비즈니스호텔을 성공시키기 위한 마케팅믹스는 확연하게 차이가 나기 때문이다.

본책은 호텔경영자가 올바른 마케팅 전략을 수립하는 데 도움을 주는데 목적을 두고 있다. 또한 호텔의 성공적인 마케팅믹스를 만드는 데 도움이 되는 도구들을 제공하게 될 것이며, 경쟁자와 차별화되는 독창적인 무엇인가를 만드는 데 도움을 줄 것이다. 단지 고객을 위하여 단순히 색다른 경험을 제공하는 것은 의미가 없다는 것도 알게 될 것이다.

호텔이 성공하기 위해서 차별화는 매우 중요한 요소이다. 하지만 아무리 뛰어난 차별성을 가지더라도 결국 경쟁 호텔들은 차별화된 호텔의 우수한 점을 벤치마킹하여 따라하게 될 것이다. 인적자원과 기술이 충분히 발전한 현대사회에서 호텔의 영원한 차별화는 실제로 불가능할지도 모른다. 따라서 호텔 경영자는 지속적인 혁신만이 영원한 차별성을 유지하도록 만드는 유일한 방법임을 잊지 말아야 한다.

7. 고객가치의 창조

많은 기업들이 높은 가치는 낮은 가격과 연결되어 있다고 믿는다. 그러나 가치는 항상 낮은 가격만을 의미하는 것은 아니다. 명품의 사례에서 보듯이 높은 가격이 높은 가치와 연결되는 경우도 있다. 가치는 객관성보다는 주관성에 의존하는 경우가 많다. 따라서 호텔의 경우 객관적인 가치보다는 가치인식에 더 집중하기도 한다. 가치인식에 집중하기 위해서는 먼저 고객의 마음속에 있는 '가치' 또는 '매우 높은 가치' 또는 '적정한 가치' 등의 정의를 이해하는 것이 필요하다. 경영자가 생각하는 가치와 고객이 생각하는 가치 사이에 차이가 존재할 수 있기 때문이다. 예를 들어, 전통적으로 고객들은 호텔에서 판매하는 제품이나 서비스의 품질이 매력적이고 가격이 합리적이라고 생각할 때 더 큰 가치를 인식한다. 그러나 인식된 가치는 생각했던 가격보다 높은 경우 감소하는 경향이 있다. 호텔에서 고객이 기대하는 것보다 높은 최상의 조합을 만들기 위하여 품질, 서비스 그리고 가격 등의 요소들을 다루어야 할 필요가 있을 것이다. 결국 호텔경영자는 고객들이 "내가 지불한 돈만큼의 가치를 얻었다"라고 느끼기를 원한다. 실제로 시장에서 고객들은 그렇게 느꼈을 때만 해당 호텔을 재방문을 하게 될 것이기 때문이다. 그리고 고객들은 가치가 있다고 느낀 호텔에 대하여 다른 사람들에게 알리려고 노력할 것이다.

앞으로 다루게 될 '가격결정'의 내용에 따르면 고객들은 지불하는 가격에 따라서 제품의 품질과 서비스를 판단하는 경향이 있음을 알 수 있다. 일반적으로 이러한 상황은 가격이 적절하다고 판단할 때 최상의 결과가 된다. 그러나 거시적 관점에서 지역사회의 수많은 호텔 중 한 곳이 더 많은 고객들을 방문하도록 만들고 높은 가치를 인식하도록 만들기 위해서는 다른 호텔에서는 제공하지 않는 유무형의 차별화된 효익을 제공해야만 한다. 예를 들어, 어떤 고객들은 호텔의 독특한 분위기 때문에 방문하기도 하고, 편리한 발렛파킹이 제공되어서 또는 그외 다양한 이유로 방문하기도 한다. 어떤 고객들은 정형화 되어 있지 않은 서비스를 기꺼이 준비해 주는 호텔의 모습에 매료되어 방문하기도 한다. 결과적으로 고객을 끌어들이는 비법은 쉽게 드러나며 고객들은 그것을 위하여 기꺼이 금액을 지불할 용의가 있다.

가치지각(Perceived Value)

가치지각이란 호텔이 제공하는 상품이나 서비스의 품질지각과 정비례 관계에 있다. 그러나 고객이 호텔에 지불하는 가격과는 반비례 관계를 갖는다. 즉, 이를 공식으로 표현하면 다음과 같다

* 가치지각= 품질지각/가격

따라서 가치지각을 높이려면 품질지각을 높이거나 아니면 가격을 낮추는 노력이 필요하다. 저가격전략을 쓰는 경우가 아니라면 결국 가치지각을 높이기 위해서는 품질지각을 높이는 전략만이 유효하게 된다.

호텔에서 고객들이 이러한 가치 요소들을 고려하여 가격을 지불한다는 것을 알고 있어도 호텔경영자가 고객들의 필요와 욕구를 정확하게 파악하지 못한다면 정확한 가격을 설정하는 것은 실제로 불가능하다. 가치를 창조하기 위한 또 다른 방법도 있을 수 있다. 아무도 가지지 못한 것을 제공하는 것이다. 즉, 다른 호텔에서는 경험할 수 없는 새로운 가치를 제공하려는 노력이 여기에 해당된다. 그러한 노력의 일환으로 가장 많이 활용되는 효과적인 기술 중 하나는 오래된 상품을 새롭게 바꾸어 보는 것이다.

차별화의 개념

차별화는 독특함을 추구하는 과정이다. 그것은 상당한 노력이 요구되며, 고객에게 가치를 제공함으로써 경쟁자보다 더 우월한 위치를 점하게 해준다.

고객에게 호텔의 종업원들이 제공하는 서비스는 가치를 구성하는 매우 중요한 요인 중 하나이다. 또한 그것은 호텔을 차별화시킬 수 있는 매우 중요한 영역이기도 하다. 만약 호텔에서 서비스를 잘하고 그것을 지속적으로 유지할 수 있다면, 차별화에 이어 고객들로부터 찬사를 받게 될 것이다. 성공적인 마케팅을 위해서는 호텔 조직 내의 서비스문화를 새롭게 창조해야만 한다. 그 문화는 서빙과 고객만족에 초점이 맞추어져야 하고 모든 종업원들이 그 문화를 기꺼이 받아들이고 경영자도 그 중요성을 인식함과 동시에 고객만족을 위하여 노력한 종업원에게는 보상을 해주어야 한다. 무엇보다도 호텔의 경영자는 특별하고 지속적인 가치를 고객에게 제공하기 위해서 '마케팅콘셉트'을 적용할 필요가 있다.

이러한 콘셉트는 세 가지로 구성된다.

1. 기업의 모든 직원은 고객중심적이어야만 한다. 호텔은 서비스를 판매하는 곳이다.
2. 마케팅은 조직에서 통합적으로 수행되어야만 한다. 모든 사람이 마케팅과 고

객중심적인 사항들을 기꺼이 받아들여야만 한다.

3. 경영자는 기업의 목표를 설정해야만 한다.

만약 호텔의 경영자가 고객가치를 감소시킴으로써 일시적으로 이익을 증대시키는 의사결정을 할 경우 결과적으로 그러한 의사결정은 고객 커버수와 이익을 지속적으로 감소시키는 결과를 초래할 지도 모른다. 따라서 호텔의 경영자는 목표를 명확히 설정하고 이를 집중적으로 관리하는 노력이 필요하다.

마케팅콘셉트

마케팅콘셉트는 고객중심적 사고 그리고 조직과 기업목표를 결합한 통합적 마케팅으로 구성된다.

고객가치가 창조되었을 때, 호텔은 그것들을 얻기 위하여 지불한 비용보다 더 많은 이익을 얻게 된다. 이러한 이익은 지나치게 공을 들이거나 값비싼 비용을 치러야만 얻는 것은 결코 아니다. 이익을 높이는 것은 호텔의 식음부서에서 스테이크에 특별한 소스를 첨가하여 스페셜 메뉴를 만든 후, 가격을 올리는 것과 같이 아주 간단할 수도 있다. 또한 그것은 10,000원의 원가를 들여서 50,000원에 판매할 수 있는 특별한 상품을 만드는 것이 될 수도 있다. 혹은 원가를 절감하면서도 고객의 가치를 감소시키지 않는 서비스전달시스템을 개발하는 것도 포함된다. 좋은 마케팅은 결코 많은 비용을 필요로 하지 않는다. 좋은 마케팅은 결과적으로 관심과 집중, 그리고 열정이라는 투자를 통하여 만들어진다. 다만 그것은 많은 시간이 요구될지도 모른다. 그럼에도 지금부터 모든 호텔 경영자 및 관계자들과 함께 새로운 호텔마케팅의 세계를 경험해 보고자 한다.

8. 호텔마케팅의 전략적 체계

마케팅활동은 지속적으로 변화를 거듭하는 환경 속에서 다양한 소비자는 물론이고 경쟁호텔과의 상호작용을 통하여 이루어진다. 따라서 호텔의 마케터는 다양하면서도 지속적으로 변화하는 소비자의 욕구와 트랜드 그리고 새로운 경쟁자나 제품의 출현에 대응하여야 한다. 또한 사회문화적, 인구통계학적 변화 속에서 새로운 제품과 시장 및 목표고객의 개발 등과 같은 마케팅활동 역시 변화와 혁신을 지속적으로 추구해야 한다. 전략적 마케팅은 계속해서 변화하는 마케팅환경 속에서 소비자의 필요와 욕구를 발견하고 적극적으로 대응하여 기회를 포착하는 과정이다. 이와 함께 위협에 대비할 수 있는 마케팅계획을 수립하고 이를 효과적이고 효율적으로 실행할 수 있는 방안을 모색하는 것도 포함된다.

전략적 마케팅

호텔의 전략적 마케팅이란 호텔이 추구하는 비전, 미션, 핵심가치 등을 달성하기 위하여 상품과 서비스시장을 결정하고 그 시장을 세분화하여 표적시장을 결정한 후 포지셔닝 하는 과정이다. 또한 제품, 가격, 유통, 촉진 등의 마케팅믹스 요소를 관리하는 활동을 포함한다.

결과적으로 전략적 마케팅을 효과적으로 수행하기 위해서 이에 필요한 전략체계가 요구된다. 마케팅전략수립의 출발점은 기업의 비전, 미션, 핵심가치이다. 기업이 장기적으로 이루고자 하는 목표를 가지고 있지 않다면 구체적인 마케팅계획을 수립하는 것은 불가능하다.

1) 비전 등의 정의

호텔이 추구하는 목적을 달성하기 위하여 비전과 미션 그리고 핵심가치를 설정하여야 한다. 이들은 호텔의 조직원들을 동기유발시키는 최상위의 행동강령이다. 구체적으로 각각의 내용을 정리하면 다음과 같다.

첫째, 비전은 조직원들에게 영감을 주는 호텔의 최상위 목적이다. 경영자가 호텔을 경영하는 가장 큰 목적이 비전으로 규정되어야 한다. 예를 들어 봅 번즈는 아시아에서 세계적인 호화 호텔을 만들겠다는 비전을 가지고 리젠트 인터내셔널 호텔을 만들었다.

둘째, 미션은 호텔의 존재 가치를 규정하는 내용이다. 고객에게 궁극적으로 제공하려는 것을 규정함으로써 정의할 수 있다. 예를 들어 리츠칼튼의 창시자인 Cesar Ritz는 "세계의 여행자들에게 집과 같은 편안함과 안락함, 그리고 개별적인 서비스를 제공하겠다."는 의지로 호텔을 설립하였는데 이것이 미션이라 할 수 있다.

셋째, 핵심가치는 호텔의 모든 조직원이 행복하게 일하기 위하여 준수해야 할 행동수칙과도 같은 것이다. 리츠칼튼 호텔의 크레도 카드에는 "우리는 신사 숙녀에게 봉사하는 신사 숙녀이다(We are ladies & gentlemen serving ladies & gentlemen)."라고 적혀 있으며, 추가로 다음과 같은 서비스 3단계를 제시하고 있다.

서비스의 3단계

1. 따뜻하고 진심어린 인사를 하면 고객의 이름을 부른다.
2. 모든 고객의 욕구를 예상하고 충족시킨다.
3. 다정한 작별인사를 한다. 고객의 이름을 부르고 따뜻하게 작별을 고한다.

핵심가치는 조직원이 행복하게 일할 수 있는 행동수칙임과 동시에 호텔의 조직문화를 만드는 데도 기여한다. 인간관계에서 발생할 수 있는 문제를 해결하는 지침이 되어 조직원뿐만 아니라 고객과의 장기적인 관계관리에도 큰 영향을 미친다.

2) 마케팅조사

(1) 환경분석

마케팅 상황분석에 해당되는 환경분석은 호텔의 기존전략을 변경하거나 새롭게 진입할 시장을 결정하기 위하여 실시한다. 기업환경 속에서 모든 변화의 시작은 환경을 구성하고 있는 다양한 요소들의 변화에서 기인한다. 환경분석이라는 절차를 통하여 어떤 사건이 우리 주변에서 일어나고 있으며, 향후 어떤 일들이 발생할지를 예측하는 것은 호텔의 생존과 밀접한 관계가 있다. 따라서 불확실성이 매우 높은 기업환경 예측은 호텔의 위험관리에 핵심적인 요소이다. 호텔의 환경은 미시적 환경과 거시적 환경으로 나누어 볼 수 있다. 미시적 환경에는 자사와 공급업자, 고객 등이 있으며, 거시적 환경에는 경쟁업체, 인구통계, 경제적 환경, 기술적 환경, 정치적 환경, 사회문화적 환경, 법률적 환경, 자연적 환경 등이 있다.

기업의 환경요인

- 거시환경: 사회구성원 모두에게 광범위한 영향을 미치는 요인으로 인구통계적 변수, 경제적 환경, 정치적 환경, 사회문화적 환경, 법률적 환경, 기술적 환경, 자연적 환경 등이 이에 해당된다.
- 미시환경 : 호텔 내에 있으면서 마케팅프로그램에 영향을 미치는 요인들을 말한다. 식음료부, 구매부, 홍보부, 시설부, 회계부서 등의 활동은 모두 호텔의 이익에 영향을 미치는 내부환경에 해당된다.

(2) 기회와 위협, 강점과 약점

호텔이 직면하는 외부의 기회와 위협요인 그리고 내부의 강점과 약점을 분석하는 것은 기회요인을 적절이 활용하는 방안을 찾고 위협요인에 대한 대책을 강구하기 위한 것이다. 또한 호텔의 강점을 활용하고 약점을 보완하는 효과적이고 효율적인 기업활동을 전개하는 데도 필요하다. 호텔은 기회요인과 강점요인을 결합하여 우호적 환경을 적극 활용하는 공격적 전략을 수립할 수도 있고, 위협요인과 약점요인을 결합하여 비우호적 환경을 탈피하기 위한 방어적 전략을 세울 수도 있다.

3) 마케팅목표 및 STP전략

(1) 목표와 전략수립

호텔은 그 자체의 비전, 미션, 핵심가치 및 목표와 전략을 가지고 있다. 마케팅전략은 이러한 호텔의 목표와 전략에 부합되도록 일관성 있게 수립되어야 한다. 마케팅목표는 기업의 전략을 실행하기 위한 도구이며 마케팅전략은 마케팅목표를 달성하기 위한 수단이라고 할 수 있다. 마케팅목표는 기업의 목표 및 전략과 일관성을 유지하면서 측정 가능한 형태로 수립됨과 동시에 달성 가능한 수준을 충분히 고려하여 너무 낮거나 너무 높게 설정되지 않도록 유의하여야 한다.

(2) 소비자분석과 시장세분화

마케팅의 STP(segmentation, targeting, positioning)전략은 시장을 세분화한 후 표적시장을 결정하고 그 표적시장 내에서 호텔이나 호텔의 주요 상품을 어떻게 포지셔닝할 것인가에 대한 계획을 의미한다. 따라서 STP전략의 첫 번째 단계는 시장세분화이다. 기업이 모든 시장에서 모든 고객을 대상으로 사업을 한다는 것은 현재와 같이 치열한 시장환경에서는 거의 불가능 일이다. 가장 효과적이고 효율적인 마케팅전략은 자신의 장점과 시장의 기회를 가장 잘 활용할 수 있는 시장을 선택하여 집중적으로 공략해야 한다. 호텔은 소비자의 욕구와 선호를 추적하고 이에 대응하기 위한 노력이 최우선의 과제이지만 매우 다양한 소비자의 개인적 욕구를 모두 충족시키는 것은 비용과 관리상 많은 어려움이 따른다. 따라서 기업은 욕구와 선호도가 유사한 소비자들을 집단화하여 고객 집단별로 공통된 욕구와 취향을 충족시키려고 노력한다. 이를 위하여 공통된 욕구와 선호도를 갖는 소비자집단을 세분시장이라 하며 이렇게 소비자집단을 나누는 과정을 시장세분화라고 한다. 일반적으로 시장은 지리적, 인구통계적, 심리적, 행동변수적 특징 등을 이용하여 세분화되는데 상세한 내용은 추후에 다루기로 한다.

(3) 목표시장의 선정

마케팅의 STP전략의 두 번째 단계인 표적시장의 결정은 세분화된 시장 중에서 시장의 크기, 성장률, 수익성 등을 충분히 고려하여 호텔의 입장에서 매력도가 가장 높은 시장을 선정하는 과정이다. 기업은 한정된 자원을 가장 효과적 효율적으로 사용하기 위하여 시장을 세분화한다고 했다. 이렇게 세분화된 시장에서 기업은 자원과 능력 그리고 시장환경을 고려할 때 가장 공략이 수월한 고객집단을 찾게 된다. 자신의 강점을 최대한 발휘할 수 있으며 시장의 매력도가 높은 세분시장을 선택하게 되는데 이러한 선택행위를 목표시장 또는 표적시장의 선정이라고 한다. 호텔은 주기적으로 다양한 세분시장을 평가하고 표적시장을 조정함으로써 경쟁력을 강화하고 시장점유율을 높이기 위하여 노력해야 한다.

(4) 포지셔닝

마케팅의 STP전략 마지막 단계에 해당되는 포지셔닝은 일반적으로 마케팅에서 가장 이해하기 힘든 개념이다. 포지셔닝을 정확히 이해하기 위해서는 포지션과 포지셔닝이란 단어 자체의 뜻을 정확하게 이해하여야 한다. 포지션(position)이란 위치를 정적인 상태로 표현하는 것으로 자사와 경쟁사의 제품이나 서비스가 어디에 어느 정도 차이가 존재하는지를 단면적으로 나타내는 것이다. 포지셔닝(positioning)은 동적인 개념으로 목표시장인 고객의 마음과 머릿속에 자사의 제품이나 서비스가 경쟁사보다 유리한 위치에 자리잡게 만드는 점진적이고 동적인 과정을 의미한다. 이러한 포지셔닝은 경쟁사 제품과 차별화된 위상을 구축하기 위한 것으로 차별화된 위상은 제품에 대한 지각, 인지, 느낌, 태도, 이미지 등이 혼합되어 구축된다. 호텔의 차별화는 물리적 특성, 서비스, 직원, 입지, 이미지 등을 이용하여 추구할 수 있다.

4) 마케팅믹스 개발

마케팅믹스란 목표시장을 대상으로 효과적이고 효율적인 마케팅활동을 위해 여러 가지 요소들을 혼합하는 활동이다. 그리고 마케팅믹스 개발이란 마케팅믹스 변수들에 대한 구체적인 계획을 의미한다. 여기서 마케팅믹스는 목표시장의 욕구와 선호를 효과적으로 충족시켜 주기 위하여 기업이 제공하는 마케팅수단의 핵심 요소임을 알 수 있다. 좀더 구체적으로 표현하면 유형적인 상품의 마케팅목표를 달성하기 위하여 이용할 수 있는 수단들의 묶음을 마케팅믹스라고 하는 것처럼 서비스가 핵심을 이루는 호텔의 서비스 마케팅목표(매출액 증대, 이윤 증대, 고객만족도 제고 등)를 달성하기 위하여 이용할 수 있는 수단들의 묶음을 서비스 마케팅믹스라고 한다. 마케팅믹스는 통상 4P(Product, Price, Place, Promotion)라고 칭하지만 서비스 마케팅믹스는 서비스 재화의 특성상 여기에 3P(Process, Physical Evidence, People)를 더해 확장된 서비스 마케팅믹스(7P)로 구분하고 있다. 따라서 호텔기업은 이러한 7가지 수단을 이용하여 사전에 설정한 포지셔닝에 부합되도록 일관성 있게 조정하고 통합하는 전략을 수행하게 된다.

지금까지 살펴보았던 호텔의 마케팅전략의 전반적인 체계를 그림으로 표시하면 다음과 같다. 다만 이러한 전략체계는 마케터와 호텔의 상황에 따라서 변화될 수 있다.

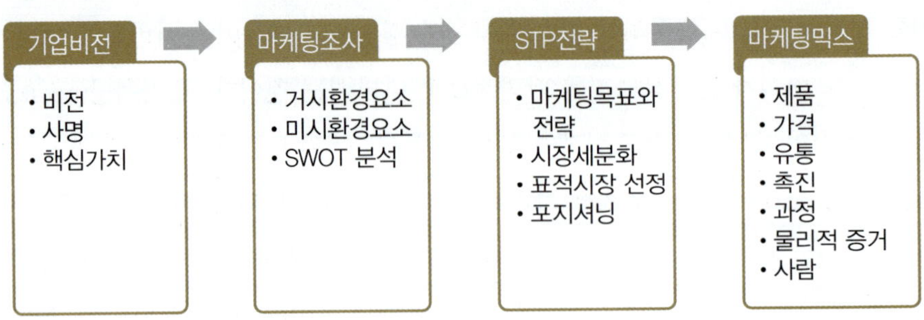

[그림 1-3] 호텔마케팅전략의 체계

사례

순수 국내브랜드로 새로운 시장을 창출하려는 한국관광공사의 호텔마케팅이 관심을 끌고 있다. 2009년부터 시작한 베니키아 사업은 과연 어떻게 흘러가고 있을까? 4년을 맞이하고 있는 해당 사업의 성공을 가늠하기에는 아직 이른감이 있지만 아래의 기사 등을 통해 호텔마케팅을 위한 다양한 시사점을 찾아보는 것은 매우 큰 의미가 있을 것이다.

2009년부터 한국관광공사는 늘어나는 국내외 여행객들에게 합리적인 가격과 고품격서비스를 제공하기 위하여 베니키아(BENIKEA : Best Night in Korea -한국에서 최고의 밤을 보내자는 의미의 해외 관광객 유치 홍보를 위한 조어) 사업을 시작하였다.
국정감사자료에 따르면 이 사업은 2009년부터 2012년 9월까지 매년 20억원씩 80억원을 투자하였고 특히 홍보비로 35억원을 썼지만 인지도는 불과 17.3%로 매우 낮게 나타났다고 한다.
한국관광공사는 기존 중저가 호텔들을 묶어 서비스와 예약체계를 표준화하고, 관광사업을 활성화 할 계획으로 예산 80억원을 지원하였지만 성과를 내지 못하고 있다.
다만 한국관광공사가 2012년 9월 44개 베니키아 체인호텔 운영주를 대상으로 베니키아 체인 가입에 따른 만족도 조사를 실시한 결과는 다소 긍정적인 면도 보이고 있다.
베니키아 호텔들은 체인 가입 후 호텔의 인지도가 높아졌다는 응답이 89%, 호텔 객실 매출 증가에 도움이 되었다는 응답은 63%, 도움이 된 경우 연평균 매출 증가율은 8.9%로 조사되었다.
한편 베니키아호텔 이용현황 조사에서, 베니키아 호텔의 객실 점유율은 2012년도 상반기 71.8%로 2011년도 69%보다 2.8% 상승하였으며, 2012년도 상반기 호텔 이용자의 외래객 비율은 54.3%로 조사되어 2011년도 52%보다 2.3% 증가하였다.
이번 조사를 토대로, 한국관광공사는 베니키아 객실예약사이트를 통한 객실판매 확대와 인터파크, 라쿠텐트래블, 호텔베즈닷컴 등 국내외 글로벌 호텔예약사이트와 제휴를 통해 호텔 매출을 확대할 예정이다. 또한, 호텔분야 전문인력을 적극 활용하여 체인호텔 대상으로 호텔 운영관리 컨설팅을 실시하고, 금년 9월 공사가 자체 제작한 "베니키아 체인호텔 표준 운영매뉴얼"을 체인호텔에 배포하여 호텔 종사원의 교육자료로 활용하는 등 호텔운영을 지원할 예정이다.

출처: 데일리중앙 및 한국관광공사.

베니키아사업의 성공여부는 한국관광공사의 호텔마케팅 능력을 판단하는 가늠자가 될 것으로 예상된다. 무에서 유를 창조하겠다는 신규 브랜드 론칭과 다양한 호텔관리시스템의 도입은 다국적 브랜드와의 경쟁에서 어느정도 기능성을 보여줄지 궁금하다.

연습문제

1. 호텔마케팅에 대한 다양한 정의를 조사하여 보고 각각의 정의가 의미하는 바를 정리한 후 자신만의 호텔마케팅의 정의를 만들어 봅시다.

2. 마케팅의 정의에서 교환은 매우 중요한 의미를 갖는다. 교환이 발생되기 위해서는 소비자가 얻는 혜택이 지불하는 비용보다 커야 한다. 이때 혜택과 비용은 다양한 유형이 있을 수 있는데 그 내용을 정리하고 사례를 들어 설명하여 봅시다.

3. 마케팅의 관점은 시대의 발전에 따라 계속해서 진화 발전하고 있다. 시대적 상황과 마케팅 관점의 핵심 그리고 그러한 변화의 원인 등을 상세히 조사하여 보고 향후 진화될 마케팅 철학에 대하여 생각하여 봅시다.

4. 귀하가 호텔의 마케터라고 가정하고 현재 판매하고 있는 상품 중 한 가지를 선정하여 이를 차별화함으로써 매우 독특하게 만들 수 있는 방법을 동료들과 재미있게 상의하여 봅시다.

5. 국내외 호텔들의 비전, 사명, 핵심가치를 조사하여 비교하면서 공통점과 차이점을 제시하고 만약 귀하가 호텔의 경영자라면 어떻게 비전, 사명, 핵심가치를 설정할지 제시하여 봅시다.

6. 호텔의 공급증가가 향후 국내의 호텔산업에 어떤 영향을 미칠지 진단하여 보봅시다.

CHAPTER

02 호텔마케팅환경

1. 호텔마케팅환경의 이해
2. 거시환경 분석
3. 미시환경 분석

HOTEL MARKETING

학습목표

- 호텔마케팅환경을 이해하고 설명할 수 있다.
- 호텔마케팅의 거시환경을 분석할 수 있다.
- 호텔마케팅의 미시환경을 분석할 수 있다.

관광호텔 영세율 폐지

지난 2007년 7월 1일 부활된 외국인 관광객에 대한 관광호텔 및 콘도미니엄의 숙식 용역에 대한 부가세 영세율 적용제도가 올해 말을 끝으로 폐지된다. 기획재정부는 최근 발표한 2009년도 세제 개편안에서 "관광호텔 및 콘도미니엄이 외국인 관광객에게 제공하는 숙박 및 음식 용역에 대해 올해 말까지 적용되는 부가가치세 영세율 적용을 폐지"한다고 밝혔다.

이 제도는 인바운드 업계의 외래객 유치 경쟁력 제고를 위해 한시적으로 도입한 것으로 부가세 10%를 면제해 주는 제도다. 적용기간 만료로 2005년 1월부터 폐지됐다가 관광호텔 및 인바운드 업계의 요청으로 2007년 7월 1일부터 다시 도입돼 올해 말을 기한으로 한시적으로 적용되고 있다. 인바운드 업계에서는 부가세 영세율 제도 연장 적용에 대한 기대감도 갖고 있었지만 이번에 기획재정부가 시행 종료를 공식적으로 확정한 만큼 연장될 가능성은 희박하다고 할 수 있다.

기획재정부는 "베이징올림픽과 원화가치 상승 등의 이유로 2007년부터 영세율이 적용됐으나 현재는 원화가치 하락 등으로 가격경쟁력이 크게 높아진 상황이며, 대부분의 OECD 및 EU 국가에서는 내외국인 모두에게 과세하고 있다"고 배경을 설명했다. 이에 따라 인바운드 업계는 이를 반영해 내년도 상품가 책정에 나서야 할 전망이다. 한국일반여행업협회(KATA)도 지난 3일 회원사에게 이 내용을 통보하고, 내년도 여행상품 가격결정에 반영해 줄 것을 당부했다.

출처: 여행신문(2009. 09. 07.).

1. 호텔마케팅환경의 이해

시장환경에 따라 호텔마케팅 전략도 달라져야 한다. 경기가 좋을 때와 그렇지 않을 때, 환율이 높을 때와 낮을 때, 법이 호텔에 유리하게 개정되었을 때와 그렇지 않을 때 등 시장 환경이 변화할 때 마다 호텔은 적절한 마케팅 방법으로 대응함으로써 안정적인 수익과 생존을 유지할 수 있다. 시장이 호조일 때는 이를 십분 발휘해야 되겠지만 지나친 투자는 나중에 부메랑이 되어 위협이 될 수 있으니 유의해야 한다. 반대로 시장이 위축되었을 때는 손해가 최소화되도록 모든 노력을 총동원해야 되겠지만 이를 잘 극복하면 도약의 계기가 될 수도 있다.

호텔마케팅에 영향을 주는 환경 요소는 다양하다. 거시적으로는 국제관계, 전염성 질병, 경제 상황, 정부정책, 사회문화, 기술, 자연환경 등이 있고 미시적으로는 자사의 여건, 고객 시장의 특성 등이 있다. 거시환경은 주로 호텔 외부에서 일어나기 때문에 기업의 노력에 상관없이 유리한 환경이 되기도 하고 불리한 환경이 되기도 한다. 따라서 예측하기가 어렵고 통제하기도 쉽지 않다. 이에 반해 미시 환경은 주로 호텔 내부 또는 호텔과 직접적인 관련이 있는 고객이나 경쟁사 등과 관련되어 있기 때문에 예측과 통제가 일부 가능하다. [그림 2-1]은 호텔마케팅 환경을 거시환경과 미시환경으로 나누어 설명한 것이다.

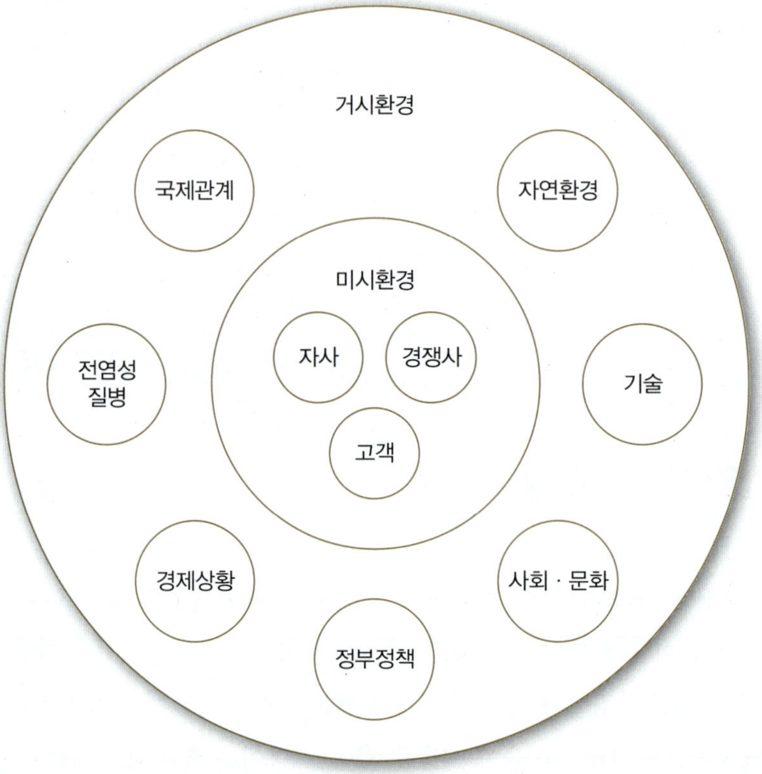

[그림 2-1] 호텔마케팅환경

2. 거시환경 분석

1) 국제관계

(1) 이념과 국가 수교

제 1차 세계대전과 2차 세계대전을 거치면서 세계는 민주주의와 공산주의라는 이념으로 양분되었다. 서로 위협적인 존재가 되어 교류도 단절되었다. 따라서 국가가 추구하는 이념에 따라 여행할 수 있는 나라와 여행할 수 없는 나라가 정해졌다. 즉, 민주주의 국가는 다른 민주주의 국가로의 여행만을 허용하고, 공산주의 국가는 다른 공산주의 국가로의 여행만을 허용했다.

그러다가 1980년대가 되자 동 · 서독의 통일, 소련 고르바초프의 페레스트로이카, 중국 등소평의 〈흑묘백묘론〉 등을 필두로 국가 간 이념보다는 경제적 필요성에 의해 서로에게 문호를 개방하기 시작하였다. 기업의 진출 뿐만 아니라 관광객의 왕래도 점진적으로 허용되었다. 이에 따라 전세계의 관광산업이 새로운 전기를 마련하게 되었고 호텔사업도 활기를 띠었다.

우리나라와 중국의 경우, 1992년에 수교를 하면서 우리나라 기업이 중국에 진출하고 관광도 시작하였다. 최근에는 한류에 힘입어 중국 관광객이 우리나라를 많이 방문하고 있으며 우리나라는 이들을 수용하기 위하여 서울에 숙박시설을 늘리고 제주도 입국시에는 비자를 면제해 주고 있다. 〈표 2-1〉은 우리나라와 수교를 한 국가의 현황이고 〈표 2-2〉와 〈표 2-3〉은 우리나라와 비자면제국가 현황이다.

〈표 2-1〉 우리나라 수교국가 현황

지역	국가명
아 주 (36)	나우루, 네팔, 뉴질랜드, 동티모르, 라오스, 말레이시아, 몰디브, 몽골, 미얀마, 바누아투, 방글라데시, 베트남, 브루나이, 스리랑카, 싱가포르, 아프가니스탄, 오스트레일리아, 인도, 인도네시아, 중국, 캄보디아, 태국, 파키스탄, 파푸아뉴기니, 필리핀, 마샬군도, 마이크로네시아, 부탄, 사모아, 솔로몬아일랜드, 일본, 키리바시, 통가, 투발루, 팔라우, 피지
미 주 (34)	가이아나, 과테말라, 그레나다, 니카라과, 도미니카(공), 도미니카(연), 멕시코, 바베이도스, 바하마, 베네수엘라, 벨리즈, 브라질, 세인트루시아, 세인트빈센트그레나딘, 세인트키츠네비스, 수리남, 안티구아바부다, 자메이카, 칠레, 캐나다, 콜롬비아, 트리니다드토바고, 페루, 미국, 볼리비아, 아르헨티나, 아이티, 에콰도르, 엘살바도르, 온두라스, 우루과이, 코스타리카, 파나마, 파라과이
구 주 (53)	그리스, 네덜란드, 노르웨이, 덴마크, 독일, 라트비아, 러시아, 루마니아, 룩셈부르크, 리투아니아, 리히텐슈타인, 몬테네그로, 몰도바, 몰타, 벨기에, 벨라루스, 보스니아 · 헤르체고비나, 불가리아, 사이프러스, 산마리노, 세르비아, 스웨덴, 스위스, 스페인, 슬로바키아, 슬로베니아, 아르메니아, 아이슬란드, 아일랜드, 아제르바이잔, 알바니아, 영국, 오스트리아, 우즈베키스탄, 우크라이나, 이탈리아, 조지아, 체코, 카자흐스탄, 크로아티아, 키르기즈, 타지키스탄, 터키, 투르크메니스탄, 포르투갈, 폴란드, 핀란드, 헝가리, 교황청, 모나코, 안도라, 에스토니아, 프랑스
중 동 (20)	레바논, 리비아, 모로코, 모리타니, 바레인, 수단, 아랍에미리트, 알제리, 예멘, 오만, 요르단, 이란, 이집트, 카타르, 쿠웨이트, 튀니지, 남수단, 사우디아라비아, 이라크, 이스라엘

아프리카 (46)	가나, 가봉, 감비아, 기니, 기니비사우, 나미비아, 나이지리아, 남아프리카공화국, 니제르, 라이베리아, 레소토, 르완다, 마다가스카르, 말라위, 말리, 모리셔스, 모잠비크, 베냉, 보츠와나, 부룬디, 부르키나파소, 상투메프린시페, 세네갈, 세이셸, 소말리아, 스와질란드, 시에라리온, 앙골라, 에리트레아, 에티오피아, 우간다, 잠비아, 적도기니, 중앙아프리카공화국, 지부티, 짐바브웨, 차드, 카메룬, 카보베르데, 케냐, 코모로, 코트디부아르, 콩고, 콩고민주공화국, 탄자니아, 토고
계	189개국

출처 : 외교통상부(2012).

〈표 2-2〉 한국인의 무사증입국(30일)이 가능한 국가

아주(11)	동티모르(외교 · 관용), 마카오(90일), 라오스(15일), 홍콩(90일), 몽골(최근 2년 이내 4회, 통산 10회 이상 입국자에 한함), 베트남(15일), 브루나이, 인도네시아(외교 · 관용 14일), 일본(90일), 대만, 필리핀(21일)
미주(9)	미국(90일), 캐나다(6개월), 가이아나, 아르헨티나(90일), 에콰도르(90일), 온두라스(90일), 우루과이, 파라과이, 북마리아나연방(1개월)
구주(15)	사이프러스(90일), 산마리노(9일), 세르비아(90일), 모나코(90일), 몬테네그로(90일), 슬로베니아(90일, 쉥겐국), 크로아티아(90일), 안도라(90일), 보스니아 · 헤르체고비나(90일), 우크라이나(90일), 그루지아(90일), 코소보(90일), 마케도니아(1년 중 누적 90일), 알바니아(90일), 영국(최대 6개월)
대양주(11)	괌(15일/VWP 90일), 바누아투(1년 내 120일), 사모아(60일), 솔로몬군도(1년내 90일), 통가, 팔라우, 피지(4개월), 마샬군도, 키리바시, 마이크로네시아, 투발루
아프리카 · 중동 (7)	남아프리카공화국, 모리셔스(16일), 세이쉘, 오만, 보츠와나(90일), 스와질란드(60일), 아랍에미리트

출처 : 외교통상부(2012).

〈표 2-3〉 우리나라에 무사증입국(30일)이 가능한 국가

아주(6)	홍콩(90일), 일본(90일), 마카오(90일), 브루나이, 대만, 인도네시아(외교 · 관용)
미주(8)	미국(90일), 캐나다(6개월), 아르헨티나, 온두라스, 우루과이, 파라과이, 가이아나, 에콰도르
구주(11)	모나코, 교황청, 슬로베니아(90일), 크로아티아, 알바니아, 사이프러스, 산마리노, 안도라, 보스니아 · 헤르체고비나, 세르비아, 몬테네그로
대양주(13)	괌, 나우루, 뉴칼레도니아, 미크로네시아, 솔로몬군도, 키리바시, 피지, 마샬군도, 팔라우, 사모아, 호주(90일), 투발루, 통가
아프리카 · 중동 (13)	남아프리카공화국, 스와질란드, 이집트, 모리셔스, 세이쉘, 사우디아라비아, 아랍에미리트, 예멘, 오만, 카타르, 쿠웨이트, 레바논(외교 · 관용), 바레인

출처 : 외교통상부(2012).

(2) 전쟁 · 테러 · 종교

국가 간의 전쟁과 테러는 당사국 뿐만 아니라 주변 국가들까지 긴장시켜 여행 시장을 위축시킨다. 2001년 9 · 11테러 사건과 2003년 이라크전쟁은 국제 사회에 불안감을 주어 여행이 억제되었다. 〈표 2-4〉에 나타난 바와 같이 실제 이 기간 동안 국제 관광 시장은 마이너스(−) 성장을 하였다.

전쟁과 테러로 인한 불안전에 대한 이미지는 상당히 오래가기 때문에 지역의 관광산업도 장기간 피해를 입는다. 2002년에 발생한 발리 폭탄 테러 사건으로 400여 명의 관광객이 숨지거나 심각한 부상을 입게 되자 수개월 뒤 복구가 된 뒤에도 관광객은 발리로 여행하길 꺼려했다. 심지어 수년이 지나도 발리여행에 대한 불안이 쉽게 누그러지지 않았다.

전쟁과 테러는 종종 종교와 밀접한 관계를 맺고 있다. 주로 이슬람 원리주의자와 기독교를 기반으로 하는 미국 및 이스라엘 간의 충돌이 많은데 서로 악의 축으로 규정하고 미사일 발사 및 폭탄을 투척하면서 군인뿐만 아니라 민간인과 관광객까지도 희생당하고 있다.

〈표 2-4〉 국제 관광객 수와 성장률

연도	관광객 수(백만 명)	성장률
2000	675	6.8
2001	687	-0.4
2002	707	2.9
2003	695	-1.7
2004	765	10.1
2005	798	4.8
2006	842	5.5
2007	898	6.7
2008	917	2.1
2009	883	-3.8
2010	940	6.4
2011	983	4.6

자료 : UNWTO(2012).

사례

발리 폭탄테러 "두렵다" 관광객들 출국러시

전세계 관광객이 찾아드는 인도네시아 발리섬의 아름다운 해변이 12일 밤 폭탄테러로 인한 피로 처참하게 얼룩졌다. 테러가 발생하자, 세계 각국은 일제히 테러를 비난하며 강력한 대응을 다짐했으나, 일부에서는 이번 테러가 대 이라크전을 준비하는 미국에 대한 경고라는 목소리도 없지 않다.

- 사망 187명, 부상 309명으로 잠정 집계된 희생자의 3분의 2가량이 외국인으로 밝혀졌으나 발리섬과 호주 캔버라의 TV방송들은 이번 폭발사건의 희생자 중 많게는 75%가 호주인일 가능성이 있다고 말했다. 14일 오전 현지 의료진에 따르면 현재까지 신원이 확인된 26명중 외국인은 17명으로, 국적별로는 ▲호주 8명 ▲싱가포르 3명 ▲영국 2명 ▲프랑스, 네덜란드, 독일, 에콰도르 각 1명으로 파악됐다.
- 인도네시아 발리섬에서 폭탄 테러 참사가 발생하자 필리핀과 말레이시아, 싱가포르, 호주, 베트남, 태국, 캄보디아 등 인근 국가들은 비상 경계를 시작했다. 아태지역에서 가장 테러위험이 높은 곳으로 지목돼 온 필리핀에서는 국가안보회의를 소집하고 안보 경계령을 발표했다. 인근 싱가포르와 말레이시아도 공공시설에 대한 경계와 검문 검색을 강화했으며, 호주는 존 하워드 총리가 직접 나서서 국가안보회의를 소집, 테러 특별대책을 수립하겠다고 밝혔다.
- 메가와티 수카르노 푸트리 인도네시아 대통령이 발리섬의 테러로 최대의 시련을 맞고 있다. 메가와티 대통령은 외국인 관광객들을 겨냥한 이 사건으로 테러범 색출 압력에 시달리며, 외국인 관광객 감소로 인한 경기침체에 대처하는 이중고를 겪게 됐다. 특히 메가와티 정권이 테러문제에 성공적으로 대처하지 못할 경우 인도네시아 경제 및 투자여건에 대한 국제적 신뢰가 급속히 무너질 수 있다는 지적이 나오고 있다. 메가와티 대통령은 사건이 발생하자 즉각 긴급 각료회의 및 기자회견을 가진 뒤, 수실로 밤방 유도요노 정치안보조정장관을 비롯한 각료 4명과 통합군 사령관을 대동, 발리 사건현장으로 떠났다.
- 폭발사고 소식이 전해진 13일 오전, 외국인 관광객들이 발리 국제공항에 쇄도, 관광객들의 탈출러시가 시작됐다. 그러나 일부 외국인들은 시신들이 안치되고 부상자들이 입원한 병원을 찾아다니며 헌혈 행렬에 가담하는 등 부상자 돕기에 나섰다. 이들은 또 헌혈을 마친 뒤에도 자원봉사자로 등록해 영어실력이 부족한 병원 직원들을 대신해 환자들과 대화하며 그들의 신상정보를 수집하기도 했다.
- 폭발사고가 발생한 이튿날인 13일 호주 시위대 3만 명이 빅토리아주 주도 멜버른에서 집회를 갖고, 발리섬의 테러는 국제사회에서 항상 미국편에 서 있는 호주의 태도에 대한 강력한 경고라며 대 이라크전 가담을 비난했다. 이날 연사로 나선 '빅토리아평화단'의 레이그 허버드는 9·11 테러 이후 최악의 참사로 기록된 발리섬의 폭발사건은 전세계 모든 강대국들의 공격적 태도를 반대하는 목소리를 대변한 것이라고 역설했다.

출처: 문화일보(2002. 10. 14.).

2) 전염성 질병

2000년대에 연달아 발생한 사스(SARS), 조류독감, 신종플루는 전세계 관광객에게 두려움의 대상이었다. 특히 전염성 질병이 몇 년 사이에 잇달아 나타나 해외 관광객을 통해 빠르게 확산되고 사망자가 속출하자 사람들은 해외여행에 대한 공포에 휩싸였다. 2009년 신종플루가 발생했을 때는 두려움이 최고조에 달해 2000년대 가장 큰 폭의 마이너스(−) 성장을 하였다. 사람들과의 접촉을 피하라는 방침이 떨어지자 호텔을 비롯한 군집 장소는 기피 대상이 되었다.

사례

신종플루 확산으로 호텔업계 찬바람

예약률이 지난해 수준의 70%선으로 떨어진데다 일부에선 예약 취소사태까지 벌어지고 있기 때문이다. 11일 호텔업계에 따르면 서울 및 지방 대형 호텔들은 신종플루 확산으로 단체 행사를 자제하면서 예약 취소사태와 함께 연회장 예약률이 크게 떨어지고 있다. 기업체들이 계획했던 신제품 발표회 등 각종 행사를 취소하거나 연기하고 있고 단체들도 신종플루 확산으로 인해 모임 갖기를 자제하고 있기 때문이다.

실제 화장품 제조업체인 C업체는 얼마전 서울 대형 호텔에서 계획했던 신제품 발표행사를 취소했다. 지방에선 수학여행이나 단체 여행 취소가 잇따르면서 호텔업계가 울상이다. 롯데호텔은 연회장 행사 예약률이 지난해의 70% 정도에 머물고 있다고 전했다. 이 회사는 아직 경기가 회복되지 않는데다 신종플루까지 확산되면서 행사계획을 뒤로 미루거나 취소하고 있는 것으로 보인다고 밝혔다. 롯데호텔 관계자는 "현재 호텔업계는 비수기로 성수기인 10월쯤에 기뻐야 하겠지만 예약률에 신경을 많이 쓰고 있다"고 전했다. 신라호텔도 연회장 행사예약이 취소된 것은 없지만 본격적인 비즈니스 시즌이 시작되는 10월에 기뻐야 알수 있다고 밝혔다. 신라호텔 관계자는 "기업이 행사를 개최하는 경우는 사업과 관련된 것으로 이미 계획을 세워 예약까지 마친 상태에서 행사를 취소하거나 연기하는 것이 쉽지 않아 아직은 계획대로 진행하는 것으로 보이지만 행사 자체를 자제하는 분위기가 확산되고 있어 앞으로가 문제"라고 말했다. 조선호텔도 연회장 행사가 취소된 것은 없지만 연회장 예약률이 떨어지고 있는 상황이라고 밝혔다. 객실 예약률은 지난 5, 6월 일본에서 신종플루가 만연됐을 당시에 떨어져 현재는 다소나마 성상 수준을 회복한 상태라고 설명했다. 또 각종 대형 행사가 많이 열리는 삼성동 인터콘티넨탈호텔도 기업체 등 단체들이 각종 행사 개최를 자제해 최근 매출이 크게 떨어진 상태라고 말했다. 이외에 하이야트호텔이나 힐튼호텔의 경우도 행사 예약률이 크게 떨어졌다고 밝히고 있다.

서울의 대형호텔과는 달리 제주를 비롯한 경북 경주, 강원 설악산 지역 등 지방호텔의 타격은 더 크다. 가을여행 시즌이 다가오는데 예약이 이뤄지지 않고 있는데다 이미 예약했던 곳도 상당수 해약하는 사태가 빚어지고 있기 때문이다. 교육과학기술부가 최근 "수학여행, 소풍, 운동회 등 단체행사를 가급적 자제하라"는 지침을 일선학교 등에 내린 뒤 학교들이 무더기로 계약을 취소하고 있기 때문이다. 호텔업계 관계자는 "10월 성수기 시점에도 신종플루의 진정소식이 전해지지 않는다면 호텔업계의 타격은 불가피하다"고 말했다.

출처: 아시아투데이(2009. 09. 11.).

3) 경제 상황

경기가 호황이냐 불황이냐에 따라 호텔산업에 미치는 영향은 막대하다. 중국이 급속한 경제 성장을 이루어 해외여행이 활발해지면서 우리나라에도 중국 관광객이 늘어나고 호텔은 만실이 되었다. 일부 관광객이 모텔과 여관, 심지어 찜질방에서 숙박하는 사태가 벌어지자 문화체육관광부 장관은 서울의 객실 숫자를 25,000개에서 40,000개까지 늘리겠다는 계획을 발표하게 되었다.

그런가 하면 IMF 구제금융과 같은 경기 침체는 모든 관광활동을 중지시킨다. 당장 생계를 위협받는 상황에서 관광은 당연히 후순위로 밀린다. 관광을 하더라도 단거리 위주로 여행을 하고 중저가 호텔, 저비용 항공, 덤핑 여행 상품을 선호하게 된다.

환율도 해외여행에 영향을 미치는데 한화의 가치가 높아지면 우리 국민의 해외여행이 많아지고 반대로 한화의 가치가 떨어지면 우리나라를 방문하는 외래 관광객이 늘어난다. 그밖에 금리나 지가의 상승 등이 호텔경영에 영향을 미친다.

사례

요우커(遊客)와 러브호텔

중국 유통업체 바오젠의 직원 11,000여 명이 지난 9월 한국 관광을 왔다. 이들이 머무는 동안 제주도 호텔 객실 점유율은 90%가 넘었다. 서울 롯데면세점을 찾았을 땐 하루 매출이 45억 9200만 원으로 치솟았다. 개점 이래 최고 기록이다. 방한 중 이들이 쓴 돈만 400억 원에 달했다. 당초 바오젠은 15,000명을 한국에 보낼 계획이었으나 방이 모자라 4000명을 줄였다고 한다.

요우커(遊客)로 불리는 중국인 관광객은 이처럼 규모부터 다르다. 한 해 해외로 나가는 인원이 우리 인구보다 많은 5400만 명에 달한다. 게다가 매년 500여만 명씩 늘어난다. 2020년에는 1억 명을 넘는다는 계산이다. 한국관광 수요도 늘고 있다. 2005년 71만 명에 불과했으나 작년 187만 명, 올해는 220만 명으로 예상된다. 연 20%에 가까운 성장세다.

이들이 한국관광에서 쓰는 돈은 상당하다. 중국 최대 신용카드인 인롄(銀聯)카드 사용액만 9월 말까지 6623억 원이다. 연말까지는 1조 원을 돌파할 것으로 보인다. 이는 2006년부터 2010년까지 5년간 한국에서 인롄카드로 결제한 금액 8300억 원보다 더 많다. 씀씀이가 갈수록 커지는 것이다. 여기에 비자, 마스터 등 다른 카드 사용액 1조 원과 현금을 가져와 환전해 쓰는 돈 7000억 원을 합하면 연 2조 7000억 원에 이를 전망이다.

문제는 이들의 한국관광 만족도가 너무 낮다는 거다. 서울시가 7~8월 실시한 '서울 방문 외래관광객 실태조사'에서 요우커의 만족도는 5점 만점에 3.87로 평균(3.99) 이하에 머물렀다. 미주와 유럽(4.13)은 물론 동남아(3.96)보다도 낮은 수준이다. 대한상의 조사에서도 열악한 숙박시설(39.1%), 부실한 음식(18.7%), 중국어 안내 부족(16.1%) 등 관광 인프라에 대해서 '미흡하다'는 의견을 보였다.

가장 심각한 건 숙박시설 부족이다. 서울의 작년 말 객실 수는 2만 3645실로 적정규모인 4만실에 턱없이 못 미친다. 4000여실이 건설 중이지만 당분간은 객실난을 덜기 어려운 실정이다. 예약이 넘칠 때 요우커들은 울며 겨자먹기로 '러브 호텔'에서 잠을 자는 희한한 경험을 하거나 경기도 일대로 밀려나기 일쑤다. 관광업계에는 쇼핑은 서울에서, 잠은 경기도에서, 관광은 제주도에서 한다는 우스개까지 나돈다.

일부 기념품매장의 바가지 상혼도 한국 이미지를 흐리는 요인이다. 비슷한 품질의 인삼을 몇 배씩 비싸게 파는가 하면 불량 인삼가루를 최고급으로 속이는 사례도 심심치 않게 나오는 모양이다. 동남아 기념품점에서 정체불명의 보신제를 터무니 없는 가격에 파는 것과 다를 게 없다. 무자격 가이드가 활개치는 것도 고쳐야 할 점으로 꼽힌다. 현재 활동 중인 중국어 가이드 1000여명 가운데 80%가 무자격자다. 자격증을 가진 가이드가 3000명쯤 되지만 무자격 가이드들이 만든 장벽에 막혀 활동을 못하고 있단다.

요우커는 저가 단체 관광에서 선진국형 개별 관광으로 급속하게 옮겨가고 있다. 상하이 주재 한국 총영사관이 올 상반기 발급한 비자의 절반 이상이 개별 비자다. 개별 관광객은 돈을 더 쓰기 때문에 '노다지'로 통한다. 구매 패턴도 기념품 위주에서 벗어나 고급 생활용품과 명품으로 확대되고 있다. 요우커를 위한 맞춤관광까지는 몰라도 먹고 자고 소비할 수 있게 하는 '기본'만은 꼭 갖춰야 한다. 그게 한국관광이 살 길이다.

출처 : 한국경제신문(2011. 11. 1.).

4) 법 · 정부 정책

법 제정과 정부의 정책은 호텔산업에 직접적으로 영향을 준다. 1989년 전면적인 해외여행 자율화가 실시되자 해외 관광객 수가 전년대비 67.3%라는 유래 없는 성장을 했는가 하면 2002년 한일월드컵을 비롯한 특수 상황에서 외국 관광객 유치를 증대하기 위해 만든 영세율제도는 호텔 객실료를 낮춰 주변 국가에 비해 국내 호텔이 경쟁력을 높이게 되었다. 그런가 하면 정부가 영세율을 폐지한다고 발표하자 호텔들이 생존권을 위협받는다고 주장하면서 반발하였다.

영세율(零稅率, zero tax rate)

세율은 세액을 산출하기 위해 과세표준에 곱하는 비율을 말하는데, 가격인하와 국가경쟁력 제고 등을 이유로 국내에서 사용되는 재화서비스도 외화를 획득하는 경우 영의 세율을 적용한다.

2010년 호텔과 서비스드레지던스(serviced residence) 간의 분쟁에서 대법원은 호텔 측의 손을 들어주고 서비스드레지던스의 숙박영업을 불법행위라고 판결한 바 있다. 서비스드레지던스는 1개월에서 1년 정도 장기 투숙객을 위한 숙박시설로 객실 내에 주방 시설이 구비되어 있고 프런트 데스크, 비즈니스센터, 하우스키핑, 레스토랑, 수영장 등 호텔식 서비스를 제공한다. 우리나라에서는 1988년 서울올림픽 때 장기 투숙 외국인을 위해 처음 도입되었다가 IMF 때 확대되었다. 그런데 서비스드레지던스가 단기간의 손님도 유치하자 호텔이 반발하였다. 서비스드레지던스는 업무용 오피스텔로 인허가 되었기 때문에 임대업이지 숙박업이 아니라는 법적 근거를 제시하였다. 결국, 서비스드레지던스들은 벌금형을 받았는데 그렇다고 막대한 자금을 투자해서 설립한 서비스드레지던스를 폐쇄할 수는 없었다. 이에 보건복지부가 공중위생관리법 시행령을 개정해서 '생활형 숙박업' 조항을 추가함으로써 서비스드레지던스가 존립할 수 있는 기반이 마련되었다.

사례

카지노업계, 신규 허가 방침에 반발

정부가 3일 서울, 부산에 신규 카지노 허가 방침을 발표하자 카지노업계가 반발, 신규허가 방침을 재고해 줄 것을 요청하고 나섰다. 외국인 전용 카지노 13개 업체 일동은 이날 '외국인 카지노 신규허가 검토 카지노업계의 입장'이라는 보도자료를 통해 "이번 외국인 전용 카지노 신규증설 발표는 현시점에서 아주 부적절한 사항이므로 신규허가 방침의 재고를 요청한다"고 밝혔다.

이들은 "현재 13개 외국인 전용카지노 중 서울, 부산을 제외한 11개 카지노는 고객감소와 비용증가, 과당경쟁으로 수년간 적자를 면치 못하고 있다"며 "마카오와 말레이시아의 호화 카지노 증설, 일본 등의 2005년 카지노 시설 합법화 검토 등으로 국내 카지노업계는 존립의 기로에 설 것으로 우려된다"고 주장했다.

이들은 "이같은 상황에서 기존 적자업체에 대한 활성화방안이 모색되지 않은채 신규허가를 하는 것은 그나마 적자를 면해 온 서울, 부산지역 카지노까지 공급초과에 따른 적자로 전환시켜 모든 카지노의 부실을 초래할 것이 명약관화하다"고 강조했다.

이들은 특히 "정부가 이번 신규허가로 약 1억 5천만 달러의 외화 추가획득이 가능하다고 예상하고 있으나 이는 카지노업계의 현실을 도외시한 것"이라면서 "우리나라 카지노 고객은 일본인이 70%, 중국 20%, 기타 10%로 고정돼 있으며 이용객 숫자도 마카오 등의 대형화로 계속 줄고 있다"고 설명했다.

제주지역 카지노 생존권확보를 위한 투쟁위원회도 이날 성명을 내고 "제주도 8개 카지노는 2001년 24억, 2002년 158억, 2003년 188억 등 해가 거듭될수록 적자폭이 심화돼 파산으로 내몰리고 있고 이중 4개사는 현재 급여도 못주고 있는 실정"이라며 정부 정책이 제주도 카지노산업의 회생부터 고려해야 한다고 주장했다.

이들은 이에 따라 "제주지역 카지노의 회생을 위해서는 제주도민을 제외한 내국인도 제주 카지노를 이용할 수 있도록 허용해야 한다"며 "이것이 허용되지 않을 경우 제주도 카지노 중 4개 카지노 영업권을 컨소시엄 형태로 서울에 신규 허가되는 2곳 중 1곳으로 이관해 영업하도록 해야 한다"고 밝혔다.

이들은 "요구가 받아들여지지 않는다면 제주도 카지노 전체는 휴업 및 폐업도 불사할 것"이라며 "카지노 가족 6천여명은 생존권을 지키기 위해 서울로 상경해 극한투쟁도 마다하지 않을 것"이라고 강조했다.

출처: 한국경제신문(2011. 11. 01.).

5) 사회 · 문화

우리나라는 갈수록 정보화, 노령화, 핵가족 사회가 되고 있다. 정보화로 인해 인터넷, 스마트폰 등 다양한 채널로 관광정보를 얻을 수 있기 때문에 관광지에 대한 관심과 호기심이 높아져 여행 빈도가 늘어나고 있다. 노령화 사회에서는 영양과 의학의 발전으로 장수하는 노인이 늘어나고 있으며 이들을 위한 실버관광산업이 발달하고 있다. 또한 핵가족 시대를 맞아 관광 · 레저 산업이 가족 중심으로 재편되어 호텔이나 리조트도 가족 관련 상품을 늘리고 있다.

한류, 전통문화에 대한 인식 변화, 웰빙 문화 등으로 관광호텔 시장도 변화를 맞이하고 있다. 우리나라의 대중문화가 세계 여러 나라에서 인기를 얻으면서 한류라는 트렌드가 만들어졌는데 한국 드라마나 영화 촬영지 또는 한류 스타를 보기 위하여 중국, 일본, 동남아 관광객들이 한국을 방문하고 있다. 한편 국내에서는 궁궐 지킴이, 문화해설사, 고택 체험 등 전통문화와 또는 지역문화를 깊이 이해하려는 여행이 증가하고 있다. 최근 삶의 질에 대한 인식이 확산되면서 건강과 음식 그리고 진귀하고 고급스러운 문화를 접하려는 여행이 늘어나고 있다.

[그림 2-2] 문화유산 해설

6) 기술

정보기술의 발달은 호텔산업에 있어 새로운 도전이자 기회이다. 비록 인적자원이 중심이 된다고하나, 효과적인 정보기술 시스템을 채택함으로써 경쟁력을 확보할 수 있다. 호텔의 정보기술 활용은 호텔정보시스템(HIS: hotel information system)으로 호텔의 고객 및 경쟁사 정보 수집을 통한 의사결정, 서비스 업그레이드 등으로 활용한다.

보다 구체적으로 호텔은 예약시스템, 자동 체크인 · 아웃, 고객 인식칩, 와이파이 인터넷 등 항상 최신 기술을 도입하여 고객의 편의를 도모하고 있다. 또한 고객에 대한 인적 자료, 투숙 기록, 취향 등을 데이터베이스로 구축하여 다양한 서비스를 제공하고 있다.

〈기본 시스템 구성도〉

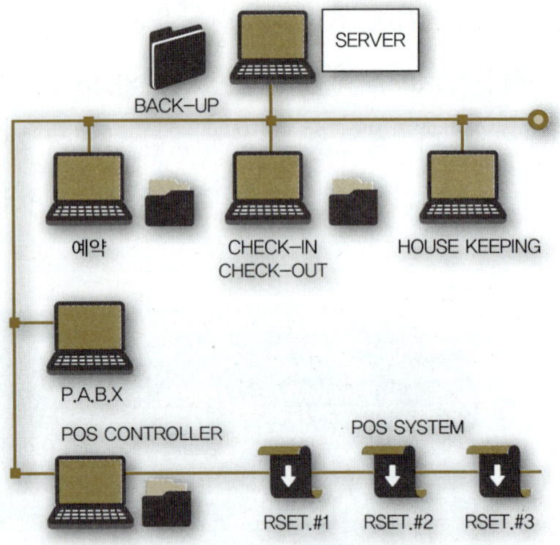

〈전산업무 처리 흐름도〉

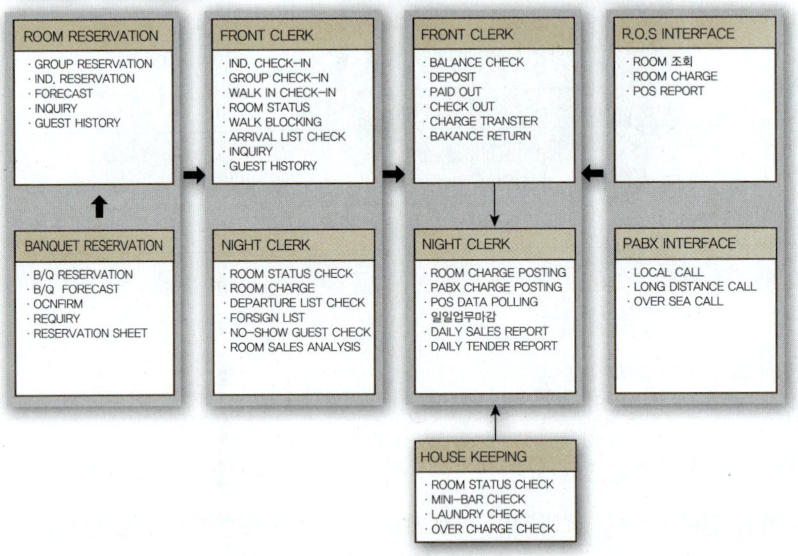

[그림 2-3] 호텔정보시스템 흐름도

7) 자연환경

산업의 발전으로 우리 생활이 윤택해지고 편리해졌지만 그 반대급부로 자연환경이 심각하게 훼손되었다. 공해, 매연, 환경호르몬, 자연재해 등 심각한 결과에 자연환경을 지키려는 노력이 일어나고 있다. 호텔에서는 침대 시트를 재사용하거나,

1회용품 자제, 재생용품 및 친환경제품 사용, 에너지 절약제품 사용 등을 하고 있다. 또 세탁한 물을 하수구로 버리지 않고 정수하여 정원에 사용하기도 한다.

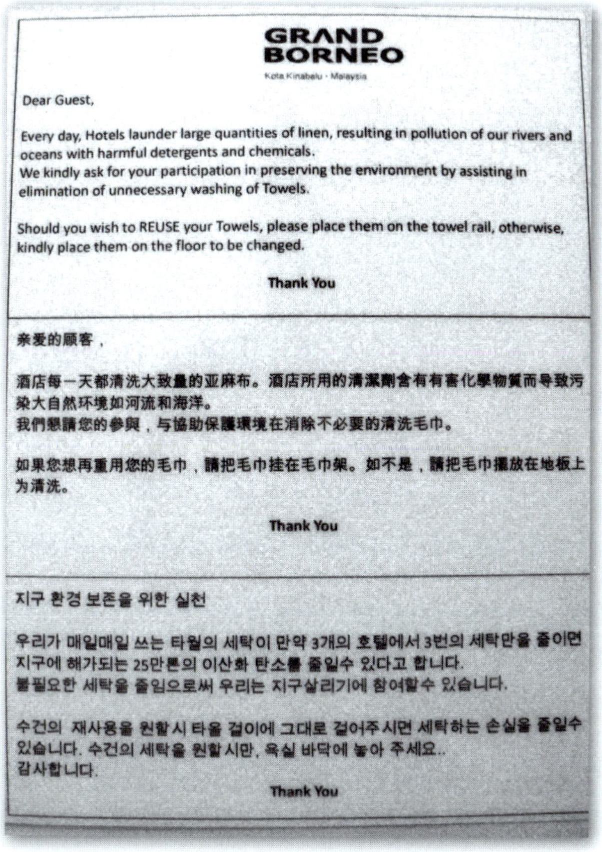

GRAND BORNEO

Kota Kinabalu · Malaysia

Dear Guest,

Every day, Hotels launder large quantities of linen, resulting in pollution of our rivers and oceans with harmful detergents and chemicals.
We kindly ask for your participation in preserving the environment by assisting in elimination of unnecessary washing of Towels.

Should you wish to REUSE your Towels, please place them on the towel rail, otherwise, kindly place them on the floor to be changed.

Thank You

亲爱的顾客，

酒店每一天都清洗大致量的亚麻布。酒店所用的清潔劑含有有害化學物質而导致污染大自然环境如河流和海洋。
我們懇請您的參與，与協助保護環境在消除不必要的清洗毛巾。

如果您想再重用您的毛巾，請把毛巾挂在毛巾架。如不是，請把毛巾擺放在地板上为清洗。

Thank You

지구 환경 보존을 위한 실천

우리가 매일매일 쓰는 타월의 세탁이 만약 3개의 호텔에서 3번의 세탁만을 줄이면 지구에 해가되는 25만톤의 이산화 탄소를 줄일수 있다고 합니다.
불필요한 세탁을 줄임으로써 우리는 지구살리기에 참여할수 있습니다.

수건의 재사용을 원할시 타올 걸이에 그대로 걸어주시면 세탁하는 손실을 줄일수 있습니다. 수건의 세탁을 원할시만, 욕실 바닥에 놓아 주세요..
감사합니다.

Thank You

[그림 2-4] 환경운동의 동참을 촉구하는 호텔 안내문

3. 미시환경 분석

1) 자사 분석

미시환경 분석에는 주로 자사(Company), 경쟁사(Competitor), 고객(Customer)에

대한 분석이 포함되는데 이들을 묶어서 3C분석이라고도 한다. 호텔은 마케팅을 시작하기에 앞서 자신이 어떤 자원을 가지고 있는지 그리고 어떤 강점과 약점을 가지고 있는지 파악해야 한다. 즉, 자사의 재정 현황, 종업원의 숫자와 업무 능력, 평판, 브랜드 인지도, 호텔시설, 디자인, 가격 등에 관해 면밀히 분석함으로써 마케팅 전략으로 활용할 수 있는 것과 없는 것을 알게 된다.

마케팅 담당자는 각 부서의 업무와 능력을 잘 알고 있어야 하는데 가령 여름 이벤트로 딸기를 이용한 음식을 기획하고 싶다면 이에 앞서 조리팀이 이를 수행할 수 있는 여건이 되는지 평가해야 한다. 또 마케팅 계획과 실행에 필요한 자금을 조달하고 가격 전략을 수립, 매출과 수익 상황을 알기 위해서 재무 또는 경리 부서와도 잘 연계해야 한다.

호텔에 재료나 물품을 제공하는 업체 그리고 호텔객실을 홍보하고 판매하는 업체에 대해서도 분석을 해야 한다. 공급자는 호텔이 상품과 서비스를 창출함에 있어 필요한 자원을 제공하는데 마케팅 계획을 추진하기 전에 공급자가 충분히 공급할 능력이 있는지 분석하고 그렇지 못할 경우 대체할 방법을 모색하여야 한다. 유통회사는 최종 구매자에게 상품을 홍보하고 판매한다. 인터넷 호텔객실 판매 업체, 여행사, GDS(global distributim system) 업체 등이 대표적이다.

2) 경쟁사 분석

우리 호텔의 경쟁자를 분석한다. 상대를 알고 자신을 알면 백 번 싸워도 위태롭지 않다(知彼知己百戰不殆)고 했다. 경쟁사의 상품과 서비스를 분석해야 이들과 차별화된 마케팅 전략을 구사할 수 있다. 따라서 경쟁사의 전략, 상품, 유통, 광고, 가격, 이미지, 시장점유율 등에 관해 면밀히 분석해야 한다. 또한 경쟁사를 분석하면서 처음 소개되는 시설이나 서비스, 고객이 선호하는 서비스, 성장 가능성이 높은 상품 등을 파악할 수 있다.

3) 고객 분석

고객을 분석하는 가장 대표적인 방법은 성별, 연령, 직업, 소득, 교육 정도 등을 묻는 인구통계 분석이다. 남자와 여자는 육체적, 심리적으로 다른 면이 존재하기 때문에 남성의 특성과 여성의 특성에 맞는 마케팅과 상품을 개발할 수 있다. 연령대별로도 다른 행동 특성을 보이곤 하는데 어린이, 10대, 20대, 30대, 40대, 50대, 60대 등 연령별 특징을 분석하고 각 집단에 맞는 대응이 필요하다. 교육 수준에 따라서도 선호하는 상품이 달라질 수 있는데 교육 수준이 높을수록 질 높은 상품을 선호하는 경향이 있다. 아울러 소득이 많을수록 가격보다는 편안함을 더 중요하게 생각하곤 한다. 직업도 전문직인지 또는 일반 사무직인지에 따라 다른 심리적 행동 특성을 보일 수 있으므로 이를 잘 관찰하여야 한다.

시장점유율-성장율의 BCG(Boston Consulting Group) 매트릭스

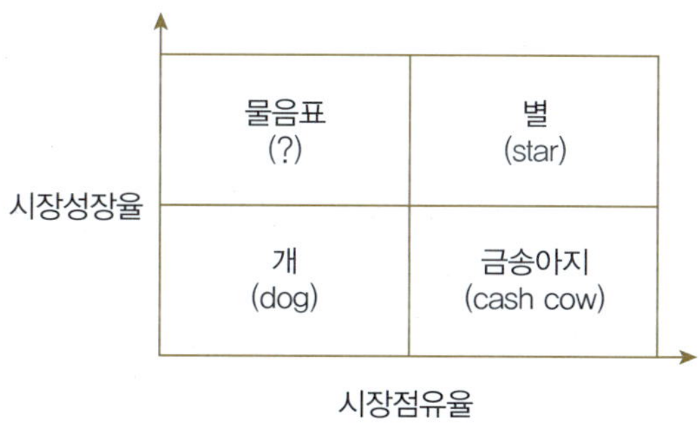

① 물음표(?)

- 주로 시장 도입기의 상황이다.
- 시장 성장율은 높으나 시장 점유율은 낮은 경우이다.
- 비록 타사에 비해 자사의 판매량이 작지만 시장의 규모가 팽창하고 있는 시기이다.
- 성공적인 시장 진출과 점유가 가능할지 심사숙고 하여야 하는 시기이다.
- 적극적 광고 홍보, 가격 인하, 경품 행사, 상품의 질 개선으로 시장점유율을 높여 별(star)로 진입할 수 있다.

  예) 중국 인바운드 시장

② 별(star)

- 주로 성장기의 상황이다.
- 시장이 큰 폭으로 성장하고 있고 시장점유율도 높아서 수익이 많은 상태이다.
- 그러나 아직 안정되지 않고 변화가 많기 때문에 경쟁자의 도전에 적절히 대응하지 않으면 도태될 수 있다.
- 시장 선도를 유지하기 위해 광고, 연구개발 등 많은 마케팅 비용이 필요하다.
  예) 중국 인바운드 시장에서 선도기업

③ 금송아지(cash cow)

- 주로 성숙기의 상황이다.
- 시장 점유율은 높으나 시장이 더 이상 성장하지 않는 상태이다.
- 마케팅비용에 따른 시장변화가 크지 않으므로 선도기업은 안정적인 수익을 확보한다.
- 선도기업일지라도 경쟁 심화로 시간이 지날수록 수익이 줄게 되는 경향이 있다.
  예) 한일 항공노선

④ 개(dog)

- 주로 쇠퇴기의 상황이다.
- 시장성장률도 낮고 점유율도 낮은 상태이다.
- 시장의 성장 가능성이 없어 투자의 성과를 보장받을 수 없다.
- 상품 철수 또는 획기적이고 창의적인 영역으로 전환이 요구된다.
  예) 일본의 전통적 인바운드와 한류 인바운드

연습문제

1. 최근의 거시환경을 분석해 봅시다.

2. 자신이 알고 있는 호텔 중 하나를 선택하여 미시환경을 분석해 봅시다.

3. 자신이 알고 있는 호텔 중 하나를 선택하여 SWOT 분석을 해봅시다.

HOTEL MARKETING

PART

02

호텔마케팅의 분석

CHAPTER

CHAPTER

03 호텔마케팅전략

1. 호텔마케팅전략
2. 기업의 사명
3. 시장분석
4. 호텔기업의 목표설정
5. 시장세분화
6. 목표시장
7. 시장 포지셔닝

HOTEL MARKETING

학습목표

- 호텔마케팅전략의 기본적인 과정에 포함되는 단계들을 이해한다.
- 기업의 사명에 필요한 요소들을 정의하고 시장분석의 과정을 통해 기업의 목표를 정할 수 있게 한다.
- 시장세분화 정의에 따라 시장세분화의 변수를 사용하여 목표시장을 설정하도록 한다.
- 포지셔닝의 정의를 이해하고 차별화된 포지셔닝을 어떻게 할 수 있는지를 이해한다.

하나-앰배서더호텔 '전략적 제휴'

하나금융그룹이 16일 호텔전문그룹인 앰배서더호텔그룹과 전략적 제휴를 위한 양해각서를 체결했다. 앰배서더호텔그룹이 국내외에서 호텔 체인을 확대할 경우 하나금융의 부동산 전문 자회사인 하나다올신탁이 투자 컨설팅 및 금융자문 업무를 제공하는 등 두 그룹의 이익을 공동 추구하는 것을 뼈대로 하고 있다.

출처: 한겨레(2010. 09. 16.).

1. 호텔마케팅전략

호텔마케팅전략이란 호텔기업의 미션이나 목표를 달성하기 위해 마케팅의 방향성을 제시하고 이를 마케팅의 기회로 삼는 것이다. 마케팅전략은 시장에 다양한 소비자들이 존재하므로 누가 고객이 될 것인지를 위한 시장을 세분화하고 집중해야 할 대상을 발견하고 또한 경쟁업체 역시 같은 전략으로 접근하므로 목표시장에 대한 차별화된 제품이나 서비스에 대한 혜택이 제공되어야 한다. 마케팅전략을 만들어 내기 위해서 다음과 같은 절차를 따른다

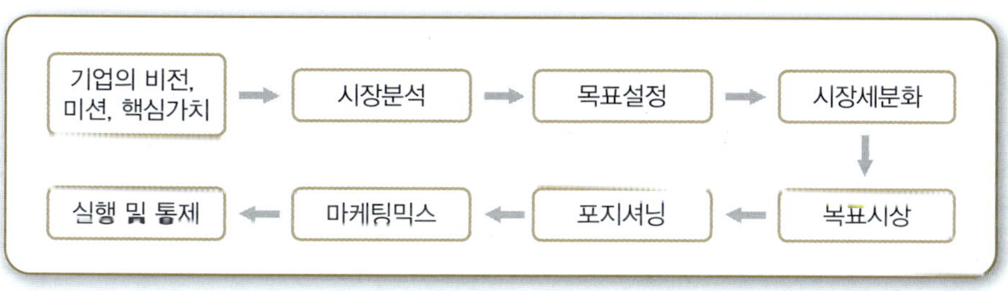

[그림 3-1] 마케팅 기본전략 절차

2. 기업의 사명

호텔산업은 숙박을 제공하거나 여흥을 위해 존재하는 뚜렷한 목적을 가지고 기업의 사명은 우리 business가 무엇이며 우리가 고객을 대신해서 실행 할 수 있는 것이 무엇인가를 정의하는 것이다. 즉, 기업의 사명은 기업의 특성에 맞는 무엇인가를 성취하기 위해 필요한 것이며 기업이 이루고자 하는 목표와 비젼을 담고 있다. 또한 조직의 목표와 구성원들의 일관된 행동을 유지할 수 있게 해주며 동기부여가 될 수 있는 내용을 포함한다.

한 기업의 장기적인 계획을 위해 조직이 무엇을 추구할 것인가에 대한 최고경영자의 관점을 서술한 기업의 사명에는 다음과 같은 내용이 포함되어야 한다.

첫째, 기업이 운영하고자 하는 산업의 범위이다. 기업에 따라서 한 산업에서만 혹은 관련된 산업에서 사업을 함으로써 산업의 범위를 정할 수 있다.

둘째, 기업이 제공하고자 하는 제품과 응용범위이다.

셋째, 기업이 가지고 있는 핵심역량이 무엇인지를 포함하여야 한다.

넷째, 기업이 제공하고자 하는 시장이나 고객의 유형이다.

호텔신라의 기업사명과 비젼

비전

- 최고의 품격과 신뢰를 바탕으로 고객이 꿈꾸는 라이프스타일을 제공하는 글로벌 선도기업

미션

우리는 최고의 라이프스타일 전문가로서 더 많은 인류에게 품격과 자부심을 경험케 한다.

- 신라인으로서 미션: 우리는 Premium Lifestyle을 선도하는 신라인으로서 각각의 분야에서 최고의 전문가로 성장한다.

- 고객에 대한 미션: 우리는 더 많은 고객이 다양한 생활영역에서 신라만의 품격과 자부심을 경험케 한다.
- 사회에 대한 미션: 우리는 지속적인 혁신과 성장을 통해 인류가 더 나은 삶을 누릴 수 있도록 기여한다.

Core Value PRIDE OF THE SHILLA

- 모든 사업에 최고를 지향합니다.
- 모든 고객에게 정성을 다합니다.
- 모든 업무에서 혁신을 추구합니다.
- 모든 신라인은 서로를 존중합니다.

출처: 신라호텔 홈페이지(www.shilla.net)

3. 시장분석

시장분석은 상황분석 중에서 가장 중요한 시장잠재력을 분석하는 것으로 사업을 기획하는 데 있어 효율적이고 합리적인 자본의 사용을 통해 효과적인 기업운영에 그 목적을 두고 있다. 시장분석에 있어서 필요한 요소는 시장잠재력의 크기, 시장성장, 이익성, 구매결정 형태 그리고 고객시장구조에 대한 관찰이 필요하다. 즉, 시장분석은 우리의 고객이 누구이며 (표적시장), 그들의 구매력(수요)는 어느 정도인지, 고객에게 무엇을 제공하고 있는지(제품), 무엇을 제공할 수 있는가(신상품의 성격) 등을 분석하는 것이다. 예를 들어 호텔이나 레스토랑사업을 시작하고자 할 때, 먼저 그곳에 기회가 있는지의 여부를 결정해야 한다. 그 기회는 구매할 준비가 되어있고 의욕이 있으며 능력이 있는 소비자들 내에 존재한다. 따라서 소비자가 구매하고자 하지 않으면 결국 기회는 사라지고 마는 것이다.

이러한 시장분석은 상품분석이 중심이 되는 공급분석과 시장의 잠재력 및 고객의 소비 형태에 대한 수요분석으로 구분한다.

1) 공급분석

공급분석은 기존 시장의 산업, 등급, 제품의 형태별 수급현황에 대해 파악함으로써 1차적으로 시장에 대한 전반적인 흐름을 확보할 수 있다. 우리나라 호텔의 현황을 살펴보면 2011년 11말 기준으로 외국 관광객 숙박에 필요한 객실이 5만 1087실에 비해 현재 숙박객실 수는 2만 6507실로 2만 4580실이 부족한 실정이다. 앞으로의 시장규모에 관한 예측을 통해서 호텔은 객실 수를 근거로 하여 건설계획을 협의 중에 있는 호텔, 건설이 공표된 호텔, 이미 건설이 시작된 호텔에 관련된 정보들을 수집하고 실제로 시장에 진입할 가능성을 검토하여 향후 5~10년간의 공급의 규모를 예측하여야 한다. 또한 경쟁의 심화 추세를 파악하기 위해서는 Bain이 개발한 집중도를 위해 경쟁기업 중 최근 수년간 선두 4개 기업의 연별 총 판매수익이 전체 경쟁 대상 기업 중 몇 %가 되는 가를 파악해야 한다.

2) 수요분석

(1) 시장점유율

시장내에서 고객이 점유하는 비율로 호텔시장 점유률(market share)은 서울의 특1급 호텔숙박전체인원 중 자사 특1급 호텔에 숙박한 고객의 비율이 얼마인가를 말한다. 호텔산업은 실질점유율이 높다고 하여 무조건 긍정적인 측면을 나타낸다고 볼 수 없다. 이는 식음료 업장의 좌석회전율과 동일한 원리이다. 식음료 업장의 좌석회전율이 너무 높아 수용할 수 있는 적정 수치를 넘어 선다면 그 식음료 업장을 이용하지 못하고 돌아서는 고객들이 많아지게 되고 그런 고객들은 업장에 대한 불만족스러운 감정을 지닐 수 있는 것이다. 즉, 자사가 수용할 수 있을 정도의 적정점유율이 더욱 중요하다고 볼 수 있다. 그러므로 전체 동일기업군 내에서 시장점유율을 조사하고 이를 기초로 전략을 수립하는 것이 중요하다. 시장점유율이 파악되면 새로운 시장을 발굴하기 위해 잠재수요를 조사해야 한다.

(2) 시장잠재력의 크기

수요의 잠재력이란 현 시장에서 자사의 상품을 이용하고 있지 않지만 미래에 자사의 상품을 이용할 가능성이 있는 시장을 분석하는 것이다. 예를 들어, 애플은 세계 곳곳의 럭셔리 호텔에 아이맥을 설치하고 있다. 라스베가스 파운틴블루 호텔의 3,889개 호텔 룸과 영국시티인 호텔들이 아이맥을 구비하거나 계획하였다. 이외의 일부 호텔들도 로비에 아이맥을 구비하여 아이맥 호텔 트렌드에 뛰어들고 있다. 이는 호텔이 전략적 상품으로 아이맥을 호텔이 구비, 설치하여 당장에 수익을 적게 가져오더라도 미래의 잠재고객을 대상으로 단골고객을 유인, 확보 가능하게 한다. 그러므로 현재 시장에 대한 분석과 잠재수요의 크기를 파악함으로써 고객의 유인 및 확보 가능한 전략을 개발하여 시장점유율을 높일 수 있다.

[그림 3-2] 아이맥을 구비한 호텔
출처: hotelchatter.

(3) 시장 성장의 잠재력

현재의 시장의 크기는 작지만 미래의 확장 가능성이 있다면 개발해야 하는 시장으로, 예를 들어 인천 송도국제도시에 국제녹색기후기금(CGF)사무국의 유치가 확정되면서 사무국이 출범하면 곧바로 500명의 상주 인력과 연간 121차례의 GCF 관련 국제회의로 외국 관계자들의 왕래가 빈번할 것으로 예상한다. 따라서 전시·컨벤션산업의 성장도 기대된다. 국제회의장으로 송도국제도시는 자리매김할 것이므로 회의장 및 호텔산업에 주요한 시장으로 확대될 것이다. 그러므로 시장 잠재수요의 성장 속도 및 규모에 대한 분석을 통해서 기업이 어떻게 대처할 수 있을지에 대한 방향을 제시하고 경쟁우위의 위치를 차지할 수 있는 자료가 된다.

3) SWOT 분석

SWOT분석은 기업의 내부 자원에서 도출한 기업의 장·단점과 거시환경에서 도출된 시장의 기회와 위협을 연결시켜 도출된 장단점과 비교·조화하여 호텔의 목표설정과 전략수행을 연결해 주는 역할을 하는 것이다.

시장에서 기회는 소비자의 필요와 욕구가 만족되고 있지 않은 곳, 소비자의 문제점이 존재하는 곳, 경쟁이 약하거나 없는 곳이다. 위협은 기회와는 반대인 개념으로 생각할 수 있어 부정적인 경제, 사회, 문화·법적 및 정치적 변화로 정의 한다. 그러나 사실 어떠한 부정적인 변화가 처음부터 위협을 제공하지 않는다. 환경과 시장의 변화에 대처하지 못해 전략이나 영업에 차질이 생기면 부정적인 환경이 위협을 가져오지만 또한 만약 그런 환경변화를 예측하고 대처 할 수만 있다면 기업에게는 또 다른 기회가 된다.

Marriott호텔의 창시자인 Bill Marriott는 건물과 차량이 극히 적었던 1920년대에 많은 레스토랑의 입지를 다리 옆에 정했다. 많은 세월이 흐르는 동안 도시·도로계획으로 주변은 변했지만 강물이 흐르는 다리는 존재해야 한다는 확신이 있었기에 가능했던 것이다. 그러므로 시장의 기회와 위협은 경쟁의 관계를 형성하고 있으며 처음부터 근본적인 위협은 곧 경쟁뿐이라는 것이다.

〈표 3-1〉 SWOT 분석모델

내부환경 분석 / 외부환경 분석	장점(Strengths)	단점(Weakness)
기회(Opportunities)	SO-전략	WO-전략
위협(Threats)	ST-전략	WT-전략

지방 A호텔에 대한 학생의 SWOT 분석 사례

밑의 표는 지방의 한 호텔에 대해 학생이 SWOT 분석을 한 것이다. 학생이 꼽은 호텔의 강점(Strength) 중 첫째는 A호텔이 문화유산이 많은 지역에 위치해 있어 관광객이 많다는 것이다. 둘째는 호수 전망 객실을 가지고 있다는 것이다. 관광객은 객실에서 바라보는 전망에 민감하기 때문에 호수가 보인다면 분명히 강점이 될 수 있다. 셋째는 지역 내 최다객실을 보유하고 있다는 것이다. 그만큼 예약하기가 편리해서 많은 고객을 유치할 수 있다. 그러나 호텔 경기가 나쁠 때는 비어있는 객실이 많으므로 손실도 클 수 있다. 네 번째 강점은 다양한 연회장을 보유하고 있다는 것이다. 따라서 크고 작은 행사를 다양하게 유치할 수 있다.

약점(Weakness)의 첫째는 고객 인지도가 미비하다는 것이다. 아무리 좋은 시설을 갖추어도 고객이 호텔에 대해 전혀 알지 못한다면 아무런 소용이 없다. 둘째는 서울에서 멀다는 것이다. 그래서 접근성이 문제이다. 게다가 세 번째 약점이 역이나 터미널에서 호텔까지 마땅한 대중교통 수단이 없다는 것이다. 마지막으로 직원이 이직하는 사례가 많은 약점이 있다. 그러면 팀워크를 해치게 되고 직장 분위기가 어수선해진다.

기회(Opportunity)의 첫 번째로 주5일 근무제를 꼽았다. 이 제도의 시행 덕분에 여행 빈도가 높아지고 특히 원거리로 여행이 늘어나고 있다. 지방호텔에게 큰 호재가 아닐 수 없다. 두 번째 기회 요소는 KTX가 이 지역으로 개통된 것이다. KTX의 등장으로 원거리 여행이 한층 편리하게 되었다. 충분히 더 많은 관광객을 기대할 수 있다. 마지막으로 한류 열풍을 들었다. 외국 관광객을 기대한 것인데 당장은 아니더라도 차츰 외국 관광객이 늘어날 수 있고, 또 드라마 한편으로 일약 촬영지로 각광받을 수도 있다.

위협(Threat) 요소 중 첫 번째는 경기침체다. 여행시장은 경제 상황에 매우 민감하다. 경기가 나쁠 때 사람들은 여행비용부터 줄인다. 따라서 호텔은 직접적인 경영 위기를 맞게 된다. 두 번째 위협 요소는 전쟁이나 테러와 같은 불안한 세계정세다. 여행에서 안전은 필수적이다. 안전을 위협받으면 사람들을 여행을 하지 않는다.

마지막으로 이 학생이 약점을 강점으로 바꾸는 계획이 기특하다. 고객 인지도를 높이기 위해서 광고와 PR을 강화하고 원거리의 약점을 보완하기 위해서 역이나 터미널에서 호텔까지 셔틀버스를 운영하고 직원의 이직율을 낮추기 위해서 휴가제, 보상제, 급여 인상을 추진한다는 것이다.

지방 A호텔의 SWOT 분석 학생 사례

강점(Strength)	약점(Weakness)
• 문화유산이 많은 지역에 위치 • 호수 전망 객실 • 지역 내 최다 객실 보유 • 다양한 크기의 연회장 보유	• 고객 인지도 미비 • 서울에서 먼 거리 • 역이나 터미널에서 호텔까지 교통 불편 • 높은 이직율
기회(Opportunity)	**위협(Threat)**
• 주 5일 근무제 • KTX 개통 • 한류 문화 열풍	• 경기 침체 • 전쟁, 테러 등 불안한 세계 정세

※약점 → 강점 계획
• 광고 및 PR 강화
• 셔틀버스 운행(호텔 ↔ 경주역/터미널)
• 직원의 복리후생 향상(휴가제, 보상제, 급여 인상)

4. 호텔기업의 목표설정

기업의 목표란 기업이 달성하고자 하는 구체적인 성과를 의미하는 것이다. 상황분석의 결과로 SWOT분석을 하고, 여기서 도출된 결과를 통하여 목표를 설정한다. 목표는 5년 이상의 장기, 3~5년의 중기, 1~2년 내의 단기로 나누어 생각해 볼 수 있다. 일반적으로 마케팅전략은 장기적으로 마케팅계획은 1년간의 단기적으로 생각할 때 중장기 목표는 전략적인 마케팅 차원을 의미하며 단기적 목표는 마케팅 계획의 차원이 의미를 지닌다.

단기적인 목표는 구체적인 수치나 측정 가능한 목표를 의미하며 판매수익, 객실점유율, 구체적수치의 성장 및 감소률에 대한 %, 달성 가능시간 등 그 결과를 측정할 수 있어야 한다.

5. 시장세분화

1) 시장의 정의

일반적으로 시장은 서비스와 제품을 교환하기 위해 구매자와 판매자가 모인 장소로 제품의 실질구매자와 잠재구매자가 있는 곳이 시장이다. 경제학자들에게 시장은 제품과 서비스를 교환하는 모든 판매자와 구매자를 지칭한다.

그러나 구매자는 너무 많고 사방에 흩어져 있고, 구매 형태와 욕구가 다양한 반면 판매자는 이러한 생각에 대응해서 항상 움직이지는 않고 판매자들의 생각은 다음과 같이 3단계로 나누어진다.

(1) 대량판매

판매자가 모든 구매자들에게 한 가지 제품을 대량생산하고 대량유통하고 대량판매하는 것이다. 대량마케팅은 최저의 가격과 비용으로 최대의 잠재시장을 만들어 내는 것이다.

(2) 제품다양화 판매

판매자가 다른 모양, 특징 스타일, 품질, 크기 등을 가진 두 가지 이상의 제품을 생산하며 제품라인은 다른 세분시장에 소구하기보다는 구매자들에게 다양성을 제공하기 위해 기획된다. 소비자가 시간에 따라 다른 취향을 다양하게 가지며 소비자가 다양성과 변화를 추구하기 때문에 제품다양화 판매가 이루어 진다.

(3) 목표판매

판매자가 시장을 세분화하여 한 두개의 세분시장을 선택하고 각 세분시장에 맞는 제품과 마케팅믹스를 발전시키는 것이 목표판매이다.

오늘날 많은 기업들은 대량판매와 제품다양화 판매로 부터 목표판매로 전환하고 있다. 목표판매는 판매자에게 시장의 좀더 나은 기회를 발견하게 해주고 기업이 올바른 제품을 각 세분시장에 맞게 개발할 수 있도록 해준다. 기업은 이러한 과정, 유통망, 광고 등을 통하여 각 시장에 효과적으로 대처할 수 있게 해준다. 그러므로 분산된 마케팅노력을 기울이는 대신 최고 구매의도를 가진 구매자에 집중할 수 있다.

2) 시장세분화

(1) 시장세분화의 개념과 의의

소비자의 취향과 선호도는 평균적인 부분에 속하는 사람에서 경우에 따라서 극단적인 경우까지 다양하다. 그렇다면 우리의 목표시장(target market)은 어디를 잡아야 할까? 일반적으로 가장 큰 평균 쪽으로 맞추는 것이 당연하다. 그러나 우리 뿐만 아니라 다른 경쟁자도 그렇게 생각한다는 데 문제가 있다. 그러므로 소비자가 얼마나 많을까만을 생각하여 목표시장을 선택해서는 안 되기 때문에 시장세분화가 필요하다.

시장세분화란 제품이 아닌 시장을 차별화하는 것으로 동일한 제품도 서로 다른 시장에 따라 차별화될 수 있다. 고객과 제품의 다양성으로 시장을 차별화하게 되고 시장세분화를 통하여 시장의 기회를 발견하게 되고 세분시장에 따른 표적시장에 보다 효과적인 마케팅믹스를 적용하여 시장의 수요변화에 신속하게 대처할 수 있다. 세분화는 서로 다른 욕구를 가지고 있는 고객들을 상호 동질한 욕구를 지닌 각각의 시장들로 작게 구분하는 것으로 세분시장 내에서는 집단이 내적 동질성을 갖으면서 다른 세분시장과 구분이 가능한 외적 이질성을 가지고 있다. 시장세분화의 목적은 개인의 욕구와 기회들이 비교적 동질성이 있는 충분히 크고, 측정가능하며, 접근 가능한 군집들을 확인하기 위한 것이다.

세분시장의 장점으로는 첫째, 기업이 쉽게 시장기회 파악 및 유리한 마케팅전략을 전개할 수 있게 한다. 둘째, 제품 및 마케팅활동을 목표시장 요구에 적합하도록 조정한다. 셋째, 시장세분화의 반응도에 근거하여 마케팅자원을 효율적 배분 가능하게 한다. 넷째, 소비자의 다양한 욕구를 충족시켜 매출 및 수익증대 효과에 기여한다.

이러한 시장세분화에는 비용이 수반된다. 여러 제품군을 유지하기 위해서는 생산에서부터 마케팅까지 부가적인 비용이 소요되므로 세분화를 많이 하는 것이 꼭 좋은 것은 아니다. 왜냐하면 기본적으로 비용이 증가하고 동일한 제품라인에서 여러 브랜드를 만들어 낼 경우 그 브랜드끼리 내부경쟁을 피할 수가 없기 때문이다. 따라서 올바른 세분화는 비용과 매출을 비교한 적절한 균형을 이루어야 한다.

(2) 시장세분화의 변수와 측정기준

시장세분화를 할 때 세분화는 제품을 근거로 공급자 대상으로 하거나 고객을 근거로 한 수요자 중심의 세분화로 나누어 볼 수 있다. 마케팅에서 시장세분화는 고객을 중심으로 나누어 생각한다. 고객을 중심으로 한 시장은 고객의 각자의 관점이나, 욕구와 필요, 지리적 위치, 구매 태도와 습관등이 서로 다르기 때문에 소비자의 특성을 기준으로 하여 지리적 세분화와 인구통계적 세분화, 그리고 심리적 세분화로 나누고 소비자의 반응기준에 따라 행동적 세분화로 나누어 살펴볼 수 있다. 소비자 특성기준은 사회경제적 및 인구통계적 변수를 사용하여 다양한 소비자의 특성을 파악하며 구매행동과 연관 있는 특성을 측정하는 것이다. 또한 소비자 반응기준은 제품의 사용, 생활양식 등의 행동분석을 근거로 하여 공통된 속성을 측정하는 방법이다.

〈표 3-2〉 시장세분화 기순과 변수

세분화 기준	변수
지리적 변수	지역, 인구밀도, 도시의 크기
인구통계적 변수	연령, 성별, 가족규모, 가족생활주기, 소득, 직업, 교육수준, 종교
심리적 변수	사회계층, 생활양식, 개성
행동적 변수	구매동기, 추구하는 혜택, 사용량, 제품에 대한 태도, 상표 충성도, 상품구매단계, 가격에 대한 민감도

① 지리적 세분화

지리적 변수에 의한 세분화는 가장 쉬운 세분화 방법이다. 시장을 지역단위(도, 시, 군, 면, 리), 인구밀도, 기후 등으로 나누는 것으로 고객의 필요와 욕구에 대한 지리적 차이에 따라서 한 지역 또는 여러 지리적 지역으로 시장을 결정할 수 있게 한다.

〈표 3-3〉 지리적 분화 변수

변수	구분 형태
지역	서해안, 산악부, 서남중앙부, 동북중앙부, 동남중앙부, 동해안, 남부 등
도시 사이즈	인구 5000명 이하, 5,000~19,9999명,
밀집	도시, 근교, 지방
기후	열대, 온대, 건조 ,냉대, 한대

예를들어 지방 숙박업으로 시작하여 미국 전역으로 확장이 보다 용이했던 Holiday Inn은 Memphis의 지방 모텔로 시작하였고 미국 저가숙박업체인 Motel 8은 미국서부와 중서부시장을 대상으로 시작하여 현재 전 미국 내로 확장하였다. Hyatt Hotels은 지역 고객들의 필요와 욕구를 채울 수 있는 제품라인을 수정할 필요가 있음을 판단하고 1992년부터 Hyatt 호텔의 메뉴에 각 지역별 특선메뉴를 Hyatt 호텔 지역메뉴의 30%선으로 구성하였다. 워싱턴 D.C에 있는 Four Season Hotel의 경우는 그 지역 음식을 제공하기 위해 일반 도매업자로부터는 구하기 어려운 지역 농산물의 공급을 근처 가까운 농부들과 계약하여 제공받았다.

② 인구통계적 세분화(demographic segmentation)

인구통계적 세분화는 고객을 나누는 가장 많이 사용되어지는 방법으로 나이, 생활주기, 성별, 소득, 직업, 교육수준, 종교, 인종, 국적과 같은 인구 통계적 변수에 의해서 나누어 진다. 인구통계적 세분화가 많이 사용되는 이유는 첫째, 소비자 욕구와 필요 그리고 사용빈도가 인구통계적 변수와 밀접하고 둘째, 다른 세분화 변수들에 비해 상대적으로 조사하는 것이 훨씬 쉬워 많이 이용되고 그 효과도 뛰어나기 때문이다.

가. 연령과 생활주기

소비자들의 필요와 욕구는 나이에 따라 변하고 기업은 다양한 나이와 생활주기 세분화를 통해서 거기에 맞은 다른 제품과 시장전략을 계획한다. 비록 대부분의 노인들이 나이가 많아질수록 일상생활에 도움이 필요하다는 조사를 바탕으로 Marriott와 Hyatt 같은 호텔 업체들은 이러한 시장세분화의 욕구를 충족시키기 위해 senior living centers를 개발하여 공동체에서 사람들이 집을 구매할 수 있거나 노인들에게 지속적인 간병은 아니지만 일상적인 보조가 제공되는 생활시설을 갖추어 놓았다.

〈표 3-4〉 인구 통계적 세분화 변수

변수	구분 형태
연령	6세 미만, 6~11, 12~19, 20~34, 35~49, 50~64, 65 이상
성별	여성, 남성
가족규모	1~2, 3~4, 5 이상
가족생활주기	독신이고 젊음; 자녀 없이 젊고 결혼; 6세 미만의 어린 자녀 있는 젊고 결혼; 6세 이상 자녀 있는 젊고 결혼; 자녀 있는 나이 있고 결혼; 18세 미만의 아이 없는 나이 있고 결혼; 나이 있고 독신
수입	$10,000 미만; 10,000~$15,000; $15,000~$20,000;$20,000~$30,000; $30,000~$50,000; $50,000~$100,000; $100,000이상
직업	전문기술직, 관리사무직, 판매직, 농부, 은퇴자, 기능직, 학생, 주부, 실업자
교육	고졸 이하, 고졸, 초대졸, 대졸, 대학원졸 이상
종교	기독교, 가톨릭, 불교, 힌두교 등
인종	아시아인, 흑인, 백인 등
국적	미국인, 영국인, 프랑스인, 독일인, 이탈리아인 등

나. 성별

1970년 미국의 경우 여성이 비즈니스 여행자의 1% 미만이였으나 1990년대 부터 40% 이상을 차지하고 있다. 따라서 호텔의 객실을 디자인하는 데 여성고객을 고려하기 시작하였으며 로비 바, 체력 단련실, 미용실, 객실을 포함하여 디자인 변화를 위해 밝은 색으로 장식되었다. 또한 호텔기업은 광고에 여성 경영진을 더 많이 참여시키기도 하였다.

다. 소득

소득은 고객이 제품과 서비스를 살 것이라는 것을 항상 예측하게 하는 것은 아니지만 소득세분화는 가격전략에 영향을 미치는 것으로 가격이 소득에 의해서 결정되지는 않지만 밀접한 관계를 맺고 있다. 예들 들어 Four Seasons 호텔은 고소득층 고객을, Motel 6, LaQuinta Inn, Super8은 저소득층 고객을, Courtyard by Marriott는 중간소득층 고객을 표적시장으로 하고 있다.

뉴욕에 있는 St. Moritz On-the Park Hotel은 소득과 지리적 세분화 변수를 결합하여 경쟁호텔에 의해 부과되는 객실료의 반값으로 요금을 책정하여 전세계 중간소득층 여행자에게 인기를 끌고 있다. 그러나 싱가포르 호텔의 경우 소득이 방문목적만큼이나 강한 세분화 변수가 되지 못하는 경우도 있다. 따라서 소득이나 다른 세분화 변수가 모든 시장에서 동등하게 중요한 요인이 될 수는 없음에 유의해야 한다.

③ 심리적 세분화

심리적 세분화는 사회계층, 생활스타일, 개성에 근거하여 나누지만 다른 인구통계적 그룹에 있는 사람이라도, 예를 들어 성별이 다르더라도 유사한 가치관을 갖고 있는 집단을 묶어서 구분할 수 있고 또 나이가 다르더라도 비슷한 라이프 스타일에 따라 집단을 구분할 수 있다.

사회계층으로 구분하여 볼 때 Ritz-Carlton에서 오후에 차를 즐기는 대상은 중산층 그 이상의 계층의 고객이 되며, 공장 가까이 있는 이웃 술집의 경우는 근로자층을 대상으로 한다.

많은 기업들이 특정 사회계층을 위한 제품이나 서비스를 설계하는 데 있어 60년대 이후 가장 많이 쓰이는 변수 중에 하나가 라이프 스타일이다. 라이프 스타일은 흔히 활동(Activity)과 관심(Interest), 의견(Opinion)을 기준으로 분류되는데, 그 머리글자를 따서 AIO분석이라고 한다. AIO는 나이나 성별, 소득, 직업 등 동일한 인구

통계적 집단 내 속한 사람들도 서로 상이한 정신 심리적 특성을 가지고 있을 수 있다는 정신 심리적 특성을 기초로 시장을 나누는 것이다. 즉, 소비자가 어떻게 시간을 보내고, 어떤 일을 중시하며, 어떤 견해를 갖고 있는가를 척도로 나타내어 수치화하는 것이다. 이런 방법은 시장에 대해 풍부한 정보를 주는 반면 세분화의 경계가 모호하여 측정이 어렵다는 단점이 있다.

〈표 3-5〉 생활양식(Life Style) 차원

활동(Activities)	관심(Interests)	의견(Opinions)	인구(Demographics)
일	가족	자신들	연령
취미	가정	사회적 문제들	교육
사회적 이벤트	일	정치	소득
휴가	지역사회	사업	직업
오락	여가	경제	가족규모
클럽회원활동	패션	교육	거주
지역사회활동	음식	제품	지리
쇼핑	미디어	미래	도시규모
스포츠	성취	문화	생활주기단계

출처: Joseph T. Plummer, (January 1974). "The concept and Application of Life-Style Segmentation," Journal of Marketing. p. 34.

개성은 제품이나 브랜드를 선택하는 소비자행동을 분석하는 데 유용하다. 시카고 Drake Hotel에서 근무하는 72세의 헤드바텐더 Stanley Paskie는 바텐더란 인간의 감성을 소유하는 것이 중요하며 바텐더 학교에서는 가르쳐주지 않는다. 하지만 낯신 고객과 대화를 하고 경청해 줌으로써 고객은 이에 감사의 마음을 표현하게 된다. 즉, 진정한 바텐더는 아버지, 철학자, 타인의 말을 들어주고 지지하는 등의 역할을 해야 하며 이러한 특성이 환대산업의 모든 영역에서 이신할 바 없이 중요한 것임을 강조하였다.

일반적으로 심리적 세분화의 변수는 환경과 소비자가 변함에 따라서 심리적 세분시장이 변하게 되고 각 세분시장 간에도 중복되는 경향이 많아진다. 즉, 심리적 세분화는 지리적 변수나 인구통계적 변수에서 보이는 세분화 구분의 경계를 비교하면 상대적으로 모호하기 때문에 측정이 어렵다

④ 행동세분화

행동세분화는 실제 기업의 상품을 구입한 고객을 대상으로 상품을 구매하거나 이용하는 시기, 장소, 상황 등의 구매 및 소비 형태 분류와 상품의 구매에 따라 고객이 얻게 되는 효용, 현재 고객이 기업에게 어떤 존재인지를 파악하게 하는 고객지위, 구매빈도, 충성도 등으로 세분화한다. 많은 마케터들은 행동변수가 시장세분화를 만드는 데 최고의 시작점이 된다고 믿고 있다.

〈표 3-6〉 행동적 세분화 변수

변수	내용
구매상황	상용, 특별 등
혜택추구	경제성, 편의성, 관심, 체면 등
사용현황	비사용자, 이전사용자, 잠재사용자, 초기사용자, 규칙적사용자
사용률	경사용, 중사용, 고사용
충성도	고충성도, 저충성도, 다변충성도, 비충성도
구매동기	편의성, 충동, 합리성

가. 구매 상황

미국 Pennsylvania 주에 있는 Pocono 산에 있는 몇몇 호텔은 신혼여행을 특화시장으로 하여 객실에 하트형의 침대와 샴페인 글라스 모양의 욕조를 설치하였다. 또한 일본의 신혼부부들은 괌, 하와이, 뉴질랜드, 호주 등의 신혼여행지를 선호한다. 이에 부응하여 단체 신혼여행패키지를 만들어 하나 혹은 그 이상의 목적지로 여행을 가고자 하는 일본 신혼부부들에게 성공적으로 인기를 끌었다.

Canadian Pacific Hotels 계열의 Doubletree Hotels은 Room at the Inn이라는 프로그램으로 추수감사절과 크리스마스 기간 동안 긴급숙박을 필요로 하는 여행자들에게 무료로 단기숙박을 제공하고 있다. 긴급의료처치를 받고 있는 사람들을 방문

하기위해 여행하는 사람들의 무료숙박을 위해 지방병원이나 적십자사와 같은 곳에서 방문고객에게 적합한 정보를 제공해 준다.

나. 혜택 추구

구매자들이 추구하는 제품혜택에 따라 나누어진다. 구매자가 추구하는 혜택을 알게 됨으로써 경영자는 고객이 추구하는 혜택을 포함한 제품을 개발할 수 있다. 또한 고객이 추구하는 혜택이 무엇인지를 안다면 경영자는 고객과 훨씬 효과적으로 의사소통한다. 어떤 호텔의 고객은 헬스클럽에서 운동 후의 신선한 느낌을 좋아한다. 따라서 헬스클럽이 있는 호텔을 찾을 것이고 운동에 가치를 두지 않는 고객에게는 호텔의 헬스클럽에 비중을 두지 않는다.

따라서 혜택은 제품의 특성으로 나타나는 긍정적인 산물이다. 고객에게 긍정적인 산물을 제공하지 못하는 제품은 가치를 얻지 못한다. 그러므로 고객이 추구하는 혜택이 무엇인지를 알게 됨으로써 마케터들은 원하는 혜택을 제공할 수 있는 특성에 대해 고객과 소통할 수 있고 고객이 추구하는 제품을 개발할 수 있다.

다. 사용자 현황

사용자 현황은 비사용자, 이전 사용자, 잠재사용자, 초기사용자, 규칙적 사용자로 세분화될 수 있다. 높은 시장점유율을 지닌 항공사는 특별히 규칙적 사용자를 유지하고 잠재사용자를 끌어들이는 것에 관심을 가진다. 잠재사용자와 규칙적 사용자는 흔히 다른 마케팅 소구를 필요로 한다.

라. 충성도

완대상품을 구매하는 소비자는 브랜드에 충성심을 가지고 있다. 소비자는 여러 개의 브랜드에 충성심을 가질 수 있고 하나의 브랜드를 선호하지만 다른 것을 구매할 수도 있다. 충성도는 고충성도, 저충성도, 다변충성도, 비충성도로 세분화된다. 어떤 경우에는 브랜드 충성도를 전혀 나타내지 않을 수도 있다. 즉, 소비자는 다양한 것을 원하거나 브랜드가 무엇이든 간에 값싸거나 가장 편리한 브랜드이면 구매 한다. 이러한 사람들이 모텔을 찾을 때 처음 눈에 띄는 모텔이면 어느 것이든지 Ramada Inn 또는 Hoiday Inn 등에 머무를 것이다.

따라서 호텔업계에서는 관계마케팅을 통하여 브랜드 충성도를 올리려고 한다. 이를 위해 마케팅 담당자들은 고객과의 직접적인 접촉을 가지고 의사소통과 주문을 고객이 원하는 대로 해주기 위해 이용한다. 현재의 고객을 유지하고 확보하기 위해서는 충성도를 높여야 한다.

마. 사용률

시장은 제품의 경(light), 중(mediun), 고(heavy)사용자로 세분화될 수 있다. 고사용자는 시장에서 작은 비율을 차지하지만 총 구매의 높은 비율을 차지하고 있다. 고사용자는 자주 방문하고 많은 돈을 소비하고 기업에 친숙해지는 성향을 지니고 있는 고객이다. 호텔산업에서는 고객을 단골고객화하기 위해 상용고객프로그램을 실시한다. 상용고객프로그램을 유지하는 데는 비용이 많이 들지만 이 프로그램을 제공하는 호텔에 다시 묵으려는 고객을 비즈니스여행시장 중에서 상당히 많은 부분을 확보하는 데 효과적이다. 마케터들은 고사용자를 식별하고 마케팅믹스를 계획한다. 많은 기업들은 마케팅자원을 잠재고객에게 동등하게 배분한다. 경험이 풍부한 마케터들은 고사용자를 식별화하고 마케팅전략을 집중한다.

바. 구매동기

사람들이 한 제품에 대해 구매하는 단계의 시점은 모두 다르다. 제품에 대해 모르는 사람, 아는 사람, 정보를 지닌 사람, 사기를 원하는 사람 등의 다양한 사람들이 있다. 각 단계에 관련된 변수들이 마케팅을 계획하는 데 많은 차이를 만든다. 따라서 구매 동기의 예를 들면 편리성, 충동적, 합리적 등의 이유로 시장의 행동적 변수를 정의해 볼 수 있다.

(3) 효과적인 세분화의 요건

시장을 세분화하는 방법이 다양하지만 세분화의 변수들이 동등하게 영향을 미치지는 않는다. 세분시장 내에 있는 동질소비자에게 적합한 마케팅믹스를 개발하기 위한 것이 시장세분화의 목적으로 시장세분화는 내적으로 이질적인 특성을 가지고 있으나 외적으로 동질한 집단을 단체로 묶는 것을 말한다. 그러므로 효과적인 세분화를 하는 것이 무엇보다 중요하기 때문에 다음과 같은 특성을 변수들은 반드시 가져야 한다.

- 측정 가능성 : 세분화의 규모와 구매력이 측정되어 질수 있는 정도이며 시장의 정보유무나 시장정보의 획득 가능성의 여부도 파악해야 한다.
- 접근 가능성 : 세분화가 접근되거나 이용될 수 있는 정도이다. 즉, 커뮤니케이션과 유통망을 통한 접근의 가능성을 의미한다. 세분시장의 규모가 충분한 시장이라도 연결해 줄 수 있는 커뮤니케이션시스템이 없으면 성공하기 힘들다.
- 실체성 : 시장의 실체성은 세분시장에 대한 마케팅활동에 요구되는 비용과 시간을 충분히 보상할 수 있을 만큼 세분시장이 크고 수익성이 있는가를 점검해 보아야 한다. 그러므로 구매의도 및 구매수요를 파악하여 시장이 적용되는 마케팅프로그램을 지원하기 위한 경제적으로 수지가 맞는 가장 큰 동질집단을 세분화하여야 한다
- 달성 가능성 : 세분시장에 적용되거나 유인할 수 있는 효과적인 마케팅 프로그램을 구성하여야 한다.
- 차별화 가능성 : 각 세분시장마다 소비자의 욕구가 서로 이질적이어야 한다.

6. 목표시장

1) 시장세분화 평가

시장세분화는 기업의 시장세분화 기회를 나타내는 것으로 기업은 다양한 세분화 시장을 평가하고 여러 세분화 중 얼마나 많은 세분지역과 어떤 세분지역을 목표시장(Target Marketing)로 삼아야 할지를 평가하기 위해 세분화 규모와 성장, 세분화의 구조적인 매력성, 기업의 목표와 자원들을 검토해 보아야 한다.

(1) 세분시장의 규모와 성장

기업은 여러 세분시장에서 세분시장의 현 매출, 성장률, 예상되는 수익에 관련된 데이터를 우선적으로 수집, 분석해야 한다. 그러므로 적절한 규모와 성장 특징을 가진 세분화지역에 관심이 가질 것이고 일반적으로 현재 큰 매출, 높은 성장률, 높은 수익률을 가진 세분시장을 목표시장으로 설정하게 될 것이다. 그러나 높고 빠른 성장성을 지닌 세분화 시장이 모든 기업에게 가장 매력적인 목표시장은 아니다. 작은 기업일 경우 기업이 지닌 기술력과 자금력이 큰 세분시장에 대처할 능력이 부족할 경우가 많으므로 어떤 의미에서는 작지만 아직은 시장의 관심을 끌지 못하는 세분시장을 선택함으로 잠재적으로 수익을 가져다 줄 목표시장의 선정이 필요하다.

(2) 세분시장의 구조적인 매력성

목표 세분시장은 적정규모와 성장성을 가져야하지만 현재는 관심을 끌 정도의 수익을 제공하지 않을 수 있다. 그러므로 기업은 장기적으로 세분시장에 영향을 끼칠 수 있는 여러 가지 구조적인 요인들을 검토하여야 한다. 또한 세분시장에 대체상품이 존재할 경우 해당 제품의 가격이나 이익에 많은 영향을 미치게 됨을 고려하여야 한다.

(3) 기업의 목표와 자원

세분시장이 적절한 규모와 성장을 지니고 있고 구조적으로 매력이 있어도 기업은 세분화와 관련된 목표와 자원을 고려해야 한다. 세분시장이 기업의 목표와 일치해도 그 세분시장에서 성공하는 데 필요한 기술과 자원을 보유하고 있는지 혹은 환경적, 정치적, 사회적 요인으로 올바른 선택을 한 것인지를 확인해야 한다. 세분시장이 기업의 목표에 적합하지 않으면 성공하기 위해 필요한 기술과 자원을 가지고 있는지를 결정해야 한다. 비록 기업이 강점을 가지고 있다고 해도 시장세분화에서 성공하기 위해 경쟁업체 보다 앞선 기술과 자원을 가지고 있어야 한다.

2) 시장세분화 선택

여러 세분시장을 평가한 후에 기업은 목표시장(Target Market)을 정해야 한다. 목표시장은 기업이 제공하려고 결정할 공통적인 욕구와 특성들을 지닌 구매자들의 집합체로 구성되어 있다. 이 목표시장을 대상으로 기업은 다음과 같은 비차별화 마케팅, 차별화 마케팅, 집중화 마케팅 전략으로 시장을 점유할 수 있다. 기본적인 제품의 수명주기는 도입기, 성장기, 성숙기, 쇠퇴기의 단계로 나누어진다. 도입 단계에서는 수요가 적고 잘 알려지지 않았으므로 시장의 규모는 작아서 비차별화 마케팅이 적합하다. 그러나 도입단계를 거쳐 성장기에 접어들면서 수요가 증대되면 차별화 또는 집중화 마케팅이 더 적합하다. 경쟁기업이 공격적으로 세분화에 따른 차별화 전략을 실행할 때는 비차별화 전략으로 대응하는 것이 쉽지 않으나 경쟁기업이 비차별화 전략을 실행 할 때는 세분화 전략으로 이득을 얻을 수도 있다.

(1) 비차별화 마케팅

비차별화 전략은 시장세분화의 차이를 전혀 고려하지 않고 전체 시장을 한 세분시장으로 간주하여 제품을 판매하는 전략이다. 따라서 이 전략은 차이보다는 소비자의 욕구 측면에서 공통성이 있다는 데 초점을 맞추고 있다. 그러므로 전체 시장이 유사한 욕구를 지닐 때는 효과적이지만 다양한 고객의 다양한 욕구를 충족시키기는 어렵다. 많은 구매자들에게 비차별화 전략은 대량유통과 대량광고로 소비자의 마음에 최상의 이미지를 창조하기 위한 도구로 사용될 수 있고 가격 경제성을 제공한다. 즉, 협의의 제품라인은 제품, 재고, 운송비를 절감시켜준다. 비차별화된 광고프로그램은 절감효과가 있고 세분화에 대한 무시로 마케팅연구비와 제품개발비를 낮출 수도 있다.

그러나 대부분의 소비자들을 만족시킬 수 있는 제품이나 브랜드를 개발하기 어렵기 때문에 큰 세분화 시장을 목표로 하는 기업들의 경쟁이 치열할 수밖에 없다. 소규모의 기업은 대기업과 직접 경쟁하기가 어렵기에 틈새시장(niche －market)전략을 채택하게 된다.

(2) 차별화 마케팅

차별화된 마케팅전략을 사용하는 기업은 여러 개의 세분시장을 목표로 하며 각 세분시장에 다른 제품을 제공한다. 다양한 고객을 대상을 각각의 욕구에 맞는 다양한 제품을 다양한 가격으로 제공하고 다양한 촉진전략을 실시함으로 많은 고객을 확보하지만 비용이 많이 든다.

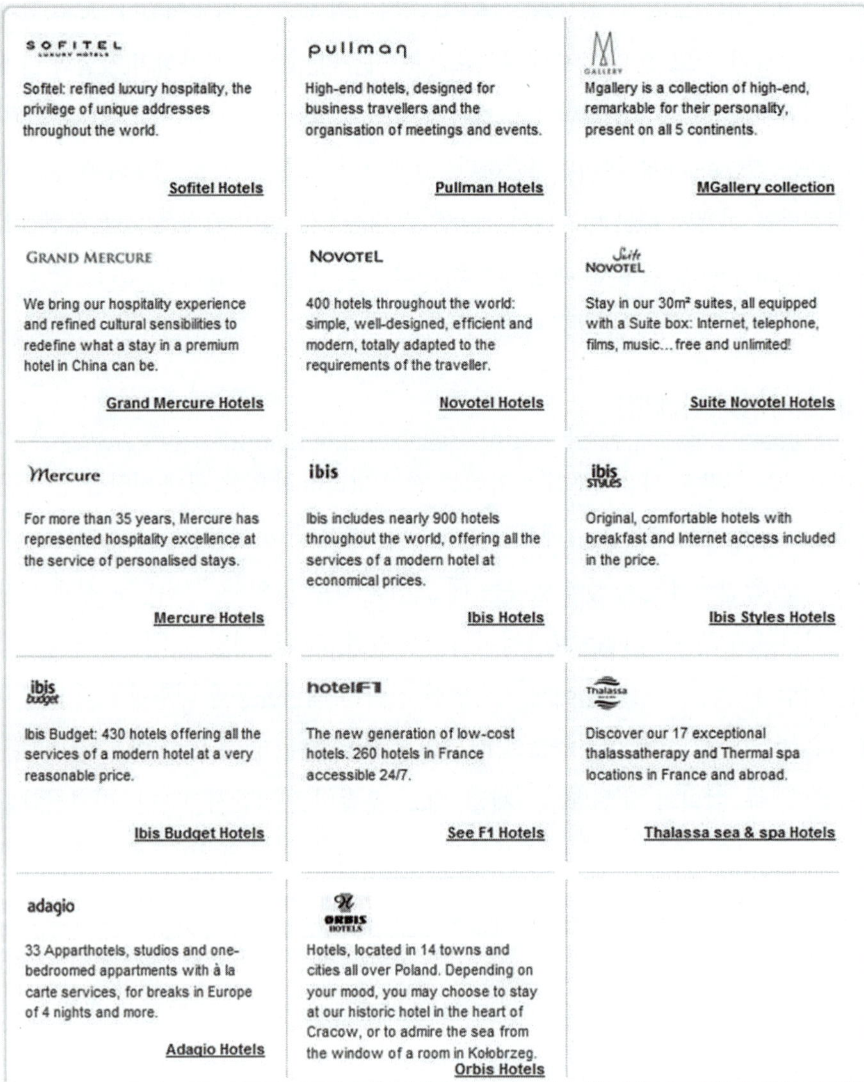

[그림 3-3] Accor 그룹

프랑스 기업인 Accor그룹은 각 목표시장에 다른 마케팅믹스를 제공한다. Accor그룹은 호텔을 세분화하여 14개의 다른 상호 명으로 운영하고 있으며 각 세분화된 시장에 따라 각 브랜드별 호텔제품으로 차별화 전략을 실행함으로 세계적인 호텔그룹의 하나가 되었다.

(3) 집중화 마케팅

집중화 전략은 한정된 자원을 가진 기업에게 적용되는 전략이다. 규모가 큰 시장에서 작은 시장점유율을 추구하는 대신 기업은 하나 혹은 여러 개의 소규모 시장에서 높은 점유율을 추구하려는 전략으로 하나의 세분시장을 선택하여 집중적으로 공략하는 것이다. 따라서 마케팅에 요구되는 에너지를 집중할 수 있으며 생산, 유통망, 촉진활동을 보다 구체화하고 전문화할 수 있다. 그러나 좁은 시장 범위로 표적시장의 대상인 소비자의 욕구가 변하거나 경쟁자가 진입할 경우에는 기업이 큰 타격을 입을 수 있다.

1961년 처음으로 오픈한 Four Seasons Hotels and Resorts는 소수의 특권층을 위한 독특한 발상으로 시작하여 지속적인 혁신, 현저한 확장과 높은 수준의 서비스를 제공하고 있다. 캐나다에 본사를 두고 있고 60년 이상이나 호텔업계에서 세계적인 호텔을 만들었다 해도 과언이 아닌 이 호텔은 고유의 서비스와 친절함을 세계 120개의 Four Seasons로 현대 여행객들에게 최상의 고급호텔로 인지되고 있다.

3) 시장점유전략 선택

시장을 점유하는 데 고려해야 할 요인들이 있다. 첫째, 기업의 자원이다. 기업의 자원이 한정되어 있을 때는 집중화 마케팅이 가장 적절하다. 둘째, 제품의 동질성 정도이다. 비차별화 마케팅은 동질한 제품에 더 적합하다. 호텔과 레스토랑처럼 디자인이 다양할 수 있는 제품은 차별화와 집중화가 더 적합하며 제품의 수명주기도 고려되어야 한다. 기업이 신제품을 시장에 소개할 때 단일 제품으로 시도하는 것이 좋고 비차별, 혹은 집중마케팅이 가장 적절하다. McDonald 레스토랑도 초창기에는 한정된 메뉴로 사업을 시작하였다. 그러나 제품의 수명주기로 봤을 때 성숙의 단계에 이르면 차별화 마케팅이 훨씬 적합하다. 셋째, 시장의 동질성이다. 구매자가 같은 성향을 가지고 있고, 같은 양의 제품을 사고, 마케팅노력에 같은 방법으로 반응한다면 비차별화 마케팅이 적합하다. 넷째, 경쟁사의 전략이 중요하다. 경쟁사가 세분화를 이용할 때 비차별화 마케팅은 자살행위이다. 역으로 경쟁사가 비차별화 마케팅을 사용할 때 기업은 차별화 혹은 집중화 마케팅을 사용함으로 장점을 얻을 수 있다.

7. 시장 포지셔닝

기업이 시장을 선택하면 이 세분시장에 어떤 위치를 차지할 수 있는지를 결정해야 한다. 제품의 위치는 중요한 속성에 근거해서 소비자에 의해 정해진다. 경쟁업체와 비교하여 소비자의 마음에 제품이 위치하는 것이 포지셔닝이다. Keller는 "포지셔닝이란 지속적으로 차별적 우위가 가능한 혜택을 소비자 인식 속에 심어주는 작업"으로 정의한다. 즉, 포지셔닝이란 상품이나 서비스에 대해 유형적인 위치가 아니라 블랙박스(black box)인 소비자의 마음에 위치하는 이미지와 같은 것이라 할 수 있다. 오늘날 소비자들은 제품과 서비스에 대한 넘치는 정보가 있는 시대에 살고 있다. 구매를 할 때 매번 소비자들이 제품에 대한 재평가를 하는 것이 아니기 때문에 소비자들은 구매의사를 결정을 쉽게 하기위해 제품을 영역으로 나누게 된다. 즉 소비자의 마음에 제품과 회사에 대한 위치를 설정하게 된다.

호텔포지셔닝은 브랜드관리와 고객에 관점으로 볼 수 있다. 브랜드관리는 호텔이 의도하는 포지셔닝에 대한 기업의 개념(concept)이 있어야 한다. 호텔을 알리려는 노력은 브랜드가 무엇을 제공하는가 뿐만 아니라 어떻게 제공하고 다른 호텔과 다른 무엇인가를 분명하게 제시하여야 한다. 최종적인 분석에서 결국 브랜드의 포지셔닝은 고객에 의해서 결정된다.

1) 포지셔닝 접근 방법

포지셔닝에 접근하는 방법에는 제품, 서비스 또는 브랜드의 객관적인 속성과 관련된 물질적이고 유형적인 특성 및 기능적인 특성을 나타내는 제품의 이미지에 대한 포지셔닝과 환대 산업의 무형적인 제품의 특성을 소비자가 추구하는 혜택에 대한 주관적인 속성과 관련된 혜택을 통하여 포지셔닝하는 방법으로 나누어 볼 수 있다.

(1) 제품속성에 따른 포지셔닝

Motel 6는 저가 호텔, Hilton은 고가 호텔의 위치를 광고한다. 제품은 기업이 제공하는 혜택과 기업이 채워주는 욕구에 근거하여 소비자의 마음에 자리 잡게 된다. Bennigans는 재미가 있는 곳으로, 반면 많은 Bar는 독신들이 만나는 장소의 이미지로 홍보한다. 마케터들은 여성전용호텔로 광고하는 호텔처럼 특정사용자를 위해 또한 위치를 설정할 수도 있다.

따라서 자사의 제품이 경쟁사의 제품과 비교하였을 때 차별화된 속성을 가지고 있어서 소비자에게 차별화된 혜택을 제공한다는 생각을 소비자의 마음에 심어주는 것이다. Las Vegas의 Bellagio 호텔 분수 쇼, Venetian 호텔 등은 내부의 웅장함과 화려함으로 소비자들에게 자리 잡고 있다.

[그림 3-4] Bellagio 호텔 분수쇼와 Venetian 호텔 내부

(2) 경쟁업체

제품이 현재 존재하는 경쟁업체에 대항하여 포지션을 하는 경우다. 햄버거 전쟁에서 Burger King은 McDonald's에 대항하여 McDonald's의 햄버거는 튀기지만(fry) Burger King은 굽는(broil)다고 선전하였다. 더 신선하고 맛있는 광고로 선전함으로 McDonald's에서 소송을 하고 결국 취하 함으로써 전쟁이 일단락되었다. 이와 같이 경쟁에 의한 포지셔닝은 고객의 지각 속에 자리 잡고 있는 경쟁제품과의 임의 혹은 명시적으로 비교함으로 자신의 제품에 대한 편익을 강조하려는 것이다.

따라서 경쟁사와의 차별화 전략은 다음과 같이 할 수 있다.

- 현 위치를 강화하는 방법
- 시장의 강자와 차별화
- 경쟁자의 위치를 낮게 혹은 재위치시킴.
- 영역별 차별화

(3) 다른 제품층

제품이 다른 제품층에 대항하여 포지션을 하는 경우다. 예를 들어 크루즈는 리조트와 같은 다른 휴가 방법들의 대체안으로 포지션을 해왔고 고객은 다른 모든 숙박 형태에 대한 대체안으로서 B&B(침실과 조식)를 생각하게 되었다. 컨퍼런스 센터는 컨퍼런스 시설을 갖춘 호텔과 경쟁관계를 이루고 B&Bs는 호텔에 비해 편안한 집과 같은 분위기로 위치를 자리 잡고 있다.

IBM의 경우 시장점유에 대해서는 어떤 경쟁자도 공격할 수 없을 정도의 영역을 지니고 있었다. 주 컴퓨터, 판매 · 유통, 사업 부분에서 독보적이었던 IBM을 경쟁사들은 직접적인 공격이 아닌 측면 공격과 게릴라 공격으로 도전하였다. 점차 영세 컴퓨터 회사들은 세분화된 소프트웨어, PC, 주문컴퓨터와 서비스를 통해서 시장을 점유하기 시작했다. 결국 IBM은 기존 제품에 대한 수요가 점차 줄어드는 동시에 경쟁자들이 틈새시장을 장악하고 있는 환경에 놓이게 되었다.

연회장, 회의세미나 룸, 풀서비스 레스토랑, 바, 체력 단련실 외에 다른 부대시설을 제공하는 전통적인 호텔은 IBM 현상을 경험하고 있다. 환대산업 부분의 틈새시장을 목표로 하는 경영자들은 컨퍼런스센터, 전문음식요업장, 체력단련센터, B&Bs, 스위트호텔룸, 콘도호텔, 회의실과 같은 전문화된 시설들을 갖추고 풀서비스 호텔을 공략하고 있다.

홍콩, 싱가포르 등의 아시아 시장에는 Hyatt Hotels, Hilton International, Regent, Shangrila, Mandarin, Penninsula와 같은 세계적으로 유명한 5성급 풀서비스 호텔들이 있다. 따라서 비싸지 않은 호텔은 가까운 시장 혹은 단체를 포함한 여행객을 대상으로 한 세분시장에 대부분 주력한다. 이러한 시장에 객실료가 인상되고 이곳에 방문함으로써 목적지에 대한 고객의 친밀도가 높아질수록 틈새호텔은 나타나게 된다.

YMCA는 홍콩의 틈새경쟁자로 부상하였다. YMCA는 항구 가까이에 좋은 입지를 가지고 미국, 유럽, 호주인들의 욕구를 충족시킬 수 있도록 개조하였다. 그후 YMCA의 점유율과 고객 만족도는 높아졌고 전통적인 5성급 호텔의 고객들이 대체 호텔을 선택할 수 있을 것이라는 것에 대한 경각심을 일깨워 주었다.

[그림 3-5] 싱가포르 Shangrila 호텔과 홍콩의 Penninsula 호텔

두개의 기업이 같은 포지션을 추구할 때 '저가의 비즈니스호텔 혹은 좋은 입지의 비즈니스호텔'과 같이 차별화를 할 필요가 있다. 이처럼 각 기업은 시장세분에 속한 집단에게 소구할 수 있는 독특한 경쟁적 이점을 수립해야 한다. 이러한 하위 포

지셔닝을 틈새마케팅이라 한다.

2) 포지셔닝 설정전략

포지셔닝은 첫째, 포지셔닝을 구체화할 수 있는 가능한 경쟁적 이점을 들을 규명하여 둘째, 적합한 경쟁적 이점을 선택, 셋째, 선정된 목표시장에 신중히 결정된 포지션을 효과적으로 전달하는 것으로 이루어진다. 기업은 수많은 경쟁적 이점으로 경쟁사와 차별화할 수 있다. 유사제품에 경쟁사보다 낮은 가격으로 소비자에게 제공하거나 높은 가격을 합리화할 수 있는 더 많은 혜택을 제공함으로 경쟁적 우위를 얻게 된다. 따라서 기업은 경쟁사와의 가격과 제품을 비교하고 끊임없이 가능한 개선을 위해 노력해야 한다. 경쟁사보다 나아질 수 있는 정도라는 것은 결국 기업이 경쟁적 우위를 차지했다는 것이다.

클럽 메드(Club Med)는 젊은 세분시장에게 세세한 구매를 포함한 모든 서비스를 제공하는 성공적인 묶음전략을 사용하였다. 즉 팁, 와인구매, 메뉴주문, 테니스레슨 등 클럽 메드에서 가능한 모든 활동과 같은 서비스와 제품을 하나로 묶어서 가격을 책정함으로써 휴양지에서 돈의 사용이 필요 없게 하였다. 달러, 페소, 프랑 대신 체크인(check-in) 때 클럽 메드의 다국적 고객에게는 제공된 비즈(beads)로 음료수를 살 수 있게 하였다.

1970년 많은 휴양지들이 AP(American Plan)으로 알려진 패키지제품을 판매하였다. F&B와 같은 모든 리조트 서비스에 포함되어있는 AP로 식사를 포함하여 많은 리조트에서 판매하였다. 그러나 고객들의 선호도는 변화하여 세끼의 식사를 호텔에서 하는 것도, 금요일저녁 공식파티를 포함한 패키지도 원하지 않게 되었다. 소비자들의 행동 변화를 파악한 리조트 경영자들은 점심을 포함하지 않는 수정된 AP(Modified American Plan)이나 식사가 포함되지 않은 유럽식(European Plan)을 제공함으로 호텔의 차별화를 시도하였다.

시장에서 모든 기업이 경쟁우위를 획득할 기회가 많이 있는 것은 아니다. 어떤 경우에는 쉽게 모방될 수 있는 경쟁우위로 인해 빨리 사라져 버릴 수도 있다. 그러므로 새로운 잠재적 시장우위를 차지할 요소를 찾아내어 점진적으로 소비자에게 소개하여 경쟁업체보다 우위에 있도록 노력해야 한다.

호텔, 리조트 등이 해변, 가까운 공항, 스키장 언덕, 비즈니즈 중심에 위치하는 것이 영구적으로 경쟁우위를 차지하게 한다고 생각해 왔지만 해안은 침식, 오염되고, 스키장은 점차 인기가 시들해지고 공항은 다른 곳으로 이동하였고 비즈니스 중심가도 매력을 상실하게 되었다. 이와 같이 영원한 우위로 인지된 환대산업의 경영도 고객과 종사원의 관심을 잃게 되고 나아가서는 파산까지도 피할 수 없게 된다.

3) 제품 차별화 요인

동일한 제품에 동일한 서비스와 품질, 성능을 가지고 경쟁호텔과 판매 경쟁을 한다면 판매가 어떨까? 판매를 쉽게 하기위해서는 타 호텔제품보다 우수하거나 차별화 되어야만 될 것이다. 그러므로 제품 차별화전략은 경쟁사와의 제품 간에 실질적 혹은 심리적으로 차이가 나도록 강조함으로 매출을 증진시킬 수 있는 방법으로 물리적 속성, 서비스, 인력, 위치, 이미지 등으로 차별화할 수 있다.

(1) 제품의 유형적, 물리적 속성

샌프란시스코의 Sheraton Hotel Place, 시카고 Palmer House, 뉴욕의 Waldorf-Asotria, 싱가포르 Raffles와 같은 전통적 호텔들이 과거의 모습에서 차별화를 위해 개조를 하였다. 이러한 물리적 환경은 새롭게 만들어진 호텔이 주화 할 수 없는 무엇인가를 제공한다.

영화산업의 수집품을 전시한 Planet Hollywood, 음악 수집품을 진열한 Hard Rock Cafe는 경쟁자가 모방하기 어려운 환경을 제공한다. MGM 항공사는 단지 일등석만이 있는 비행기를 제공한다. 이 비행기는 중요 국내 비행사 등의 일등석에서 찾아 볼 수 없는 입석 바, 침대 등 다른 물리적 특성을 가지고 있다.

(2) 서비스

어떤 기업들은 서비스에 차별화를 한다. 예를 들어 Sheraton Hotel은 객실 내에서 Check-in이 가능하게 한다. 이와 같이 목표시장에 혜택을 줄 수 있는 서비스를 제공함으로 기업은 차별화를 한다.

(3) 인적자원

2000년 국내 Marriott호텔 직원 선발 시 경력사원보다 신입사원 선발에 비중을 두었다. 그 이유는 경력사원일 경우 호텔에 대한 기존의 고정적인 관념과 잘못된 사고방식을 갖고 접근할 가능성이 있을 수 있으므로 신입사원에게 Marriott의 사고와 정신을 보다 용이하게 심을 수 있다고 판단했기 때문이었다. 경쟁사들의 대부분을 모방 할 수 있으나 직원의 정신은 복제할 수 없기에 인적자원에 대한 차별화에 주력한 것이다.

인적 차별화는 기업이 고객을 접객하는 종사원을 선발하는 것과 교육시키는 것이 요구된다. 이렇게 함으로써 종사원은 유능해지고 요구하는 지식과 기술을 갖추게 된다. 서비스산업에서 종사원은 친절하고 정중하고 상대를 존중하는 태도를 지녀야 한다. 또한 항상 고객을 이해하고 의사소통을 분명하게 하여 고객의 요청과 문제에 대해 신속하게 대처해야 한다.

(4) 입지

숙박과 여행관련 산업에서 입지는 강력한 경쟁 이점이 된다. 뉴욕에 있는 Central Park 가까이에 근접한 호텔은 공원 전망을 볼 수 없는 호텔보다 경쟁우위에 있게 된다. 모텔들은 고속도로 출구를 벗어나서 우측 위치한 모텔은 객실점유율에 있어서 한 블록 멀리에 위치한 호텔에 비해 두 배 이상의 우위를 차지하고 있었다.

이와 같이 호텔은 입지에 의해서 얻어지는 혜택이 있게 되고 이러한 혜택은 결국 시장에서 다른 호텔과 차별화를 만들어 준다.

(5) 이미지

Ritz-Carlton 호텔은 세계적으로 권위 있는 품질과 수행의 평가를 부문에서 측정해서 수상하는 Malcolm Baldridge Quality Award에서 호텔서비스 부분에서 두 번(1992년, 1989년)이나 수상하여 최고의 서비스를 제공하는 호텔이미지를 구축하였다. 이 상의 수상자는 중간 이하 수준의 사람들에게 개선의 여지를 개선할 수 있도록 장려하고 좋은 서비스를 제공할 수 있는 인적자원의 중요성도 보여주고 있다. 또한 Four Seasons 호텔은 〈Travel & Leisure〉 잡지 선정 세계 100대 호텔 중 18개의 호텔이 선정될 정도로 고품격, 세계 최고의 고급호텔의 이미지를 갖고 있다.

이와 같이 무형적 이미지는 차별화가 어렵고 복제되기도 어려운 제품차별화 도구이다.

4) 적절한 경쟁우위요인을 선택

기업이 여러 가지 잠정적인 잇점을 발견할 수 있는 기회가 충분히 있을 때 어떤 것을 포지셔닝 전략에 사용할 것인지를 선택해야 한다. 얼마나 많은 차별화를 만들어야하고 그것이 무엇이 되어야 하는지를 결정해야 한다.

(1) 차이 발견

많은 마케팅 담당자들은 기업이 그 표적시장에 대하여 한 가지 혜택만을 적극적으로 촉진해야 한다고 생각한다. 광고 전문가인 Rosser Reeves는 기업은 각 브랜드에 대한 독창적인 판매계획을 발전시켜야 하기 때문에 각 브랜드의 속성을 선택하고 그 속성의 하나를 최고로 광고하여야 한다고 했다. 구매자는 특별히 커뮤니케이션이 과도한 사회에서 좋은 것을 최고의 속성으로 기억하려는 경향이 있다. 따라서 Motel 6는 지속적으로 가장 저가 전국체인으로 홍보하고 Ritz-Carlton는 가치주도자로 자신의 호텔을 홍보한다.

촉진하기에 가장 최고의 포지션에는 어떤 것들이 있을까? 주된 포지션은 최고의 품질, 최고의 서비스, 최고의 가치, 최고의 입지이다. 표적시장에 중요한 포지션을 차지하기 위해 애를 쓰고 항상 노력하는 기업은 가장 잘 알려지고 기억될 것이다.

다른 마케터들은 기업이 하나 이상의 차별화된 요인으로 포지셔닝해야 한다고 생각한다. 레스토랑은 최고의 스테이크와 서비스를, 호텔은 최고의 가치와 입지를 제공한다고 주장할 수 있다. 오늘날은 기존의 대형시장이 점차 많은 소형시장세분화로 나누어지고 있는 시대이므로 기업은 더 많은 세분시장에 호소할 수 있는 포지셔닝 전략을 확대하는 노력을 해야 한다. 그러나 기업이 자신의 브랜드에 대한 많은 요구를 늘리면서 기업은 불신과 분명한 포지셔닝의 상실에 대한 위험을 갖게 된다.

일반적으로 기업은 세가지 치명적인 포지셔닝 실수를 피하고자 한다. 첫째, 수준 이하의 포지셔닝 혹은 모든 면에서 포지셔닝에 실패한 경우이다. 몇몇 기업들은 구매자가 기업에 대한 모호한 생각을 가지고 있거나 기업에 대해 어떤 특별한 것도 알지 못하고 있다는 것을 발견한다. 국제 시장에 진출하려고 하는 많은 독립호텔들은 포지셔닝이 수준 이하이다. 서울의 특급호텔인 Seoul Plaza Hotel은 유럽이나 북미에서 잘 알려지지 않은 호텔이다. 먼저 세분시장에서 포지셔닝을 위해서 Seoul Plaze와 같은 호텔은 세계의 선도 호텔, 선호 호텔 등과 같은 마케팅그룹들이 제휴를 하고 있다.

두 번째 포지셔닝 실수는 과도한 포지셔닝으로 구매자에게 기업의 너무 협소한 모습만을 보여주는 것이다. 마지막 포지셔닝 실수는 혼동된 포지셔닝으로 구매자가 혼동된 기업이미지 때문에 떠나는 것이다.

(2) 차별화

모든 브랜드의 차이가 의미가 있고 가치가 있는 것은 아니다. 모든 차이가 좋은 차별화를 만드는 것은 아니다. 각각의 차이는 고객에게 혜택 뿐 아니라 회사비용을 창출할 잠재력을 가지고 있다. 그러므로 기업은 경쟁사와 구별할 수 있는 방법을 세심하게 선정해야한다. 차이는 다음과 같은 영역을 만족시키는 정도에 따라서 성립될 가치가 있다.

- 중요성: 차이는 목표구매자들에게 높은 가치를 가진 혜택을 가져다 준다.
- 명확성: 경쟁업체들이 차이를 제공하지 못하거나 기업이 보다 분명한 방법으로 차별화를 제공할 수 있다.
- 우월성: 이 차이는 고객이 같은 혜택을 얻을 수 있는 다른 방법보다 우수하다.
- 의사소통성: 그 차이는 구매자에게 전달가능하고 시각적이다.
- 선발권: 경쟁자들은 차별화를 쉽게 모방할 수 없다.
- 경제적 여유: 구매자들은 차별화에 대해 지불할 여유가 있다.
- 수익성: 기업은 수익성으로 차별화를 도입할 수 있다.

많은 기업들은 이러한 테스트 중 한두 가지 이상에서 실패한 차별화를 도입하였다. 싱가포르에 있는 Westin Stamford Hotel은 세상에서 가장 높은 호텔로 선전하였으나 많은 여행자들에게 중요하지 않는 차별화로 사실상 여행객들의 발길을 돌리게 하였다. 경쟁이점은 너무 미비하고 개발하기 너무 비용이 들고 기업의 속성과 일치하지 않기 때문에 빠르게 제외될 수 있다. 만약 기업이 포지셔닝전략을 계획하고 가능한 경쟁우위를 4가지로 좁혔다면 개발하기에 가장 가치 있는 한 가지 이점을 선별하는 틀이 필요하다.

5) 포지셔닝 성명서 개발과 의사전달

기업이 원하는 포지셔닝을 전달하기 위해서 기억하기 쉬운 포지셔닝 성명서를 개발해야 한다. 포지셔닝 성명서는 호텔의 제품과 서비스에 대한 설명을 통해 정보를 전달하는 축약적인 문구를 의미한다. 경우에 따라서 포지셔닝 성명서는 슬로건, 광고의 catch phrase가 될 수 있다. 예를 들어 Hyatt의 'Feel the Hyatt Touch', Marriott의 'Service, The Ultimate Luxury, Marriott People Know How', Shangri- La 'Between Heaven and Earth', Hilton Hotels 'America's Business Address' 등의 포지셔닝 성명서가 그 예라고 할 수 있다. 예를 들어 라퀸타(La Quinta's) 호텔 "Just Right Over Night"라는 포지셔닝 성명서는 자동차로 와서 하룻밤 쉴 시설이 필요하지만 서비스를 필요로 하지 않는 여행자를 대상으로 한 포지셔닝이다. 이 포지셔닝 성명서는 소비자들에게 제품이나 서비스 혹은 브랜드를 이해하는 데 유용한 정보가 되며 상호에 대한 인지, 브랜드와 제품군에 대한 관련성, 경쟁사와의 차별성, 기업이 제공하는 혜택, 표적시장 등에 대한 연결고리가 된다. 그러나 슬로건을 변경할 때 기존 슬로건에 존재하는 바람직한 요소 혹은 필요한 요소들을 가능한 많이 유지하는 것이 좋고 완전히 새로운 의미를 가진 슬로건을 도입하는 것보다는 기존 슬로건을 현대식으로 수정하는 것이 더 효과적이다.

일단 포지셔닝의 특성과 포지셔닝 성명서가 결정되면 기업은 목표시장에 자신의 기업의 위치를 전달하기 위한 의사소통이 있어야 한다. 기업의 마케팅믹스 시도는 결국 포지셔닝전략을 뒷받침해야 한다. 만약 기업이 서비스의 우월성을 계획했다고 한다면 서비스 지향적인 종사원을 고용하고 종사원 훈련교육프로그램을 제공해야 하며 좋은 서비스를 제공할 수 있도록 종사원에게 보상하고 서비스의 우월함을 알리기 위해 광고와 판촉을 발전시켜야 한다.

Four Seasons는 호텔산업에서 타비즈니스에 진출하지 않고 Las Vegas Strip에 위치하였으나 카지노시설을 거부한 호텔로 획일적인 포지셔닝을 하여 호텔산업에서 가장 모범적으로 평가된다. 이와 같이 획일성을 유지하는 포지셔닝전략의 확립과 유지는 쉽지 않다.

기업이 고용한 광고대행사는 호텔이 선정한 포지셔닝을 좋아하지 않을 수도 있고 타의적 혹은 자의적이든 반대로 움직일 수도 있다. 종사원 교육과 판매촉진 같은 중요한 부수적인 프로그램에 대한 예산이 삭감될 수도 있다. 따라서 효과적인 포지셔닝 개발은 경영, 종사원, 유통업자들에 의해 지속적인 지원과 장기 운영으로 진행되어야 한다.

포지셔닝 전략이 결정되면 기업은 그 경쟁사가 누구인가가 결정된다. 위치설정 전략이 결정되면 경쟁사의 강점과 약점을 검토해야 하고 경쟁사들과 비교하여 우위를 선점해야 한다.

6) 포지셔닝 측정: 지각맵핑

포지셔닝은 고객의 마음에 브랜드를 다른 경쟁사 브랜드와 다르게 더욱 경쟁적으로 위치시키고 자리잡게 만드는 것이다. 고객의 마음에 위치시킨다는 말로 이를 사람이 이해하기 쉽게 도식화해서 표현한 것이 바로 지도(Map)이다. 즉, 고객의 마인드 속에 나의 브랜드가 경쟁사 브랜드들과 비교해서 어느 위치에 자리 잡아야 할지를 지도로 표현하여 더욱 뚜렷하고 이해하기 쉽게 포지셔닝을 설명하는 것이다. 포지셔닝 맵(positioning map)은 브랜드에 대한 소비자의 인식을 2차원 혹은 3차원의 그래프로 표현하는 것으로, 경쟁 브랜드와의 현재의 위치대비 앞으로 출시할 신 브랜드의 차별적 위치를 결정하거나, 기존 브랜드의 경우에도 리포지셔닝(Repositioning)을 위한 새로운 돌파구의 마련을 위해서도 반드시 필요한 과정이다.

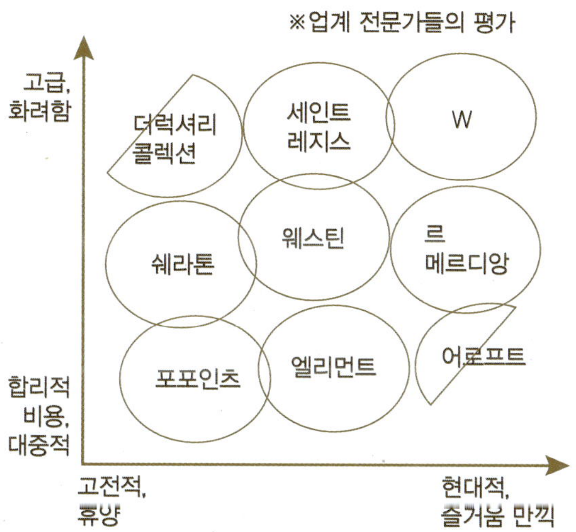

[그림 3-6] 호텔체인 스타우드의 브랜드별 포지셔닝 맵
출처: http://vonchio.blog.me/110093416553

호텔의 경우 포지셔닝 맵을 작성하는 변수로 가격의 고저, 브랜드 이미지, 서비스 수준 등, 이미 환경분석을 통해 주요 속성들을 놓고, 경쟁사 대비 자사 브랜드의 차별점 측면에서 다양한 각도의 여러 가지 측면에서 맵을 그려보는 것이 가능하다. 그럼으로써 가장 중요한 차별적 속성을 찾아낸다면, 그것이 바로 포지셔닝 맵이 지

시하는 바른 전략적 방향이 될 것이다.

재포지셔닝의 경우 기존의 포지셔닝이 성공적이지 못하거나 최상의 위치를 차지하지 못했을 경우, 경쟁기업이 너무 많거나 강력한 경쟁가자 있을 경우, 시장의 기회를 발견했을 경우에 하게 된다. 2000년 매리오트인터내셔널(Marriott International)은 Fairfield Inn의 재포지셔닝 계획을 발표하였다. Fairfield Inns은 업그레이드된 제품으로 도시시장을 확장하고자 하였다. 기존에 있는 Fairfield Inns은 업그레이드된 가구로 배치되고 Marriott는 새로 호텔을 건축하는 프랜차이지에게 새로운 Fairfield Inn and Suites을 팔려고 노력할 것이다. Fairfield Inn and Suites는 일반 Fairfield Inns의 객실 건축비 보다 $3000가 들고, 객단가에서도 Fairfield Inns은 $60이고 Fairfield Inn and Suites $70로 책정했다. Fairfield 고객들은 변하고 있고 그들은 점차 실용적이 되어간다. 따라서 업그레이드는 fairfield의 고객을 계속 유지하게 하며 다른 한정된 서비스를 제공하는 경쟁자들로부터 분리된 포지션을 갖게 할 것이다.

사례

특급 호텔중의 하나인 인터콘티넨탈호텔과 리조트는 전세계 77개국에 200개 이상의 호텔과 리조트들이 세워져 있다. 이중 아시아 지역에만도 27개의 호텔과 리조트가 있으며, 그 어떤 다른 호텔들보다 지역적으로 광범위하게 펴져 있다. 이는 역설적으로 기존고객을 유지하고, 늘 새로운 고객을 확보해야 한다는 점에서 더욱 치열한 경쟁 상태를 극복해야 하는 의무가 주어진다. 타 지역보다 여행객이 월등히 많은 싱가포르 인터콘티넨탈호텔은 고객에 대한 새로운 마케팅 자료를 얻기 위해 전화 설문 캠페인을 실시키로 했다. 전화설문 작업은 타임스-텔레퍼포먼스에 의뢰했다. 인터콘티넨탈호텔에서 전개하는 전화설문 캠페인의 목적은 객실, 연회장, 컨벤션 센터를 이용하는 새로운 주도 고객층을 분류해내고 또한 새로운 가망고객 데이터베이스를 구축하는 것이다. 인터콘티넨탈호텔은 우선 싱가포르에 근간을 두고 있는 다국적 기업이나 규모가 큰 지방 기업체의 비서 또는 여행책임을 담당하고 있는 사람을 조사대상으로 설정했다. 그리고 이를 대상으로 총 1,435회의 아웃바운드 전화를 걸었고, 필요한 정보를 제공한 응답자에게는 작은 선물을 증정했다. 조사내용은 16개의 항목으로 구성됐으며,

한 통화당 약 10분 정도 소요되는 이 설문조사는 연결된 전화통화 중 약 78%가 응답하는 높은 성공률을 기록했다. 이는 1년 전 홍콩에서 시행했던 이와 비슷한 캠페인 실적의 약 2배를 초과하는 것으로서 기대 이상의 결과였다. 이러한 결과는 16개의 질문에 응답한 고객에게 인센티브를 제공한 것에서부터 적절한 스크립트를 작성하고 이 스크립트로 지속적 훈련을 받은 텔레마케팅 요원을 투입한 전반적인 캠페인 기획 및 집행력이 뛰어났기 때문에 가능할 수 있었다. 싱가포르 인터콘티넨탈호텔은 이번 캠페인 자료를 토대로 다음 세 가지의 효과를 얻을 수 있었다.

첫째, 객실이나 해외기업과의 미팅을 위해 호텔을 자주 이용하는 새로운 '주요 고객층'을 분류하고 법인 요금 프로그램을 통해 우대고객을 관리할 수 있게 되었다.

둘째, 고객의 다양한 예약패턴 및 취향, 기업들의 출장 방침 등 다양한 자료를 수집할 수 있었고, 이러한 자료를 토대로 출장이 잦은 기업 및 호텔에서 해외기업과의 회의를 자주 갖는 기업들에 대한 가망고객 리스트를 확보할 수 있었다.

셋째, 전화 설문조사 중에 지적된 호텔의 식음료 부분과 호텔 내 각종 판매점의 서비스도 크게 개선할 수 있었다.

인터콘티넨탈호텔과 리조트들의 명성은 하루아침에 얻어진 것이 아니다. 고객의 요구와 취향에 대한 조사, 개선 등 끊임없는 노력이 전재되었기에 가능한 것이다.

출처: IMC-텔레퍼포먼스.

연습문제

1. 호텔과 다른 기업간의 전략적 제휴를 찾아보고 각각에게 무슨 혜택을 얻을 수 있는지 설명해 봅시다.

2. 특1급 호텔을 선택하여 호텔 기업의 사명을 알아보고 보완할 것이 있다면 기업의 사명을 고쳐 봅시다.

3. 선택한 특급 호텔의 강점과 약점을 설명해 봅시다.

CHAPTER

04 호텔소비자행동

1. 호텔소비자행동의 개념과 의의
2. 호텔소비자 구매의사결정
3. 호텔소비자행동의 개인적 요인
4. 호텔소비자행동의 환경적 요인

HOTEL MARKETING

학습목표

- 호텔소비자행동이 왜 필요한지를 이해한다.
- 호텔소비자과정의 이해를 통해 최종 구매에 이르기 위한 마케팅적 노력과 연관시킨다.
- 호텔소비자행동에 영향을 주는 개인적 요인을 알아본다.
- 호텔소비자행동에 영향을 주는 환경적 요인을 알아본다.

그녀들이 원하는 것(What women want)

2000년에 나왔던 멜 깁슨 , 헬렌 헌트 주연의 영화제목이다. 광고회사 중역인 닉 마샬(멜 깁슨 분)은 낙천적인 성격에 천하태평이며 또 바람둥이기도 하다. 영화의 전개는 닉 마셜의 직장상사로 맥과이어(헬렌 헌트)가 부임하면서 닉에게 여자 소비자의 취향을 파악하라고 지시한다. 이에 여성의 심리를 파악하기 위해서 직접 여장도 해보는 등 필사의 노력을 하다가 헤어드라이어를 손에 쥔 채 물에 담긴 욕조에 빠져 전기충격을 받는다. 그리고 여자의 속마음을 알 수 있는 비범한 능력이 생긴다.

무릇 여자의 심리뿐만 아니라 남자, 시니어, 학생, 한국인, 일본인 등 우리가 세그먼트라고 할 수 있는 이들 그룹의 심리를 알아내는 것, 보다 구체적으로 살 것인가 말 것인가, 그렇다면 이를 어렵게 하는 그 무엇은 무엇인가를 알고 싶다. 이러한 것은 모든 마케팅 실무자들의 로망이 아닐까 한다. 경쟁자들보다 먼저 알고 말하기도 제공해 줄 수 있는 것을 위해서 우리는 고객행동을 공부한다.

즉 인간은 필요, 욕구, 욕망을 가진 존재로서 늘 갈망하고 이를 채우기를 강렬히 시도하는데 이러한 것을 가능케 해주는 것에 마케팅 실무자의 존재의의가 있다. 그럼에도 불구하고 인간은 한명 한명이 마치 조그만 소우주와 같아서 너무나 복잡하고도 불확실한 존재이기 때문에 어려움이 있다. 더욱이 필요하고, 욕구하고 욕망하는 것을 본인이 말해주면 좋은데 중요한 것은 5%와 95%의 숫자가 마케터를 힘들게 한다. 내가 무엇을 채워야 하는지는 5%만 알고 있고 나머지 95%는 마치 바다 밑에 잠겨져 있는 빙산의 본체와도 같이 모른다는 것이다. "나도 내마음을 모르는데 당신이 어떻게 할 것인가"라는 질문을 던져보면 참으로 고객행동을 이끌어 내기 위해서 행동에 영향을 주는 요소들을 하나 하나 찾아 나가는 과정은 고달프다.

그러나 본 장에서는 행동에 이르는데 무엇이 영향을 주었는지 그리고 그들이 무엇을 채워주어야 하는 지에 대한 틀을 제시하고자 한다. 마치 삼국지의 제갈공명이 조자룡에게 어려울 때 풀어보라고 건네 준 주머니안에 들어있는 비책과도 같이 작게는 개인에서 집단, 조직, 사회, 문화권을 접근하는데 필요할 것이다.

드러나 있는 5%는 말 할 것도 없고 무의식적 욕망인 95%를 캐내기 위한 노력들이 이루어지고 있다. 넷플리스는 직원을 파견해 가족들과 같이 생활하면서 영화선택과정과 고충을 직접 파악한다. 테트라팩은 고객과 함께 쇼핑을 하면서 용기에 대하여 어떠한 욕망을 갖는지를 직접 관찰하고 파악한다. 노키아는 문화인류학자를 고용해서 인도에서 소비자들이 어떤 행동과 생각을 하는지를 파악한다. 케어모어는 고객들의 가정을 방문하여 직접 환경조사를 통해 어떠한 원인 때문에 부상이 발생하는지를 파악한다(동아비즈니스리뷰, 2012. 7b).

범위를 넓혀보자. 한국의 싸이는 강남스타일로 K-POP에 새로운 역사를 썼다. 무엇이 전세계 사람들을 열광하게 하는가? 무엇이 그들로 하여금 유튜브를 클릭하게 하는가? 이러한 질문에 대한 해답은 고객행동에 대한 이해를 바탕으로 한 걸음 더 나아갈 수 있다.

1. 호텔소비자행동의 개념과 의의

1) 마음과 행동

마음은 인간의 내면의 깊이 존재한다. 따라서 눈에 보이지도 않아 알기도 힘들다. 흔히 '내 마음 나도 몰라'라는 말이 있듯이 내가 나를 모르는데 어찌 다른 사람의 마음을 알아 내는 것이 쉽겠는가. 더구나 우리가 알고 싶어 하는 마음은 내 주변에 있는 한 두명의 마음이 아니라 엄청난 크기와 규모로 세계에 산재해 있는 마음들의 집합이다.

타인의 마음을 연구하는 것은 더욱 어려운 것이므로 우리는 자연히 타인의 행동에 관심을 갖게 된다. 행동은 내면의 세계가 표출되는 것이기 때문에 그것을 통해서 인간의 마음을 읽어 낼 수 있다(박진영 · 홍경옥 · 서보익, 2010). 몸은 거짓말을 하지 않는다. 고객의 마음조각을 찾아서 마케팅 길을 열어야 한다(동아비즈니스리뷰, 2012. 1). 그럼에도 마음은 행동으로 반드시 나타나는 것이 아니고 반대로 행동이 반드시 마음을 보여주는 아니다. 서로 막연히 관계가 있다는 것을 예상할 수 있을 뿐이다. 그래도 행동을 유도하기 위해서는 마음을 움직여야 한다.

세상에서 가장 어려운 일은 사람이 사람의 마음을 얻는 일이란다.
각각의 얼굴만큼 다양한 각양각색의 마음을…
순간에도 수 만가지의 생각이 떠오르는데
그 바람 같은 마음을 머물게 한다는 것은 정말 어려운 것이란다.
(생텍쥐페리의 어린왕자 中)

인간의 마음과 행동이 항상 일치하지 않듯이 마음과 행동은 인간을 둘러싸고 있는 환경의 끊임없는 자극 속에서 시시각각 변화한다. 이러한 변화의 차원은 크게 시간과 공간 두 가지 차원이 있다. 먼저 시간의 차원은 과거와 현재와 그리고 미래이다. 과거는 지금까지 살아왔다는 생의 항수이며, 현재는 지금 살고 있다는 생의 실감이며, 미래는 살고 싶다는 생의 추구이다(도비오카 켄, 1992). 공간적으로는 일상의 공간과 비일상의 공간으로 나눌 수 있다. 일상의 공간이 일을 하는 공간이라면 비일상의 공간은 놀이와 휴식의 공간이다. 인간은 이러한 과거, 현재, 미래라는 시간과 일상과 비일상이라는 공간이 만들어 내는 환경 속에서 끊임없이 마음을 바꾸고 행동을 바꾼다.

우리는 생활하는 사람의 마음과 행동이 아니라 경제활동에 참여하는 호모에코노미쿠스로서의 인간, 즉 소비자로서의 마음과 행동에 관심이 있다. 그리고 좀더 범위를 좁혀서 소비하는 대상을 호텔에서 머무르는 권리를 사고 호텔에서 숙박을 하면서 체험하는 호텔 방문객을 대상으로 한다.

2) 호텔소비자행동 이해

(1) 소비자행동과 호텔소비자행동 이해의 필요성

소비자의 마음과 행동을 연구해야 하는 것은 만들어진 상품과 전달되는 서비스, 그리고 연출되는 체험을 둘러싼 권력의 이동이 일어났다는 것이다. 즉 가격의 결정, 상품 및 서비스의 선택 및 협상 등 권력이 공급자인 기업에서 수요자인 고객에게 넘어갔음을 의미한다. 보다 구체적으로 산업혁명으로 시작된 대량생산의 시대에는 말 그대로 없어서 못파는 판매자 중심의 시장(seller's market) 시장이었다. 그러나 제품의 수명주기가 기술혁신 등으로 단축되고, 소비자들의 소득수준 향상과 교육, 인터넷 및 SNS 등으로 정보습득이 용이하며(박근수, 2009) 아울러 공급자 간에도 경쟁이 서로 치열해짐에 따라 구매자 중심의 시장(buyer's market)으로 변했다.

기업은 치열한 경쟁자와 영리한 소비자의 틈바구니에서 생존을 모색하게 된다. 기업은 생산패러다임에서 소비자행동을 이해하려는 마케팅패러다임으로 전환하게 된다. 고객의 니즈 역시 모두가 같은 니즈를 가진 십인일색(十人一色)에서 모두가 서로 다른 니즈를 가지고 있는 십인십색(十人十色)을 넘어서 마침내 각각의 소비단위로서 고객도 시시각각 변하는 니즈를 가진 일인십색(一人十色)의 시대로 접어든다.

따라서 소비자로 부터의 구매저항, 구매지연, 구매포기 등을 미연에 방지하고 고객이 필요한 것을 적기적소에 공급하기 위해서 첫 출발은 고객의 마음을 알아야 하며 더 나가 그 마음을 움직이게 하는 것이 무엇인지, 혹은 보다 적극적으로 어떻게 하면 마음을 움직이게 할 것인가를 고민해야 한다.

호텔은 이용하는 사람 입장에서는 지붕밑에는 부자와 빈자, 매혹적인 사람과 정체불명의 사람, 유명한 사람과 평범한 사람이 만나며, 또한 희극과 비극이 벌어지고 로맨스와 이별이 이루어지는 장소이지만(손대현, 2000) 호텔을 경영하는 입장에서는 경쟁자와 한정된 고객을 놓고 다투는 이른바 전쟁터이다.

호텔산업의 추세는 세계화와 대규모화로 요약된다. 호텔이 살아남기 위해서는 전세계를 대상으로 호텔을 이용하는 소비자가 원하는 바를 정확하게 예측하고 이를 제공해 주는 것이 필요하며 아울러 경쟁의 브랜드파워와 프랜차이즈를 바탕으로 하는 규모의 경제와 범위의 경제의 압박을 견뎌내야 한다.

규모의 경제란 생산요소 투입의 증대 혹은 생산규모의 확대에 따라 생산비가 절약되어 가격경쟁력을 갖거나 수익 향상을 통해 시장 확대가 쉬워지는 것을 말한다. 또한, 범위의 경제란 한 제품보다 여러 제품을 생산하는 결합방식을 채택하면 역시 생산비용을 절감할 수 있는 현상이다. 아울러 호텔산업의 세계화와 대규모화는 글로벌세그먼트(global segment) 혹은 글로벌 고객군에 청구해야 할 과제를 부여하고 있다. 이는 여러 나라에 걸쳐 유사한 소비 성향을 보여주는 동질적인 소비자군을 말한다. 호텔을 방문하는 투숙객이 여러 국가에서 오고 있지만 어느 정도 동질한 고객군을 가지고 있으며 이러한 동질한 고객군을 대상으로 경쟁을 벌여야 하는 경쟁자는 국경 너머에 존재하기도 한다.

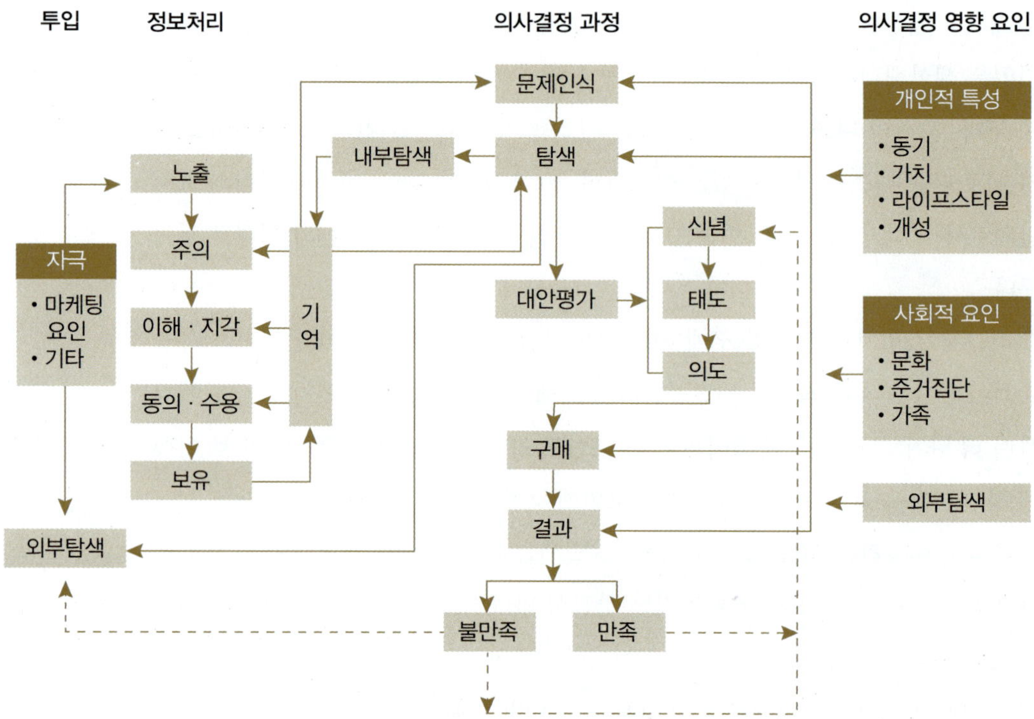

[그림 4-1] 소비자행동모형

출처: Engel, J., Blackwell, R., & Miniard, p. (1986). p. 35.

(2) 소비자행동의 이해의 틀

소비자행동의 기본은 마케팅적 환경과 마케팅적 환경속의 소비자를 기본으로 한다. 즉, 환경으로서의 끊임없는 자극인 마케팅 메시지를 받고 이를 마음과 몸을 통해 처리하느냐의 문제이다. 그리고 그 결과가 자극을 준 주체, 즉 마케팅활동을 한 기업에게 어떠한 성과를 가져다 주느냐에 관심이 있다. 마케팅 환경과 소비자 간의 자극(stimulus)에 대한 반응(response), 투입된 마케팅 메시지를 전환하고 이를 산출하는 소비자로서의 시스템 작동이다. 전환 과정은 호텔소비자가 가지고 있던 신념체계, 선입관, 태도 등이 새로운 마케팅 메시지와 결합하는 과정이다.

기업의 성과는 크게 가시적인 것과 비가시적인 것, 단기적인 것과 장기적인 것으로 나눌 수 있다. 예를 들어 고객으로부터 호텔 객실료를 받게 되면 가시적이며 단기적인 성과가 되는 것이고 만족할 만한 체험을 한 후에 재방문을 하고 다른 잠재고객에게 추천을 하면(구전 효과, Word of Mouth) 장기적이면서도 비가시적인 성과를 거두는 것이다. 또한 호텔브랜드 인지도의 상승과 호텔과 관련 있는 이해관계자의 좋은 평판 역시 성과에 해당된다고 볼 수 있다. 반면 구매중지와 구매지연 즉 마케팅 활동에도 불구하고 다른 경쟁관계에 있는 호텔을 선택하거나 예약을 미루거나 혹은 호텔에 대한 악의적인 평판을 하면 부정적인 성과가 된다.

호텔기업이 성과를 창출하기 위해서는 호텔상품을 소비하는 고객의 행동을 유발해야 하며 고객의 행동을 유발하기 위해서는 고객의 마음을 바꾸어야 하며 고객의 마음을 바꾸기 위해서는 끊임없는 자극이 필요하다. 그럼에도 자극이 마음을 바꾸기는 쉽지 않고 마음이 행동을 유발하기는 쉽지 않고, 또 행동이 성과로 이어지기는 참으로 쉽지 않다. 소비자의 선택 과정은 확률 과정으로 설명될 수도 없고 그들에 대한 마케팅 또한 단순한 주사위 도박 같이 주먹구구식으로 의존하지 않는다. 구매결정이란 항상 이성적이며 합리적이지 않고 또한 감성적이고 비합리적이지도 않다. 그럼에도 구매에는 항상 이유가 있다(Settle & Alreck, 2003).

〈그림 4-2〉를 보면서 이상의 논의를 정리한다. 먼저 투입→전환→산출과정에 주목해 보자. 투입은 외부로부터의 자극으로 마케팅믹스에 해당된다. 전환은 이러한 마케팅 자극에 대하여 개개인이 받아들이고 마음을 먹고 행동을 할 것인가를 결정하는 과정이다. 따라서 개개인 모두 다를 것이며 같은 개인이라도 상황에 따라 다르다. 산출은 기업의 성과이다. 성과에 이르는 길은 참으로 멀다. 마케팅믹스도 잘해야하고 사람의 마음과 행동을 유발해야 한다.

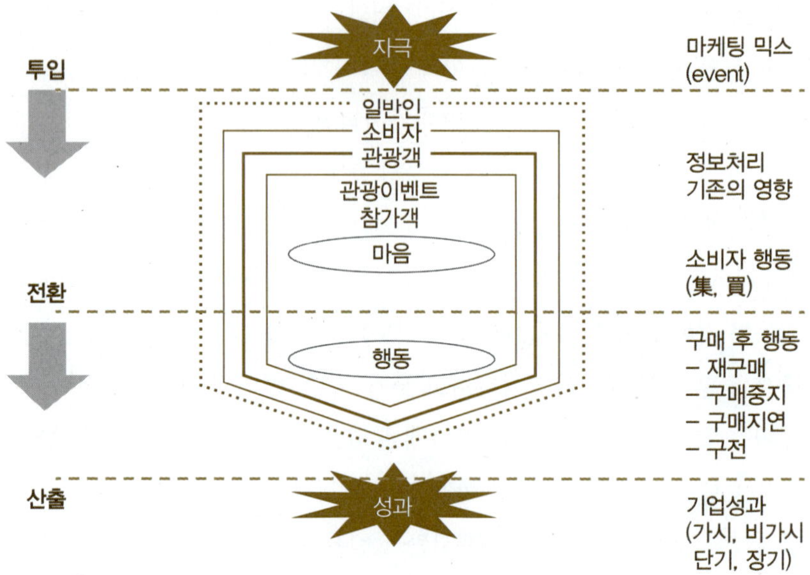

[그림 4-2] 소비자행동 모형과 마케팅 관계

3) 호텔소비자행동과 체험시대

(1) 체험시대의 도래

기업은 고객에게 항상 새롭고 다른 기업과 차별화된 가치를 제공하는 데 많은 노력을 기울이고 있다. 이러한 가치는 지금까지 제조품(goods), 서비스(service) 등에서 나왔는데 최근에는 체험(experience)에서 나올 수 있음에 주목한다. 체험은 고객이 서비스 과정에 직접 참여하며 제공하는 주체와 상호작용을 통해서 만들어진다. 따라서 체험은 모든 고객들에게 각각 다른 독특한 가치를 만들어 낸다. Pine과 Gilmore는 경제활동의 가치를 창출하는 원천이 범용품(commodity), 제조품, 서비스, 그리고 체험으로 변해 왔다고 주장한다. 커피를 예로 들면 범용품으로서의 커피는 식료품에서 구매하는 원두커피, 제조품으로서의 커피는 갈아놓은 커피나 인스턴트커피, 서비스로서의 커피는 일반음식점이나 카페에서 커피를 마실 경우에 포함되는 서비스, 그리고 체험은 유럽의 경치 좋은 곳에서 좋은 공기를 마시거나 확 트인 광장에서 오고가는 사람들을 보면서 마시는 그 지방에서 가장 유명한 바리

스타의 솜씨가 곁들여진 커피라고 볼 수 있다.

따라서 기획에서부터 제조, 판매, 애프터서비스에 이르기까지 모든 과정을 고객 개인의 요구에 맞추고 고객을 참여시켜서 고객에게 잊지 못할 기억을 심어주는 비즈니스 전략이 체험인 것이다. 소비자 입장에서는 상품이 아니라 상품에 담겨져 있는 이야기를 구매하고 재미와 감동을 느끼는 체험을 하며 소비자의 마음 속에 기억(memory)으로 저장된다. 서비스는 소비와 동시에 소멸되지만 체험은 오래간다. 이른바 백문불여일견(百聞不如一見) 즉, 백번 듣는 것보다 직접 한번 보는 것이 중요한 것이 아니라 백견불여일행(百見不如一行) 즉 백번 보는 것보다 직접 한번 체험해 보는 것이 중요한 시대가 오늘날이다. 이를 통해 기업은 다른 기업과는 차별화되고 동시에 가격을 높게 받을 수 있는 가격 프리미엄(premium)을 누릴 수 있다.

Pine과 Gilmore는 체험을 연출(perform)하기 위해서는 몇 가지 원칙을 제시하고 있다. 먼저 체험의 테마를 정한다. 테마는 체험이 궁극적으로 주고자 하는 주제라고도 볼 수 있는데 디즈니랜드는 미키마우스 등 캐릭터와 만화영화 속에 나오는 배경들을 통해 동심의 세계를 강조하고 있다. 두 번째로 테마에 어울리면서도 잘 지워지지 않는 인상(impression)을 제공해야 한다. 중국 항조우의 인상서호(印象西湖)는 장예모 감독의 걸작으로 거대한 호수를 배경으로 펼쳐지는 서호의 전설인 백사(白蛇)의 이야기를 다룬 수상버라이어티 공연이다. 서호의 멋진 경관과 함께 웅장함, 신비감, 아름다움의 감동적 체험을 준다. 세 번째는 부정적인 자극요소를 제거한다. 에버랜드는 '꿈의 나라' 라는 입장객들의 환상을 깨지 않게 하기 위해서 고객이 준비해 온 도시락은 지정된 장소에서 먹도록 유도하고 있으며 근무하는 직원들, 즉 캐스트(cast) 역시 자신의 역할 이외의 행동을 제한하고 있다. 이외에 고객이 체험하고 난 후에 이를 형상화한 물건을 추억 대신 구매하도록 한다. 레인포레스트카페(rainforest cafe)는 열대우림을 주제로 한 레스토랑인데 레스토랑 내에 화산폭발, 수족관, 동물모형 등을 전시해 놓아 마치 식사를 하러 온 손님이 아프리카의 어느 정글에 온 느낌을 준다. 또한 레스토랑 옆에는 기념품을 전시해 놓아 식사 후에 이를 구매함으로써 식사시 체험을 유형화하고 있다. 물론 생생한 체험을 하기 위해서 고객의 오감(五感)을 자극할 것을 제시한다. 커피전문점인 스타벅스(starbucks)는 매장에서만 들을 수 있는 배경음악(BGM)을 틀어주며 고객을 매혹한다.

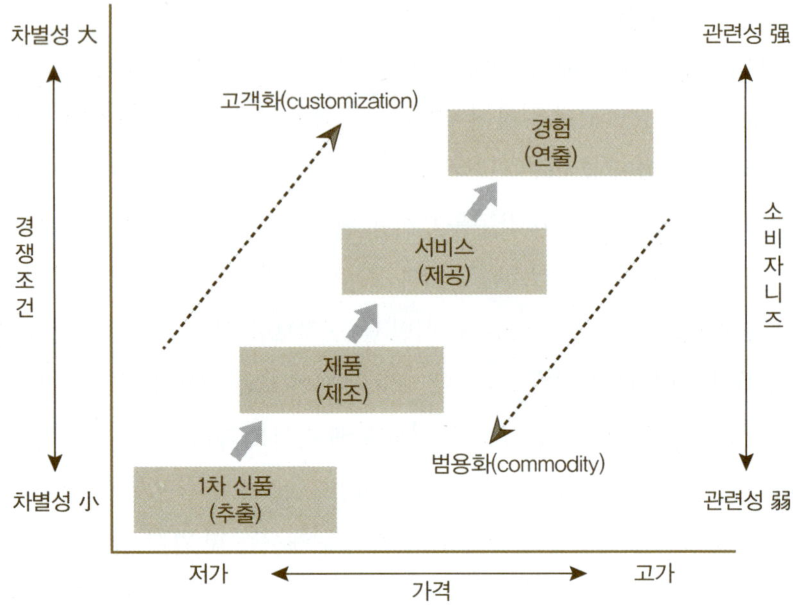

[그림 4-3] 체험경제의 진화

출처: Pine & Gilmore 연구토대로 저자 재구성.

(2) 호텔 방문객과 체험

호텔을 방문하는 사람이 체크인 후에서 체크아웃까지 다양한 체험을 하게 된다. 그리고 각각의 체험은 호텔이 가지고 있는 물리적 환경, 호텔 종업원이 만들어 내는 각종 역할과 서비스, 호텔 종사원의 역할이 고객과 어울려서 만들어지는 그 무엇들을 통해서 전체 체험을 구성한다.

호텔 방문객은 호텔에 들어서자 마자 프런트데스크로 걸어가면서 고급스러운 호텔로비, 호텔로고, 종업원의 깔끔한 유니폼을 보면서 체험을 시작한다. 자연스럽고 은은하게 흐르는 배경음악을 들으면서 무언가 다른 곳에 와 있다는 느낌을 갖는다. 때로는 컨시어지데스크에서는 외국인 고객에게 지도를 가지고 주변 관광지 교통편을 열심히 설명하고 있는 대화 소리도 들린다. 이와 같이 우리는 시각, 청각, 미각, 후각, 촉각 등 오감을 활용하면서 호텔의 체험을 시작한다. 라스베가스 카지노호텔에서 제공되는 2달러 95센트짜리 아침식사는 손님들에게 거의 공짜로 인지

된다. 밤새 승부를 벌이느라 전투를 치른 손님에게 새벽녘에 준비되는 식사는 훌륭한 선물이 될 수 있는데 가격에 비해서 거의 공짜라고 인지될 정도의 풍부한 양과 질이 제공되는데 기존의 고객들에게는 호텔에 고객을 머물게 하고, 카지노를 이용한 고객들에게는 배고픔을 해소하기 위해 호텔 밖 외부식당에서 식사를 마치고 다른 카지노로 이동하는 것을 방지하는 역할을 한다(나가노 케이타, 2005). 공짜에 가깝게 제공되는 레스토랑 영업이라기 보다는 사실상 카지노의 마케팅 전략이다.

싱가포르 항공사는 승무원에게 하여금 시각적으로 세련되고 우아한 유니폼을 입게 함으로써 승객의 감각에 호소한다. 또한 동양의 친절하고 정성어린 서비스를 가미하여 즐거운 감정을 갖게 하며 혁신적이고 창조적 항공사라는 이미지를 계속 잠재고객에게 인지하고 이를 행동으로 실천하고 있다. 아울러 국제적이면서 싱가포르적인 것이라는 마케팅 구호를 통해 전세계의 이용자들과 좋은 관계를 유지하고 있다(송해룡 · 김원제 · 조항민, 2006).

최근 소셜미디어가 각광받으면서 페이스북 및 트위터 등을 통해 이른바 친구 맺기를 통해서 광고를 하는 경우도 많아지고 있다. 렉싱턴 호텔은 페이스북 이벤트에 참가하면 커피를 공짜로 제공하는 등 소셜미디어 오픈을 직접 홍보하고 있다.

2. 호텔소비자 구매의사결정

1) 소비자 의사결정의 개념과 의의

인간은 매일매일 생활해 나가는 문제에 직면하게 되며 그것을 해결하기 위해 무엇을 선택할 것인지 고민하고 결정한다. 그리고 인간은 경제활동에 참여하면서 상품과 서비스, 체험 등을 소비하는 데 역시 문제와 해결과정이라는 도식은 동일하다. 친구의 결혼식에 가야한다는 문제점, 만약 가지 않았을 때의 문제점, 가게 됨으로써 희생되는 다른 일정, 이동시간에 따르는 시간 소모, 축의금 등 금전적 비용의 발생, 얼마를 지출해야 할 것인가 등의 문제를 고민하고 의사결정을 해야 한다. 또한 출퇴근길에 무료함을 달래기 위해 아이패드를 구매할 때는 소비자가 되고 신혼 여행을 가기 위해서 여행사에 패키지상품을 문의할 때에는 잠재관광객이 된다.

이러한 문제해결을 위해서 소비자는 상품과 서비스를 인지하고 그것을 구매할 때까지 몇 가지 단계를 거친다. 최종 구매에 이르기 위해서는 각 단계별로 의사결정(decision-making)이 필요하다. 의사결정을 하는 데에는 과거의 체험을 바탕으로 하는 정보, 현재 소비자 자신과 자신을 둘러싸고 있는 주변 환경에 대한 인식, 그리고 구매를 통해서 이루어지기를 희망하는 미래의 가치 등이 동시다발적으로 일어난다.

소비자 구매의사결정은 개인적 결정과 집단적 결정이 있다. 회사 출장을 위해서 어느 호텔을 선택할 것인가를 결정하는 것은 개인적 결정이다. 또한 A호텔 연회장에서 호텔관광관련 학술대회를 개최하고자 한다면 의사결정은 사무총장이나 간사가 주로 하겠지만 이전에 회장단과 회원의 의사를 먼저 들어보고 진행해야 할 것이다. 어떠한 의사결정은 바로 단순하게 결정될 수도 있고 어떠한 의사결정은 매우 장시간의 고민을 통해서 복잡하게 이루어지기도 한다. 호텔 선택은 체류기간이나 체류목적에 의해서도 달라질 수 있는데 짧은 기간이나 빈번한 호텔이용자의 의사결정은 간단하게 이루어 질 수 있으나 장기간의 여행일 경우에는 매우 복잡한 의사결정 단계를 필요로 한다. 아울러 소비자의 관여도 수준, 의사결정에 투입되는 시간, 제품이나 서비스의 비용, 제품의 탐색 정도, 고려하는 대안의 수 등에 따라 다양하게 나누어 질 수 있다(김상현 외, 2011). 관여도(involvement)는 특정 상황하에서 의사결정자로서 소비자가 얼마나 중요하게 그리고 관심을 가지고 있느냐이다. 구매하고자 하는 상품이 매우 중요하고 의사결정을 잘못하면 큰 위험이 발생하는 것은 고관여 의사결정, 소비자가 구매하고자 하는 상품이 별로 중요하지 않으면서도 반복적으로 구매하여 그 상품에 대하여 잘 알고 있으며 또한 잘못 구매해도 그리 위험하지 않으면 저관여의사결정이라고 할 수 있다.

의사결정의 단계는 다음과 같이 보통 다섯 단계를 통해서 이루어진다. 문제를 인식하고 이를 해결하기 위한 정보를 찾으며, 다양한 대안을 만족스런 수준에서 선택하고 구매결정을 하며, 행동에 이른다. 각 단계에 대한 자세한 해설은 다음 장을 참고한다.

[그림 4-4] 소비자 의사결정 단계

2) 문제인식

모든 소비자는 문제(problem)를 가지고 있으며 문제를 해결하기 위해 노력한다. 문제가 없으면 답이 없고 답이 없으면 굳이 답을 찾기 위해서 노력할 필요가 없다. 배가 고프다고 느끼면 무의식적으로 찾던 학교식당을 가던가 아니면 어제 보았던 CF의 스테이크 이미지를 떠올리든가 할 것이다. 문제(problem)란 것은 현재의 상태(실제)와 앞으로 바라는 바(이상)의 차이라고 할 수 있다. 먹을 것을 찾는 사람의 문제는 현재의 배고픔과 그것이 해결되었을 때의 포만감과의 차이가 문제이다.

호텔을 방문하는 고객이 잠을 자러 오지는 않는다. 호텔은 크게 자고 쉬고 여독을 푸는 숙박의 기능, 먹고 마시는 음식의 기능, 국제적 행사나 각종 파티, 결혼 및 기념 행사 등 사람이 모이는 회합의 기능, 문화강좌, 요리교실, 각종 전시회 등 문화서비스의 기능, 수영장, 헬스클럽 등 레저, 스포츠 건강관리의 기능, 아케이드, 부티크 등 쇼핑기능, 모바일서비스, 인터넷 등 비즈니스 기능을 한다(손대현 · 장희정, 2004). 이러한 모든 기능은 호텔을 방문하는 고객이 풀고자 하는 문제가 된다.

문제의 문제점은 문제가 빙산의 일각과 같다는 것이다. 빙산의 대부분은 수면 밑으로 잠겨있기 때문에 우리는 때로 물 위에 떠있는 것을 빙산의 전체로 착각한다. 물 위에 떠 있는 것은 문제가 아니라 징후(symptom)이므로 이것과 문제를 착각해서는 안된다.

소비자는 문제인식을 통해 동기화되고 이는 행동으로 이어진다. 고객이 직면하는 문제에 대하여 그 문제가 크면 클수록 문제를 해결하고자 하는 마음을 먹고 행동으로 옮긴다. 문제의 크기는 본인에게 얼마나 중요한지 그리고 얼마나 긴급하게 풀어야 하느냐에 따라 결정된다. 첫 번째로 포괄적 문제해결이다. 관여의 정도가 높기 때문에 문제해결에 긴 의사결정을 거치는 경우가 많다. 예를 들어 처음가는 지역의 호텔 선택, 기업의 첫 번째 컨퍼런스 개최 등이다. 두 번째는 제한적 문제해결이다. 관여의 정도가 상대적으로 낮기 때문에 짧은 의사결정 과정을 거치는 문제해결 방법이다. 예를 들어 지난 번에 방문했던 호텔에 다시 가는 경우이다. 세 번째는 일상적 문제해결이다. 제한적 문제해결보다 더 의사결정이 짧은 문제해결 방법으로 반복적인 구매가 일어나는 경우에 행해진다. 예를 들어 일상적인 국내출장 및 해외출장의 경우 CEO의 비서가 늘 예약하던 호텔로 한다든가 아니면 해당 기업임 직원이 전용으로 묵는 호텔을 예약하는 것이다.

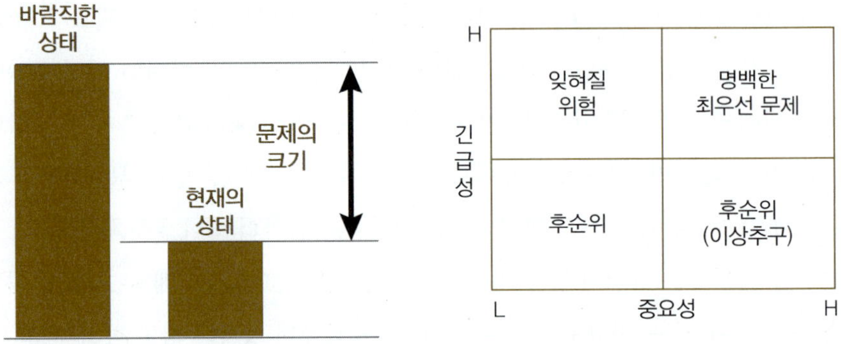

[그림 4-5] 문제의 개념과 크기

3) 정보탐색

의사결정을 하기 위해서는 정보(information)가 필요하다. 정보는 원래 자료(data)가 의사결정을 할 수 있도록 정리된 것을 말한다.

정보의 탐색(information search)은 호기심에 의할 수도 있고 다양한 대안을 추구하거나 혹은 위험을 감소시키거나 보다 혁신적인 결정을 하기 위해서 하는 등 다양한 이유를 가지고 있다.

정보의 탐색은 크게 내적 탐색과 외적 탐색이 있다. 내적 탐색은 의사결정에서 충분한 정보를 이미 가지고 있기 때문에 기억과 회상을 하는 수준에서 이루어진다. 반면 외적 탐색은 의사결정을 내리기 전에 저장된 정보가 부족하다는 것을 느끼거나 혹은 특별한 계기가 되어 적극적으로 찾아 볼 수도 있다. 반대로 미래에 의사결정을 위해서 정보원을 찾고 적극적으로 메모를 하기도 한다. 신혼여행지를 선택함에 있어서 적극적으로 본인들이 묶을 호텔을 인터넷 등을 통해서 찾는 것은 외적 탐색이다. 그러나 호텔, 항공, 여행상품 등 모든 것을 패키지로 여행사를 통해서 구매하고 호텔을 어디서 묶을 지는 여행사에게 위임하겠다고 생각하는 것은 내적 탐색이다.

호텔을 예약하는 이유에 따라서 정보탐색 방법에서 차이가 있다. 휴가일 경우에는 보다 한적한 호텔, 관광지와 인접해 있는 호텔을 선택할 것이고 이를 위해서 지인들이나 여행사로부터 관련 정보를 얻을 수 있다. 아니면 인터넷을 검색해서 블로그 등을 통해 먼저 방문했던 사람들의 여행후기를 참조하기도 한다. 반대로 비즈니스가 목적이라면 시간 절약을 위해 공항 근처나 회의장소와 가까운 곳을 먼저 탐색할 것이다. 또한 이미 전에 비슷한 장소로 출장을 다녀왔던 사람에게 물어볼 수도 있다.

정보의 원천은 크게 1차적 정보와 2차적 정보가 있다. 1차적 정보는 본인이 직접 수집해서 정리한 것이고 2차적 정보는 이미 남이 생성해 놓은 것을 말한다. 정보기술의 발달은 풍부한 정보량과 탐색의 효율성을 보장하고 있다. 예를 들어 포탈사이트 검색창에 관련 키워드만 편리하게 검색하면 무한한 정보를 접할 수 있다. 또한 SNS를 통해서 본인이 관심이 있는 정보를 실시간으로 받아 볼 수 있으며 보내주는 사람과의 신뢰감이 덧붙여져 더욱 효과적인 의사결정을 할 수 가 있다.

정보를 탐색하는 방법은 탐색형과 검증형이 있다. 탐색형은 주변의 자료를 가지고 다양한 분석을 통해서 결론을 내려가는 방법이고 '아무래도 이러이러한 것 같다'라고 후천적으로 알게된다. 이와는 반대인 검증형은 가설적 사고라고도 한다. 먼저 잠정적으로 결론을 내놓고 이를 뒷받침할 증거를 찾아보는 것이다. 후자가 의사결정을 하는 데 훨씬 경제적이다. 새로운 정보를 얻어내는 데 걸리는 소비시간과 에너지는 기존의 정보, 즉 과거의 경험이나 2차적 정보를 찾아보는 것보다 훨씬 많이 소모되기 때문이다.

통상적으로 기업이 제공하는 광고, 홍보, 판매원, 판촉물, 개인적 원천인 가족, 친구, 지인, 기타 중립적인 신문 등 미디어 그리고 본인의 과거 경험 등이 정보의 원천이 될 수 있다. 호텔의 경우는 상업적 원천은 호텔 광고, 여행사의 호텔 판매원, 호텔 소개책자나 인쇄물, 호텔 웹사이트 등이 되며 공공적 원천은 호텔과 관련된 잡지, 호텔과 관련한 신문기사나 방송 뉴스 등이 된다. 경험적 원천은 과거에 해당 호텔을 방문했던 지인들로 부터의 경험을 들 수 있다.

4) 대안평가

원하는 정보가 어느 정도 수집이 되면 고객은 대안평가(alternative evaluation)를 통해 구매를 위해 한 걸음 나간다. 대안은 문제해결에 있어서 선택후보군을 말하며 선택을 위해서는 평가의 과정을 거친다. 경제활동에 참여하는 인간은 자신의 이익을 최대화하기 위한 행동을 하므로 당연히 최적의 대안은 최대의 효용(utility)을 가져올 것으로 기대한다. 효용이란 경제학적 개념에서 일정기간 동안 일정량의 재화나 서비스를 소비함으로써 얻는 주관적인 만족의 정도이다.

그럼에도 의사를 결정하기 위한 각종 대안의 평가에는 제약이 따르게 된다. 즉 인간은 이른바 제한적 합리성(bounded rationality)을 갖는다. 이것은 대안 선택을 비합리적으로 한다는 것이 아니라 특정 환경에 따라 선택이 달라질 수 있다는 것이다. 이러한 상황은 대안평가를 하는 사람이 본인이 아니라 여러 명의 동의를 얻어서 진행되어야 할 때 더욱 그러하다. 집단이 모여서 사고할 때에는 이의제기를 억제하고 합의를 쉽게 이루려는 심리적인 집단사고가 잘 일어난다. 예를 들어 점심시간에 친구들끼리 모여 식사를 같이하기로 하고 메뉴를 선택하고자 한다. 그 집단 속에서 몇 명의 친구들이 자장면을 먹자고 목소리를 높이는데 일부 소수는 밥이 오히려 건강에 좋다고 하고 또 다른 몇명은 짬뽕을 먹고 싶다는 생각을 한다. 밥이나 짬뽕을 원하는 사람은 그것을 선택함으로써 최대한의 효용을 누릴 수 있지만 집단의 결속력 유지 압박, 배달되는 속도 등을 감안하여 어쩔 수 없이 자장면을 선택하게 된다.

호텔연회고객 중에서 동호회는 호텔이 비수기의 어려움을 타개할 수 있는 좋은 고객집단임에도 최종적으로 계약을 완료하기 위해서는 동호회 회장 이외의 다양한 대표들과의 집단적 논의를 통한 대안합의가 이루어져한다.

또한 대안평가는 구매하는 대상에 대하여 얼마나 저관여(low-involvement)를 하느냐 고관여(high-involvement)를 하느냐에 따라서 달라지는데 후자의 경우에는 좀 더 많은 특성을 비교하고 복잡한 의사결정 방식을 따르게 되며 보다 다양한 대안을 평가하게 된다.

호텔을 선택하기 위해서 평가기준을 사용하는데 그것을 속성(attribute)라고 한다. 즉 한국을 방문하고자 하는 외국인이 도심의 롯데호텔에 투숙할까 아니면 인근 게스트하우스를 선택할 것인가라는 대안을 선택할 때 사용한다. 숙박시설을 선택하게 될 때는 위치, 청결함, 분위기, 서비스 수준, 비용 등을 다양하게 고려한다.

〈표 4-1〉 방문횟수와 목적에 따르는 호텔선택 속성

최초방문객		재방문객	
관광목적	사업목적	관광목적	사업목적
• 청결, 안락한 객실 • 안정성과 안전도 • 객실가격 • 서비스즉시성 • 편리한 위치 • 친절성 • 레크리에이션시설	• 청결, 안락한 객실 • 편리한 위치 • 안정성과 안전도 • 서비스 즉시성 • 객실가격	• 청결, 안락한 객실 • 안정성과 안전도 • 객실가격 • 친절 및 환대 • 개인적 서비스 • 레크리에이션시설	• 청결, 안락한 객실 • 편리한 위치 • 안정성과 안전도 • 개인적 서비스

5) 구매 및 구매 후 행동

소비자는 대안상품 중에서 가장 선호하는 것을 결정하고 구매(purchase)하게 된다. 구매란 제품이나 상품을 사용하고 나서 소비 혹은 체험을 하면서 느끼는 심리적, 행동적 반응을 포괄하며 이를 구매 후 행동(post-purchase behavior)라고 한다.

호텔은 체류, 관광지는 방문, 이벤트공연은 참여, 컨벤션은 참석, 테마파크는 입장 등 다양하게 불린다. 그러나 구매에 위험성이 생기면 구매지연, 구매회피 등이 나타난다.

일반 소비재와 달리 호텔은 구매 후에 바로 소비하는 경우도 있지만 대개 거주지에서 호텔까지의 이동이라는 시간적, 공간적 갭이 있다. 따라서 호텔은 예약(reservation)과 확인(confirm)이라는 의사표시를 먼저 하게 된다. 의사표시와 실제 구매시점, 구매시점과 소비라는 갭은 수요자인 고객과 공급자인 호텔 간에 불확실성이라는 부담을 준다. 즉 고객이 예약을 하고 난 후에도 마음이 바뀐다든가 피치 못할 사정이 생기는 경우에는 소비, 즉 투숙으로 이어지지 못하고 때로는 환불해 주어야 한다. 이러한 호텔에 대한 기대감의 형성은 호텔 방문 자체도 있지만 호텔에 숙박을 하면서 하게 되는 각종 행동들, 예를 들면 비즈니스 혹은 관광 등과 동반되어 형성한다. 호텔 주변에 관광지와 매력적인 레스토랑에 대한 정보탐색을 추가적으로 실시하기도 한다.

라스베가스에 IT 관련 전시회에 참가하려고 했으나 회사 사정상 취소가 되는 경우에 인근에 예약을 해놓았던 호텔예약을 취소할 수 밖에 없다. 또한 공급자인 호텔도 예약 후 나타나지 않는 손님(no show)에 의해 어느 정도 초과예약을 받을 수 있게 하고 이것을 일드매니지먼트(yield management)라고 한다. 따라서 고객은 이러한 위험을 회피하기 위해서 비교적 잘 알려진 프랜차이즈호텔을 선택한다.

만족과 불만족이란 호텔을 이용한 경험에 대하여 투숙객이 주관적 우호적인 평가를 하는 것이다. 이는 얼마나 기대를 하고 성과를 인식하는가, 혹은 투입된 노력(시간, 돈 등)에 비하여 얼마를 얻었는가를 비교하여 공정 혹은 불만족을 느낀다. 흔히 "기대만큼 별로야" 등은 이러한 불만족을 표시하는 방법의 하나이다. 만족하게 되면 재구매고객이 될 가능성이 높다. 인지부조화(cognitive dissonance)란 상품을 구매하는 데 행동과 인지 간에 조화를 이루지 못하는 것으로 이때 긴장이 발생하고 심리적 불편을 겪게 된다. 자신의 의사결정이 옳았는지에 대하여 확신이 서지 않는다. 이 경우 이를 정정하고자 노력하게 된다. 때로는 합리화하기 위해서 회피 혹은 왜곡하는 경우도 있다. 일반적으로 여행자가 호텔을 선택할 때 중요하게 생각하는 것이 숙박시설이 얼마나 청결하느냐에 달렸지만 다른 요인들도 많다. 구매 후 행동으로는 만족과 함께 재방문의사를 표시하거나 다른 사람들에게 해당 호텔을 추천하는 것이다. 호텔의 사진, 이야기 추억을 회상하고 다른 사람에게 공유하고 자랑을 한다.

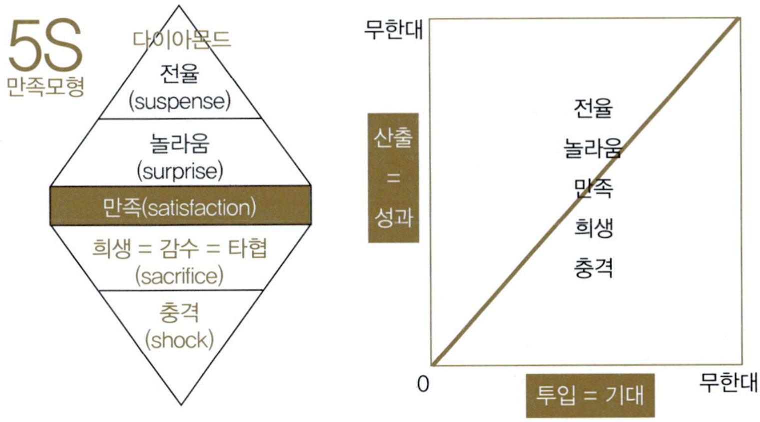

[그림 4-6] 체험경제에서의 만족모형

호텔과 같은 체험상품은 다음과 같이 만족을 세분화하고 확대하여 이해하는 것이 매우 유효하다. 즉 만족 그 이상으로 놀라움과 전율이 나타날 수도 있고 반대로 희생과 충격이 나타날 수도 있다. 로얄캐리비안크루즈는 고객들에게 만족 이상의 서비스를 제공할 것을 강조하고 있는데 이를 'deliver the WOW', 즉 깜짝 놀람을 제공하는 것으로 구체화하고 있다. 반대로 희생은 불만족해도 참고 견디는 것이다.

따라서 그림에서 볼 수 있듯이 늘 투입과 기대, 산출과 성과를 비교하여 어떻게 하면 고객의 마음을 사로잡을 것인가를 고민해야 할 것이다.

3. 호텔소비자행동의 개인적 요인

1) 오감각과 이미지

(1) 오감각 재생

소비자가 상품과 서비스를 인식하는 데 오감이 제일 먼저 작동한다. 인간이 환경의 변화에 살아남을 수 있는 것은 변화를 감지하는 오감이 살아있기 때문이다.

인간의 호기심은 새로운 것에 대한 신비감을 느끼며 이때 오감을 작동한다.

1915년 코카콜라(Coca Cola) 사장이었던 Candler, A.가 루트글라스사의 용기 디자이너 얼딘에게 '어둠 속에서 손으로 만져만 보고도 코카콜라임을 확신할 수 있는 병'을 만들어 달라했다. 코카콜라의 병은 멋진 외양은 기본이고 손끝으로 느껴지는 독특한 촉감이 있어야 한다는 주문이었다. 이러한 노력으로 코카콜라의 촉감은 곡선미를 강조한 매끈한 병모양과 함께 지난 수십 년간 사랑받아왔다. 우리가 코카콜라를 볼 때 오감 중에서 시각과 촉각이 작동한다. 그리고 코카콜라의 톡 쏘는 맛을 경험한 사람은 미각이 작동됨을 느낄 것이다(박정현, 2007).

오감이 살아있다는 것은 인간이 살아있다는 것이다. 그럼에도 인간은 오히려 오감각이 쇠퇴해졌는데 이러한 오감각을 재생할 수 있는 체험상품과 서비스를 제공해 준다면 경쟁력을 확보할 수 있다.

싱가포르항공(Singapore air)은 특별히 만든 플로리안 워터스라는 향기를 통해 탑승객의 후각을 자극하고 있고 이는 뜨거운 물수건과 함께 기내에 퍼져 나간다. 독일의 자동차회사 아우디(Audi)의 경영 슬로건은 감성이며 인간에게 최상의 감각적 만족을 제공한다고 밝힌 바 있다. 자동차를 품질로 보는 것이 아니라 느낌으로 보고 이를 위해서 후각팀, 감촉팀, 소음팀 등을 운영하고 있다.

오감각을 통해 느낀 자극은 기억이 되고 추억이 되어 이미 지나간 상품과 서비스를 다시 찾게 된다. 무릇 마케팅을 하는 기업은 '감각의 달인'이 되어야 한다. 고객의 오감각을 자극하고 오감각을 재생시킴으로서 경쟁력을 확보할 수 있다. 생생하고 의미 있는 오감각을 자극함으로 경쟁력을 확보할 수 있으며 이를 통해서 궁극적인 가치를 제공한다. 우리는 이것을 감각적 효과를 얻기 위한 SCP모델이라고 한다.

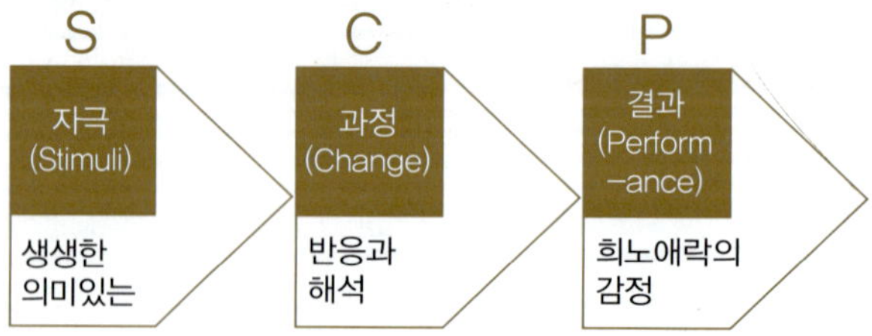

[그림 4-7] 오감각과 SCP모델

(2) 지각의 단계

인간은 시각, 청각, 촉각, 미각, 후각을 가지며 이를 통해 세상의 사물과 사건을 알게 된다. 감각기관의 자극은 감각을 초래하며 그러한 감각의 해석을 지각(인식)이라고 한다. 문제는 객관적 현실이 아니라 자신의 지각을 통해 행동하고 외부의 자극에 반응을 보인다는 것이다. 사실 그대로의 세계가 아니라 그대로 여기는 세계이다(To see is to be perceived and to believe). 그대로 여기는 것은 개인이 가지고 있는 환경이 만들어 주는 가치, 경험, 태도, 욕구 등이다. 소비자 입장에서 볼 때 지각의 과정은 지극히 선택적(selective)이고 또한 주관적(subjective)이다. 따라서 마케팅은 이러한 한정된 소비자의 지각을 둘러싼 싸움이라고도 볼 수 있다.

그럼에도 현대인은 옛날에 비하여 감각자극의 홍수에 살고 있어 역설적으로 감각을 상실하기에 이르렀다. 따라서 옛날 선조들이 가지고 있던 오감을 되살릴 수 있는 방안을 모색하는 것이 중요하다. 예를 들어 향수의 발달로 몸 냄새, 사람 냄새를 상실하고 있으며 각종 소음으로 자연의 소리를 잊어가는 것이 인간이다.

인간의 지각은 자극에 대한 노출부터 시작되어 감각, 주의, 해석, 기억의 단계를 거친다. 노출(exposure)은 자극에 물리적으로 접근하여 감각기관이 활성화된 준비상태, 즉 자극을 받아들일 준비(stand-by)이다. 감각(sensation)은 자극의 정보 등을 인식하고 받아들이는 과정이다. 이때 다섯 가지 감각이 작동하게 된다. 주의(attention)는 특정한 정보에 처리능력을 집중시키는 과정이다. 이해(comprehension)는 자극 혹은 정보에 대한 주관적 해석의 과정이다.

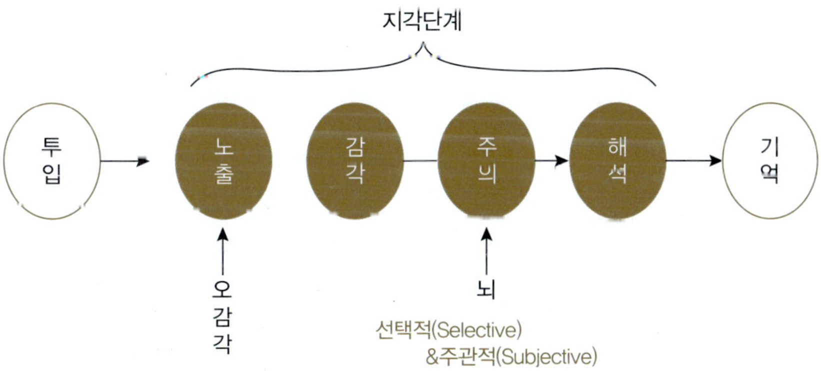

[그림 4-8] 지각의 단계

여행자가 호텔을 선택할 때 중요하게 생각하는 것이 숙박시설이 얼마나 청결하느냐이다. 보통 여행자는 불편함은 참을 수 있어도 불결함을 참을 수 없다고 한다. 어느 시골민박을 방문했는데 욕실이 지저분하다면 아직까지 받지 않은 서비스에 대해서도 좋지 않다고 판단할 수도 있다.

호텔은 고객의 오감각을 자극하여 즐거움과 흥분을 가져다 주기 위한 노력을 하고 있다. 어떤 호텔은 하얀 장갑을 낀 남자 종업원이 침대시트를 턴오버를 한 후에 장갑을 낀 손으로 시트에 마찰열을 일으키기 위해서 비벼댄다. 마찰열로 침대는 따스하게 데워지면 손님은 촉각적으로 안락함을 느끼고 기분 좋은 잠을 이룰 수 있다.

(3) 위험지각과 혼잡지각

위험지각(perceived risk)은 소비자의 행동이 발생할 수 있는 예상치 않은 결과에 대한 불안감, 염려, 부정적으로 평가받을 것 같은 두려움을 말한다. 위험지각은 구매하고자 하는 서비스를 제대로 받을 수 있을까 하는 성능위험, 서비스가 다른 사람들로부터 부정적인 평가를 받을 수도 있다는 사회적 위험, 잘못된 결정이 재무적 손실을 초래할 수 있다는 재정적 위험 등 다양하게 나타난다.

최근 우주여행이 각광받고 있는데 민간기업이 주체가 되어 기존의 소유즈(Soyuz) 우주선을 대체하여 전용 스페이스십을 타고 우주정거장을 방문하고 무중력 체험을 하는 등 관광상품을 속속들이 내놓고 있음에도 아직까지 대중화되지 않고 있다. 물론 잠재관광객들이 인지하고 있는 비싼 가격도 원인이 있겠지만 가장 큰 것은 안전성에 대한 불확실성, 즉 위험지각, 예를 들면 재해, 고장 등 그 원인이 크다. 이를 해소하기 위해서는 정부의 인증, 전문가 의견을 통한 권위 호소, 사고시 보험 등 지각의 변화를 주는 마케팅 전략이 수반되어야 한다. 메이저 항공사에 대비하여 저가항공사(Low Cost Carrier)에 대한 승객의 위험을 시간손실, 금전손실 이외에 항공기 자체에서 느끼는 안전성과 관련된 부담감이나 공포감 등을 제시하였다. 저가항공사의 노후화와 정비불량 등으로 지연 및 결항 상태에 따르는 지각위험이 항공사 선택에 영향을 준다고 하였다. 이를 위해 저가항공사는 승무원의 유니폼을 캐쥬얼하게 착용함으로써 자연스러운 분위기를 창출하고 어린이 등을 상대로 재미있는 마술시범, 사진촬영서비스 등을 제공함으로써 위험지각을 없애주고 있다.

호텔의 체인시스템은 위험지각을 감소시켜주는 역할을 한다. 즉 전세계 어디서든지 유사한 서비스를 제공받을 수 있다는 것을 보장해 주는 것이다. 또한 브랜드를 공유함으로서 고객들을 안심시키고 있다. 메리어트 인터네셔널(Marriott International)은 JW Marriott호텔, 리츠칼튼(Ritz Carlton)부터 Courtyard, Fairfield Inn & Suite까지 다양한 상품군을 보유하고 있다. 고객의 혼잡지각(perceived crowding)은 특정 지역의 특정 밀도에 대한 방문자의 부정적인 평가이다. 이는 특히 서비스를 받기 위해서 대기하고 있는 행렬에서 일어나기 쉬우며 불만족으로 이어질 가능성이 높다.

호텔에서 체크인(check in)을 할 경우에 프런트데스크(front desk)에 길게 늘어진 줄을 보고 고객은 상당히 실망을 할 수 도 있다. 또한 테마파크에서 라이드(ride)를 이용하기 위해 길게 늘어진 관람객의 행렬을 보고 상당히 지루해할 수 도 있다. 고객이 줄을 선다는 것은 해당 서비스를 이용하겠다고 의사결정을 한 후에 그 서비스 소비를 통해 문제해결하는 것이 유예당하는 것이다. 또한 서비스의 소비라는 성과에 대하여 시간과 에너지 등을 추가로 투입함에 있어서 손해를 보고 있다는 생각을 하게 된다. 최악의 경우 새치기(cut-in)를 하는 사람을 보면 불쾌감마저 든다. 본인이 투입한 노력에 비해 덜 노력을 투입해서 동일한 것을 얻었다고 느끼기 때문이다. 더욱이 받아야 하는 서비스가 희소한 가치를 가지고 한정적이면 더욱더 심해진다. 따라서 가능한 줄을 짧게 보이기 위해 볼거리를 만든다든가 아니면 흔히 볼 수 있듯이 일렬이 아닌 지그재그로 세워서 마치 짧아보이게 만들어 지각의 혼동을 유발할 수도 있다.

(4) 브랜드 이미지, 브랜드 개성, 브랜드 카리스마

지각의 과정은 두가지 방향으로 이루어지는데 안으로 본인 자신, 혹은 자아(self)와 밖의 대상을 향해 일어난다. 먼저 본인은 자신을 바라보는데 본인이 가지고 있다고 생각하는 자아(실제적 자아)와 현재는 아니지만 향후 되고 싶다는 자아(이상적 자아)로 나뉘어진다. 흔히 이야기하는 워너비(wanna-be)에 해당된다. 물론 지각의 오류가 발생하여 자아를 확실하게 파악 못할 수도 있고 이상적 자아를 이미 가지고 있음에도 지속적으로 이상적 자아를 추구하는 경우도 있다. 자아는 자아이미지(self image)라고도 하는데 사회적으로 결정된 준거체계에 따라 자신을 지각하는 방식이며 자신은 어떠한 신체적 특성, 습관, 가치관, 능력을 가졌으며(실재적 자아), 가지고 싶은지(이상적 자아)에 대한 총체적 결과이다. 이미지는 마음속에 그려지는 대상에 대한 감각적인 영상이며 실재와는 다르게 인식되어진다. 인간은 대상을 향해서도 실재와는 다른 이미지를 형성한다. 특히 대상이 소비의 대상일 때는 그것을 상품이라고도 하지만 어떻게 지각되어지느냐를 중시하여 브랜드 혹은 브랜드 이미지라고 하며 다른 상품과 구별된다.

브랜드 이미지는 대개 형용사로 표시되는데 이중에서 특히 인간의 특성을 띤 즉 브랜드를 의인화(personification)함으로써 보다 인간과 상품 간의 관계를 긴밀하게 하고 있다. 우리는 이것을 브랜드 개성(brand personality), 즉 소비자가 대상에 대하여 느끼는 인간적 특성 즉 사람의 특성이라고 부른다. 코카콜라는 시원하고 미국적인 특성을 가지고 있고 펩시(Pepsi)는 비교적 최신 감각으로 무장된 젊은 세대를 연상시킨다. 브랜드가 인간으로 인식되면 더욱더 감정적 애착관계(emotional attachment)를 형성하게 되고 소비자의 브랜드 충성도를 높일 수 있다. 스마트폰은 늘 옆에 두고 24시간 같이 생활하기 때문에 마치 애인이자 친구 같이 느껴질 수도 있다. 또한 스마트폰의 배경화면과 벨소리 및 통화연결음을 바꾸는 것은 마치 친구와 애인에게 새 옷을 선물하는 것과 같은 행위로 볼 수 있으며 아울러 동시에 사용자 자신을 표현하는 방법이다. 자신의 잠재된 욕망을 상품을 통해서 보여주는 것이며 따라서 자신을 가장 유사하게 표현한다고 생각되는 상품과 서비스를 구매하고 소비한다. Aarker는 브랜드 개성을 진실성, 흥미 유발, 유능함, 세련됨, 강인함으로 제시하였다. 더나가 브랜드 개성은 나에게 강제력을 행사하여 사지 않으면 안되게 만드는 카리스마(charisma)를 발휘하기도 하는데 이를 브랜드 카리스마(brand charisma)라고 한다. 특급호텔에 대하여 호텔소비자들은 사람으로 인식하는데 특히 세련되고 신뢰하는 사람으로 생각한다. 또한 호텔 브랜드 간에도 약간씩 개성의 차이를 보여주고 있다.

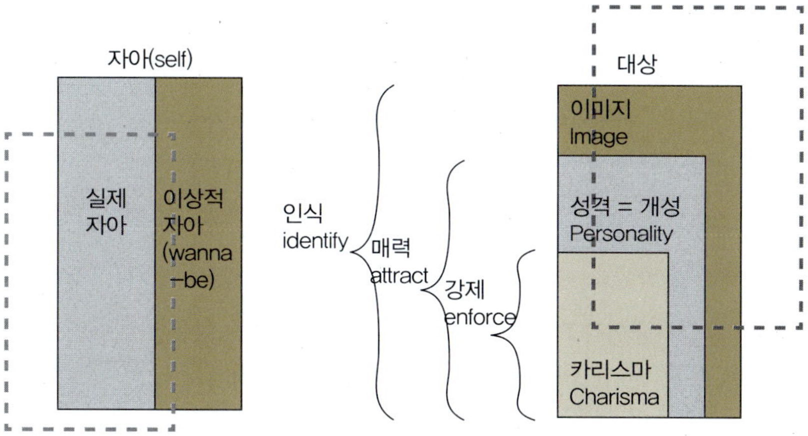

[그림 4-9] 자아와 대상

2) 학습과 기억

(1) 학습의 개념과 의의

학습은 지각의 단계에서 환경으로부터 받아들인 정보를 저장하고 필요시 기억을 해내기 위한 과정이다. 학습은 한자어로 학습(學習)이라고 하는데 배움을 통해서 습관화를 이루는 것이다. 고전을 보면 "學以時習之 不亦悅乎(배우고 때때로 익히면 또한 기쁘지 아니한가)"라는 말이 나오는데 이 역시 배우고 익힘이라는 학습의 본질을 잘 말해주고 있다. 또 다른 사람은 학습은 "고통이 없는 정보의 주사(painless injection of information)"라고 표현하기도 하는데 외부로 부터 끊임없이 정보가 유입되고 이를 활용할 준비로 만들어 내는 과정이다. 다만 외부로부터의 정보를 받아들이는 과정은 때로는 고통이 수반되기도 하다. 학습은 때로는 어렵고도 힘든 것이기 때문이다.

학습은 크게 탐색형(exploratory type)과 가설형(hypothetic type) 두 가지로 나눌 수 있다. 탐색형은 최초에 무(無)의 상태에서 정보를 수집하는 과정이라면 가설형은 이미 학습된 기존의 정보로 가설을 설정하고 증거를 수집 및 검증한 후에 이를 기존의 신념에 통합시킨다.

학습의 방법은 크게 조건화(conditioning), 일반화(generalization) 그리고 모델링(modeling)이 있다. 조건화에 관련해서는 파블로프(Pavlov)의 조건반사실험에 근원을 두고 있는데, 자극(stimulus)을 주면 반응(response)하며 자극의 반응에 따라 긍정적인 혹은 부정적인 결과, 즉 강화(reinforcement)가 발생한다.

미국의 자동차 여행자는 여러 번 시행착오를 거쳐 홀리데이인(Holiday Inn)에서 제공한 서비스를 받았다. 이때 자극은 홀리데이인에서 제공하는 서비스이고 반응은 만족감 및 즐거움이라고 본다. 이후 여행자는 계속적으로 홀리데이인을 선택하는 강화행동을 할 것이다(박시사, 2008). 일반화는 특정 자극에 대해 반응하되 동일하지 않은 자극에 대해서도 똑같은 반응을 보인다는 것이다. 즉, 긍정적 정보를 받고 학습한 것을 유사 상황에 적용하는 것이다. 대기업 계열사의 통합브랜드 전략이나 호텔의 프랜차이즈 전략은 이러한 일반화를 활용한 것이다. 예를 들어 애플(Apple)의 아이팟으로 좋은 경험을 학습한 소비자는 같은 회사가 제공하는 아이패드를 선택할 가능성이 높다. 또한 메리어트(Marriott) 호텔에서 좋은 서비스를 받았다고 하는 사람은 같은 메리어트기업의 다른 메리어트 브랜드, 예를 들면 JW 메리어트 호텔에서도 좋은 서비스를 받을 것이라고 일반화한다. 보다 적극적으로 호텔이 이러한 조건화 및 일반화를 만들어 내기도 하는데 리츠칼튼(Ritz Carlton) 호텔이 미스틱(Mystique)이라는 고객니즈관리시스템을 통해 전세계의 리츠칼튼이 정보를 공유한다. 즉 세계의 어느 리츠칼튼 호텔에 머물러도 고객은 본인의 선호와 취향을 굳이 종업원에게 말하지 않아도 본인에게 맞는 지극히 개인화된 서비스를 제공받을 수 있다.

모델링은 다른 사람이 자극을 받고 이에 반응하는, 즉 학습 과정을 보고 배우는 것이다. 이는 특히 스타마케팅에서 자주 일어나는데 광고에 인지와 호감도를 어느 정도 가진 스타가 광고에서 상품을 소비하는 것을 보여주면 나도 모르게 그 것을 따라하게 되는 것이다.

(2) 기억과 추억

기억(memory)은 학습경험이 축적된 결과이며 따라서 학습은 기억과 해석의 습관이라고 말할 수 있다. 기억은 가능하면 하는 것이 좋지만 때로는 불편한 기억들은 잊어버리는 것이 좋다. 또한 모든 것을 기억한다면 인간은 살아갈 수가 없다. 심리학자 에빙하우스(Ebbinhaus)는 시간의 흐름에 따라 기억이 얼마나 감소하는지 그래프로 나타냈는데 초기는 망각률이 높고 장기로 갈수록 잘 잊어버리지 않는다고 한다.

기억은 크게 단기기억(short-term memory)과 장기기억(long-term memory)로 나눌 수 있다. 단기기억은 정보나 감각의 저장을 위해서 매우 제한된 용량을 가지고 있으며 흔히 잠시 스쳐지나가는 생각에 해당된다. 단기기억에서 정보를 처리하는 과정은 정교한 활동(elaborative activities)이 있는데 운용기억에서 정보를 해석하고 정교화하기 위해서 이전에 저장된 경험, 가치, 태도, 신념, 느낌 등을 사용하는 것이다. 또한 보유연습(maintenance activities)은 문제해결을 위하여 혹은 장기기억으로 변환하기 위해서 현재의 기억 속에 정보를 담아둘 목적으로 정보를 지속적으로 반복하는 것이다. 장기기억은 무제한적이고 영구적인 기억으로 어의기억, 사건기억, 과정기억이 있다. 어의기억은 사실, 사물 등에 대한 속성, 세상의 모든 일에 대한 개인의 추상적 지식체계이다.

서비스업에서 기억이라는 것은 고객의 만족과 직결된다. 고객은 상대방이 나를 기억하고 있다는 것만으로도 만족을 느낀다. 레스토랑의 웨이터는 고객으로부터 주문을 받을 때에 고객과 고객이 주문한 음식을 잘 매치시켜서 서빙하면 높은 만족과 함께 찬사를 받을 수 있다. 호텔에서 주차를 해주는 종업원은 호텔을 자주 찾는 고객의 얼굴, 이름 그리고 차량번호를 연결시키는 기억력을 가지고 있으면 마찬가지로 높은 고객만족을 이끌어 낼 수 있다. 이는 고객이 본인이 이름으로 불리고 존중받고 있다고 느끼기 때문이다.

복고는 과거로 돌아가는 것도 되지만 본래 상태로 고친다는 치유(healing)와 복원의 뜻을 가지고 있는데 특히 인간의 정체성이 흔들릴 때는 더욱더 요구된다. 즉 자아를 잃지 않기 위한 노력인 것이다. 노스탤지어(nostalgia)는 향수(鄕愁)라고도 번역되는데 사람이 타향에서 고향을 그리워하거나 지나간 시대를 그리워하는 것을 말한다. 즉 기억은 추억이 될 수 있고 이것은 상품과 서비스로 만들어 낼 수 있다.

수 십년 전 신혼여행 차 A 호텔에 묵고 당시 종업원의 훌륭한 서비스를 기억하고 있던 노부부가 다시 수십년 후에 그 호텔을 방문했을 때에는 나이는 들었지만 좀더 원숙해지고 더욱이 노부부를 기억하는 호텔종업원이 있어 무한 감동을 느낄 수 있다. 고객의 기억은 추억으로, 호텔종업원의 기억은 감동으로 연결되는 순간이다.

독일에서 옛 동독의 거주양식으로 꾸민 호텔이 인기를 끈 바 있는데 오스텔이라고 옛 동독시절에 대규모로 지어진 조립식 아파트를 재단장한 것이다. 즉, 동독 출신 주민들 사이에 오스탈기라는 동독문화 향수코드가 유행을 하고 있으며 이를 호텔로 상품화한 것이다. 프론트데스크의 안내원은 '동독에 오신 것을 환영합니다'라는 인사와 함께 복고풍의 벽지와 옛 동독 총서기 Erich Honecker의사진 액자, 동독시절의 생필품들을 이색적으로 전시하였다.

3) 성격

(1) 성격의 의의

성격(personality)이란 환경, 즉 사물과 인간에 대한 적응과정에서 나타나는 독특한 개인의 사고 혹은 행동양식을 말한다. 성격은 어느 정도 일관성이 있다.

성격은 타고난 기질을 바탕으로 성장환경을 거치면서 다듬어지고 안정된다. 페르소나마케팅(persona marketing)에서 페르소나는 원래 연극배우가 쓰는 탈을 가르키는 말이나 점차 인간의 개인을 지칭하게 되었으며 일종의 가면으로 쓰게 된다. 따라서 인간의 성격은 사회적 규범과 질서 속에서 일정한 책임과 역할을 하는 것이고 잠재된 욕망이 숨어있다.

성격은 고객의 유형화하는 기준이고 이는 유형화에 따라 어떻게 고객을 관리에 나갈 것인가에 도움을 준다. 성격을 나누는데 다섯 가지 성격특성 요소(big five personality)가 가장 널리 알려졌다. 개방성, 성실성, 외향성, 친화성, 신경증적 경향성 등이다.

그러나 보다 간단하게 성격은 크게 내성적인 성격과 외향적인 성격으로 나누기도 한다. 에너지의 방향에 따라 에너지를 외부에서 얻으며 관심을 외부에서 얻는 사람이 있는 반면 에너지를 자기 내부에서 얻으며 관심을 내부에서 얻는 사람이 있다. 전자는 외향적인 사람이고 후자는 내성적인 사람이다. 대체적으로 전자가 행동적이고 적극적이라면 후자는 사색적이다. 다만 성격이라는 것은 좋고 나쁜 가치판단의 문제가 아니라는 것이다.

또한 판단의 방식으로 논리적 분석을 주로 따르는가 아니면 상황이나 사람을 고려해서 주관적인 판단을 하는가로 나눌 수 있다. 전자가 사고형이라면 후자는 감정형이고 전자가 논리의 중심이라면 후자는 관계중심이다. 이를 매트릭스로 나타내면 다음과 같이 네 가지 성격유형이 나타날 수 있다(동아비즈니스리뷰, 2012. 8)

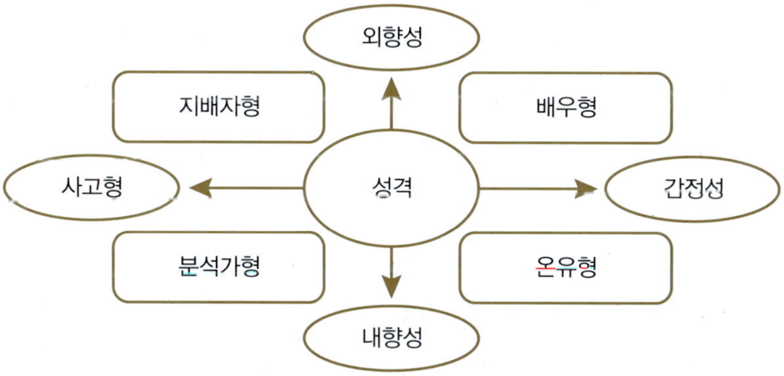

[그림 4-10] 성격의 4가지 유형

출처: 동아비즈니스리뷰(2012. 8.).

지배자의 유형은 고객으로서 존중과 존경을 받고자 하며 서비스를 받는 과정에서도 주도권을 쥐고자 한다. 따라서 스스로 원하는 정보를 탐색하고 신속하게 의사결정을 한다. 특히 잘못된 서비스를 제공할 경우 저항이 생기기 쉽다. 배우형은 판매자와 우호적이고 친밀한 관계를 맺고자 하는 경우가 많고 다른 사람의 추천 등 설득에 유혹되기 쉽다. 분석가형은 객관적인 자료와 근거에 의하여 결정하며, 적당한 거리를 두고, 또한 신뢰를 구축한 브랜드는 쉽게 바꾸지 않는다. 온유형 소비자는 쉽게 의사결정을 하지 못하는 우유부단형이 많으며 분명하게 선호를 말하지 않고 시간을 지연시키는 경우가 있으며, 낮은 확신과 지나친 겸허가 많다. 이러한 고객의 특성에 따라 어떻게 대처해야 하는 지의 시사점을 이끌어 낼 수 있다.

(2) 호텔고객과 성격

고객의 성격과 관련해서 호텔 이용객의 행동을 예측하는 연구는 아직까지 많지 않았다. 다만 스탠리 플로그(Plog)의 모델은 관광지를 선택하는 데 있어서 성격에 따라 차이가 있음을 보여주고 있다. 개인의 성격유형을 안전지향, 모험지향, 중간지향 등으로 나누었는데 그림에서 보여주듯이 극단보다는 중간적 성격을 띠는 사람의 수가 많다. 다만 최근 관광 참여의 기회가 증대됨에 따라서 안전지향에서 중간 혹은 모험지향적으로 나가고 있다. 또한 여기에 마운틴 클라이밍이나 카약같이 활동적인 프로그램을 좋아하는 성격과 보는 것, 감상하는 것 등 정적인 것을 좋아하는 성격으로도 나누어 네 가지 경우의 성격을 가지고 분석할 수도 있다.

이러한 점에서 볼 때 이제 막 시도되는 우주여행은 극단의 모험지향이라고 한다. 최초의 민간인을 대상으로 하는 우주여행은 러시아의 항공우주국이 재정난으로 연구 목적 또는 물자운반 목적으로 우주정거장에 가는 소유스(Soyuz)호를 개방하면서 시작되었다. 미국의 사업가 Denis Tito는 2,000만 달러를 내고 2001년 4월에 소유스호에 탑승해 2명의 우주비행사와 함께 국제우주정거장에서 6일간 머문 후 지구로 복귀했는데 모험심이 강한 성격으로 추정할 수 있다.

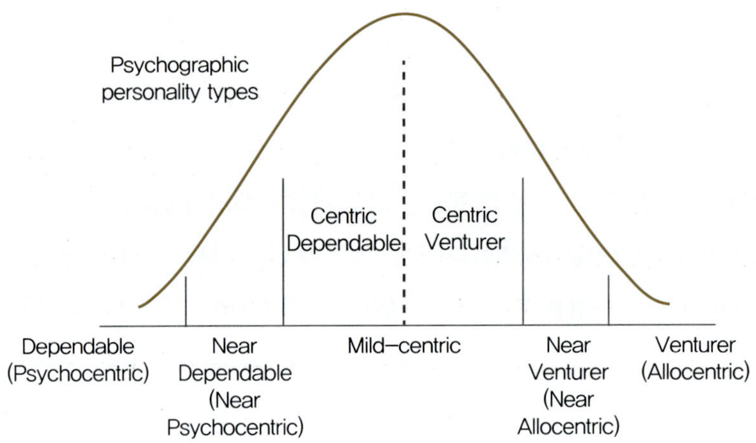

[그림 4-11] 성격의 4가지 유형

출처: Plog의 연구를 토대로 저자 재구성.

호텔에 적용해 보면 안전지향적인 성격을 가진 사람은 다양한 편의시설이 갖추어진 대형호텔을 선호하고 모험지향적인 사람은 이국적인 소형시설의 숙박을 원할 것이다(문보영 · 김광남, 2012).

4) 필요, 욕구, 욕망 그리고 동기

(1) 필요, 욕구, 욕망

1장에서 살펴본 바와 같이 마케팅을 가능케 하는 원천은 인간의 욕구이다.

필요(needs)는 생존이나 삶을 위해서 반드시 요구되는 것으로 기본적으로 물리적, 육체적 결핍에 의해 형성되기 때문에 그 결핍을 채울 수 있는 필수품의 모습으로 고정적인 형태로 나타난다. 반면 욕구(want)는 심리적 관계까지 확장이 되는 소망을 말한다. 따라서 이를 채울 수 있는 방법은 여러 가지가 있다.

Maslow는 필요와 욕구를 사다리계층 모양으로 제시하고 있는데 대체적으로 하위단계와 상위단계가 복잡하게 혼재된 형태로 나타나며 저차원의 단계 해결이 고차원적인 단계로 이행한다고 한다.

반면에 욕망(desire)은 사회적 관계까지 포괄하는 개념으로 열정이라고 볼 수 있다. 욕망은 특정 대상을 추구하도록 동기화되어 이것을 지속적으로 인식하고 있지만 유사개념인 충동(impulse)은 일시적이고 즉각적이다. 욕망은 대상을 소유하고 싶어 하는 갈망과 인내가 포함된다. 욕구와 욕망 차이는 후자가 더 강렬한 행동을 유발한다고 한다.

욕망은 인간이 자신의 존재를 유지하고 보존하고자 하는 존재욕망, 생물학적, 생리적 욕망 뿐만 아니라 무의식에 잠재된 성적 에너지인 성적욕망, 타인이나 사물을 힘으로 지배하려는 욕망인 권력욕망, 사회 속에 살아가는 인간이 다른 사람에게 승인받고 인정받기를 원하는 승인욕망 등이 있다. 바야흐로 합리적 니즈에 의한 소비의 시대가 지나고 쾌락의 욕망이 마케팅에서 중요한 의미를 가지고 있다.

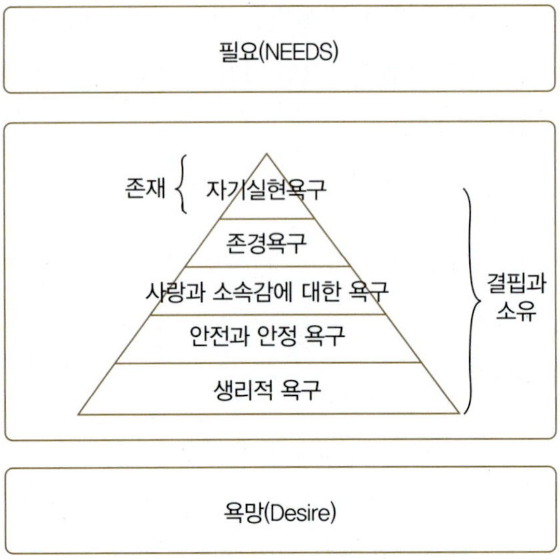

[그림 4-12] 필요, 욕구, 욕망

사람은 생존을 위해서 잠을 자고 싶어하는 니즈를 가지고 있으며 그것을 채우는 방법은 여러 가지 형태로 나타난다. 마슬로우에 의하면 자존, 존경, 위신, 명성, 인정에 대한 욕구를 가진 상위 1%의 호텔고객들은 업장을 이용하는 데 잠이라는 생리현상을 해결하기도 하지만 자신들의 행위가 남에게 보이기를 바라고 존경을 받고 싶어 하는 욕구도 있다

(2) 동기

동기 혹은 동기부여(motivation)는 목표지향적인 행동을 유발하는 개인의 활성화된 상태를 말한다. 즉 니즈를 충족시키는 데 있어서 보이지 않는 엔진(silent invisible engine of needs)이라고 볼 수 있다. 행동을 하는데 있어서 동기는 불균형이나 긴장이 일어날 때 발생하며 이러한 불균형 상태는 항상성의 잠재적 붕괴라고 할 수 있는고, 이때 니즈, 욕구, 욕망 등이 충족되면서 균형을 찾게 되고 회복됨과 동시에 행동이 멈추어진다(손대현, 2000)

[그림 4-13]은 동기의 영문 머리글자가 동기의 속성을 나타내고 있다.

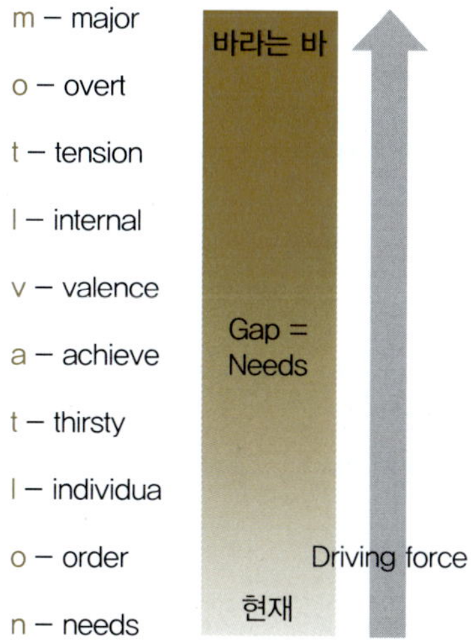

[그림 4-13] 동기의 개념

호텔 카지노를 방문하는 고객은 새로운 게임에 도전하는 것을 가치있게 여길 수 있고 또 같이 동행한 사람과의 친목 때문에 가는 경우도 있다. 호텔은 준회의시설로서 국제회의를 유치하는 데 중요한 역할을 한다. 컨벤션에 참가하는 사람들의 동기를 보면 지식습득, 강연청취, 관계의 계발, 사교활동 등 다양하다. 따라서 호텔측 연회담당자는 컨벤션 참가객의 동기를 충족시켜주기 위한 서비스를 제공해야 한다. 예를 들면 강연자의 강연이 잘 이해가 될 수 있도록 스피커시설, 멀티비전 설치 등을 준비해야 할 것이다. 또한 회의의 중간에 사교활동이 잘 이루어 질 수 있도록 별도의 친교공간을 준비한다든가 오드볼(hors d'oeure) 등을 준비할 수도 있다.

환경경영에 발맞추어 호텔도 친환경프로그램을 사용하며 고객이 직접 친환경활동을 하게 된다. 예를 들면 객실에서 사용하는 침대시트, 타월, 가운 등을 매일 교체하지 않고 투숙기간동안에 재사용을 유도한다. 아울러 세면과 샤워 등 물소비와 수질오염을 최소화할 수 있도록 어떻게 동기부여를 하느냐가 매우 중요하다.

퀵서비스 레스토랑에서는 고객의 서비스 참여가 중요하다. 식사 후에 자율적으로 분리수거하는 것은 운영의 효율성 차원에서 매우 도움이 된다. 다만 이것을 어떻게 유도하느냐, 즉 동기부여하느냐가 관건이다.

금전적인 동기부여가 때로는 효과적일 수도 있다. 예를들어 머그컵을 가져오면 가격할인을 해주는 스타벅스를 들 수 있다.

5) 지식과 정서

인간의 행동을 유발하는 것이 이성이냐 감성이냐에 따라 혹은 양자의 적절한 조합에 의하여 결정된다.

> You are not scared of the dark. You are scared of what is in it.
> (당신은 어둠을 무서워하는 것이 아니라 그 안에 무엇이 있는지를 무서워하고 있다).

지식경영(knowledge management)이란 기업을 포함해서 조직이 보유하고 있는 지식자산을 획득, 도입, 창출, 전이하는 전 과정을 데이터베이스화하여 활용 가능한 형태로 만들며, 이를 토대로 기업 및 조직의 부가가치를 창출하고 경쟁력을 확보하는 경영절차를 말한다. 이랜드는 공부를 많이 하는 회사로 알려져 있는데 종업원들은 자신의 지식을 정리해 발표하도록 하는 프로그램을 계열사별로 매달 실시, 이를 지식몰에 올려 전 계열사가 공유하도록 하는 프로그램을 운영 중이다. 지식을 통해 행동, 즉 성과를 창출하겠다는 것이다.

소비자의 지식이란 제품의 구매와 소비에 관여하는 기억에 저장된 전체 정보의 부분집합을 의미한다. 즉 제품에 대한 존재, 제품에 대한 특징 등과 가격, 구매장소, 시기 등 구매지식, 사용하는 방법에 대한 지식 등이 다양하다.

이러한 지식은 다양한 원천을 통해서 습득되는데 인터넷의 발달과 모바일기기를 통해 언제 어디서나 필요한 지식을 습득하고 행동으로 옮기는 데 결정적인 역할을 한다. 크루즈는 아직 초기시장이기 때문에 많은 사람이 타보지 않았고 막연한 불안감을 가지고 있는바 이러한 감정을 깰 수 있는 지식의 전달이 필요하다.

정서(affective experience)는 기분(mood)과 느낌 및 감정(emotion)으로 나눌 수 있다. 기분은 아직까지 구체화되지 않는 감정 상태로서 매우 가벼운 상태를 말한다. 음료수를 제공하는 헤어샵, 패밀리레스토랑의 BGM(background music), 사탕을 서비스하는 비행기 탑승수속 입구의 스튜어디스의 미소 등이다. 이는 자극으로 인해 일어나지만 인식하지 못한다. 이와는 반대로 감정은 강하고 구체적이고 강한 특징을 갖는다. 분노, 부러움, 질투, 사랑 등이 있으며 쉽게 풀면 희노애락(喜怒哀樂)으로 표현될 수 있다.

감정은 기억, 서비스접점에 대한 평가에 영향을 미친다. 예를 들어 미국의 보험회사 올스테이트(The Allstate)는 고객의 안도감과 충성심을 강화하기 위해서 '안심하셔도 좋습니다'라는 문구를 내걸고 있다. 또한 MGM 리조트인터네셔널은 라스베가스에 있는 자사의 호텔 MGM그랜드(Grand)가 전율과 흥분을 안겨준다는 점에서 '최고의 베가스'라는 마케팅 문구를 활용하고 있다.

보다 구체적으로 기업은 고객과 마주치는 서비스과정에서 감정을 적극적으로 설계함으로써 고객의 마음을 사로잡아야한다. 스타벅스(Starbucks)를 이용하면 각 서비스 단계에 따라 긍정적 정서과 부정적 정서들이 교차한다. 매장의 위치과 외관, 따스한 종업원의 인사, 향과 배경음악, 다양한 커피의 종류, 할인쿠폰 혜택, 소파의 편안함, 맛좋은 커피 등은 긍정적 정서를 불러일으키지만 기다리는 긴줄, 비싼 커피값, 앉을 데가 없는 곳, 와이파이가 안되는 것 등은 부정적인 정서들이다.

6) 태도

태도(attitude)는 어떠한 사건이나 문제, 물건, 사람에 대한 어떠한 인식, 감정, 평가를 가지게 되며 거기에 입각해서 가지고 있는 반응의 준비 상태(stand-by)이다. 따라서 태도가 형성되지 않으면 행동으로 이루어지지 않을 것이다.

> 부정적인 태도는 바람빠진 타이어와 같다.
> 타이어를 갈아 끼우기 전에는 멀리가지 못할 것이다(Marshall, W.).
>
> 태도(attitude)는 고도(altitude)이다.
> 즉 태도는 내가 얼마니 성장할 수 있는 고도 높이를 결정한다(유영만).

첫 번째로 태도는 대상이 있어야 한다. 상품, 서비스, 관광지, 이벤트 모두 대상이 될 수 있다. 두 번째로 태도는 복합적이다. 태도는 세가지 차원으로 구성되는데 기억, 맞다, 틀리다의 인지의 차원, 호불호, 좋은, 나쁜 등의 감정의 차원, 확신, 접근, 회피 등의 행동의 차원이다. 세 번째 태도는 방향성을 가지고 변화를 하는데, 여기서 태도는 가족, 동료집단 혹은 미디어로부터 영향을 받으면서 학습이 된다. 즉 태도는 설득을 통해서 변화시킬 수 있다. 새로운 정보와의 접촉, 불일치 정보가 있으면 항상성과 균형성을 유지하는 방향으로 이루어진다. 태도변화 즉 호의적인 태도를 만듦으로써 기존의 구매자의 이탈가능성을 줄이고 신구매를 위한 동기유발이 가능하다.

태도는 자아나 자아이미지를 보호하거나 표현하는 기능을 가진다. 따라서 행동은 이러한 자아이미지를 보호 혹은 표현하기 위한 방법이라고 볼 수 있다.

브랜드 태도는 호텔브랜드에 대한 호감의 정도를 의미한다. 해당 브랜드에 대한 태도가 호의적이고 긍정적이어야 해당 상품에 대한 구매력이 높게 나타난다.

서비스는 무형적이지만 이를 유형화해 주는 종업원의 신체적 매력도는 사람의 성격을 판단하는 데 가장 이해하기 쉽기 때문에 고객의 태도에 긍정적인 영향을 준다. 패밀리레스토랑에 근무하는 서비스 직원의 매력도는 기업에 대한 태도를 변화시키는 것으로 나타났다.

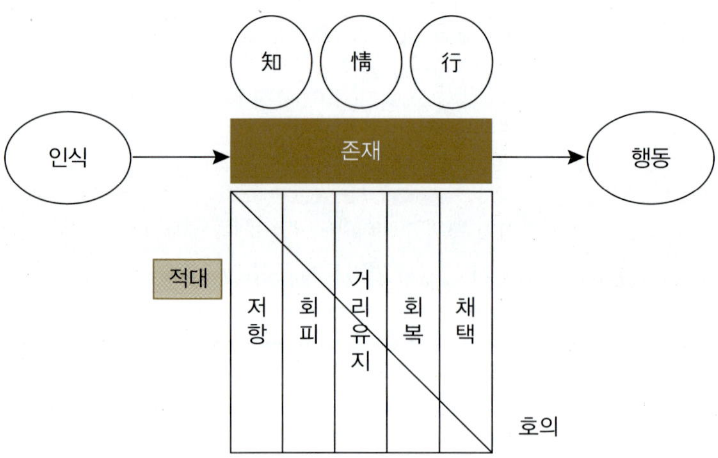

[그림 4-14] 태도 모형

4. 호텔소비자행동의 환경적 요인

1) 환경요인의 의의

인간의 행동을 따로 떼어놓고 독립적으로 생각하는 것이 아니라 환경의 영향을 받는다는 전제하에서 출발한다. 환경은 크게 물리적 환경도 있지만 본 장에서는 개인의 집합 이상으로 존재하는 실체가 개인의 행동에 영향을 주며 또한 개인의 집합 이상으로 존재하는 실체가 개인의 의사결정의 합으로 표출되는 것을 보고자 한다. 즉, 인간은 한 가족의 가장으로 직장에서는 상사로 동창회에서는 동창회 회장으로 부모세대에서는 아들, 딸로 존재한다. 이와같이 개인은 둘러쌓고 있는 환경에 속하게 되며 일정한 지위와 역할을 수행하며 때로는 지위와 역할 간에 갈등이 일어나기도 한다. 일요일에 가족들과 테마파크로 놀러가기로 했지만 안타깝게도 월요일에 중요한 임원보고가 있어 일요일 오후에 팀회의를 주재하러 회사에 출근해야 한다. 이때 어떠한 의사결정을 내릴 것인가는 개인이 중첩적으로 속한 집단을 감안하게 되며 때로는 해당집단의 구성원이 영향을 미치기도 한다.

환경과 인간의 행동간에는 다양한 연구들이 진행되었다. 다음은 환경적 영향을 정리한 것이다. 집단의 영향력 정도가 큰가, 작은가와 집단유형의 영향이 일반적, 간접적인지 구체적 직접적인 지에 따라서 다음과 같이 차이가 있다. 이러한 집단의 영향과 집단적 의사결정은 그것이 실패하지 않는다는 이른바 불패의 환상을 가지고 있고 모두가 찬성하는 결정이라는 환상이 있으며 이러한 합리화가 개인의 욕구불만을 해소했다고 믿는다. 그러나 의사결정을 둘러싼 갈등의 요소는 항상 존재하고 있으며 때로는 개인의 의사결정이 다수에 의해 따르도록 압력을 받기도 한다.

집단사고가 가져오는 피해는 미국 Kennedy 정부 시설의 피그만 침공사건이 유명하다. 1961년 쿠바의 Castro 정권을 무력화하고자 병력을 쿠바의 피그만에 투입했는데 결국 실패로 돌아갔다. 당시 대통령 보좌관 등 최고의 엘리트들은 승리할 것이라는 낙관적인 환상에 사로잡혀 어이없는 행동을 한 것이다.

[그림 4-15]는 환경요인인 가족, (준거)집단, 사회계층, 문화의 관계와 특성을 비교해 놓은 것이다. 가족은 영향력이 크고 구체적인 형태로 다가온다.

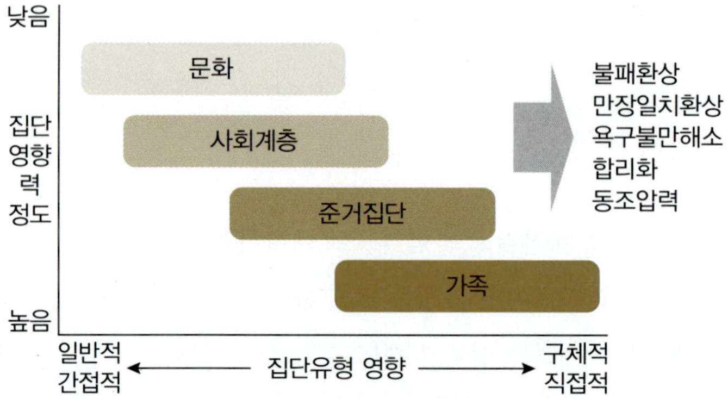

[그림 4-15] 의사결정에 영향을 주는 환경요인과 의사결정 주체

출처: 박시사(2008).

2) 가족요인

가족은 형제와 자매, 가족 등과 같이 혈연관계와 부부, 친척 등과 같은 정연(情緣)관계이다. 가족은 가장 기본적 단위로서 구성원들의 행동에 영향을 주는 가치와 규범을 창조하며, 구성원으로 태어나서 제일 먼저 사회화의 역할을 수행한다. 옛날 가문의 상징인 문장은 오늘날 마치 기업의 CI(corporate identity)와 같이 다른 가족과 구별되는 독특함을 추구하는 일종의 가족정체성(FI, family identity)에 해당된다. 비록 최근에 이혼과 비혼으로 가족의 규모가 줄어들거나 해체가 되기도 했지만 가족은 소비단위의 주체로서 소비자행동을 하기도 하고 가족구성원들이 서로 의사결정 및 행동에 영향을 주기도 한다.

주 5일 근무제를 통해서 가족단위의 여가증진이 중요한 외적요인으로 작용하고 있다. 가족의 의사결정은 대개 남편주도형, 아내주도형, 부부의 협의 결정이 있고 또 자녀들이 의사결정에 참여하기도 한다. 가부장적 가치관을 가지고 있는 가족은 의사결정에 있어 남편이 지배적 역할을 하지만 현대적 가치관을 가지고 있는 가족의 경우에는 부부간 협의 혹은 부인이 의사결정에 영향력을 미친다고 한다. 또한 구매결정시 구매대상이 비교적 위험도(risk)가 큰 것과 작은 것에서 누가 의사결정을 내리느냐의 차이가 발생하기도 한다.

관광은 종합상품으로서 행선지의 선정에서부터 어디서 자고 무엇을 즐길 것인가에 대하여 의사결정이 필요하다. 특히 어디서 숙박을 하는가는 여행 목적지에 좌우되지만 구체적으로 어떠한 곳에서 숙박을 할 것인가는 호텔, 민박, 게스트하우스, 캠핑 등 추가적인 의사결정이 요구된다. 물론 가족 단위의 구매력에 의해서도 결정되지만 대체적으로 자녀가 어릴 때에는 쾌적한 곳, 자녀에게 교육적인 곳, 교통이 편한 곳 등을 선택하나 자녀가 성장할수록 모험적인 혹은 교육적인 관광활동을 우선시하게 되며 이는 호텔 선택으로 나타난다.

가족 내에서도 의사결정 주도권을 누가 가질 것인가 대해 변화가 생기고 있다. 외식산업은 여성, 특히 주부의 의사결정으로 레스토랑 선택이 이루어지고 있어 여심을 잡기 위해 노력하고 있다.

외식문화기업 '강강술래'는 홈페이지(www.sullai.com) 고객마당에 이벤트 댓글을 남기면 10대 전용 화장품을 증정하였으며, '카페베네'는 화장품 업체 '니베아'와 함께 크리스마스 설레임 이벤트를 개최하였는데, 여성 혼자 오는 것이 아니라 동반하는 고객까지 염두에 둔 전략이다.

가족 단위의 구매장소로서 최근 각광받는 것은 키즈파티공간으로서의 호텔이다. 특급호텔에서는 최근 VIK(very important kids)마케팅이 주목받고 있는데 저출산 시대에 가정마다 한 두명의 자녀가 있기 때문에 아이에 대한 투자를 아끼지 않고 있는 것에 기인한다. 호텔에서 생일 등 주요 기념일을 맞이하여 아이들을 위한 볼거리, 먹거리, 즐길거리가 포함된 키즈파티를 상품화하기도 한다. 노보텔 앰배서더 강남은 영국 작가 '앤서니 브라운'의 작품을 관람할 수 있는 '브리티시 썸머 패키지'를 선보인다. 어린이 고객을 동반한 가족을 타깃으로 한 이 패키지를 이용하면 '동화책 속 세계여행전 관람권'을 2매 선물한다. 제주신라호텔은 실내 키즈시설인 짐보리와 키즈 아일랜드에 직원이 상주하며 8월 말까지는 영유아 케어 프로그램도 운영된다. JW 메리어트 호텔 서울은 생일파티 룸서비스에 들어가는 키즈 메뉴를 보강했다. 아이들의 영양과 기호를 고려해 홈메이드 팬케이크, 요거트, 생선가스, 미니 메리어트 버거 등 14가지의 어린이 메뉴와 원하는 재료로 만들어주는 이유식이 마련되어 있다. 그랜드 하얏트 서울 뷔페 레스토랑 '테라스'는 생일을 맞은 어린이 고객을 위해 '그랜드 패밀리 런치뷔페'를 선보였다. 키즈뷔페 메뉴와 형형색색의 다양한 디저트 뿐 아니라 삐에로와 요술 풍선 만들기, 페이스 페인팅 등 어린이들을 위한 다양한 클래스가 야외 테라스에서 펼쳐진다(스포츠월드, 2012. 8. 22.).

3) 준거집단 요인

집단(group)은 공동목표를 가지고 상호작용의 결과로 서로 관련된 사람들로 구성된 2인 이상의 집합을 말한다. 집단은 앞에서 언급한 가족부터 민족, 성별, 정치, 종교, 직업 등으로 구분할 수도 있고 개인의 관여도에 따라 1차 집단(primary group)과 2차 집단(secondary group)으로 나누기도 한다. 또한 공식집단과 비공식집단으로 나뉘기도 한다. 구성원에게 주는 매력에 따라 열망집단과 회피집단으로 나누기도 한다. 아울러 집단에는 독특한 신분, 규범이 존재하여 집단을 유지시키는 기능을 한다.

준거집단(reference group)은 특히 개인의 소비행동에 직간접으로 영향을 미치는 집단으로 속해있기도 하고 혹은 현재 속해있지는 않지만 미래에 속하고 싶어할 수도 있고 속해 있다고 믿기도 한다. 준거집단은 다양한데 사회집단, 동류집단, 학교집단, 사업집단, 저명인사 등이 있다. 준거집단은 그 집단에서만 통용되는 집단규범을 따르도록 묵시적, 명시적으로 통제하는데 이를 규범적 기능이라고 한다. 집단의 힘, 즉 구성원을 처벌할 수 있는 강제력이 클수록 개인은 규범에 순응할 가능성이 높다. 또한 구성원이 집단의 가치나 규범에 따르고자 하는 바람이 클수록 규범에 순응하게 된다. 소비자는 자신의 태도와 중요하게 생각하는 구성원의 태도를 비교하여 자신이 동의하는 집단에는 참여하고 동의하지 않은 집단과는 분리시킴으로서 이미지를 유지, 개선하기도 한다(박진영 · 홍경옥 · 서보익, 2010). 아울러 준거집단과 상호작용을 통해서 정보를 교환하기도 한다. 준거집단에서 대표적인 것이 연예인 팬클럽이다. 팬클럽은 사회에서 특별한 가치 및 지위를 가지는 사람과 사물에 대한 존경이나 숭배를 조직적으로 행하고 직접적인 관계를 맺고 지원하기 위해 결성된 집단이다. 일종의 하위문화로서 행동규범을 가지고 있으며 이벤트 행사시에는 스스로 하나라는 인식하에서 정체성을 나타내는 상징을 입기도 하고 아울러 스타의 애장품이나 상품을 단체구매 등을 한다.

팬클럽에 가입하는 팬은 처음에는 스타를 바라보는 것만으로도 소속감을 느끼지만, 점차 스타의 애장품을 사고 스타와 같이 행동하며 궁극적으로 스타와 닮아가고자 한다. 이러한 변화는 집단 속에서 일어나는 경우가 많다.

〈표 4-2〉 소비 상황과 준거집단의 영향 유형

상황	행동적 반응	영향의 유형
– 친구집에서 카푸치노커피를 대접받았다	– 호텔을 방문하여 카푸치노커피를 시켰다	정보 제공적
– 친구는 맛 차이도 모르면서 수입맥주를 마신다	– 친구를 대접하기 위해서 수입맥주를 구매하였다	규범적
– 호텔리어들은 깔끔하고 단정하게 옷을 입는 것을 알게 되었다	– 호텔에 입사하기 전에 깔끔하고 단정한 옷을 몇벌 구매하였다.	가치표현

호텔 입장에서 연회 및 파티 등을 판매하는데 흔히 SMERF라는 집단에 주목한다. 이것은 머릿글자를 따서 사교(Social), 군인(Military), 교육(Educational), 종교(Religious), 동호회(Fraternal)를 의미한다. 때로는 m이 소수(Minority)라고 해석되기도 한다. 성적소수자를 의미하는 GLBT(게이, 레즈비언,양성애자, 성전환자) 등은 주로 독신에 고소득 예술문화 분야에 종사하는 사람들이 많기 때문에 이들 집단은 시장으로 매우 유망하다. 특히 SMERF 컨벤션시장은 대규모 행사가 개최되지 않는 비수기에 이루어지기 때문에 유휴 행사장 및 객실을 판매하기가 수월하다.

4) 사회계층 요인

사회계층(social stratification = social class)은 한 사회를 태도, 가치관, 라이프스타일과 관련되어 독특하고 동질화된 실체로서 구분되는 것을 말한다. 즉, 사회계층이 의미가 있으려면 상호배제(mutually exclusive)를 통해 구분되고 특성이 유사한 것은 모두 포함하는 통합성(collectively exhaustive)하게 나누어져야 하며 영향력을 행사해야 한다. 앞에서 살펴본 집단과는 보다 큰 개념이다.

이를 극적으로 단순화시키면 상류층, 중류층, 하류층으로 나눈다. 이러한 상반되는 구분은 수입, 부, 교육 수준, 직업, 가족, 주거 형태, 주거 지역 등이 차별화되어 나타나며 이러한 요소들은 단일적으로 작용하는 것이 아니라 복합적으로 작용한다. 즉, 인구통계적인 특성이 가치관을 형성하고 행동양식을 결정하는 것이다. 아래 도표는 중산층과 서민층의 가치관과 태도가 차이가 있음을 보여주고 있다.

〈표 4-3〉 중산층과 서민층의 구분

중산층	서민층
미래지향, 장기적 안목	현재 및 과거지향, 단기적 안목
도시형의 합리성 강조	농촌형의 정서 및 감정강조
잘구조화된 세계관	모호한 세계관
사고와 행동의 폭이 넓음으로 다양한 선택	사고와 행동이 지엽적으로 선택폭 적음
자신감 및 위험을 수용	안전선호 및 불안전 회피
비물질 지향	물질지향
국가 및 세계에 관심	가족중심의 일에 관심

출처: 박시사(2010) 일부 수정.

호텔은 흔히 도시 내의 작은 도시라고 불리우며 쉽게 스쳐지나가는 사회(short lived society)라고 한다. 호텔을 방문하는 사람은 모두 중산층 이상이며 일시적이지만 중산층 이상 인 것처럼 행동한다. 그럼에도 호텔은 스위트룸에서 일반 객실까지 특정 사회계층이 가진 구매력을 감안한 상품을 제시한다.

호텔방문자의 라이프스타일을 송규만과 유지인(2012)은 다음과 같이 나누고 이에 필요한 호텔의 구비조건을 제시하였다. 늘 새로운 유행을 찾는 데 적극적이고 활동적인 과시적 유행선도형은 호텔에 바(bar)와 샵(shop)을 구비해야 한다. 보수적 자기성취형은 이와 반대로 기본적인 가치관을 우선하는데 호텔 내 미팅룸과 비즈니스센터 등이 있어야 한다. 적극적인 외향활동형은 활동적인 일에 관심이 많고, 좋아하는 레저활동이나 취미활동을 꾸준히 하는 형으로 특히 건강에 관심이 있는 경우 호텔 풀, 스파, 짐(gym) 등이 만족감을 높여줄 것이다. 합리적 건강추구형은 비만과 건강을 위해 먹는 것에 매우 신경을 쓰고 인스턴트 음식을 멀리하는데 웰빙

혹은 유기농 메뉴를 구비한 레스토랑 등이 필요할 것이다

특급호텔은 상위 1%을 위한 접근전략을 펼친다. 상위층은 가치를 지각할 수 있는 부분에 지출하는 성향이 있다. 때로는 가격보다는 가치가 중시되는 것이다. 또한 그들만의 공간을 원하는 성향도 있어 이를 위해 호텔의 각종 부대시설이나 식음료 업장은 회원제 운영이나 가격을 고가로 설정함으로써 비슷한 배경과 경제력을 가진 사람들이 어울리게 만들어 준다.

5) 문화요인

문화(culture)는 개인이 한 사회의 구성원으로 획득한 독특한 가치체계로서 지식, 신앙, 예술, 도덕, 법률, 관습 등의 총체이다. 이는 물질적일 수도 있고 정신적일 수도 있다. 즉, 한 인간의 인간행동을 규정짓는 사회적 규범과 양식의 총체적 체계이다. 문화는 인간의 진리추구, 아름다움, 도덕의 추구를 다양한 방식으로 표출한 것이다. 이와 같이 문화는 구성원의 행동기준이 되는 규범성을 가지고 있고 학습 전승되며 사회적으로 공유되는 특성을 가지고 있으며 문화와 문화가 만나면 때로는 충돌도 일어나지만 문화접변(acculturation)을 통해서 변화하기도 한다.

문화접변이란 서로 다른 문화전통을 가진 여러 사회가 접촉할 때 일어나는 관습, 믿음 등 무형적인 것을 포함하여 유형적인 것까지 변화하는 과정을 말한다.

문화는 구성원에게 일정한 행동을 하도록 명시적 혹은 암묵적으로 요구하기도 한다.

호텔은 흔히 서울 혹은 한국에 머무르면서 세계여행을 하는 장소이며 세계와 접촉한다는 느낌을 들게 한다(빌레리 줄레조 외, 2007). 즉, 호텔에 투숙하면 외국인을 만나면서 다양한 문화를 접하게 된다. 흔히 다른 문화를 만나면서 개인이 새로운 문화를 받아들이는 단계를 허니문단계, 적대시관계, 관용의 단계, 통합의 단계로 이루어진다고 한다. 이러한 점에서 호텔은 해외관광을 떠나기 전에 사전에 문화체험을 할 수 있는 좋은 장소가 된다.

호텔은 또한 위치한 문화권에 따라 유사한 문화적 요소를 의도적으로 연출하기

도 한다. 비록 호텔이 체인(chain)으로 운영되어 공동 브랜드와 브랜드 고유의 서비스를 제공함으로써 세계 어디에 가든지 같은 체험을 할 수 있게 만들지만 때로는 해당 지역의 지역성을 발휘하여 독특한 체험을 제공하기도 한다. 두바이의 마디나트 주에이라(Madinat Jumeirah) 호텔은 아랍복장을 한 청년들이 아랍식 디저트와 커피를 제공하며 로비 역시 아랍문화의 정취를 느낄수 있도록 만들었다.

호텔 일루아는 한국식 난방인 온돌로 객실을 한국화하였다. 또한 신라호텔 영빈관은 국제행사시 한국의 전통미를 알리는 장소로서 전통 도자기 문양을 형상화한 카펫, 한국의 기와의 선이나 창살패턴 등의 인테리어를 채택하고 있다.

[그림 4-16] 호텔객실 창문의 쉐라톤 호텔 로고와 밖에 보이는 두바이 풍경

출처: 재미있는 호텔이야기. http://blog.naver.com/PostView.nhn?blogId=prov76&logNo=110147740426

홉스테드(Hofstede)는 지구 상에서 존재하는 모든 국가의 문화를 네 가지 차원으로 분류하였다. 즉 개인주의와 집단주의, 권력의 간격, 불확실성에 대한 회피성, 남성다움과 여성다움 등이다. 호텔 관련해서는 팁핑(tipping), 즉 고객에게 서비스를 제공한 댓가로 돈을 지불하는 관습인데 문화적 배경에 따라 차이가 있다. 미국인은 일본인보다 팁의 결정에 있어서 안정성, 신속성을 보장해 주는 서비스에 더 후한 금액을 지불하였다. 또한 호텔을 홍보하는 데에도 불확실성에 대한 회피성향이 높은 문화권 사람들은 호텔에 대한 전문성에 대해 긴 카피를 사용하고 실험 또는 전문가 증언을 포함해야 한다. 남성다움이 강한 문화권에서 온 고객에게는 과장, 설득, 비교의 콘텐츠를 포함시킬 필요가 있다(조민호 · 최인호 · 장미, 2004).

사례

천상같은 해상에서의 여유

크루즈, 바다위의 호텔, 왜 구매를 하지 않는가?

크루즈는 여행의 모든 상품이 포함되어 있는 종합선물세트이자 뷔페에 비유할 수 있다. 따라서 한 공간에서 모든 고객행동을 이해하는데 매우 좋은 살아있는 실습장이다. 크루즈는 사람의 마음을 사로잡는 일생일대의 로망임에도 불구하고 선뜻 구매를 하는 사람은 아직까지 많지 않다.

인생은 음악처럼 흐른다. 낮은음자리와 높은음자리, 길고 짧은 음표, 점점 세게와 점점 약하게, 주기적으로 쉼표를 거듭하다 마디를 닫는다. 여행은 쉼표 중의 쉼표다. 그리고 여행의 백미는 크루즈 여행이다. 크루즈 여행은 현대인에게 꿈처럼 다가온다. 비용이 엄청날 것이라는 선입견 때문에 계획조차 엄두내지 못한다. 꿈이라고 생각하면 꿈으로 끝날 수밖에 없다. 또 엄청난 비용이 들 것이라는 생각도 실제와 다른 면이 있다.

세계에서 3번째로 큰 스타크루즈의 동남아 3개국 여행은 비용이 적당하면서 낭만을 만끽할 수 있는 상품이다. 3박5일(여행상품에 따라 다름)간의 해상 생활과 싱가포르~푸껫(태국)~랑카위(말레이시아)를 관광하는 1석2조의 즐거움을 느낄 수 있다.

첫날은 약간의 당혹스러움으로 시작한다.

7만6800t급(길이 268m, 폭 32m, 객실 935개, 최대 수용인원 1870명)의 버고호는 13층으로 이루어져 있다. 다양한 레스토랑과 대형 공연장, 야외 수영장, 사우나 시설, 농구장, 미니 골프장 등 없는 것이 없을 정도다. 첫 탑승객에게는 미로처럼 느껴진다.

객실에 여장을 푼 후 엘리베이터를 타고 올라가 맨 꼭대기인 13층부터 탐험을 했다. 미니 골프장과 농구장, 조깅을 할 수 있는 트랙 등이 있었다. 12층엔 야외 수영장, 도서관, 전자오락실이 위치해 있다. 4층까지 탐험을 하고 나니 어느 정도 내부의 위치도가 머릿속에 입력이 됐다.

저녁식사 시간이 됐다. 버고호에는 10여개의 레스토랑이 있다. 이탈리아, 인도, 일본, 중국 요리 등 다양한 종류의 음식을 즐길 수 있다. 유료와 무료로 나뉘어 있다. 이탈리안 레스토랑에는 세계적인 화가들의 작품이 전시되어 있어서 식사를 하며 명화를 감상할 수 있다. 말 그대로 입과 눈을 즐겁게 한다.

버고호의 밤은 화려하다. 라스베이거스 스타일 쇼, 환상적인 매직 쇼, 아슬아슬한 서커스, 손에 땀을 쥐게 하는 아크로바틱 쇼 등 월드클래스 수준의 공연이 펼쳐진다. 성인 대상의 일부 쇼는 유료이지만 대부분 무료이다. 기자는 윌러 니콜로디의 쇼를 보았다. 복화술을 하며 인형과 재미있는 대화를 펼치면 관객들은 배꼽을 잡고 웃는다.

가벼운 마음으로 객실로 돌아가면 밤바다의 향연이 기다린다. 탑승객은 네 종류의 방에서 잠을 잔다. 스위트룸(어드미럴 클래스), 발코니가 있는 룸(발코니 클래스), 발코니는 없지만 창으로 바다를 볼 수 있는 룸(오버뷰 클래스), 바다를 볼 수 없고 창도 없는 곳(이너 클래스)으로 구성돼 있다. 기자가 투숙한 방은 발코니가 딸린 방이었다. 선택에 따라 관광비용에 차이가 난다. 절약하려면 이너 클래스를 선택하면 되지만 크루즈 여행의 묘미가 떨어지는 것을 감수해야 한다.

아침에 일찍 일어나면 해가 수평선에서 뜨는 아름다운 장면을 볼 수 있다. 특별한 기상시간을 가진 후엔 운동을 좋아한다면 맨 위층에 있는 275m의 트랙에서 조깅을 하면 된다. 평소 달리기를 즐기기 때문에 스무 바퀴를 뛰었다. 아침에 불어오는 신선한 바람을 온몸으로 느끼며 바다 위를 달리는 것은 이색적인 체험이다. 땀으로 적신 몸은 수영장에서 식혔다. 워터 슬라이드는 짜릿한 쾌감을 준다.

출처: 국민일보(2012. 10. 10.).

연습문제

1. 왜 호텔 소비자 행동에 대한 이해가 필요한지를 수요와 공급의 원리를 바탕으로 설명해 봅시다.

2. 호텔 소비자행동의 의사결정단계를 그려 봅시다.

3. '마케팅은 지각의 전쟁이다'라는 말은 무엇을 뜻하는지 알아봅시다.

4. 태도란 무엇이며 무엇으로 이루어져 있는지 말해 봅시다.

CHAPTER 05

호텔마케팅조사

1. 호텔마케팅조사의 기본
2. 호텔마케팅조사의 과정과 방법
3. 호텔마케팅조사의 실무

HOTEL MARKETING

학습목표.

- 호텔마케팅조사의 기본개념들을 습득한다.
- 호텔마케팅조사의 수행절차를 익힌다.
- 구체적으로 정성조사와 정량조사를 어떻게 수행하는지를 공부한다.
- 실행가능한 마케팅전략을 강구하는 것을 배운다.

외국인 관광객 1000만 시대…한국, 관광大國 '신호탄'

1000만 명째 관광객: 외국인 관광객 1000만 명 시대가 열렸다. 최광식 문화체육관광부 장관이 21일 오전 인천국제공항에서 올해 1000만 명째 입국한 중국인 리팅팅 씨(28)에게 꽃다발을 걸어준 뒤 이참 한국관광공사 사장과 함께 입국장을 나서고 있다. 상하이에서 무역회사에 다니는 리씨는 이날 어머니와 함께 아시아나항공 368편으로 방한했다.

• 외국인 관광객 1000만 명 시대가 열렸다. 올해 들어 한국을 찾은 외국인 관광객이 지난 21일 현재 사상 처음으로 1000만 명을 돌파했다. 외국인 관광객 통계를 내기 시작한 1955년 6월 캐나다 여행객이 부산에 첫발을 내디딘 이후 연간 외국인 관광객은 1978년 100만 명, 2000년 500만 명을 넘어섰고 지난해에는 980만 명이 방한했다. 문화체육관광부는 연말까지 100만 명 이상이 더 올 것으로 예상, 올 한 해 외국인 관광객이 1130만 명에 이를 것으로 전망했다.

OECD 국가 중 최고의 성장세

외국인 관광객은 지난 50년간 비약적으로 늘었다. 1961년 1만 명 수준에서 1978년 100만 명을 돌파한 이후 10년마다 거의 2배씩 증가했다. 1988년 234만 명, 1998년 425만 명, 2010년 880만 명을 기록한 이후에는 매년 약 100만 명씩 증가했다. 특히 2007년 이후 5년간 증가율은 51.9%로 경제협력개발기구(OECD) 주요 국가 가운데 최고 수준이다. 상위 25개 국가 평균 증가율(9.3%)의 5배이며, 2위권 국가인 태국, 터키, 싱가포르, 홍콩보다 약 20% 높다. 올해 들어 지난 달까지 전년 동기 대비 증가율은 17.2%로 10%대 초반이던 이전 3년보다 성장세가 더욱 가팔라졌다. 특히 방한 외국인 관광객 시장의 양대 축인 중국과 일본 관광객의 증가율이 각각 30.0%와 14.4%로 두 나라가 전체 시장에서 차지하는 비중이 58.0%에 이르고 있다.이 같은 성장세에 힘입어 관광산업의 주요 지표도 크게 달라졌다. 문화부에 따르면 2007년에 비해 관광수입은 61억 달러에서 올해 143억 달러로 134% 증가할 전망이다. 이에 따라 만성적인 관광수지 적자폭이 109억 달러에서 12억 달러로 줄어들 것으로 예상된다. 크루즈 관광객은 3만 6000명에서 25만 명으로, 의료관광객은 1만 6000명에서 15만명으로, 국제회의 개최 건수는 268건에서 469건으로 급증했다. 이런 성과는 삼면이 바다로 둘러싸여 있고 북한이라는 변수가 상존하는 지정학적 여건에서 이룬 것이어서 더욱 의의가 크다.

관광대국으로 진입했다는 신호

외국인 관광객 1000만 명 돌파는 한국이 관광대국에 진입했다는 신호탄이다. 이 같은 증가세가 지속될 경우 외국인 관광객은 2020년 2000만 명에 이를 전망이다. 외국인 관광객을 대상으로 조사한 결과 향후 3년 안에 다시 한국에 오겠다는 재방문 의향이 75.2%, 다른 사람에게도 한국 관광을 추천하겠다는 타인 추천 의향이 74.2%에 달해 관광산업의 시장 여건도 좋은 편이다. 관광산업 성장을 위해 그동안 정부와 관광업계는 다각도로 노력해 왔다. G20, 핵안보정상회의, 2018년 평창 동계올림픽 유치 등으로 국격이 높아졌고 최근에는 한류 열풍으로 한국의 매력이 전세계로 확산되고 있다. 관광산업 발전을 위한 규제 완화, 제도 개선도 효과를 거둔 것으로 평가된다. 더블비자 신설, 신청서류 간소화, 제주도 무사증 방문 등을 통해 중국 및 동남아 관광객을 적극 불러들였다. 적극적인 해외마케팅과 숙박시설 수급 균형을 위한 호텔 신축 및 대체 숙박시설 확충 등도 성과를 내고 있다. 이밖에 인센티브 단체관광 유치, 서울 쇼핑관광, 청소년 수학여행 단체 방한, 보령 머드축제 등도 관광객 유치에 크게 기여했다.

질적 성장이 과제

외국인 관광객 1000만 명 돌파 이후가 문제다. 최근의 성장세에 더욱 박차를 가해 시장을 키우는 한편 질적 성장도 이뤄야 하기 때문이다. 질적 성장을 위해서는 관광대국이라는 이름에 걸맞게 외국인 관광객의 체류 기간 연장 및 관광 소비 지출 확대, 재방문 확대 등이 이뤄지도록 해야 한다.또 고소득층을 겨냥한 웨딩 · 미식관광과 레저 · 휴양 · 크루즈 관광, 쇼핑에어텔 등의 고가 상품을 개발하고 기업 회의 · 포상관광 · 국제회의 · 전시 등을 망라한 마이스(MICE)산업을 더욱 발전시켜야 한다는 지적이 많다. 융 · 복합 의료관광 서비스 발굴도 필요하다. 중국, 일본 시장에 치우친 관광시장을 인도를 비롯한 서남아시아와 중동 등 신흥시장으로 확대해야 하는 것도 과제다. 관광 트렌드가 단체 패키지 여행에서 개별 자유여행(FIT)으로 바뀌고 있는 만큼 관광정책의 중심축을 FIT로 전환해 개별 관광객을 위한 안내, 언어 소통, 정보 제공 등을 강화하는 맞춤형 전략이 필요하다. 서울, 제주에 치우진 외국인 관광객들의 방문 지역을 전국으로 확대해야 한다. 외국인이 선호하는 관광자원을 갖춘 곳을 지역 관광의 핵심 거점으로 선택해 지역별 문화관광 대표도시를 선정하고 지역 우수 축제를 활용하는 방안이 이를 위한 대안으로 거론되고 있다. 관광객이 서울 · 수도권에 집중되면서 겪고 있는 호텔 등 숙박시설 부족 문제도 시급히 개선해야 할 과제다. 정부는 대대적인 호텔 신축 및 대체 숙박시설 확보로 2015년부터는 고질적인 숙박난이 해소될 것이라고 예측하고 있다. 하지만 외국인 관광객 증가세가 숙박시설 증가세를 넘어서는 만큼 지속적인 투자와 관리가 필요하다는 게 전문가들의 지적이다.

출처: 한국경제(2012. 11. 23.)

1. 호텔마케팅조사의 기본

1) 호텔마케팅조사의 필요성

호텔마케팅(Hotel Marketing)은 호텔소비자의 욕구를 충족시키기 위한 모든 활동을 의미한다. 호텔의 연회서비스 판매, 객실서비스 판매, 식음료 판매의 핵심고객이 어떠한 욕구를 가지고 있고 또한 그러한 욕구를 호텔이 어떻게 만족시켜 줄 수 있느냐가 호텔마케팅의 성공 요건이다.

호텔고객의 욕구를 파악하려면 호텔마케팅조사(Hotel Marketing Research)가 절대적으로 필요하다. 호텔마케팅조사를 하지 않고 주먹구구식으로 호텔을 경영하게 되면 기존고객의 이탈이 가속화되면서 호텔의 성장 잠재력이 상당히 감소하게 된다. 지속적으로 신규서비스를 개발해 호텔산업을 이끌어가는 시장선도자(Market Leader)는 고객과의 철저한 밀착을 통해서 그들의 숨은 욕구를 찾아 낼 수 있다. 21세기에 호텔마케팅조사를 하지 않고 호텔산업의 리더가 되겠다는 것은 현실적으로 불가능한 일이 된다.

시장 1위가 되어서 새로운 서비스를 지속적으로 내는 호텔들만이 성장할 수가 있다. 호텔산업 추종자(Hotel Industry Follower)로서 호텔산업 선도자들이 하는 것을 추종, 모방만해서는 경쟁력을 제대로 가질 수가 없다. 상당수의 호텔들이 적자운영을 하는 이유가 호텔고객에 대한 철저한 조사가 부족해서이다.

도입에서 알 수 있듯이 우리나라가 관광대국으로 도약하고 있다. 관광객들이 투숙하는 호텔의 양적 확대와 질적 수준의 향상을 위해서는 보다 과학적이고 섬세한 호텔마케팅조사가 수행되어야 할 것이다.

2) 호텔마케팅조사의 개념

호텔마케팅조사란 구체적으로 무엇을 말하는가? 호텔고객의 다양한 욕구를 사전에 탐지하고 호텔이 개발한 서비스에 대한 고객의 반응을 조사하는 것이다. 구체적으로는 다음과 같은 것들이 호텔마케팅의 대상이 될 수 있다.

- 호텔이미지에 대한 기존고객들의 반응
- 호텔이미지에 대한 사회의 반응
- 호텔연회서비스의 품질에 대한 고객의 반응
- 호텔객실서비스에 대한 전반적인 고객의 만족도
- 호텔식음료 판매에 대한 전반적인 고객의 만족도
- 호텔에 대한 고객의 태도

호텔마케팅조사는 위와 같은 것에 대한 조사계획을 세우고 이에 따라서 실제적으로 정성조사와 정량조사를 진행하는 과정과 결과를 말한다.

2. 호텔마케팅조사의 과정과 방법

호텔마케팅조사는 기본적으로 다음과 같은 절차를 따른다.

[그림 5-1] 조사의 기본적인 과정

보통 이것이 호텔마케팅조사의 기본적인 과정이다. 이것들을 한 가지씩 설명하면 다음과 같다.

1) 조사의 목적

조사의 목적에는 크게 세 가지가 있다. 바로 탐색적 조사(Exploratory Research), 기술적 조사(Descriptive Research), 인과조사(Causal Research)이다. 탐색적 조사란 새로운 서비스에 대한 잠재고객의 의사를 간략하게 파악하는 것이다. 예를 들어, 우리 호텔의 기존 고객 중 일정 금액 이상을 우리 호텔에 와서 일년에 사용하는 고객(예를 들어서, 일 년에 우리 호텔에서 300만 원 이상 사용)의 생일날 고객의 집이나 사무실로 호텔직원들이 방문해서 정성껏 준비한 생일축하선물(케이크, 와인, 꽃다발 등)을 무료로 제공하려고 한다. 이렇게 되면 호텔고객은 감동할 것이고 내년에도 이용해 달라는 호텔의 기대를 중요고객들이 무시하지 않을 것을 일단 조사하고 싶다. 이와 같은 것이 탐색적 조사인데, 호텔고객 중에서 6명을 추첨해서(연회고객 남녀, 객실고객 남녀, 식음료 구매고객 남녀) 간단하게 전화로 의향을 물어 보는 것이 될 수가 있다. 탐색적 조사의 목적은 간단하게 호텔이 구상하는 것에 대한 고객들의 잠재반응을 타진해 보는 것이다. 탐색적 조사에서 어느 정도 호의적인 반응이 나오면 그 다음에는 보다 본격적인 조사인 기술적인 조사나 인과 조사에 돌입할 수 있다.

기술적인 조사란 쉽게 말해서, 설문지를 개발하여 호텔고객에게 배포해서 수집한 후에 통계분석하는 것을 말한다. 기술적인 조사는 호텔마케팅조사의 대부분을 차지한다. 미리 정해진 포맷에 따라서 만든 설문지로 자료수집하는 것은 상당히 객관적이라고 할 수 있다. "귀하는 다음의 호텔에 대해서 어떻게 생각하시는지요?"라는 질문을 가장 많이 사용하는 리커드 5점 척도(1점: 이 호텔을 아주 싫어한다, 2점: 이 호텔을 상당히 싫어한다, 3점: 이 호텔을 그저 그렇게 생각한다, 4점: 이 호텔을 상당히 좋아한다, 5점: 이 호텔을 아주 좋아한다.)로 물어보고 응답자들이 말한 것을 엑셀이나 한글파일로 만든 후에 SPSS나 SAS 통계분석을 하는 것이다. 통계분석을 하게 되면 호텔고객이 가지는 호텔에 대한 태도를 찾을 수가 있고, 호텔선정의 다양한 요인들도 추출 가능하며, 두 개의 호텔을 비교했을 때 타 호텔 보다 특정 호텔을 더 좋아하는 요인도 찾아낼 수가 있다.

인과조사란 아주 희귀하게 쓰이는 분석이다. 모든 외부요인을 다 통제한 상태에서 오직 특정의 독립변수가 특정의 종속변수에 미치는 영향을 파악하려는 방법이다. 인과조사를 보통의 호텔현장에서는 실험조사라고 부른다. 어느 호텔에서 기존의 뷔페에다가 새로운 외국음식을 추가하려고 할 때 인과조사를 할 수 있다. 기존의 호텔 뷔페와 새로운 외국음식을 추가한 뷔페에 대해서 호텔고객의 반응을 실험으로 분석할 수가 있는 것이다. 물론 실험실에서 하는 식으로 엄격하게 인과조사가 되기는 힘들지만, 어느 정도는 현장에서 고객들의 반응을 분석할 수 있는 것이다. 인과조사는 실험 대상에게 미치는 외부 요인들을 통제하기가 힘들어서 호텔마케팅조사에서는 비교적 쓰이지 않는다.

탐색적 조사는 주로 정성적인 조사(qualitative research)에 많이 쓰이고, 기술적 조사는 정량적인 조사(quantitative research)에 많이 쓰이는 편이다. 정성적인 조사란 주로 호텔고객의 말을 분석하는 것이고, 정량적인 조사란 호텔고객들이 설문지에 응답한 것을 분석하는 것이다.

2) 조사설계

조사설계(research design)란 조사전체의 틀을 짜고 그 안에서 실행할 세세한 항목을 구상하는 것을 말한다. 호텔마케팅조사가 잘되려면 조사설계가 조사목적에 적합해야 하고 또한 조사설계의 전체적인 흐름이 일관성이 있고 구체적이어야 한다. 조사설계는 호텔마케팅조사의 경험이 많은 사람이 과거 경험에 기반해서 새롭게 맡은 조사의 목적과 배경을 면밀하게 분석한 후에 구성해야 한다.

조사설계의 주요 절차는 다음과 같다. 위에서 언급한 조사의 목적을 명확하게 하는 것이다. 이 조사는 기술적인 조사로서 결과를 내는데 그 전에 탐색적인 조사를 일부한다. 이처럼 조사의 목적에 대한 명확화를 한다. 그리고 나서 탐색적인 조사는 누구를 상대로 어느 정도 기간에 얼마 정도의 비용으로 수행한다는 것도 결정한다.

조사방식을 결정하면 그 조사를 직접적으로 실행하는 상세계획을 수립하게 된다. 정성적인 조사는 비교적 적은 숫자의 호텔고객을 불러서 실행이 가능하나, 정량적인 조사는 많은 숫자의 호텔고객들에게 응답을 구해야하므로 시간과 비용이 상당히 많이 소요된다. 정량적인 조사의 설문지를 조사의 목적과 탐색적인 정성조사의 결과, 혹은 기타자료를 분석한 것을 전부 취합해서 독특하게 개발해야 한다. 만들어진 설문지를 소수의 고객에게 배포해서 예비조사를 하고 나서 본격적인 조사에 들어가는 것이다. 이것에 대한 전반적인 상세계획이 조사설계의 핵심내용이 된다.

조사자료가 수집되고 나면 어떠한 분석을 통해서 대략 예상되는 결과가 무엇인지를 조사설계에서 미리 구상해 두는 것이 보통이다. 그러나 조사설계란 글자 그대로 설계를 하는 것이기 때문에 실제의 조사의 실행이 설계가 일치하는 경우는 그렇게 많지 않다. 설계를 따라서 조사가 실행이 되고 혹은 수행하는 도중에 예상하지 못했던 문제가 발생하면 그것을 감안해서 설계절차를 수정, 보완할 수 있는 것이다.

3) 2차 자료의 분석

호텔마케팅에는 크게 두 가지 종류의 자료들이 있다. 하나는 2차 자료(Secondary Data)이고, 다른 하나는 1차 자료(Primary Data)이다. 2차 자료란 다른 조사의 목적을 위해서 기존에 이미 수집한 자료이다. 2차 자료는 꼭 호텔마케팅에 관련되지 않더라도 전반적인 상황의 분석을 위해서 수집된 자료이다.

2차 자료는 다른 목적을 위해서 수집된 것이므로 대부분의 경우에 특정한 목적의 호텔마케팅조사에는 크게 도움이 되지 않는다. 그러면 왜 구태여 크게 도움이 안 되는 것을 알면서도 2차 자료를 수집하는가? 2차 자료는 비용이 아주 저렴하다. 직접적인 조사는 다른 사람이나 다른 기관들이 수행했으므로 그들이 조사비용을 다 지불한 것이다. 예를 들어서, 정부가 인구센서스 조사를 했거나 혹은 외국인 관광객의 국내 방문에 대한 별도의 조사를 했을 수가 있다. 이것은 호텔마케팅을 위한 목적이 아니라, 정부의 다른 목적으로 조사한 것이다. 많은 경우에 이러한 자료들은 인터넷을 통해서 정부기관의 홈페이지에 접속하면 무료로 구할 수 있다. 이렇게 구한 자료를 가지고서 전반적인 호텔마케팅 관련 상황의 예비분석을 할 수 있다.

2차 자료를 수집해서 분석하고 나면 특정한 호텔마케팅조사의 목적에 적합한 것은 별도로 분류해서 사용하면 된다. 그러나 많은 경우에 2차 자료는 호텔마케팅의 구체적인 조사목적에 부합하지 않을 수가 있다. 이러한 경우에는 조사목적에 적합한 자료를 수집해야 한다. 이것이 1차 자료가 된다. 1차 자료는 조사 주체가 자신의 조사목적에 적합한 자료를 새롭게 구해서 활용하는 것이다. 1차 자료에는 크게 정성조사를 통해 수집된 자료와 정량조사를 통해 수집된 자료가 있다. 하나씩 차례로 설명하면 다음과 같다.

4) 정성조사의 실행

1차 자료들 중에서 보통 먼저 구하는 것이 정성조사를 통한 자료이다. 정성조사란 '호텔고객들의 말을 분석하는 것'을 말한다. 정성(Qualitative)이란 말이 언어표현의 내용이나 단어의 표현방식 혹은 반복횟수와 강도들을 분석해서 언어 속에 숨은 의미를 추출하는 것이다.

예를 들어, 호텔객실에 투숙한 고객에게 호텔객실을 사용하면서 어떠한 불편함이 있었는가를 물어 보았을 때 어느 고객이 "객실의 사이즈에 비해서 화장실이 너무 크다."라는 표현을 하면 "아 호텔은 잠을 자는 곳인데, 6시간 이상 잠을 자는 객실의 침대나 온돌이 넓어야지, 가끔 가는 화장실이 너무 넓으면 객실의 활용성이 떨어진다는 것이구나."라고 의미추출을 하는 것이 필요하다.

정성조사의 대표적인 것이 초점집단면접(Focus Group Interview)인데, 아래에서 자세히 설명할 것이다.

5) 정량조사의 실행

정량조사는 주로 설문지를 개발해서 하는 조사를 의미한다. 설문지는 조사목적에 맞춰 객관적인 답변을 유도할 수 있는 조사절차에 따라 설계가 된다. 잘 설계된 설문지는 그 자체로서도 상당한 의미를 가진다.

호텔마케팅 정량조사의 예로는 다음과 같은 것이 가능하다. 특정 호텔이 국내 경쟁호텔과 비교분석하려면 호텔고객이 호텔을 선정할 때 중요한 요소를 먼저 분류한다. 그러한 변수들을 중심으로 특정 호텔을 포함한 경쟁호텔의 리스트를 주고 각각의 호텔에 대해서 응답하게 한다. 그 결과를 분석하면 우리는 특정 호텔이 경쟁 상황에서 얼마만한 위치에 있는지를 파악할 수가 있게 된다.

6) 조사결과의 분석

2차 자료를 간략하게 분석하고 나서 정성조사와 정량조사를 포괄적으로 수행한 것들을 종합적으로 분석할 필요가 있다. 개별적인 방법들을 사용해서 획득한 자료들을 각각의 방법들을 활용해서 분석하는 것도 가능하다. 그리고 전체적인 결과를 하나의 도표로 만들어서 총체적으로 분석의 포인트들을 비교해 보는 것이 필요하다.

그런데 호텔마케팅조사결과의 분석에서 중요한 것은 크게 두 가지이다. 하나는 조사목적에 적합한 조사 결과가 나왔는지에 대한 것이다. 조사란 우리가 알고 싶어 하는 것을 탐색하거나 확인하기 위해서 하는 것이다. 여기에서 탐색이란 것은 '호텔마케터가 전혀 알지 못하는 것을 알려고 하는 것'을 말한다. 예를 들어서, 전통적인 기독교인들이 많이 다니는 호텔의 마케터가 한 번도 투숙한 적이 없는 이슬람교들이 대규모로 투숙할 예정이라고 할 적에 무엇을 해야 하는 지에 대한 감을 잡으려는 것이다. 이슬람교 신도들이 거북해 하는 것이 우리 호텔에 있는지? 혹 있다면 우리는 그것을 어떻게 관리해야 하는지? 이와 같은 질문들이 탐색적인 것들인데 주로 간단한 2차 자료 조사나 정성조사에서 나오게 된다.

이와 달리, 확인형의 조사는 호텔마케터가 어느 정도는 감을 잡고 있는데, 확실한 결론을 내리기 전에 확인해 보려는 경우에 하는 조사이다. 예를 들어서, 객실숙박료를 올리면 고객들이 호텔의 서비스질이 올라갔을 것이라고 추측할 것인데, 가격을 얼마 정도를 올릴 때 호텔리뉴얼을 동시에 해야 하는 지에 대해 과거의 경험에서 획득한 노하우가 이번에도 그대로 적용이 가능한지를 확인해 보려는 조사를 할 수가 있다. 이러한 목적의 확인조사는 주로 정량조사가 담당하는 것이 보통이다.

우리가 조사목적에 적합한(탐색 혹은 확인) 조사결과가 나오게 되었다면 우리는 적절한 조사를 했다고 자부할 수 있을 것이다. 그러나 획득된 결과들이 조사목적의 이해에 도움이 별로 되지 않는다면 우리는 좋은 조사를 했다고 말하기 힘들 것이다.

다른 하나는 조사목적에 적합한 조사결과를 획득은 하였으나, 정성조사의 결과와 정량조사의 결과가 상이하게 나올 때이다. 결과가 같으면 우리는 그냥 조사를 종결하면 된다. 그러나 결과가 다르게 나오면 우리는 왜 다르게 나왔는지에 대한 의문을 해소하는 일을 해야 한다. 이러한 상이한 결과는 많은 조사를 하다보면 종종 나오게 된다.

예를 들어서, '호텔 메뉴에 변화를 주려고 한식당에서 제공하는 한식의 종류를 더 늘리려는 계획을 호텔에서 가지고 있다.'고 하자. 일단 정성조사를 하려고 한 6명 정도의 호텔에 자주 들르는 우수고객들에게 "한식종류를 더 늘리는 것에 대해서 어떻게 생각하십니까?" 하고 물어 보았다. 정성조사에 참여한 응답자들의 대략적인 반응은 "종류가 많으면 좋을 것 같다."라고 답이 나왔다.

호텔마케팅 팀에서 "가능성이 있구나" 하고는 대규모의 정성조사를 수행했다. 그런데 의외로 정량조사에서는 찬성하는 의견도 있지만, 유보적인 의견도 상당히 나왔다. '종류가 많아지는 것은 좋으나, 그러나 그렇게 되면 호텔이 당연히 가격을 올릴 것인데'라는 것에 대해서 많은 응답들이 있었다.

한식메뉴를 늘리는 것이 좋을 것 같다 라는 정성조사의 답변과 한식메뉴를 늘리면 호텔이 한식가격을 올릴 것 아니냐는 정량조사의 답변은 어떻게 해석해야 할 것인가?

이와 같이 조사의 결과가 차이가 나는 경우(약간 혹은 상당히)는 종종 나온다. 이렇게 나오는 이유들 중에서 가장 큰 이유는 조사방법 자체의 차이 때문이다. 정성조사는 주로 '응답의 패턴분석'을 하는 것이고, 정량조사는 '패턴에 대한 선호도분석'을 하는 것이다. 따라서 양 방법을 특정한 조사에서 같이 사용했을 경우에는 우리는 이와 같이 다른 조사결과에 직면할 수가 있다.

그러면 우리는 어떠한 조사의 결과를 더 신뢰해야 하는가? 정성조사와 정량조사의 결과가 상이할 때는 우리는 일단 정량조사의 결과에 더 비중을 두어야한다. 그 이유는 정성조사는 응답자들의 숫자가 제한된 경우가 대부분이고(소수이고), 정량조사는 대규모의 응답자들이 반응하는 것이 보통이다. 그렇다고 해서 무조건 정량조사의 결과에 큰 비중을 두는 것이 아니라, 정량조사의 결과를 믿으면서 동시에 정성조사의 현상도 어느 정도 감안하는 것이 현명한 조사자의 태도라고 볼 수 있다.

7) 전략적 시사점 도출

호텔마케팅조사결과가 나오게 되면 호텔마케터는 결과에서 창의적인 마케팅전략을 도출해 내야 한다. 조사결과에 근거한 새로운 방향을 찾고서는 그 방향에 적합한 마케팅의 수행전략을 만드는 것이다. 조사는 상당히 과학적이나 정해진 패턴을 따라서 진행되는 것이 보통이다. 그러나 조사결과에 근거한 전략의 도출은 상당히 창의적인 과정을 거쳐야 한다.

경쟁호텔들과는 다른 독특하면서도 실행 가능한 전략이 있어야 성공할 수 있다. 예를 들어서, 투숙고객들의 체크아웃 시간에 대한 조사를 했는데 응답자들의 상당수가 현재의 체크아웃 시간에 대해서 불편함을 호소했다. 그러면 우리 호텔은 어떻게 해야 할 것인가? 그러면 창의적인 전략으로 일정 객실은 체크아웃 시간이 없는 방식으로 운영하고, 고객이 정해진 체크아웃 이전에 나가면 숙박료를 약간 감해주고 고객이 정해진 체크아웃 시간 이후에 나가면 숙박료를 조금 더 받는 방식으로 하자고 전략을 수립할 수가 있다. 그러나 다수의 고객들이 거의 전세계 모든 호텔들의 정해진 체크아웃 시간관행에 익숙하기 때문에 갑자기 체크아웃을 전체 객실에서 없애면 '고객에게 주는 새로운 편의성 혜택' 보다는 '체크아웃이 없어지면서 언제 나가야하는 스스로의 부담감'이 더 클지도 모른다. 그래서 일부의 객실은 기존처럼 '체크아웃제도'를 수행하고, 일부의 객실은 새롭게 '노체크아웃제도'를 시행할 수가 있다. 그리고 이것을 고객에게 새로운 옵션으로 제시할 수 있는 것이다.

다른 경쟁호텔들이 미처 생각하지 못했던 새로운 전략을 개발해서 이것을 활용하는 새로운 호텔마케팅이 필요할 것으로 보인다.

3. 호텔마케팅조사의 실무

사례

서울 신라호텔이 뉴욕에서 발간되는 세계적인 럭셔리 여행전문지 〈트래블 앤 레저〉에서 '아시아 최고의 시티 호텔(City Hotel) 30' 부문에 국내 호텔 중 유일하게 선정됐다. 서울신라호텔은 6일 아시아 최고의 시티호텔 30 부문에서 아시아 도심 호텔 중 16위를 차지했다고 밝혔다. 이는 싱가포르 샹그릴라 호텔(17위), 홍콩 포시즌스 호텔(18위), 도쿄 그랜드 하얏트(23위) 등보다 앞선 순위다. 신라호텔 관계자는 "2006년 아시아 베스트 호텔 50곳 중 48위를 기록한 이래 올해에는 16위로 급격한 상승을 기록했다"며 "명실공히 글로벌 경쟁력을 입증한 것은 물론 한국 호텔로서는 역대 최고의 성적을 기록해 한국의 위상을 높였다는 것이 괄목할만한 점"이라고 말했다. 그는 이어 "고객의 기대와 욕구를 뛰어넘는 최고의 서비스를 제공하기 위해 객실 · 식음 · 연회 부문 상품혁신에 전략적 투자를 해온 것이 가파른 성장의 주요한 이유로 보인다"고 설명했다. 〈트래블 앤 레저〉지는 매월 170만 부를 발행하는 세계 1위 럭셔리 여행전문 잡지로 매년 여름 리서치 회사인 '해리스 인터액티브(Harris Interactive)'와 함께 독자 대상 온라인 설문조사를 거쳐 '월드 베스트 어워드(World's Best Awards)'를 선정하고 있다. 올해 아시아 시티 호텔 1위에는 방콕의 페닌술라 호텔이 차지했으며 베스트 아시아 시티 호텔 30곳 중 국적별로 태국 호텔이 6개로 가장 많이 선정됐고 싱가포르와 인도가 각각 5개, 중국 4개, 홍콩과 일본 3개씩 올랐으며 한국에서는 신라호텔 1개가 선정됐다.

출처: 아시아경제(2012. 9. 6.).

우리는 앞에서 호텔마케팅의 기본적인 개념들과 과정에 대해서 공부했다. 그런데 위에서 설명한 것들 중에서 가장 중요한 것들이 세 가지가 있다. 이것들은 정성조사의 대표적인 방법인 초점집단면접 방법과 설문조사의 전반적인 방법 그리고 조사결과를 컴퓨터로 분석하는 것이다. 이 세 가지는 내용이 상당히 많고 그리고 중요하므로 다음에서 별개로 설명하려고 한다.

1) 초점집단면접의 실행방식과 설명

초점집단면접(FGI: focus group interview)은 원래는 6~12명의 고객들을 한자리에 불러 모아서 그들의 마음속에 숨어 있는 것들을 파악하려는 방법이다. 이 방법은 정성조사의 대표라고 알려져 있는데 그 이유는 초점집단면접은 응답자들의 말을 가지고 분석하는 것이기 때문이다. 설문지는 고객들이 응답한 숫자를 분석하는 것인데, 초점집단면접은 고객들이 하는 말을 분석하는 것이다.

미국 전역에서 하루에도 수 백개 이상의 초점집단면접이 이루어진다고 알려지고 있다. 우리나라에서도 최근에는 많이 사용되고 있는 방법이다. 그런데 미국에서는 6~12명 정도의 고객들을 한자리에 불러 모아서 하는데, 우리나라에서는 이 정도로 많이 불러 모으면 잘 안 된다. 이유는 미국에서는 초점집단면접의 진행자가 하는 말과 다른 사람들의 말에 대해서 신중하게 듣고 응답하는 성향이 강한데, 우리나라에서 시행해 보면 진행자가 차분하게 해도 참석자들이 흥분하는 경우도 꽤 있고 그리고 아예 아무 말도 하지 않는 사람도 있다. 그래서 우리나라에서는 좀 작은 형태로서 수행하는 것이 더 효과적이다. 보통은 4~6명 정도의 호텔를 자주 이용하는 고객들을 불러 모아서 1~2시간 정도 그들에게 다양한 질문들을 던지면서 그들의 내면 깊숙이 있는 생각들을 스스로 이야기하게 하는 것이다. 참석자들의 말을 녹음한 후에 그 말들을 다시 들어 보면서 그 안에서 새로운 것을 찾아내려는 것이 초점집단면접의 목적이다.

2) 설문조사의 실행방식과 설명

(1) 측정척도

설문에는 측정척도를 개발해서 포함시켜야한다. 무엇인가를 측정(measurement)해서 수치화를 해야 호텔마케터가 의미를 추출해 낼 수 있을 것이다. 측정이란 점수를 부여하는 것을 말한다. 설문지에서 숫자들로 측정을 해야 대용량 컴퓨터인 SPSS를 통해서 분석이 가능하다. 여기에서 척도란 점수화하는 방식을 말한다. 다시 말해서, 측정척도란 설문지에 어떠한 형태로 호텔마케터가 질문하는 방식이다.

설문지에 사용되는 측정척도는 크게 4가지로 구분된다. 그것들은 명목척도(nominal scale), 서열척도(ordinal scale), 등간척도(interval scale), 비율척도(ratio scale)이다. 이러한 척도는 설문지를 활용한 통계조사에서 발표 결과를 어느 정도 예측할 수 있다는 점에서 거의 핵심적인 개념들이다.

명목척도란 고객의 이름, 호텔 명칭, 어느 지역에 거주하는지, 성별과 같은 것들을 측정하는 것을 말한다. 설문지에서 조사응답자의 이름을 물어보는 경우에 이름을 가나다의 순으로 명기하는 것이다. 순서가 몇 번인지는 설문지 분석에서 아무런 의미가 없다. 호텔 명칭도 특별한 의미가 없다. 명목척도란 말 그대로 이름에다가 숫자를 붙인 것이다. 명목척도는 평균을 구할 수가 없다. 그리고 남성을 1로하고, 여성을 2로 하는 순위는 아무런 의미가 없다. 명목척도는 가장 하급의 척도로서 통계분석을 하면 숫자를 쭉 나열하는 정도에 불과하다.

서열척도란 순서가 있는 척도를 의미한다. 호텔이 두 개가 있는데, 호텔 고객들에게 어느 호텔이 더 큰 것 같으냐고 물어보는 것이다. A호텔이 B호텔 보다 더 큰 것 같다는 답이 나오면 우리는 그렇게 해석하면 된다. 그런데 A호텔이 B호텔 보다 몇배 더 큰지는 알 수가 없다. 서열척도로 측정한 것도 평균을 구할 수가 없다. 그러나 서열척도에서 순서는 의미가 있다. 서열척도는 명목척도 보다는 상급의 척도이나 고급 통계분석에는 적절하지가 않다. 서열척도로 측정된 것을 도수분포표로 만들고 각 순서에 우선순위를 매기는 정도가 가능하다. 각 번호 사이에는 우선순위가 있다. 높은 번호가 낮은 번호 보다 우선된다는 것이다. 2번이 1번 보다 우선이고, 5번은 1번, 2번, 3번, 4번 보다 우선이다. 하지만 각 번호 사이의 간격이 동일하다고 가정하기는 어렵다.

등간척도는 우선순위가 있고, 평균을 계산하는 것도 가능하다. 평균이란 숫자 사이의 간격들이 동일할 때 구할 수 있는데, 등간척도는 평균계산에 적절하다. 또한 각 숫자 간의 간격은 모두 동일하다고 가정된다. 다시 말해서, 1번과 2번의 간격은 2번과 3번의 간격과 같다. 이처럼 모든 간격들은 동일한 차이를 가지고 있고, 간격이 동등하다는 의미에서 등간척도라는 말이 부쳐졌다. 우리나라의 호텔마케팅조사에서 가장 많이 쓰이는 등간척도는 다음과 같은 5점 척도이다.

귀하는 저희 호텔에대해서 어느 정도 만족하십니까?				
1	2	3	4	5
전혀 만족하지 않는다	거의 만족하지 않는다	만족하지도 불만족하지도 않는다	상당히 만족한다	아주 만족한다

여러분은 이와 같은 척도를 많은 설문지에서 보았을 것이다. Likert라는 사람이 만든 것이고 1점부터 5점까지로 되어 있다고 리커트 5점척도라고 부른다. 이 세상에서 가장 많이 쓰이는 등간척도의 하나이다. 등간척도는 명목척도나 서열척도 보다 상위의 척도이나, 다음에 설명할 비율척도 보다는 하위의 척도이다.

비율척도는 척도 중에서 가장 높은 차원의 척도로서 우리 주위에서 숫자로 측정할 때 자주 나오는 것들이다. 호텔 고객의 몸무게, 키, 나이와 같은 것이나 혹은 호텔의 매출액, 이익률, 판매된 제품의 숫자와 같은 것들이 전부 비율척도이다. 비율척도는 등간척도 처럼 모든 숫자들 간의 간격이 동일하다. 비율척도는 등간척도 보다 더 우월하다. 등간척도에서는 절대영점(absolute zero)이 없다. 절대영점이란 매출액이 0일 때와 같이 출발하는 점을 의미한다. 비율척도는 절대영점이 존재하나, 등간척도는 절대영점이 없다. 절대영점은 통계학적으로 큰 의미가 있는 것은 아니고, 등간척도와 비율척도의 생성배경의 차이에서 나타나는 것이다.

등간척도는 사람의 심리상태를 측정할 때 주로 사용되고, 비율척도는 다양한 물질상태를 측정할 때 사용된다. 세상은 인간의 심리와 자연의 물질이라는 두 가지로 구성되어 있어서, 올바른 통계를 산출하기 위해서는 등간척도와 비율척도 두 가지가 모두 필요하다. 두 가지의 차이를 찾으려는 것은 별로 의미가 없다.

등간척도나 비율척도는 모두 고급의 척도로서 현재 통계학의 거의 모든 분석이 가능하다. 평균과 표준편차를 쉽게 계산할 수가 있고, 이에 근거해서 변수들 간의 차이분석이나 관계분석을 쉽게 할 수 있다.

(2) 분석의 종류

설문지를 가지고서 구한 자료들에서 호텔마케터는 다양한 정보를 분석할 수가 있다. 올바른 호텔마케팅의 의사결정을 내리기 위해서는 자료분석의 의미를 잘 알아야한다. 통계숫자는 거짓말을 하지 않는다. 우리가 호텔에서 찾아낼 수 있는 거의 모든 통계숫자들은 현실에서 일어난 어떠한 일의 결과이다. 어제 투숙한 객실의 전체 고객에게 돌린 간단한 설문지의 응답률이 35%였다. 이것은 100명의 호텔고객에게 설문지를 돌렸다면 35명이 성실하게 응답했다는 것이다. 이 설문지에서 우리는 무슨 분석을 할 수가 있는가?

설문지에서 수집된 자료에 대한 통계분석은 크게 차이분석와 관계분석으로 구성되어 있다. 다시 말해서, 우리가 통계학의 개념들을 활용해서 다양한 호텔마케팅 변수들 간의 차이를 파악해 내는 것과 관계를 파악하려는 것으로 나누어진다. 여기서 변수(variable)란 변하는 숫자를 가진 대상을 말한다. 호텔연회에 참석하는 고객들의 숫자는 변수인데, 이것은 호텔연회를 할 때마다 참석하는 고객들의 숫자가 변하기 때문이다. 물론 같은 경우도 있지만, 대부분은 다를 수 있어서 우리는 변하는 숫자라고 부르는 것이다. 가장 적게 왔을 때의 고객숫자가 있을 것이고(최소값), 또한 가장 많이 참석했을 때의 고객숫자가 있을 것이다(최대값). 이와 같은 것을 변수라고 정의를 내리고, 우리는 변수를 측정해서 무엇인가의 값을 찾을 수 있다.

첫째, 자료분석에서 차이분석이란 두 개 혹은 여러 집단 간에 차이가 없는지 혹은 있는지를 분석하는 것이다. 차이분석에서 가장 많이 쓰이는 것은 T 검정(T test)인데 이것은 두 집단의 차이를 분석하는 대표적인 기법이다. 예를 들어서, 호텔연회에 참석한 고객들 중에서 여성과 남성 중에서 어느 쪽이 더 만족하는지를 알아보려면 우리는 T 검정을 하면 된다. 혹은 숙박하는 고객과 그냥 식사만 하고 가는 고객 간에 호텔에 대한 선호도가 같은지 혹은 다른지를 알아보려는 것도 T 검정을 하면 알 수 있다. 이와 같이 두 가지로 구분이 가능한 모든 변수들은 T 검정을 하면 차이가 없는지 혹은 있는지를 구분할 수가 있다. 우리는 차이가 있는 것을 알아야 보다 더 많이 깨달을 수가 있다. 이 세상에는 차이가 없는 것들을 찾아서 거기에서 새로운 것을 알 수는 없다. 예를 들어서, 내국인과 외국인이 호텔에 오는 확률에 차이가 없다면 우리는 그것을 알아서 무엇을 할까? 아무런 차이가 없다면 그것은 의미가 없다는 뜻이다. 다시 말해서, 차이가 나와야 "왜 저런 차이가 나왔을까?"하는 고민을 하면서 거기에서 무언가를 새롭게 깨달을 수가 있다. 특급호텔과 비즈니스호텔에 대한 외국인들의 선호도가 다르다면 그 이유가 무엇인지를 찾아서 우리는 그것에서 적절한 마케팅전략들을 개발해야 한다.

T 검정은 중요한 차이분석의 기법이다. 그런데 이 세상에는 두 가지가 아니라, 세 가지 이상의 차이분석을 해 보려는 경우도 꽤 많다. 예를 들어서, 국내의 4개 특급호텔의 서비스수준의 차이분석을 하려는 때도 있을 것이다. 4개 호텔의 서비스수준을 동시에 분석하려면 T 검정으로는 불가능하다.

3개 이상의 호텔 간의 차이분석을 할 때에는 분산분석(ANOVA: ANalysis Of VAriance)를 통해서 가능하다. 분산분석은 세 가지 이상의 그룹 간의 차이분석에 유용하다. 주로 분산분석은 3~5개 정도의 집단들 간의 차이 정도를 분석한다. 열 개 그룹의 차이분석은 너무나 많아서 결론을 찾아내기가 쉽지 않다. 열 개 이상의 호텔을 비교하려고 하면 우리는 호텔들을 몇 개의 상위그룹으로 묶어서 그것들을 분산분석을 사용해서 차이분석을 하면 된다.

둘째, 관계분석이란 변수들 간에 어떠한 관계가 없는지 혹은 있는지를 알아내려는 것이다. 보통은 두 변수들 간의 관계를 분석하는 것이 가장 많은데, 여기에는 피어슨 상관분석(Pearson Correlation Analysis)이 있다. 두 변수들 간에는 상관성이 −1에서 +1까지로 추정된다는 개념이다. 두 변수 간의 상관성을 나타내는 것을 상관계수(Correlation Coefficient)라고 부르는데 그 최소값은 0이고, 최대값은 +1이다. 0이라는 것은 두 변수 간의 관계가 전혀 없다는 것이고, +1이라는 것은 두 변수 간의 관계가 완전하다는 것이다. −1이라는 것은 두 변수 간의 관계가 역방향으로 완전하다는 것이다. 그런데 이 세상에 있는 거의 모든 것의 두 변수 상관계수는 0, +1, −1은 거의 없고, 그 사이의 값을 가진다고 알려져 있다.

예를 들어서, 호텔연회에 참석한 사람이 호텔에서 투숙할 것인가의 상관관계를 분석했더니 0.3으로 나왔다. 이것이 관계가 없다는 것을 의미할 수도 있고, 관계가 있다는 것을 의미할 수도 있다. 어떻게 알 수 있는가? SPSS 같은 통계패키지를 활용해서 나온 0.3이라는 값 옆에 별표(*)가 없으면 보통은 관계가 없다고 결론을 내리고, 별표(*)가 있으면 관계가 있다고 결론을 내린다. 별표는 통계적 유의성을 의미한다. 상관계수는 양수일 수도 있고, 음수일 수도 있다. 앞에서 설명한 것처럼 0.3이란 플러스 0.3을 의미하는데, 이것은 두 가지 변수 간의 관계가 같은 방향으로 관계가 있다는 것을 의미한다. 호텔연회에 많이 참석한 사람이 호텔객실에 투숙할 것인데 그 관계가 0.3이라는 것이다.

상관계수는 호텔마케팅에서 관련이 있는 것들 사이에서 무엇인가를 찾는 작업에 큰 의미가 있다. 관계가 없는 것들은 이 세상에 너무나 많다. 관계가 없는 두 가지를 가지고 무슨 의미를 찾기는 어려울 것이다.

관계분석에는 상관분석 이외에도 많이 쓰이는 회귀분석(Regression Analysis)이 있다. 회귀분석은 독립변수와 종속변수의 관계를 찾아내어서 그것을 통해서 다양한 현상들을 설명할 수도 있고 혹은 예측해 볼 수도 있는 방법이다. 상관분석 보다 더 고급의 기법인 회귀분석은 여러 가지 변수들 간의 복합적인 관계도 동시에 분석하는 것이 가능하다.

예를 들어서, 호텔마케팅에서 호텔 내외부 인테리어를 전면 개편하고 음식가격을 올렸을 때에 호텔고객의 방문횟수가 이 두 가지 변수의 영향을 안 받는지, 혹은 받는지를 분석해 보려고 한다. 독립변수를 인테리어개편과 가격인상을 하고 종속변수를 방문횟수로 해서 회귀분석을 할 수 있다. 그 결과 인테리어개편은 방문횟수와 관련이 없는 것으로 나왔으나, 가격인상은 관련이 있는 것으로 나왔다. 그런데 가격인상은 방문횟수에 부정적인 영향을 주는 것으로 나왔다. 우리가 설문에서 수집한 자료들을 회귀분석한 결과가 이와 같다면 우리는 가격인상은 방문횟수와 부정적인 관계가 있으니, 가격인상을 자제하는 마케팅전략을 사용할 수 있다.

3) 호텔마케팅조사의 신뢰도와 타당도

설문소사를 수행한 결과를 믿을 수 있어야한다. 또한 설문조사의 결과는 우리가 목적하고 있는 것에 적합해야 한다. 보통 이 두 가지를 다 충족시킨 결과를 우리가 받아들이게 된다.

여기에서 새로운 두 개의 개념들이 도출된다. 첫째는 신뢰도(reliability)인데 이것은 호텔마케팅조사의 결과를 믿을 수 있는 정도를 의미한다. 둘째는 타당도(validity)인데 이것은 호텔마케팅조사 결과가 우리가 달성하고자 하는 목적에 적합한 정도를 의미한다. 이 두 가지 모두 충족되어야 우리는 좋은 호텔마케팅조사라고 부른다.

신뢰도란 여러 번에 걸쳐서 동일한 질문을 했을 때 그 결과가 계속해서 비슷하게 나오느냐는 것이다. 첫 번째 질문과 두 번째 질문에 대한 답이 비슷하게 나오면 신뢰도가 비교적 높다고 할 수 있고, 답이 다르게 나오면 신뢰도가 비교적 낮다고 할 수 있다.

신뢰도는 통계조사가 일관적인 결과를 나타내느냐 하는 것을 나타내는 정도이다. 크게 두 가지 방식으로 측정을 하는데, 첫 번째는 크론바하 알파(Cronbach's Alpha)로하고 두 번째는 측정재측정 상관계수(Test-Retest Correlation)로 한다.

크론바하 알파란 설문조사에서 만들어진 전체 항목들 간의 상관계수를 의미한다. 예를 들어서, 호텔에 대한 태도를 물어보려면 여러 가지 항목들로 물어본다.

"귀하는 저희 호텔을 좋게 생각하시는지요?"
"귀하는 저희 호텔이 마음에 드신다고 생각하시는지요?"
"귀하는 저희 호텔이 즐거운 곳이라고 생각하시는지요?"

이와 같이 특정호텔에 대한 크론바하 알파를 측정했는데 그것이 0.7를 넘으면 신뢰도가 있다고 결론을 내리고, 0.7이 안되면 신뢰도가 떨어진다고 결론을 내린다.

측정재측정 조사는 동일한 대상들에게 한 2주나 4주 이내에서 동일한 설문지를 다시 주고 두 번 측정하는 것이다. 첫 번째 설문지에 응답한 것과 두 번째 설문지에 응답한 것의 상관관계를 구하는 것이다. 상관계수가 보통 0.7 정도가 넘으면 우리는 신뢰도가 있다고 결론을 내리고, 0.7이 안되면 우리는 신뢰도가 없다고 결론을 내린다.

보통은 크론바하 알파를 더 많이 쓰고 있다. 이유는 크론바하 알파는 설문지를 한번 돌려서 구한 것인데 비해서, 측정재측정 조사는 동일한 설문지를 동일한 응답자들에게 두 번 조사를 하는 것이므로 혹시 과거의 답한 것에 대한 기억을 해서 그것에 따라서 하는 경우에는 오차가 생길 수 있기 때문이다. 또한 두 번하는 것의 번거로움과 비용의 문제도 생긴다.

타당도란 신뢰도가 입증된 설문지가 우리가 측정하려는 것을 측정하는지를 알아보는 개념이다. 예를 들어서, 호텔의 브랜드이미지를 측정하려고 하는데 우리가 실제로 개발한 설문지가 호텔브랜드이미지를 실제로 측정하느냐에 관한 것이다. 만약 브랜드이미지를 측정하려고 했는데, 우리가 엉뚱하게도 고객만족을 측정한다면 그 결과는 부적절하다는 것이다.

타당도에는 여러 가지가 있는데 가장 중요한 것이 구성타당도(construct validity)이다. 눈에 보이지 않는 브랜드이미지를 측정하려는 설문지는 브랜드이미지의 정의에 적합한 데로 개발되었는지와 또한 개발된 설문항목들이 실제로 브랜드이미지에 영향을 주는 요인들과 관련이 있는지를 판단해서 구성타당도를 결정하는 것이다. 보통은 상관분석과 요인분석을 이용해서 검증한다. 우리가 개발한 설문지가 브랜드이미지의 정의에 적합한지를 살펴보고, 적합하면 타당도가 높다고 한다. 그리고 브랜드이미지와 연관이 되는 것들과 설문지가 높은 상관관계를 보이면 이것도 타당도가 높다고 결론을 내린다.

4) 호텔마케팅조사의 비용과 효과

호텔마케팅조사는 상당히 오랜 시간이 걸리고 그리고 비용도 상당히 든다. 2차 자료를 수집하는 것은 인터넷에서 간단하게 서치를 하거나 혹은 신문사에 나온 자료들이나 정부통계들을 찾아서 활용하면 된다. 비용이 상당히 저렴하다. 또한 초점집단면접의 경우에도 보통 4~6명의 호텔고객들을 상대로 할 때는 적으면 몇십만 원에서 많으면 몇백만 원에 수행할 수가 있다. 호텔 내의 특정한 장소로 데려가서 간단한 차를 대접하면서 1~2시간 정도 하고 그리고 참석한 답례를 금전으로 하는 것이 보통이다.

그런데 설문지 조사의 경우에는 보통 수 천만 원 정도가 소요된다. 왜 그렇게 많은 돈이 소요되는가? 조사를 호텔 내부에서 수행하는 경우에는 전문성이 떨어져서 조사의 결과를 신뢰하기가 힘들 수도 있다. 따라서 보통의 경우에는 외부의 조사 전문업체에 맡기는 것이 보통이다. 조사 전문업체는 설문지 한부를 수집해서 분석하는 작업에 몇만 원을 요구한다. 보통 한 천 부 정도의 설문지를 수집해서 통계분석을하면 수천만 원이 드는 것이다.

이와 같은 비용을 들이고서 한 조사의 결과가 우리가 생각했던 만큼의 효과가 있게 나오면 우리는 비용이 아깝지 않게 된다. 그러나 의외로 비용은 많이 들였어도 결과가 잘 안 나올 수도 있다.

결과가 좋지 않은 것은 크게 두 가지 이유가 있을 수가 있다. 하나는 조사가 과학적인 과정을 거치지 않아서 일수도 있고, 다른 하나는 조사결과에서 새로운 시사점을 창의적으로 도출하지 못해서 일수도 있다.

첫 번째의 조사의 부적절한 방식의 경우에는 조사를 완전히 다시하는 것이 바람직하다. 그러나 실제의 큰 문제는 두 번째의 조사의 결과에 근거한 전략의 도출이 평범한 것일 때이다. 조사가 다 끝났어도 그 조사의 결과에서 새롭고 또 새로운 결론을 계속해서 찾아내려고 끊임없는 노력을 기울여야 한다.

창의적인 생각을 지속해서 아무도 생각한 적이 없는 독특하면서 활용가능한 전략들을 실제로 개발하는 것은 그렇게 쉽지가 않다. 노련한 호텔마케팅 전문가의 도움을 얻어서 수행해야 좋은 마케팅전략을 개발할 수가 있다.

연습문제

1. 호텔마케팅 조사의 기본과정을 설명해 봅시다.

2. 정성조사를 어떻게 하는지에 대해서 설명해 봅시다.

3. 설문지를 수집해서 무슨 분석을 하는지를 기술해 봅시다.

HOTEL MARKETING

PART

03

호텔마케팅믹스

CHAPTER

CHAPTER

06 호텔마케팅제품

HOTEL MARKETING

학습목표

- 호텔제품이 가지고 있는 특성을 알고 이 특성이 가지고 있는 한계점을 극복하기 위한 마케팅방안이 무엇인지 이해한다.
- 제품수명주기에 따른 마케팅전략을 이해한다.
- 호텔의 신제품 개발을 할 수 있는 능력을 갖춘다.

호텔은 상호이질적인 요소가 결합되거나 믹스(MIX)되어 고객에게 제공된다. 즉, 호텔의 주요제품인 객실과 식음료, 부대시설은 각각 그 자체로서 하나의 제품이 될 수 있을 뿐 아니라 객실과 식음료가 결합되어 제품이 구성되기도 한다. 그리고 객실과 부대시설이 모여서 하나의 제품으로 구성되기도 하며, 객실과 식음료 그리고 부대시설이 믹스되어 하나의 제품으로 구성되기도 한다. 식음료의 경우도 식음료와 부대시설, 식음료와 객실, 연회장 등이 결합되어 여러 가지 제품으로 구성된다.

호텔에서 이러한 형태로 구성된 사례는 무궁무진하게 찾을 수 있다. 예를 들어 쉐라톤워커힐 서울호텔이 객실과 쇼를 하나로 구성하여 판매하고 있다든지, 제주도 휴양지 호텔은 객실 투숙객에서 아침 혹은 저녁식사를 자신의 입맛에 맞는 메뉴를 선택할 수 있게 한다든지, 온천지역은 객실숙박과 온천을 하나의 제품으로 구성하여 제공하고 있다든지 등이다.

이와 같이 호텔 제품은 여러 가지 요소들이 결합되어 고객에게 제공된다. 그리고 그렇게 구성된 제품은 고객의 만족과도 직결되는 중요한 요소가 된다. 따라서 호텔을 이용하는 고객의 욕구에 맞는 여러 구성요소를 고객의 입장에서 선호하는 요소들의 믹스를 찾아내는 것이 무엇보다 중요하다.

1. 호텔마케팅제품

1) 제품의 개념

제품은 마케팅믹스에서 중요한 요소 중의 하나로 인식이 되고 있는데 그것은 아무리 훌륭한 판매촉진전략과 가격결정전략, 유통전략 등이 수행된다 하더라도 제품자체가 고객의 욕구를 충분히 반영하고 있지 못하다면, 결국은 고객으로부터 외면당하기 때문이다.

제품이란 기업 혹은 단체에서 소비자에게 제시되는 제공물이다. 그리고 소비자의 욕구를 충족시켜 줄 수 있는 대상물로 소비자가 지불하는 대가의 반대급부로 소비 또는 사용될 수 있는 실체를 의미하는 것이다. 그러므로 제품은 소비자의 욕구를 충족시켜 줄 수 있는 유형재, 무형재, 장소, 사람, 조직, 아이디어 등 모든 것이 될 수 있으며, 제품은 재화 혹은 상품과 동의어로 사용되기도 한다.

일반적으로 제품은 유형적인 요소와 무형적인 요소가 결합되어 이루어지고 있다. 다만 제조업의 유형재는 유형적인 요소가 중요한 특성을 보이고 있는가 하면 서비스산업인 호텔의 상품은 유형적인 요소보다는 무형적인 요소가 상품의 특성을 설명해 주는데 중요한 역할을 하는 것에서 큰 차이를 보인다. 즉, 호텔제품은 무형적인 요소가 제품의 가치와 품질에 중요하게 영향을 미친다는 것이다. 일반제품은 유형적인 제품에 부가적인 서비스가 결합되어 구성이 되지만, 호텔상품은 유형적인 요소와 무형적인 서비스가 결합되어 하나의 상품으로 구성된다. 그리고 호텔제품에 있어서 무형의 서비스는 일반제품에서와 같이 부수적인 존재가 아니라, 제품의 품질에 중요한 부분으로 존재한다. 이러한 무형성의 특성으로 호텔제품은 그 품질을 측정하기 곤란하고, 표준화하기 대단히 어려운 면을 가지고 있다. 그리고 호텔의 제품은 객실 혹은 식음료 혹은 부대사업 등이 각각의 제품으로 구성되어 판매되기도 하지만, 동시에 상호 이질적인 성격을 가진 객실과 식음료, 그리고 부대사업에 생산되는 제품이 결합되는 경우도 많은 것이 특징이다.

한편, 호텔제품을 구성하는 데 있어서 고려하여야 할 요소가 있는데 우선 호텔에 이익을 가져다 줄 정도로 수요가 충분히 있어야 한다. 수요가 없는 제품의 구성은 호텔경영 수익에 악화를 가져다 줄 뿐이다. 또한 제품은 그 호텔기업의 전체적인 이미지에 부합하여야 한다. 예를 들어 서울의 리츠 칼튼 호텔은 고품위 서비스를 제공한다는 차원에서 객실의 50% 이상이 스위트룸으로 구성되어 있다. 이것은 '리츠 칼튼이라는 호텔이 고객에게 최고의 고품위 서비스를 제공하고 있다'는 호텔의 이미지에 맞게 객실을 구성한 좋은 예라고 할 수 있다. 그리고 호텔제품은 제품의 특성에 맞는 서비스를 제공할 수 있는 서비스 인력과 효율적인 서비스 절차가 함께 잘 구성되어야 한다. 호텔은 그 특성상 만족과 불만족이 유형적인 요소에서 결정되는 것이 아니라, 그것을 제공하는 과정과 결과에 영향을 많이 받기 때문에 인적자원의 서비스 제공능력과 서비스를 제공하는 과정에 대한 효율적인 절차와 과정이 잘 계획되어있어야 하는 것이다.

제품은 개념별로 핵심제품(core product), 실제제품(actual product), 확장제품(augmented product) 등으로 나눌 수 있다.

핵심제품은 고객의 욕구를 충족시켜 주기 위하여 제공되는 가장 기본적인 편익의 조합(bundle of benefits)을 의미한다. 고객은 가장 근본적인 수준의 편익을 얻기 위하여 특정제품을 구매하게 된다. 예를 들어 호텔객실을 이용하는 고객이 여행 중의 피곤함을 해소하려는 욕구에서 객실을 이용하려고 했다면, 고객은 자신의 욕구를 해결하기 위한 수단으로 호텔객실상품을 구매하는 것이다. 따라서 '무엇 때문에 고객이 우리를 찾는가?' 하는 관점에서 제품을 정의하여야 한다. 즉, 관광객들의 기본적인 욕구를 파악한 후, 이러한 욕구를 충족할 수 있는 편익의 조합으로 제품을 구성해야 한다.

핵심제품은 실제제품으로 전환하여야 하는데 실제제품이란 잠재고객들에게 바람직한 효익의 조합을 효과적으로 제공할 수 있도록 물리적 · 화학적 및 상징적 속성을 결합하는 것이다(유동근, 1994). 즉 핵심제품이 전달될 때, 부수적으로 제공되는 편익의 조합을 의미하는 것이다. 예를 들어 상용관광객이 숙박장소로 호텔에 투숙할 때, 상용관광객의 비즈니스 업무를 보조해 줄 수 있는 서비스의 제공과 그와 관련한 시설의 제공, 교통편의 제공 등을 결합함으로써 핵심제품의 가치를 증대시켜주는 결과를 가져오게 된다. 이러한 관점에서 실제제품은 품질 수준, 특성, 스타일, 상표명 및 포장 등 다섯 가지 특징을 포함하고 있으며, 이와 같은 속성들은 모두 핵심적인 이점을 소비자에게 전달할 수 있도록 하여야 한다.

확장제품(포괄상품)은 핵심제품과 실제제품이 결합된 것을 의미한다. 그러므로 확장제품은 소비자가 제품의 구매로부터 그들의 욕구가 충분히 만족되도록 구매와 소비활동과 관련한 여러 가지 부수적인 서비스와 이점을 결합한 상품을 말하는 것이다. 예를 들어 호텔에서 제공하는 상품에 그 상품의 품질을 보증을 위해 계약위반에 따른 위약금의 지불, 객실이용에 있어서 주의사항에 대한 안내, 불의의 사고에 대응방법의 제공 및 출입국 수속절차, 호텔의 Check In/Out 절차 및 기타 필요한 정보제공 등을 결합한 상품을 말하는 것으로 이러한 것들은 제품의 가치를 증대시켜 주는 중요한 요인이다.

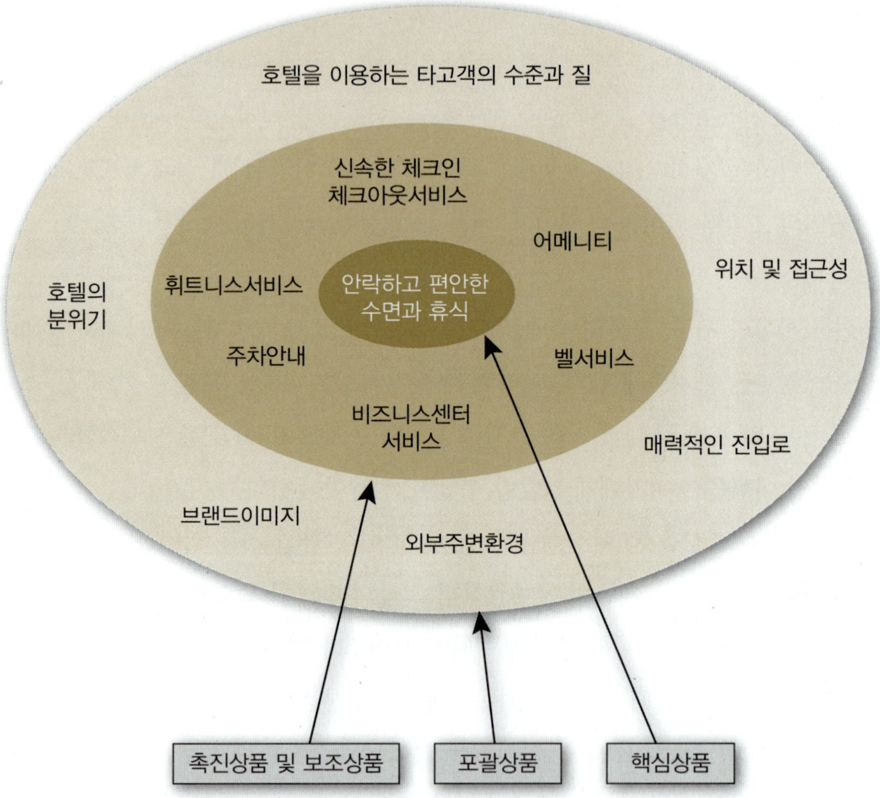

[그림 6-1] 제품의 개념별 분류

출처: 한국여행발전연구회(2009). 호텔관광마케팅. 서울: 대왕사.

2) 호텔제품의 특성

호텔제품은 일반제품과는 다른 특성을 가지고 있다. 이러한 호텔제품의 특성은 호텔기업의 상품개발, 운영, 관리에 영향을 미치게 되는데, 호텔제품이 가지고 있는 대표적인 특성은 무형성, 동시성, 소멸성, 계절성, 모방성, 동질성 및 이질성, 보완성 등이 있으며, 이것을 중심으로 간략히 설명하고자 한다.

(1) 무형성

호텔제품의 대표적인 특성으로 무형성을 들 수 있다. 우리는 호텔제품을 구매할 때, 그 제품의 실제적인 모습을 확인할 수 없다. 또한 제품의 실체를 확인할 수 없다는 무형성의 특성은 정신적으로도 상품의 구체적인 모습을 지각하기 힘들게 하는 것이 일반적이다. 예를 들어 모임을 위하여 호텔의 식음료 부문에서 제공되는 식음료서비스를 생각해 보자. 그리고 여러분이 연회장 예약을 위하여 호텔를 방문하였다고 하자. 이때 여러분은 호텔연회상품에 대하여 브로슈어에 나타난 그림과 사진, 그리고 판매 담당의 설명만을 들을 수 있을 뿐이다. 실제로 여러분에게 제공될 음식은 볼 수 없으며, 연회장에서 제공되는 서비스를 여러분에게 전시할 수도 없다. 따라서 여러분은 호텔 연회 상품에 대하여 여러분이 5감(미각, 후각, 촉각, 시각, 청각)으로 느낄 수가 없는 것이다. 반면에 나른 일반세품, 예를 들어 자전거를 산다고 하자. 여러분은 자전거를 파는 대리점에 가서 여러 종류의 자전거를 직접 만져보고, 디자인을 감상하고, 시운전을 해보는 등의 수단을 통하여 가장 자신의 욕구를 충족시킬 수 있는 제품을 구매하게 될 것이다.

이것이 호텔제품과 일반상품 간의 가장 근본적인 차이라고 할 수 있다. 이러한 무형적인 특성 때문에 호텔제품은 그 품질에 대하여 측정이 곤란하게 된다. 그리고 무형성은 동시성, 이질성, 소멸성 등의 특성을 부수적으로 나타나게 하는 원인이 되고 있다. 이러한 무형성은 일반제품의 마케팅 방법과는 다른 마케팅활동 방법에 근본적인 차이를 보이는 원인이 되고 있으며, 호텔기업은 상품이 가지는 이러한 무형성을 극복하기 위하여 정시판매, 구전 등이 활용되고 있다.

(2) 동시성

호텔제품은 동시성의 특성을 가지고 있다. 동시성이란 호텔제품의 생산과 소비가 동시에 일어나는 특성을 말한다.

일반제품의 경우는 생산이 이루어지고, 그 상품이 유통과정을 거쳐서 소비자가 상품을 소비하게 되기 때문에, 생산과 소비시점에는 장소적인 차이와 시간적인 차이가 존재하게 된다. 그렇기 때문에 일반제품에 있어서는 생산하는 현장에 소비자가 없고, 소비하는 현장에 생산자가 존재하지 않는 것이 일반적이다. 그러나 호텔제품은 제품이 생산되기 이전에 판매가 되고, 생산과 소비가 동시에 일어나게 된다. 즉, 호텔제품은 생산과정과 소비과정에 있어서 장소적 · 시간적인 동일성을 가지게 되고, 이것은 필연적으로 호텔제품의 생산자와 소비자가 동시에 같은 장소에서 같은 시간에 함께 존재하게 되는 현상이 발생하게 되는 것이다. 따라서 호텔제품은 생산하는 과정에서 소비자가 상품의 생산에 직접 관여하게 되는 특성을 가진다. 이러한 생산과 소비의 동시성은 상품의 생산현장 및 생산과정에서 관광객은 자신의 욕구에 부합하지 않은 서비스 혹은 상품을 이용하게 되면, 그 상품과 서비스에 대하여 불만을 직접 토로하게 되는 현상이 빈번하게 발생하게 되는 것이다. 또한 호텔제품의 동시성은 상품과 서비스의 품질관리와 표준화를 더욱 어렵게 하는 원인이 되기도 한다.

이러한 동시성에 따른 문제를 해결하기 위한 방법으로 '진실의 순간(Moment of Truth)'을 이용하면 매우 효과적으로 대응할 수 있다.

(3) 소멸성

소멸성은 근본적으로 호텔제품의 무형성에서 기인하는 것으로 비보존성이라고도 한다. 호텔제품은 대부분의 경우에 사용시간이 결정되어 있는 경우가 많다. 그리고 이 사용시간이 경과되면 상품이 재고의 형태로 남아 있는 것이 아니라 소멸된다는 것이다.

상품이 소멸된다는 것은 재고관리를 하지 않는다는 긍정적인 면보다는 소멸로 인한 '손실의 발생'과 같은 부정적인 측면이 더욱 커다란 문제점으로 대두된다. 예를 들어 총 객실을 500개 보유하고 있는 호텔이 금일 300개가 판매되고, 200객실이 미판매되었다고 하자. 이때 200객실이 재고가 되고, 내일 생산되는 500객실과 합하여 내일 700객실을 판매할 수 있는 것이 아니다. 200개의 객실은 금일 미판매로 자동 소멸되는 것이다. 반면에 객실의 판매 여부와는 관계없이 고정비용은 일정하게 소요되기 때문에, 미판매된 객실수요만큼 고정비용의 손실이 발생되는 것이다.

그렇기 때문에 소멸성의 특성에 의하여 발생하는 문제를 최소화하기 위하여 호텔기업은 초과예약과 같은 방법을 활용하기도 한다. 그러나 근본적으로 소멸성을 극복하기 위하여서는 잠재관광객들이 '즉각적인 반응(Quick Response)'을 보일 수 있는 마케팅활동을 전개하여야 한다.

(4) 계절성

호텔제품은 계절적인 영향에 따라 수요량의 크기가 심하게 변동하는 상품이다. 즉, 성수기와 비수기에 따라 관광객의 유동이 심하게 나타난다. 반면에 호텔제품은 수요량의 변동에 능동적으로 대응할 수 없기 때문에 경영에 어려움을 주는 주요 원인이 된다. 예를 들어 호텔제품의 계절적인 수요량 변동의 차이는 성수기를 기준으로 조직과 인력을 운영할 수 없으며, 또한 비수기를 기준으로 조직과 인력을 운영할 수도 없는 어려움이 있다. 이러한 문제는 상황에 따라서 생산관리와 재무관리 등 경영의 전 분야에 영향을 미치기도 한다.

이러한 계절적인 영향에 따른 수요량의 변동에 능동적으로 대처하기 위해서는 비수기에 이용할 수 있는 상품개발과 가격차별화 등의 마케팅 노력이 요구되기도 하며, 궁극적으로는 공급과 실제수요의 크기를 모두 조정하여 양자의 시간적 차이를 일치시킬 수 있는 동시화 마케팅(Synchro marketing)전략의 개발이 무엇보다 우선적으로 강구되어야 한다.

(5) 모방성

호텔제품은 쉽게 모방할 수 있는 특성을 가지고 있다. 예를 들어 어느 호텔에서 식사와 예식의 장소 및 절차 등을 포함한 결혼식 패키지 상품을 개발하였다고 하자. 그리고 이 상품은 고객들에게 매우 커다란 호응을 얻고 있는 상황이라고 가정하자. 이때 경쟁관계에 있는 다른 호텔이 이러한 상황을 알고 있다면, 이 호텔은 이런 유형의 상품개발의 욕구가 생길 것이고, 상품개발은 이미 앞의 호텔에서 구성한 것과 유사한 방법으로 구성할 것이다.

이것이 가능한 이유는 우선 호텔이 결혼식 제품을 구성하고 있는 하위요소를 자체 생산할 수 있으며, 자신이 가지고 있는 여러 서비스를 조합하여 상품화할 수 있기 때문에 쉽게 모방이 가능하다. 또한 상품개발은 많은 비용과 시간의 소비를 전제로 한다. 따라서 실패에 따른 위험을 줄이기 위하여 유사한 상품에 대한 모방의 욕구도 큰 것이 사실이다.

이러한 모방성을 극복할 수 있는 방법을 찾기는 쉽지 않다. 그러나 모방에 의한 상품구성은 수익성이 낮고, 상품의 수명이 짧기 때문에 기업에 커다란 이익을 제공할 수 없다. 따라서 고객의 욕구를 충족시킬 수 있는 상품을 경쟁기업에 우선하여 개발하고, 타 기업이 모방이 시작된다면 또 다른 새로운 상품을 개발하는 등의 노력이 중요하다. 아울러 자사만이 자랑할 수 있는 차별화된 서비스를 개발하는 일도 중요하게 다루어져야 한다.

(6) 동질성 및 이질성

호텔제품은 여러 가지의 관광관련 하위요소들의 결합에 의하여 상품으로 구성된다. 호텔객실제품은 각 특급호텔이 K, G, H 등 각기 다른 시설과 설비로 구성한다. 그러나 호텔이 같은 등급이라면, 객실도 등록기준을 준수하고 있는 호텔이기 때문에 시설이나 기대되는 서비스 수준 혹은 제공된 서비스 수준은 고객이 느끼기에 유사할 것이다. 그러므로 각 호텔에서 제공하고 있는 객실은 동질적이라고 할 수 있다.

그러나 호텔제품은 유형적인 것과 무형의 서비스가 함께 구성되어 제품이 된다. 그리고 무형적인 서비스는 각 호텔기업마다 경영이념 혹은 경영철학, 기업의 역사 등 여러 가지 요인에 의하여 동일할 수 없으며, 각각의 관광객의 기준 등의 심리 상태에 의하여 호텔제품의 품질이 이질적으로 느껴질 것이다. 따라서 호텔제품은 각각의 기업에서 제공하는 서비스로 이질성을 갖는다고 할 수 있다.

이와 같이 호텔제품은 동질성과 이질성 등의 상호 상반된 특성을 동시에 가지고 있다. 이것이 의미하는 바는 크다고 할 수 있다. 동질성의 부분은 다분히 호텔제품의 유형적인 부분에서 나타나는 것이며, 이질성은 무형의 서비스에서 나타나는 것이라고 해도 과언이 아니다. 그렇다면 호텔제품의 차별화는 결국 무형의 서비스에서 이루어진다고 볼 수 있다. 따라서 경쟁적 우위를 확보할 수 있는 무형의 서비스 개발과 이러한 서비스의 표준화 등에 관심을 기울여야 할 것이다.

2. 호텔상품의 수명주기와 마케팅전략

1) 제품의 수명주기의 의의

제품의 수명주기(PLC: product life cycle)란 어떤 상품의 시장에서 출시되어 판매량이 변화하는 단계를 말한다. 즉, 제품은 시장에 출시되는 도입기에서 시간이 경과함에 따라 성장기, 성숙기, 쇠퇴기의 주기를 거친다는 것이다. 이것을 제품수명주기라고 한다. 즉 신제품이 개발되어 이 상품이 사라질 때까지를 제품수명주기라 하는데 모든 제품이 앞에서 제시한 도입기—성장기—성숙기—쇠퇴기의 단계를 거치는 것은 아니다. 어떠한 제품은 제품이 출시되고 얼마 되지 않아 사라지는 경우도 있고, 어떠한 제품은 쇠퇴기에 접어들었다가 다시 성장하는 경우도 발생되기도 한다.

제품수명주기는 마케팅을 수행하는 기업에 입장에서는 제품의 판매량과 수요량의 예측 및 시장의 변화에 대하여 유용한 대응의 수단을 제공하기 때문에 관심을 많이 가지고 있는 것도 사실이다. 그러나 한편으로는 제품의 수명주기에 있어서 특정상품이 현재 어느 단계에 있는지, 언제 다음 단계로 넘어갈 것인지, 단계 이행의 요인은 무엇인지 등을 정확하게 파악하는 것이 어렵다. 또 단계별 판매량의 예측과 각 단계의 지속기간 및 제품수명주기 곡선의 형태를 실제로 예측하는 것도 매우 어려운 것이 현실이다. 일반적으로 제품의 수명주기에 따라 시장에서의 반응은 유사하게 나타나게 된다. 도입기는 시장의 규모가 작고, 고객이 제품에 대한 인지도가 낮으며, 성장기에는 제품의 수요량이 크게 증가하는 현상을 보인다. 그리고 성숙기에는 수요량은 많으나 수요증가율은 정체가 되는 현상을 보이고, 쇠퇴기에는 수요량이 감소하는 추세가 나타나게 된다. 이러한 쇠퇴기를 거쳐 제품은 시장에서 사라지게 되는 것이다.

2) 제품수명주기에 다른 마케팅전략

(1) 도입기(Introduction Stage)

호텔상품의 도입기는 신제품이 시장에 처음 진입하는 단계이다. 그러므로 도입기에 있는 제품은 그 상품이 존재한다는 것을 아는 고객은 극소수에 불과하다. 따라서 이들 제품에 접근하는 고객은 대부분 신상품을 처음 경험해 보고 싶어 하는 일부의 고객일 것이다. 이러한 이유로 신제품은 매출액이 매우 낮은 수준이다. 이러한 이유로 호텔기업은 신제품을 알리기 위하여 마케팅 노력을 집중하게 된다. 그리고 도입기의 상품은 매출액은 매우 낮은 수준이며 이익은 발생하지 않거나 매우 낮은 수준으로 나타난다. 또한 도입기의 제품은 시장에서 실패의 가능성이 높고, 시장의 규모가 작기 때문에 경쟁의 수준도 비교적 낮은 편이다.

도입기의 마케팅전략은 다음과 같은 특성을 보인다.

첫째, 시장세분화의 필요성을 낮다. 즉, 시장규모가 작고, 고객의 욕구가 다양하지 못하기 때문에 시장세분화의 필요성이 낮다, 둘째, 고가 혹은 저가전략이 요구된다. 신속하게 시장에 진입할 목적을 가지고 있다면, 저가전략이 유효할 것이고, 다수의 고객이 고가를 지불할 의사가 있거나 잠재경쟁자가 없다면 고가전략이 수요할 수 있다. 셋째, 인지도 향상을 위한 전략이 요구된다. 도입기의 신상품일수록 고객이 제품에 대하여 잘 모르므로 교육과 인지도 향상을 위한 촉진전략이 유효하다.

(2) 성장기(Growth Stage)

성장기에 있는 제품은 매출액 증가율이 크게 확대되는 단계에 해당된다. 따라서 시장점유율도 점차 확대가 되는 현상이 나타나며, 고객의 인지도도 빠르게 확산되는 특성을 보이는 시기이다. 그리고 이 단계에서 경쟁기업이 등장하게 되는데 이에 따라 새로운 경쟁사들이 상품차별화 혹은 서비스 차별화 전략을 구사하면서 경쟁력 확보를 위한 마케팅노력이 한층 강화되는 단계이기도 하다.

성장기의 마케팅전략은 다음과 같은 특성을 보인다.

첫째, 시장을 확대하여 제품생산을 확대하는 데 초점을 두어야 한다. 둘째, 다양한 고객의 욕구를 충족시키고 경쟁에 대응하기 위하여 제품의 차별화를 시도해야 한다. 셋째, 상표선호도 향상을 위한 촉진전략이 요구된다.

(3) 성숙기(Maturity Stage)

성숙기의 제품은 도입기와 성장기를 통한 마케팅 노력과 이용고객의 증대와 그들의 구전으로 인하여 많은 고객이 이미 이용했거나 인지하고 있는 단계를 말한다. 따라서 이 단계에서는 매출액이 매우 높은 특징을 보이고 있으며, 경쟁사와의 경쟁도 매우 치열하게 진행되는 것이 특징이다. 특히 이 단계에서는 매출액이 최고점에 달하여 더 이상의 매출액을 증대시키기는 어려운 단계로 성장률은 답보 상태에 이르게 된다. 그러면서도 매출액 유지를 위하여 많은 마케팅노력을 하는 단계이기도 하다. 그러나 매출액 자체가 많아 수익도 크게 증대된 단계이기도 하다.

성숙기의 마케팅전략은 다음과 같은 특성을 보인다.

첫째, 기존의 제품으로 새로운 세분시장에 진출하거나 경쟁자의 고객을 흡수하여야 한다.

둘째, 한정된 시장을 놓고 경쟁에서 살아남아야 하기 때문에 마케팅비용을 줄여 가격을 인하하거나 제품을 차별화하여 최소한의 시장점유율을 유지하여야 한다.

셋째, 제품의 수명주기를 연장하기 위한 리포지셔닝 전략이 필요하다.

(4) 쇠퇴기(Decline Stage)

이 단계에 있는 제품은 판매량이 감소하고 가격경쟁을 더욱 치열하게 되어 매출이 감소할 뿐만 아니라, 이익도 급격히 감소하게 된다. 따라서 기업은 이 제품을 시장에서 철수 혹은 마케팅노력을 축소하는 전략이 요구된다.

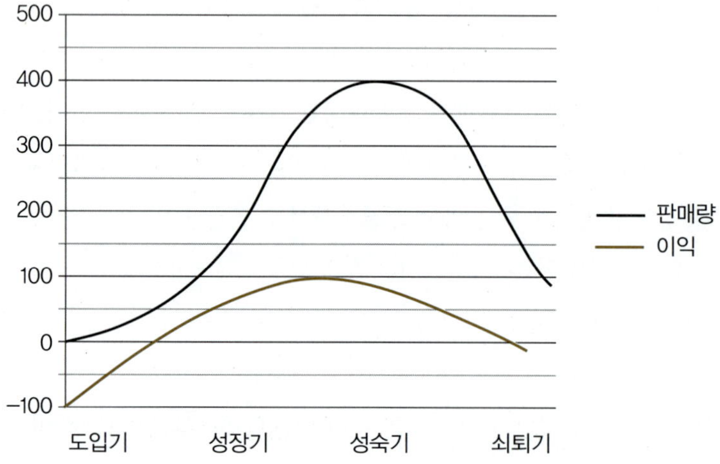

[그림 6-2] 제품의 수명주기 단계

출처: 도미경(2010). 관광마케팅. p. 214.

3. 호텔제품의 개발

1) 제품개발의 의의

(1) 제품개발의 의의

호텔제품은 투숙객에게 제공되는 유 · 무형의 교환 대상이 되는 것으로 고객만족에 직접적으로 영향을 미치는 주체가 된다. 그리고 또한 새로운 제품의 개발은 그에 수반되어 호텔의 자원이 소비된다. 예를 들어 신제품 개발은 개발에 필요한 인력자원이 소비되고, 개발에 필요한 시간과 비용 또한 소비된다. 따라서 제품개발은 많은 자원이 소비되는 업무일 뿐만 아니라 개발된 제품은 고객에 제시되고 제공되는 것이기 때문에 고객의 만족에 중요한 영향을 미치는 활동인 것이다.

한편, 신제품 개발에 있어서 고려해야 하는 중요한 두 가지의 요소가 있는데 이를 정리하면 다음과 같다.

첫째, 신제품 개발과 관련한 내부능력을 고려하여야 한다. 즉, 호텔기업이 가지고 있는 인력, 기술, 자금, 조직 등의 기업내부에 존재하는 능력을 고려하여야 한다는 것이다. 신제품을 개발하는 데 인력이 부족하다든가, 기술과 서비스 능력이 부족하다든가, 시간이 부족하다든가, 혹은 개발자금이 부족하다든가 하는 문제를 충분히 검토하여야 한다. 이를 바탕으로 신제품의 개발가능성을 예측하고, 강점은 최대한 활용하는 측면에서 그리고 경쟁사와 비교해서 약점은 보완하는 측면에서 제품개발 활동이 이루어져야 하는 것이다.

둘째, 외부시장환경을 검토하는 것이다. 이것은 호텔기업을 둘러싸고 있는 외부환경이 호텔경영과 제품개발에 영향을 미치기 때문이다. 따라서 이들 환경을 면밀히 검토하고 통제하여 현재와 미래의 환경에 적합한 제품이 어떠한 것인지를 예측하고 이에 합당한 제품을 개발하여야 새로운 성장동력을 얻을 수 있기 때문이다. 이러한 관점에서 본다면, 신제품 개발은 고객만족에 영향을 미치는 중요한 수단이 되고, 기업의 수익을 창출하는 중요한 요소이기 때문에 신상품 개발 시 최대한 시장에 밀착한 접근이 필요하다고 할 수 있다.

(2) 신제품 개발전략

호텔에서 기업과 고객이 동시에 만족하는 신제품을 개발한다는 것은 내 · 외부 환경적인 영향으로 인하여 쉬운 일이 아니다. 특히 신제품을 개발하여 출시하였다가 시장에서 실패한다면, 그 동안 투입된 시간과 비용, 그리고 인력 등에서 많은 손실이 야기되기 때문에 상황에 따라서는 경영의 악화로 이어질 수도 있다. 그렇다고 위험을 회피한다는 명분하에 신제품 개발을 소홀히 할 수도 없다. 그것은 기업이 영속성을 추구한다는 궁극적인 목표와 관련이 되어 있기 때문이다.

신제품 개발은 다음과 같이 크게 선제전략과 반응전략으로 나누어 설명할 수 있다.

첫째, 선제전략을 통한 신제품 개발 방법이다. 선제전략이라 함은 경쟁기업보다 먼저 새로운 호텔상품을 출시하는 전략을 말한다. 이러한 선제전략은 ① 성장을 위하여 적극적인 경영을 추구하고자 할 때, ② 새로운 시장에 대한 진입기회를 포착하였을 때, ③ 매출이 높을 것으로 판단된 표적시장을 개척하였을 때, ④ 경쟁기업의 신제품 개발에 대한 정보를 입수하였지만 자사가 경쟁우위에 있다고 판단되었을 때 유효한 전략이라 할 수 있다.

둘째, 반응전략을 통한 신제품 개발 방법이다. 경쟁자나 시장환경 변화에 따라 수동적으로 신제품을 출시하는 전략을 말한다. 이러한 반응전략은 ① 경쟁자가 새로운 제품을 출시하였을 때, 자사의 기존제품들을 보호하는 차원에서 같이 신제품으로 대응하고자 할 때, ② 경쟁사의 제품이나 서비스가 성공하거나 또는 성공이 예상되어 빠르게 모방하여 대응하고자 할 때, ③ 고객의 요구에 기꺼이 응하고자 할 때 이용하면 유용한 전략이 될 수 있다.

2) 호텔제품개발의 과정

호텔기업이 신제품을 개발한다는 것은 향후 고객의 욕구를 충족시키면서 기업의 이익도 창출하려는 것이 근본적인 목적일 것이다. 따라서 '신제품의 개발은 고객욕구 충족을 통한 성장'이라는 측면에서 기업이 기본적으로 나아가야 할 방향이다.

신제품 개발은 일련의 과정을 거치면서 이루어지게 된다. 그 단계는 시장조사 및 아이디어 창출단계—신제품 컨셉개발단계—제품개발 및 사업성 분석단계—제품화 단계 등의 일련의 과정을 거쳐서 신제품 개발이 완료된다.

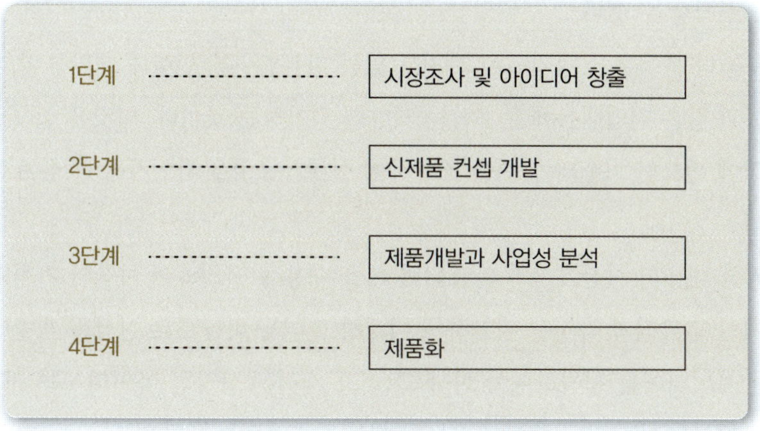

[그림 6-3] 신제품 개발 단계

(1) 시장조사 및 아이디어 창출

이 단계에서는 호텔제품에 영향을 미치는 시장을 조사하고 아이디어를 창출하는 단계이다. 시장조사의 내용은 고객 분석, 관련업체 분석, 경쟁자 분석, 기업내부 능력 분석 등으로 분류할 수 있다.

고객 분석은 호텔제품은 고객이 이를 지불하는 대가로 제공되는 유·무형의 대상물이 된다. 따라서 호텔제품은 고객의 욕구를 충족시키는 기본적인 수단이 되므로 이들 고객이 원하는 욕구를 충족시켜야 하기 때문에 고객의 욕구조사는 매우 중요하다.

관련업체 분석은 호텔이외의 관련업체에 대한 조사를 의미한다. 호텔제품은 주변의 관련업체와의 협력관계에 의해서 매우 다양한 형태의 제품을 구성할 수 있다. 예를 들어 새로운 관광명소가 생기게 되면, 이 관광명소를 포함한 패키지(Package) 상품을 구성할 수 있다. 그리고 여행사 혹은 랜드 회사 등의 존재여부는 그들의 마케팅 능력을 활용한 신상품을 개발하는 데 영향을 미친다.

경쟁사 분석은 경쟁호텔이 제공하는 호텔제품과 서비스 혹은 그들의 마케팅전략과 전술을 비교분석하여 경쟁우위를 확보할 수 있는 대안을 모색할 수 있으며, 때에 따라서는 고객에게 인기가 있는 제품을 모방하여 신상품으로 개발할 수 있는 기회도 포착할 수 있다.

내부능력 분석은 호텔기업이 가지고 있는 자본, 기술, 신상품 개발능력, 마케팅 능력 등과 같은 기업내부에 존재하는 역량을 평가하는 것이다. 이것은 실제로 신제품 개발에 필요한 자원과 능력을 조사하여 실행가능성을 확인하는 데 중요한 요소가 된다.

이러한 내용의 시장조사가 완료되면 이들 내용을 정리하여 시장의 기회와 위협 혹은 자사의 강점과 약점을 정확하게 이해하고 이들 바탕으로 신상품 개발을 위한 다양한 아이디어를 획득하여야 한다. 그리고 제시된 다양한 아이디어는 시장조사 결과와 제시된 아이디어 중에서 가능한 대안을 추출하여야 한다.

신상품과 관련한 아이디어는 고객, 유관업체, 경쟁기업, 종사원 등 다양한 측면에서 아이디어를 획득할 수 있다. 그리고 신제품 아이디어의 평가는 평가양식을 표준화하여 고객의 욕구에 대한 적합성, 가격, 서비스, 신제품의 개발 적합성 등을 평가하여 수용가능성을 확인한다.

(2) 신제품 컨셉개발

신제품에 대한 아이디어는 실제고객에게 제공되는 제품으로 전환을 전제로 하기 때문에 신제품에 대한 콘셉트 개발은 매우 중요한 활동이다. 신제품에 대한 콘셉트는 기본적으로 다음과 같은 의문에서 시작하여 이에 대한 해답을 얻을 수 있는지를 고려하여야 한다.

- 신제품과 서비스는 누구에게 제공할 것인가?
- 고객은 이 신제품과 서비스를 구매하여 얻으려고 하는 것은 무엇인가?
- 고객은 이 신제품과 서비스를 언제, 어떻게 구매하려고 하는가?
- 호텔기업은 고객의 욕구를 충족시킬 수 있는 신제품과 서비스를 구성할 자원과 능력은 충분한가?

(3) 제품개발과 사업성 분석

신제품이나 서비스가 시장테스트를 통하여 긍정적인 결과를 얻게 되면 최종적으로 신제품과 서비스를 시장에 출시한다. 그리고 기업은 소비자에게 제공되는 신제품과 서비스가 시장에서 빠르게 확산되도록 노력하게 되는데 이때 표적시장에 대한 신제품의 출시 시기, 지역, 상품의 규모, 침투방법 등에 대하여 구체적으로 검토할 필요가 있다.

- 표적시장 선정 및 마케팅목표를 결정
- 마케팅전략 수립 및 마케팅 목표를 달성하기 위한 믹스전략 수립
- 새로운 마케팅믹스(신상품)에 대한 시장점유율 혹은 예상 매출액 추정
- 제품개발 및 시장테스트
- 수익과 비용 추정

(4) 제품화

신제품이나 서비스가 시장테스트를 통하여 긍정적인 결과가 획득되면 최종적으로 제공한 신제품과 서비스를 결정하게 된다. 그리고 신제품과 서비스가 시장에서 빠른 침투를 위하여 노력하여야 한다. 이때 표적시장에 대한 신제품의 출시시기, 지역, 상품의 규모, 침투 방법 등에 대하여 구체적으로 검토할 필요가 있다.

사례－쉐라톤 워커힐 호텔

〈오디세이 공연〉

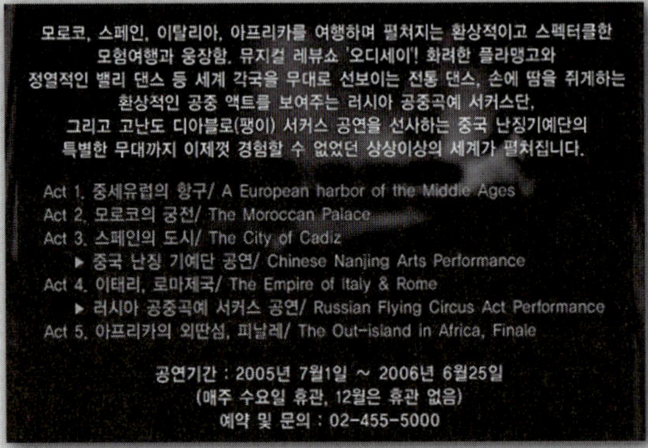

- 모로코, 스페인, 이탈리아, 아프리카를 여행하며 펼쳐지는 환상적이고 스펙터클한 모험
- 여행과 웅장함. 뮤지컬 레뷰 쇼 "오디세이"의 공연을 볼 수 있다. 화려한 플라맹고와 정열적인 밸리 댄스 등 세계 각국을 무대로 선보이는 전통댄스, 손에 땀을 쥐게 하는 환상적인 공중 액트를 보여주는 러시아 공중 곡예서커스단, 그리고 디아블로(팽이) 서커스 공연을 선사하는 중국 난징기예단의 특별한 무대까지 경험할 수 있다.
- 이 이벤트는 공연장 구역별로 식사도 다르고 요금도 다르다.

(출처 : 쉐라톤 워커힐 서울 호텔).

〈 봄의 왈츠(벚꽃축제) 〉

What's up for Spring 2006 in Walkerhill?

워커힐 벚꽃 축제와 다양한 봄 프로모션 소식을 전해드립니다!

Flower Festival "Spring Waltz"

싱그러운 녹음과 향기로운 꽃내음이 함께하는 즐거운 축제,
워커힐 벚꽃축제 "봄의 왈츠" 를 만나세요 ! 화제의 KBS미니시리즈 '봄의왈츠'의 배경인
워커힐에서 4월 1일부터 5월 7일까지 아웃도어 레스토랑과 노천 까페, 칠레 와인존과
가족과 연인을 위한 다양한 이벤트 등 특별한 즐거움이 가득한 봄의 축제가 펼쳐집니다.

기간 : 2006.4.1 ~ 2006.5.7. (낮12시~ 밤10시)
장소 : 워커힐 피자힐 사거리 지역
문의 : 02) 455-5000

- 호텔 레스토랑을 야외에서 만난다.
  봄을 맞이하여 자연을 배경으로 호텔 요리사들이 즉석에서 요리를 해준다.
  섹션 별로 즐긴다.
- 단순한 꽃놀이가 아닌 봄을 Theme으로 한 데코레이션과 워커힐 호텔의 조리사들이 선보이는 요리를 만나는 레스토랑 섹션, 다양한 베이커리와 Tea Time을 즐길 수 있는 노천 까페 섹션, 칠레와인을 한자리에서 맛볼 수 있는 Chile wing 섹션까지 다양한 섹션이 있다.
- Entertainment가 함께하는 봄나들이
  다양한 먹을거리와 함께 볼거리, 즐길 거리가 한자리에 있다. 마술, 밴드연주, 판토마임 공연, 풍선아트, 네일 아트 등의 이벤트와 올해 1회로 개최되는 어린이 벚꽃 길 그리기대회 등 가족나들이를 위한 이벤트가 있다.

(출처 : 쉐라톤 워커힐 서울 호텔).

사례-서울 리츠칼튼 호텔

〈어린이날을 위한 특별 이벤트〉

- 어린이날을 맞이하여 특별한 마술 이벤트를 마련하였다. 1부 400명, 2부 400명 총 800명이란 대규모의 인원을 수용할 수 있도록 하였고 호텔이라는 특성에 맞추어 좋은 서비스도 같이 있다.

〈가수 조영남의 공연〉

- 어린이를 위하여 마술쇼를 준비하였다면 이번에는 어른들을 위하여 가수 조용남의 공연을 준비하였다. 마찬가지로 호텔 특유의 서비스와 국민가수 조용남의 목소리를 들으며 즐길 수 있는 이벤트이다.

각각 연령대를 고려하여 특정 고객층을 확보하기 위한 마케팅으로써 다양한 행사를 진행하였다. 결과는 겨냥한 고객층에서는 예상대로 좋은 반응을 보였다.

사례 - 코모도호텔 경주

〈그린 패밀리 패키지〉

• 웰빙 시대의 발걸음에 맞추어 오는 5월부터 실시되는 패키지이다. 그린. 말 그대로 푸르름을 뜻한다. 즉, 나무, 식물들을 뜻하는 말로써 자연의 향기와 함께 시작되는 코모도호텔 경주만의 특별한 패키지이다.

- 2인 조식 뷔페이용권 제공(이용권 추가 시 어른 12000원, 어린이 11000원)
- 사우나 50%할인
- 식당 및 세파 10%할인
- 경주역 Pick up 서비스
- 경주월드 자유이용권 할인

(자료 : 코모도호텔 경주).

사례 – 경주힐튼호텔

〈할인권 할인〉

• 다른 호텔들이 패키지나 특별한 이벤트를 한다면 경주 힐튼호텔은 실용적인 면을 택하였다. 바로 쿠폰을 인쇄해 오면 할인해 주는 것으로 다른 호텔은 패키지에 할인이나 그런 것들이 포함되어 있는데 이것은 내가 직접 인쇄해 간 쿠폰으로 할인 혜택을 받는 것으로서 더욱더 재미있는 할인혜택을 맛볼 수 있다.

(출처: 경주힐튼호텔).

사례 – 파라다이스호텔

〈Package 서비스와 각종 할인 혜택 제공〉

주중의 휴가객들을 위한 1박 가격으로 2박을 머무를 수 있는 한시적인 이벤트성 Package로('05. 4. 1 ~ '06. 3.31) 고속철도 영수증 제시로 객실 요금의 10,000원의 추가 할인 혜택 및 천연 온천 사우나 2인 1회 무료이용, 노천 온천, 수영장 2인 1회 무료이용 그리고 근처의 아쿠아리움 수족관과의 협력을 통해 20% 할인혜택을 해주는 등 타지에서 온 외부고객의 만족도 향상을 위해 각종 혜택을 주고 있다.

(출처: 부산 파라다이스 호텔).

사례 – 웨스턴조선호텔

〈세계 요리 마케팅〉

웨스틴조선호텔은 주말 마케팅을 실시한다. 이는 럭셔리 브랜드와의 제휴마케팅 그리고 호텔을 가까이 느낄 수 있는 프로그램을 개발하는 밀착마케팅을 혼합한 마케팅 방법이다. 주말마다 세계 각 국의 요리를 새롭게 느낄 수 있도록 한다. 가격은 합리적으로 해서 호텔이 부담스럽지 않게 한다. 게다가 뭔가 서비스를 더 받게 한다. 행사 기간은 금요일 저녁부터 일요일까지로, 일주일 간의 가장 즐거운 날이라는 점을 감안해 다양한 선물도 받을 수 있다. 즉, 매주 새로운 메뉴, 와인 혹은 맥주 제공(레스토랑마다 다름), 다양한 경품 등을 제공하는 것등이다. 뷔페식당 카페로얄은 일요일을 위해 특별한 메뉴를 매주 다르게 내놓는 것은 물론 고급 와인프로그램 One & One을 실시한다. 이 프로그램은 소믈리에가 추천하는 와인 1병을 주문하면 1병을 무료로 제공하는 것이다. 한식당 서블은 한국에서 가장 맛이 좋은 전주의 한상 차림을 선보인다. 전주 한상차림은 반찬만 20가지인 푸짐한 상차림이다. 오킴스는 더블린 세트메뉴를 먹는 고객에게 맥주 1잔을 주는 것은 물론 고급 와인을 1만 원에 제공한다. 일요일 재즈라운지 컴파스로즈는 금요일 저녁부터 모든 고급 위스키, 보드카, 진, 코냑 등의 Hard Liquor를 15% 할인하고, 선별된 10개의 안주 중 1개를 무료로 제공한다. 컨티넨탈 레스토랑 나인스 게이트 원구단세트 메뉴를 제공하고 와인 1잔을 서비스한다.

정인에 가장 유명한 스시와 일식으로 소문이 난 스시조에서는 일본 사케 한잔과 일식 주방장이 고심하여 만든 "니퐁 노 벤토 세트"를 새로이 소개한다. 이밖에 중식당 호경전, 이탈리안 레스토랑 베키아 앤 누보에서도 특별 메뉴를 선보이며 다양한 혜택을 제공한다.

(출처: 웨스틴조선호텔).

연습문제

1. 호텔제품의 유형적 요소와 무형적 요소의 성격과 측성을 설명해 봅시다.

2. 호텔제품의 수명주기에 따른 합리적인 마케팅 전략에 대하여 설명해 봅시다.

3. 호텔제품의 개발과정에 대하여 설명해 봅시다.

CHAPTER

07 호텔마케팅 가격전략

1. 가격의 정의
2. 가격을 결정할 때 고려해야 하는 요인들
3. 가격전략 접근법
4. 가격전략

HOTEL MARKETING

학습목표

- 가격을 정의하고 가격결정에 영향을 미치는 내적 · 외적요인을 파악한다.
- 가격전략 접근법의 종류를 파악하고 각각의 차이를 비교한다.
- 신제품 가격전략과 기존제품 가격전략에는 어떤 것이 있는지를 이해한다.

특급호텔 마케팅 '투 트랙 전략'

해운대 특급호텔 고객의 연령과 구성이 다양해지면서 호텔의 타깃 마케팅도 투트랙 전략을 취하고 있다. '반값할인'으로 통칭되는 소셜커머스는 '특급호텔의 격에 맞지 않다'는 일부 우려에도 불구하고 틈새 마케팅 방법으로 자리잡았다. 비수기 객실 판매나 식음료 업장에 부분적으로 활용할 경우 곧바로 큰 매출로 이어질 수 있기 때문이다. 해운대그랜드호텔은 현재 소셜커머스 사이트 쿠팡(www.coupang.com)에서 티파니뷔페 식사권(사진)을 정가(55,000원)보다 27% 할인된 39,900원에 판매하고 있다. 총 900장 목표로 진행 중인데 지금까지 300여 장이 판매됐다. 비수기 · 식음료 업장 '소셜커머스' 활용 파라다이스는 '럭셔리 패키지'로 유혹이 호텔은 같은 사이트에서 지난 8일부터 11일까지 이용할 수 있는 디럭스룸 1박을 109,900원에 내놓아 400여 객실을 판매하기도 했다. 추석 연휴 직전인 이 시기는 해운대 호텔업계에서는 비수기에 속한다. 이에 앞서 지난 4월 28일부터 5월 1일까지 사용 가능한 객실도 530여 개 판매해 소셜커머스로만 1억 2천여만 원의 매출을 올렸다. 노보텔앰배서더 부산도 지난 2월 해운대 호텔 중 처음으로 티켓몬스터와 함께 설날 연휴 7일에 한정해 객실을 판매해 매진을 기록한 바 있다.

반면 파라다이스호텔 부산은 소셜커머스는 하지 않기로 내부 방침을 세웠다. 대신 거꾸로 1박에 최소 150만 원 이상, 최대 400만 원에 달하는 최고급 숙박 패키지를 올 여름 처음으로 판매했다. 다이아몬드, 에메랄드, 루비 스위트를 포함한 스위트룸 객실과, 차별화된 조식, 고급와인 및 안주 제공 서비스 등을 더한 이 패키지는 7, 8월 두 달간에만 모두 10객실이 판매됐다. 호텔 측은 해외여행 대신 초호화 국내여행을 선호하는 고객을 위한 패키지가 주효했다고 보고 앞으로 운영을 계속할 예정이다. 선주와 세계 부호들이 모여 숙박과 연회를 함께하는 '선박 명명식'을 유치하려는 노력도 뜨겁다. 숙박과 연회를 더해 한 번 행사로 많게는 억 대의 매출을 안겨다 주기 때문이다. 파라다이스호텔 부산은 선박 명명식만을 위해 객실, 식음료 등 모든 영업부서들이 함께하는 협의체를 꾸려 매주 1회씩 회의를 개최할 정도다. 한식이 가미된 와인 안주 및 스테이크 등 연회 메뉴를 개발하고 전국의 무형문화재를 비롯한 전통연회 공연 정보를 꿰고 있어야 하는 것은 물론이다.

출처: 부산일보(2011. 9. 26.).

CHAPTER

07 호텔마케팅 가격전략

1. 가격의 정의

가격(price)이란 기업이 제품이나 서비스를 고객에게 제공하고 받는 대가이다. 또한 소비자가 추구하는 만족이나 효용을 얻기 위해 희생되어진 재무적 대가이다. 그러므로 가격은 제품이나 서비스에 대한 교환의 가치이며 구매한 구매자가 얻는 효용에 부여된 가치이기도 하다. 가격은 수익을 창출하는 유일한 마케팅 믹스로 소비자와의 커뮤니케이션으로 최종적인 역할을 한다.

차별화된 세분화 시장에 적절한 대응과 시장변화에 대응하여 가격의 조절이 이루어 질 필요가 있다. 가격전략은 품질과 가격의 상관관계에 따라서 아무리 우수한 제품도 가격이 지나치게 높으면 가치가 떨어지며 열등한 제품도 가격이 상대적으로 낮다면 가치는 오르게 된다. 따라서 가격 결정은 시장의 수요, 환경, 경쟁사들이 구성되어있는 시장에서 고객에 의해서 매출액과 이익에 영향을 미치게 된다. 특히 현대산업의 특성으로 시장과 고객은 제품에 드는 비용에 무관심하며 그 대신 가치만을 평가하고 지나치게 높은 가격일 경우 잠재적으로 고객을 잃게 되고 지나치게 낮을 경우에도 기업이 충분한 수익을 올리기 못하기 때문에 적정가격에 대한 책정이 적절하게 유지되어야 한다.

2. 가격을 결정할 때 고려해야 하는 요인들

내부적 · 외부적 회사의 요인은 기업의 가격결정에 영향을 미친다. 가격을 결정하는 내부적인 요인으로는 마케팅의 목표, 마케팅믹스전략, 비용, 가격에 대한 기업의 생각, 외부적 요인으로는 시장의 수요와 환경, 경쟁, 다른 환경 요소를 포함한다.

따라서 다음의 표와 같이 기업의 내 · 외부적인 요인들이 가격에 영향을 미치게 된다.

[그림 7-1] 가격결정에 영향을 미치는 요인

1) 내부적인 요인

(1) 마케팅목표

가격을 결정하기에 앞서 기업은 제품전략을 선택해야 한다. 기업이 목표시장을 선택하고 그것을 신중하게 포지셔닝한다면 가격을 포함한 마케팅믹스전략은 더 정확하게 될 수 있다. Four Seasons은 호화 호텔로 포지셔닝을 하여 객실요금을 가장 비싸게 부과하였다. 미국의 Motel 6와 Formula One은 저가중심의 여행객에게 객실을 제공하는 제한된 서비스를 하는 것으로 포지셔닝하였다. 이러한 시장 포지셔닝은 저가요금책정을 요구한다. 따라서 시장 포지셔닝에 대한 전략적 결정은 가격에 중요한 영향을 미치므로 기업의 목표가 분명할수록 가격설정을 하기가 더 쉽다. 기업의 목표는 생존, 단기간 이익의 최대화, 시장점유율 최대화, 제품 품질 주도권 등으로 볼 수 있다.

① 생존

과열경쟁, 혹은 소비자 욕구 변화로 문제를 안고 있는 기업의 경우 생존이 목표가 된다. 단기적으로 생존은 이익보다 더 우선하며 호텔은 경기가 불황일 때 이러한 전략을 사용한다. 제조회사일 경우는 수요에 따라서 제품을 감산하면 되지만 경기가 후퇴하는 동안에도 500개의 객실을 가진 호텔의 경우에는 비록 객실의 수요가 떨어진다고 해도 매일 팔아야 할 500개의 객실이 존재하고 이 객실을 줄일 수는 없다. 그러므로 그러한 상황에서 현금 흐름을 좋게 하기 위해서 가장 가능한 방법은 객실료 낮게 책정함으로 벗어 날 수 있다. 이러한 전략은 불가피하게 직접적으로 경쟁사에게 영향을 미치게 되고 때때로 산업 전체에도 미치게 된다.

환대산업에서 경쟁사들은 가격변화에 민감하고 위협을 느끼면 대응을 할 것이다. 결과적으로 객실 점유율도 떨어지지만 객실료도 떨어지고 이익도 떨어지게 된다. 환대산업의 관계자들은 경쟁사들이 가격전략을 사용하는 경쟁은 주의 깊게 모니터되어야 하지만 모방할 필요는 없다고 제안한다.

만일 작은 도시에 있는 호텔시장에서는 가격할인의 영향은 크지만 시장이 큰 곳에서는 많은 호텔들이 존재하므로 시장에서 가격할인의 영향보다는 고객을 얻으려는 노력이 더 요구된다. 그러므로 마케팅능력이 있는 호텔일 경우 경쟁자에게 낮은 가격을 허락하고 생존전략을 지닌 호텔의 시장점유율이 작다면 수익이 있는 사업으로 돌리는 것이 바람직하다.

② 현재이익의 극대화

많은 기업들이 현재이익을 극대화할 수 있는 가격을 원한다. 수요와 비용이 다른 가격에서 어떻게 될 것인지를 추정하고 장기적인 성과보다는 현재 재정적인 결과를 추구할 경우 현재이익의 최대화, 현금 흐름, 투자 수익률 등을 고려한 가격을 선택할 것이다.

예를 들어 기업이 도산 직전의 호텔을 저가로 구입하였다고 가정하면 목표는 호텔을 회복하고 운영상의 이익 실적을 보여줌으로 매각을 할 수 있다. 호텔 소유자는 성공적인 회복을 할 수 있다면 이를 통하여 상당한 양도차익을 실현하게 된다.

일부 기업가들은 중요한 체인레스토랑에 판매 목적을 가지고 레스토랑 콘셉트(concept)를 개발한다. 그 콘셉트가 소규모 체인에게 높은 순이익을 가져다 주는 것으로 입증되면 기업은 관심을 가지게 되고 이러한 경우 가격목적은 현재 이익 최대화이다.

③ 시장점유율 주도

기업들은 주도적인 시장점유위치를 획득하기를 원한다. 시장점유율이 높은 기업은 저가비용과 높은 장기이익을 누릴 수 있기에 가격은 가능한 낮게 책정할 수 있다. Marriott 호텔은 같은 등급에서 시장점유 주도자로 생존하려고 노력해 왔다. 새로운 호텔로 개관했을 때 빠른 시일 내에 시장점유율을 확보했다. 호주 Gold Coast에 개관한 Marriott 호텔의 객실료는 $99였다. 호텔 개관 6개월 후 객실료는 거의 2배 이상 올랐다. 낮은 객실료 책정이 수요를 창출했다. 수요가 늘어남에 따라서 낮은 수익사업이 점차 높아지게 되었고 이로인한 전략은 가격과 마케팅믹스의 다른 요소들을 경쟁사보다 훨씬 좋은 인지도를 만들어주는 데 사용한다.

④ 제품 품질주도

Ritz-Carlton 체인은 객실당 건축이나 인수비용을 50만 달러 초과하였다. 객실당 높은 투자비 외에도 호화호텔은 객실당 인건비 또한 높다. 이런 호텔은 잘 훈련된 직원들과 객실서비스를 제공하는 높은 직원 대 고객비율을 갖추고 있다. 그러므로 호화 호텔인 리츠칼튼 호텔은 객실을 높은 가격에 책정해야 했다. 리츠칼튼과 같은 품질주도자는 제품에 더 가격을 높게 책정하지만 품질을 선도하는 역할자를 유지하기 위해 끝임 없이 운영에 재투자를 해야 한다.

⑤ 다른 목표들

기업은 위에서 언급한 것 이외에도 좀더 구체적인 목표를 획득하기 위해 가격을 이용할 수 있다. 어떤 레스토랑은 시장에 경쟁사가 들어오는 것을 막기 위해서 가격을 낮게 책정하거나 시장의 안정화를 위해서 경쟁자와 유사한 수준의 가격을 책정할 수도 있다. 패스트푸드 레스토랑은 새로운 제품에 대한 관심을 유도하거나 더 많은 고객을 유치하기 위해 임시적으로 가격을 인하하기도 한다. 이러한 가격은 여러 가지 측면에서 기업의 목적을 실행하는 데 도움을 주는 중요한 역할을 한다. 따라서 가격전략은 기업이 달성하고자 하는 목표에 의존한다. 그러므로 환대산업에서 모든 경쟁자를 위한 올바른 가격전략은 존재하지 않는다.

(2) 마케팅믹스전략

가격은 기업이 마케팅목표를 성취하기 위해 사용하는 많은 마케팅믹스 도구 중의 하나이다. 가격이 일관되고 효과적인 마케팅프로그램이 되기 위해서는 제품 디자인, 유통, 촉진 의사결정과 조화되어야 한다. 다른 마케팅믹스 변수에 의한 의사결정이 가격결정에 영향을 미칠 수도 있다. 리조트의 경우 객실의 대부분을 도매업자를 통해서 유통망을 계획하고 있는 경우 객실가격을 통해서 충분한 이익을 설정해야 하고 도매업자에게 파격적인 할인을 제공해야 한다. 대체로 호텔 소유주는 호텔의 상태 유지를 위해 매 5년에서 7년마다 개보수를 실시하고 가격은 이러한 개보수비를 충당해야 한다.

기업은 우선적으로 가격결정을 하고 다른 마케팅믹스 결정은 기업이 책정하기로 한 가격에 근거한다. Marriott는 경제시장에서 기회를 발견하고 시장에서 모텔로 포지션하기 위해 가격을 사용하여 Fairfield Inns를 발전시켰다. Fairfiled Inns의 목표가격은 제품의 시장, 경쟁, 디자인, 제품의 특징을 결정한다. 기업들은 마케팅 프로그램을 개발할 때 모든 마케팅믹스 결정을 함께 고려해야 한다.

(3) 비용

비용은 기업이 제품에 책정하는 가격의 최저점을 정하는 기준이 된다. 기업은 제품의 생산, 유통과 촉진에 드는 비용을 충당할 수 있는 가격결정을 원한다. 이러한 비용을 충당하는 것 이외에도 가격은 투자자가 적절한 회수금을 거둘 수 있을 만큼 충분히 높아야 한다. 그러므로 기업의 비용은 가격전략에 중요한 요인이 된다. 많은 기업들은 산업에서 저비용으로 제품을 생산하고자 노력한다. 일반적으로 원가는 두 가지 변수로 구성되어 있다. 고정비는 생산이나 판매수준에 따라 변하지 않는 비용이다. 생산 결과와는 상관없이 기업은 임대료, 이자, 임직원월급에 대해 매달 청구요금을 지불해야 한다. 변동비는 고정비와는 반대로 직접적으로 생산의 수준에 따라 변한다. 호텔연회에는 많은 변동비가 있다. 식사에는 샐러드와 빵, 메인 코스, 음료, 디저트가 포함된다. 이외에도 각 고객을 접대하는 린넨류가 그 예가 된다. 즉 생산의 단위수가 변함에 따라 그 수량이 변화기 때문에 변동비가 된다. 총비용은 고정비와 변동비의 합으로 경영자는 판매수준에서 최소한 총비용을 커버할 수 있는 가격을 책정해야 한다.

경영자는 때때로 기업의 운영비에 관심을 갖고 있지 않고 소비자는 단지 가치를 추구한다는 것을 잊고 있다. 기업은 비용을 세심하게 검토해야 한다. 제품을 생산하고 판매하는 데 경쟁업체보다 비용이 많이 들면 가격을 올리거나 이익을 감소시켜야 한다.

많은 환대산업은 비용을 이해하고 비용과 가격관계에 대한 모델이나 소프트웨어를 개발하고 있다. Embassy Suites는 이러한 관계를 파악하고 가장 소중한 고객은 반드시 최고로 높은 가격을 지불하는 고객이 아니라는 것을 알고 있다. Embassy Suites이 개발한 공헌모델(contribution model)은 객실인건비, 광고료, 특별판촉비, 관련비용과 같은 고객에게 제공되는 비용을 분석 가능하게 한다.

(4) 기업 내 고려사항

기업 내에서 누가 가격을 설정해야 하는지를 결정해야 한다. 다양한 방법으로 가격을 다루고 있지만 작은 회사들은 마케팅, 판촉부가 아닌 최고 경영자가 가격을 결정한다. 큰 회사에서 가격은 기업경영자에 의해서 설정된 가이드라인을 근거로 하여 지역, 점포관리자, 혹은 기업 사업부에 의해서 결정된다. 호텔은 차기년도 월평균객실요금과 점유율을 포함한 마케팅계획을 한다. 호텔의 총지배인과 판매담당 관리자가 이러한 평균치를 달성할 책임을 지고 있다. 수요가 많을 때는 예상 평균을 훨씬 웃

돌게 되지만 수요가 적을 때는 목표에 미치지 못한다. 경영자는 다른 단체에 대응하는 가격을 달리 책정할 수 있는 자율권을 가지지만 회계기간이 끝날 때는 가격과 점유율에 대한 총체적 목표 달성에 책임을 져야 한다.

호텔업계는 가격에 영향을 미치는 다른 부서와의 조화와 가격에 책임을 져야 하는 수익관리부서를 두고 있다.

2) 외부적 요인

(1) 시장의 수요와 환경

① 다양한 시장

판매자의 가격결정은 시장에 따라 다르게 형성된다. 경제학자는 시장을 완전경쟁, 독점적 경쟁, 과점적 경쟁, 완전독점의 네 가지 형태로 구분한다. 완전경쟁에서 시장은 보리와 구리, 유가 증권 등의 일상용품을 거래하는 많은 판매자와 구매자로 이루어져 있다. 완전독점은 하나의 판매자가 존재할 뿐이다. 판매자는 우편 서비스 등 정부독점과 전력회사 같은 사적 규제독점, 나일론을 생산하는 Dupont 같은 사적 비규제독점시장 일수도 있다. 대부분의 환대산업은 독점경쟁 혹은 과점경쟁 하에서 운영하고 있다.

〈표 7-1〉 시장 형태

구분	완전경쟁시장	불완전경쟁시장		
		독점	독점적 경쟁	과점
공급자의 수	다수	하나	다수	소수
상품의 질	동질	동질	이질	동질, 이질
가격통제력	없음	큼	작음	작음
시장참여	항상 가능	불가능	항상 가능	어려움
비가격경쟁	없음	없음	매우 강함	강함
시장의 예	주식시장	전력	주유소, 약국	이동통신

독점적 경쟁에서 시장은 단일시장가격보다는 다양한 가격대에서 거래하는 다수의 판매자와 구매자로 이루어지며, 가격의 범위는 판매자가 구매자에게 다른 가격을 제시함으로 생긴다. 물리적 제품은 품질, 모양, 스타일이 다르고 제품에 동반된 서비스도 다양할 수 있다. 구매자들은 판매제품의 차이를 발견하고 다른 가격을 지불한다. 판매자들은 다른 시장세분화 고객에게 다른 가격을 제시한다. 많은 경쟁자가 있기 때문에 각 기업들은 과점시장보다는 경쟁자들의 마케팅 전략으로 덜 영향을 받는다. 예를 들어 큰 도시에서 많은 테이블 레스토랑이 각각 가격과 비가격 요인으로 차별화된다.

과점적 경쟁하에서 시장은 상호 간의 가격과 마케팅전략에 극도로 민감한 2~3개의 판매자로 구성되어있다. 판매자들은 시장에 들어가기가 힘들기 때문에 거의 없다. 각 판매자들은 경쟁자들의 전략과 움직임에 민감하게 된다.

② 가격과 가치에 대한 소비자의 지각

소비자는 제품의 가격이 적절한가를 결정한다. 가격을 결정할 때 경영자는 소비자가 가격을 어떻게 지각하는지 그리고 이러한 지각이 소비자의 구매의사결정에 미치는 영향을 고려해야 한다. 그러므로 다른 마케팅 의사결정과 같이 가격결정도 구매자 지향이어야 한다.

Embassy Suite의 운영 부분에서 수석부사장인 Carlos Talosa에 따르면 제품의 가치를 보는 것이 아니고 단지 가격을 정하는 것으로 시장의 가치와 그것을 팔려고 하는 자신의 능력에 의해서 정해진다고 하였다. 즉, 불황에서도 소비자는 반드시 싼 것을 선택하지 않고 돈의 가치에 부합하는 가치를 지닌 것을 수요하고 있다. 그러므로 가치에 대한 판매가 아니면 소중한 자산을 버리는 것으로 생각하는 것이다.

구매자 지향적 가격은 마케팅 담당자가 마케팅프로그램을 계획하고 가격을 설정하는 것을 의미하지 않는다.

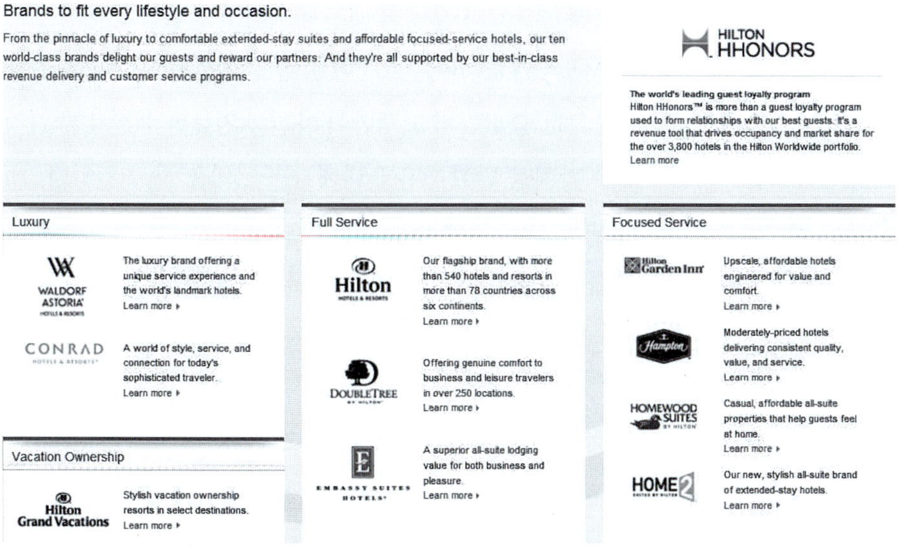

[그림 7-2] 힐튼 계열호텔

좋은 가격은 소비자의 욕구와 가격에 대한 지각을 분석하는 것에서 시작되며 마케터들은 가격을 결정하기 전에 다른 마케팅믹스 변수들을 고려해야 한다.

대부분의 호텔과 레스토랑 콘셉트는 시장의 욕구에 부합하는 것으로 디자인되어져 제품은 시장이 지불하고자하는 다양한 가격의 범위를 대체적으로 포함한다. La Quinta Inns은 풀 서비스(full-service) 레스토랑에서 갖추어진 여러 설비와 비품들에 가치를 부여하지 않는 시장을 발견하였다. 이 호텔을 찾는 고객들은 칵테일 라운지나 호텔 레스토랑, 연회장, 회의실 등을 이용하지 않기에 이러한 시설들을 없애고 건축비와 운영비를 절감함으로 중저가 호텔보다 낮은 저가로 소비자들을 사로잡았다.

소비자들은 최종적으로 가격을 검도하고 이에 상응하는 좋은 가치가 있는지 결정하려는 경향이 있다. 예를 들어 고급 레스토랑에서 한 사람당 저녁 식사비를 50,000원을 지불했다고 할 때 소비자가 메뉴 각각에 대한 가치를 평가하는 것이 아니라 경험한 메뉴들에 비용대비 총체적인 저녁식사 경험을 판단하는 것이다. 그러므로 식사 그 자체는 높은 가치를 주지만 와인의 가치가 떨어지는 레스토랑에서 하우스와인 한 잔에 10,000원으로 판매하여 2잔의 와인을 마시면 식사 외 추가비용이 포함되어 70,000원을 지불하게 됨으로 지불액이 너무 비싸다고 판단하게 된다.

호텔마케팅 컨설턴트인 Melvyn Greene은 고객이 요금을 지불하고 호텔을 떠난 후 곧바로 인터뷰를 한 결과 그들 중 20%의 고객만이 자신이 지불한 객실료를 기억하였다. 그러나 그들이 좋은 가치를 받았는지에 대해서는 기억을 하고 있었다. 대부분의 고객들은 하루이상 숙박하고 호텔전화 사용 및 호텔의 식음료업장을 사용한다. 객실료는 단지 총 지불요금의 일부이지만 청구요금에 대해 인정하고 고객들은 가치의 지각을 청구서의 요금, 즉 그들이 받은 제품과 이러한 제품에 대한 만족으로 간주한다.

경영자는 목표시장에 가치가 없는 속성들을 제거하고 목표시장에 가치가 있는 제품의 속성들을 제공해야 한다. 그럼으로 제품에 가격을 정하여 원하는 목표시장에게 좋은 가치가 있는 것으로 인식될 수 있다.

어떤 시장에서는 이러한 것이 저가에 합리적인 숙박을 의미하고 다른 어떤 시장에게는 이것이 고가의 우수한 서비스를 의미할 수도 있게 하는 것이다. 결국 지각된 가치는 브랜드이미지, 제품속성, 가격의 한 기능이 된다.

③ 가격과 수요관계

가격의 하한선은 비용에 의하여 결정되고 상한선은 시장과 수요에 의하여 결정된다. 가격결정 시에는 제품에 대한 수요와 가격 간의 관계를 파악해야 한다. 수요란 일정한 가격수준에서 관광상품이나 서비스에 예상구매량으로 가격에 의하여 서로 다른 수요수준이 형성된다.

수요곡선은 부과된 가격과 그것으로부터 발생한 수요량과 관계를 나타낸 것으로 일정 기간 내에서 부과할 수 있는 다른 가격에 대한 시장의 구매량을 보여주고 있다. 일반적으로 수요와 가격은 서로 상반된 관계에 있다. 즉, 가격이 상승하면 수요는 하락한다.

마케터들은 가격변화에 대하여 수요가 어떻게 반응할 것인지, 가격탄력성의 개념을 이해할 필요가 있다. 다음의 표는 호텔의 수요 상황에 대한 것이다.

〈A 호텔 수요 상황〉

객실요금(원)	판매객실 수(개)	매출액(원)
320,000	1800	576,000,000
300,000	2100	630,000,000
280,000	2400	672,000,000
260,000	2500	650,000,000
240,000	2600	624,000,000
220,000	2750	605,000,000

A 호텔의 수요 상황 테이블은 수요의 가격 탄력성이 증가되다가 어느 시점에서 다시 감소되는 곡선의 형태를 취하게 된다. 이들을 고려하면 A호텔의 최적 요금은 280,000원이 된다. 즉 280,000원이 수요의 가격 탄력성을 가장 효과적으로 적용한 요금수준이 된다.

가격의 적은 변화가 있었음에도 수요량에는 아무런 변화를 볼 수 없는 경우에 수요는 비탄력적이라고 말한다. 반대로 수요가 크게 변동할 때 수요는 탄력적이라고 말한다.

수요량의 변화(%)/수요의 가격탄력성= 가격변화율(%)

무엇이 수요에 대한 가격탄력성을 결정하는가? 구매자들은 제품이 유일하거나 품질이 높을 경우 가격에 덜 민감하다. 체인 호텔들은 독창성을 느끼도록 그들의 브랜드를 차별화해야 한다. 소비사들은 대체 제품을 찾기 어려울 경우나 인지하지 못할 때 가격에 덜 민감하다. 예를 들어 Ohio 주 Columbus 도시 내에 Neil House가 문을 닫자 Stouffer's Hotel은 중요한 연회장을 보유한 도시중심지역의 새로운 명소가 되었다. 공급이 감소됨으로 연회에 더 높은 가격을 책정할 수 있었다. 새로운 호텔이 세워지기 까지 그리고 시장에 경쟁자가 나타나기까지 이러한 이점은 유지된다. 우리가 잘 모르는 곳으로 여행을 갈 때 조금 비싸더라도 안전 등을 고려하여 투숙하는 경우 역시 가격 탄력성이 낮아진다. 그러나 수요가 비탄력보다 탄력적이면 판매자들은 점차 가격을 낮추려고 한다. 낮은 가격은 총매출을 창출할 것이다. 제품을 더 생산 판매하는 데 들어가는 추가 비용은 추가 매출을 초과하지 않는다.

(2) 경쟁자의 가격 정책

경쟁업체의 가격은 가격의사결정의 영향을 미친다. 경쟁업체의 규모나 시장점유율, 원가의 구조, 생산의 품질, 가격관리등에 대한 평가가 요구되어 진다. 기업의 제품이나 서비스의 질이 경쟁업체와 비슷할 경우 기업은 경쟁업체의 가격과 유사한 수준에서 가격을 책정할 수 있다. 따라서 가격은 경쟁업체에 대응하여 자사의 위치를 정립하는 수단으로 활용할 수 있다. 호텔의 경우 고객이 경쟁호텔의 가격과 품질에 대해 어떻게 생각하는지 검토해 볼 필요가 있다.

만일 싱가포르에 있는 Sheraton이 Hilton과 유사하다고 소비자가 지각한다면 Sheraton은 Hilton의 가격과 유사한 가격으로 책정하지 않다면 고객을 잃을 수 있다. 또한 Sheraton은 더 고급호화호텔보다 낮게 요금을 책정해야 하고 그 보다 못한 호텔보다는 가격을 높게 책정해야 한다. Sheraton은 경쟁사와 상대하는 자사제품의 포지셔닝을 위해 가격을 사용한다.

(3) 그 밖의 외부요인

외부환경요인으로, 인플레이션, 호경기, 경기후퇴, 이자율 등과 같은 경제적 요인들도 가격결정에 영향을 미친다. 1997년 IMF로 우리나라 경제 상황이 어려워지면서 소비자 위축으로 호텔업계에도 객실료와 맴버쉽비를 인하할 수밖에 없었다.

통제가 불가능한 외부적인 환경변화에 대응하기 위해 기업은 자기업의 가격정책이 내부적 환경에 어떤 영향을 미칠 것인가를 고려해야 한다. 환경의 모든 영역이 가격에 영향을 미친다. 정부의 새로운 규제로 비용이 늘게 되거나 비용절감정책으로 인해 절차의 간소화가 발생할 수도 있다. 따라서 마케팅 담당자는 가격과 관련되는 법률의 정확한 이해와 합법적인 가격정책에 대한 검토가 필요하다. 또한 마케팅 정보시스템을 통한 환경지식을 이용하여 가격결정에 반영하여야 한다.

[그림 7-3] 싱가포르 Sheraton 호텔 가격

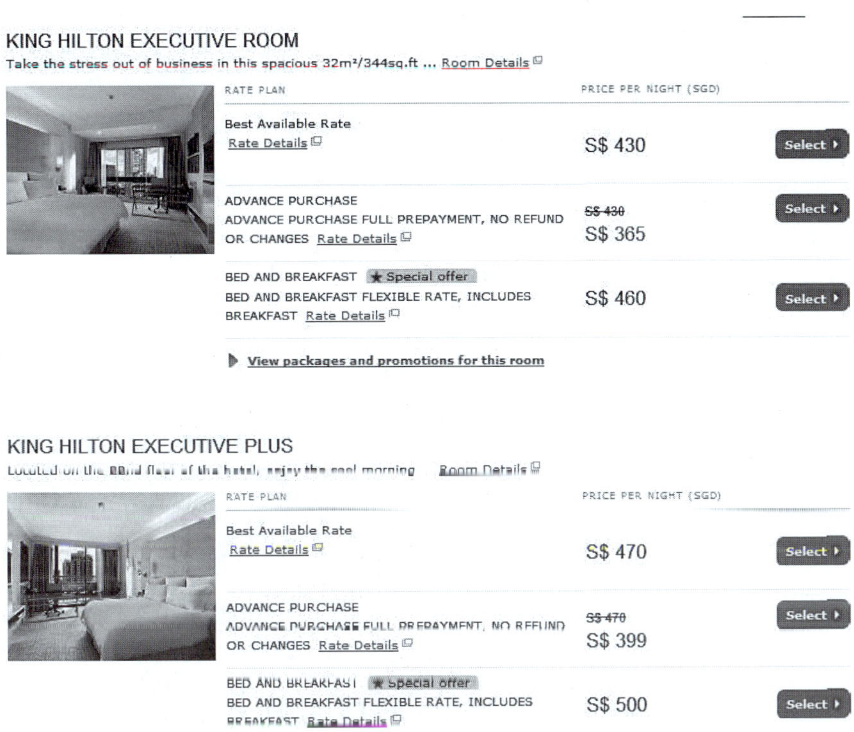

[그림 7-4] 싱가포르 Hilton 호텔 가격

3. 가격전략 접근법

기업이 결정한 가격은 이익을 창출하기에 너무 낮아 이익을 창출할 수 없거나 너무 비싸서 어떤 수요를 발생시키지 못하는 범위에 있다. 생산비는 가격의 하한선을 정하게 되고 제품가격에 대한 소비자의 인식은 가격의 상한선을 정한다. 기업은 이러한 극과 극의 범위 안에서 최고의 가격을 정하기 위해 경쟁사의 가격과 내외적 요인들을 고려해야 한다.

일반적으로 가격을 결정하는 접근법에는 비용기준 접근, 가치기준 접근과 경쟁의존 접근법으로 살펴볼 수 있다.

1) 비용기준 접근

가장 간단한 가격법은 비용 + 가격으로 생산비에 적절한 이윤을 부가하는 방법이다. 식음료 경영자는 와인가격을 결정하는 데 자주 비용플러스 방법을 사용한다. 원가가 20,000원인 와인 한 병을 30,000원에 판매하면 원가에 50%를 붙여서 이윤을 남기게 되고 총 이익은 10,000원이 된다.

판매가격을 결정하는 데 원가백분율은 레스토랑 산업에서 가격을 결정에 자주 사용된다. 일정한 식료원가를 목표로 하여 메뉴가격을 결정하는데 식료원가율을 40%로 하여 가격을 결정할 때 판매가는 식재료 원가의 2.5배가 된다. 이와 같은 방법을 사용하는 레스토랑 경영자는 레스토랑이 100% 효율적이지는 않는 것을 알아야 한다. 왜냐하면 식재료의 손상, 수축, 실수 등으로 경영자는 원하는 식료원가보다 3~4% 낮게 가격을 책정하기 때문이다. 따라서 경영자가 40%의 식료원가로 가격을 결정하려고 할 때 36~37%의 식료원가로 메뉴가격을 정해야 한다. 이러한 조절수치는 운영상의 효율성과 매출규모에 따라서 변화한다. 높은 매출 규모의 레스토랑이 한정된 메뉴로 운영할 경우 수치는 낮아진다.

이러한 기법을 사용하는 경영자에게 프라임코스트(prime cost)를 사용을 권장한다. 이는 메뉴가격을 결정할 때 인건비와 식재료비를 고려하는 것으로 식재료비와

인건비 사이에 상호 교환적이기 때문에 프라임코스는 메뉴의 생산비용을 잘 반영하고 있다. 만약 레스토랑이 디저트를 만든다면 식재료의 원가는 제과점에서 산 유사제품보다 쌀 것이지만 구매제품의 준비에 대한 인건비는 없다. 따라서 가격을 결정하는 데 식재료 원가와 인건비 둘 다 고려하는 것이 좋다. 또한 현재의 수요와 경쟁을 고려하지 않은 가격 결정법은 최고의 가격 결정법은 아니다. 메뉴의 식료원가를 고려하지 않고 적정이윤을 사용할 경우 원가가 6000원인 와인 한 병을 12,000원에 팔았고 원가가 20,000원인 와인을 40,000원에 팔았을 경우 각각의 매출총수익은 6000원과 20,000원이 된다. 이때 운송비를 제외하고 와인의 서비스요금은 동일하다고 하자. 만일 더 많은 와인을 팔고자 한다면 높게 책정된 와인의 이윤을 줄이는 것이 현명하다. 정확한 이윤을 사용 대신 최고의 수익과 수요에 근거하여 와인의 가격을 책정하는 것이 더 합리적이다. 하루에 24,000원 짜리 와인 5병의 수요가 있다고 하면 원가가 15,000원인 와인을 24,000원에 판매하는 것이 30,000원짜리 와인 두 병을 판매하는 것 보다 더 수익을 창출하게 될 것이다.

판매가격에 대한 원가비율을 사용하는 대부분의 경영자들은 목표가격을 결정하는 데 사용한다. 판매자들은 수요보다는 가격에 대해 더 확신하고 원가대비 가격책정하려는 시도는 가격을 단순하게 결정하게하며 경영자들은 수요변화를 조절하지 않아도 된다.

많은 식음료 운영에서 이러한 방법을 사용하는 경향이 있기 때문에 가격은 유사하고 가격경쟁이 축소화된다. 고정비가 낮고 변동비가 높을 경우 적은 판매량으로도 실지로 손익분기점에 빨리 도달할 수 있고 손익분기점을 초과한 후의 이익 폭은 상대적으로 작다. 호텔의 식료가격은 비용에 대한 통제가 가격전략의 목표가 된다.

또 다른 비용기준 가격법은 손익분기점 분석으로 기업이 손익분기점에서 가격을 결정하려는 것이다. 어떤 기업들은 일정한 투자대비 회수율을 목표로 하는 목표수익가격이라 불리는 손익분기가격의 변동성을 이용한다. 목표이익가격은 손익분기표의 개념을 이용한다. 호텔 뷔페레스토랑의 고정비를 30,000,000원, 변동비를 식사당 10,000원이라 가정하면 판매량에 따른 변동비는 총비용을 계산하기 위해 고정비에 합산될 것이다. 총수익은 원점에서 시작하여 각 단위당 매출이 발생함에 따라 증가하게 된다. 총수익의 변화율은 가격을 반영한다.

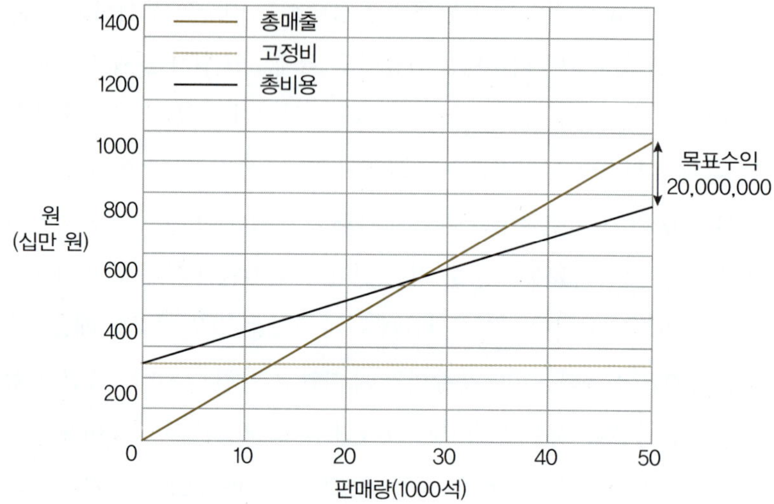

[그림 7-5] 목표가격 결정을 위한 손익분기점 차트

식사가격이 20,000원인 경우 기업이 손익에 도달하기 위해서는 반드시 30,000인분을 팔아야 하며 총수익은 총비용 60,000,000원에 일치하게 된다. 만일 레스토랑이 20,000,000원의 목표수익을 달성하려고 한다면 적어도 50,000인분을 팔아야 한다. 이는 하루에 137인분이 된다. 매출의 수준은 비용 80,000,000원과 목표수익 20,000,000원을 충당할 수 있는 판매 매출액이 100,000,000원이 되어야 한다. 한편 기업이 높은 가격을 판매를 하면 즉, 1인분에 25,000원일 경우 목표 수익을 위해서 33,3334인 분 즉, 하루에 92인분을 팔면 된다. 판매가격이 높을수록 기업의 손익분기점은 더 낮아진다. 공헌이익 혹은 총이익은 판매가에서 변동비를 뺀 것으로 고정비를 상쇄할 수 있는 한 판매가 이루어진다.

손익분기점(BE) = 고정비/공헌마진(판매가 – 변동비)
따라서 BE = 300,000원/10,000원(판매가 20,000원 – 변동비 10,000원) = 30,000인분

호텔은 수요가 적을 때 공헌마진의 개념으로 요금을 책정하여 변동비를 충당하

는 정도의 낮은 요금을 책정하기도 한다. 이것은 초과수요를 창출할 때 효과적이다. 그러나 어떤 호텔들은 호황기 동안에도 요금을 낮추어 고객을 유치하지만 결국 요금을 낮춤으로 가격 인하 분 만큼의 상쇄를 위해서는 더 많은 고객의 유치가 필요하다.

2) 가치기준가격

많은 기업들은 제품의 지각된 가치에 근거하여 가격을 결정한다. 가치기준가격은 판매자가 제품의 비용보다 제품에 대한 구매자의 지각된 가치를 고려하여 가격을 결정하는 것으로 마케터가 제품과 마케팅프로그램을 계획하거나 가격을 결정할 수 없다는 것을 의미한다. 그러므로 가격은 마케팅프로그램이 정해지기 전에 마케팅믹스 변수를 함께 고려해야 한다. 기업은 구매자들의 마음에 지각된 가치를 심어줄 수 있도록 마케팅믹스 중 비가격변수들을 사용하여 지각된 가치에 상응하는 가격을 설정해야 한다.

예를 들어 소비자가 커피와 애플파이 한 조각을 편의점에서 2000원, 레스토랑에서 30,000원, 호텔커피숍에서 4000원, 호텔룸서비스로 5000원에 살수 있다고 하자. 이러한 레스토랑들은 서비스의 각 형태에 따른 부가된 가치에 따라 가격을 좀 더 높게 책정 할 수 있는 것이다.

지각된 가치가격을 사용하는 기업은 구매자의 마음속에 다른 경쟁업자들에 대해 인지하는 가치를 알아야 한다. 때때로 소비자에게 제공되는 혜택이 부가된 경우에 얼마나 지불하고자 하는지를 설문을 해서 이 정보를 이용해 기업이 지불하는 비용보다 더 가치가 부가된 제품에 대한 아이디어를 제공한다. 만일 판매자가 구매자가 인지한 가치보다 더 가격을 높게 책정하였다면 판매가 저조할 것이다. 많은 기업들은 자신들의 지각된 가치에 비해 제품가격을 높게 책정하면 결과적으로 매출이 저조하게 되고 제품가격을 낮게 책정한 경우 판매는 잘되지만 기업 가격을 가치 수준에 맞게 올렸을 때보다는 적은 매출액을 올리게 된다.

Holiday Inn은 레스토랑 시설이 없는 객실을 원하는 고객을 위한 컨셉으로 개발되었다. 낮은 가격에 신속한 객실(express room)을 제공할 수 있게 하여 시장에 가치를 창출하였다.

호텔의 가격은 소비자의 형태에 따라 다양하게 책정된다. 개인 비즈니스요금, 단체그룹을 위한 단체요금, 호텔에서 대규모 행사 치루기를 원하는 단체에게 책정된 컨벤션요금 등이 이에 해당된다. 만일 호텔이 90,000원의 객실료로 객실점유율 최소 60%를 유지하는 것을 목표로 하였다면 각 세분시장당 평균객실요금과 고객의 믹스를 결정해야 한다. 예를 들어 객실요금 90,000원을 목표로 다음과 같은 믹스를 발전시킬 수 있다.

	구성비율(%)	평균객실료(원)
개인비즈니스 고객	30	100000
기업단체	40	90000
협회	30	80000

평균객실료를 90,000원으로 하기위해서 호텔은 비수기 동안에 활인된 가격에 대한 충당을 위해 성수기에 평균객실요금을 좀 더 높게 판매하여야 한다.

즉 호텔이 단체에게 100개의 객실을 75000원에 3일을 판매한다면 매출액 4500000 = [(100객실 × 3박 × 90,000원) − (300 × 75000원)]을 충당해야 한다. 그러므로 다른 단체에게 평균객실료를 90,000원 이상으로 팔거나 객실료를 100,000원을 받은 개인 비즈니스고객에게 더 많이 팔아야 하거나 목표 객실점유율을 증가시키거나 추가적으로 방을 더 팔아야 한다.

성공적인 고객가격믹스는 중요고객세분화의 행동변화의 연구를 필요로 하며, 따라서 많은 환대산업이 고객을 레저와 비즈니스의 세분화로 분류하기 시작하였다. 각 영역별 세분화를 통하여 주 고객에 대한 상세한 정보를 얻고 이들 고객의 차이에 따라 가격탄력성의 정도로 비즈니스여행객은 비탄력적 가격행동을 보이고 레져여행객은 탄력적 가격에 반응을 보임을 알 수 있다.

3) 경쟁기준가격

추종가격(going-rate pricing)은 비용이나 수요보다는 경쟁업체들의 가격에 근거한 가격정책이다. 그러므로 기업들은 경쟁사들과 유사하거나 다소 낮은 가격으로 정한다. 이럴 경우 첫째, 소비자들이 제품 간의 차이를 크게 인지하지 못할 때, 둘째, 비용의 구조가 그 가격수준에 적절할 때, 셋째, 경쟁사의 가격이 합리적인 선일 경우에 효과적으로 적용된다.

경쟁기준가격은 경쟁이 강해지면 가격이 낮아지고, 경쟁이 약해지면 가격이 올라가게 된다. 특히 새로운 제품이 시장에 진출했을 때 시장 선도자가 없으므로 높은 가격으로 책정한다. 그러나 경쟁업체들이 등장하면 대부분 경쟁업체와 비슷한 가격으로 내리게 된다.

어떤 회사들은 다소 낮게 혹은 높게 요금을 책정하지만 일정한 차이를 유지하고 있다. 제한된 서비스를 제공하는 호텔체인은 경쟁호텔인 미국 Motel 6의 경우보다 $10정도 높게 가격이 책정되어 있다. 이러한 가격정책은 시장에서 아주 흔하다. 가격 탄력성을 측정하기 어려울 경우 기업은 실제 가격이 공정한 수익을 창출할 수 있는 가격에 관심을 가진 기업의 전반적인 판단하고 실제가격이 유해한 가격전쟁을 피할 수 있게 할 것이라 생각한다.

4. 가격전략

가격전략은 제품의 수명주기의 진행을 통해서 변한다. 초기단계는 특별히 과감하고 공격적인 시도를 한다. 신제품에 대한 가격전략으로 제년가격(prestige pricing), 시장거품가격(market-skimming pricing) 시장침투가격(market-penetration pricing)등 이 있다. 또한 기존 제품에 대한 가격전략으로는 제품묶음가격, 가격조정전략이 있다.

1) 신제품 가격전략

(1) 체면가격(prestige pricing)

호텔이나 레스토랑이 호화스러운 이미지의 고급 호텔로 포지셔닝을 하기위해 고가의 가격으로 시장에 진출한다. Four-Seasons는 체면가격 유지의 대표적인 속성을 지니고 있는 호텔로 뉴욕의 대표적인 명성이 있는 Hotel Pierre의 경영을 통하여 명성을 얻고 최고의 호텔인 Ritz-Carlton를 누르고 최고의 호텔이 되었다. Four Seasons의 경우 절대적인 품질의 유지를 통하여 최고의 호텔로 객실요금의 할인을 인기도나 수익을 위한 반대적인 이미지가 될 수 있는 위험요인으로 판단하여 처음부터 품질유지에 있어서 타 기업과의 제휴도 하지 않았다. 반면 Ritz-Carlton은 Johnson 및 Coleman의 두 합작 회사를 운영하였고 호텔과 아무 관련이 없었으나 브랜드평가에서 Four-Seasons에 뒤지고 말았던 것이다.

[그림 7-6] 프레지덴셜스위트룸(Ritz-Carlton과 Four-Seasons).

(2) 시장거품가격(market-skimming pricing)

거품가격이란 신제품을 도입할 때 시장이 가격에 민감하지 않을 경우 제품의 독특성과 희소가치를 이용한 고가격을 의미한다. 이는 진입장벽이 높은 산업에서 유효하며 소비자의 여러형태 중 호기심이 많고 경제적으로 풍요로운 혁신자를 대상으로 적용할 수 있는 전략이다.

어떤 도시에 한 개의 모텔밖에 없는 경우에 수요대비 객실수가 적다면 고가격으로 설정할 수 있다. 그러나 이와 같은 정책은 단기적으로 유효하나 다른 호텔기업이 소비자가 원하는 가격에 눈을 돌려 시장에 진출, 공급을 늘리게 되면 결과적으로 가격을 인하할 수밖에 없는 위험성을 가지게 된다. 그러므로 호텔산업에서는 다른 산업에 비해 상대적으로 경쟁의 진출이 용이하기 때문에 지양되는 가격전략이다.

(3) 시장침투가격(market-penetration pricing)

시장의 빠른 속도로 침투하여 시장점유를 하고자 거품가격과는 반대인 낮은 가격전략이 시장침투가격이다. Dallas 도시에 있는 Theodore Zinck's라는 칵테일 라운지는 경쟁업체보다 20% 낮은 가격으로 개점하였다. 경영자는 임대료를 낮게 협상함으로 Zinck's 경쟁업자들에 비해 유리하게 되었다. 경쟁업체들은 높은 일반관리비 때문에 Zinck's의 낮은 가격을 맞출 수 없어서 많은 고객을 Zinck's에게 빼앗기게 되었다. 이와 같이 낮은 가격 책정을 위해서는 첫째, 시장은 가격민감성이 높으므로 시장성장을 유도하기위해 둘째, 시장매출을 증가시킴으로 비용을 줄이고자하는 경제성이 있어야 할 때 셋째, 저가가격이 경쟁사의 시장진입을 허락하지 않을 때 가능하다.

2) 기존제품 가격전략

(1) 제품묶음가격(product-bundle pricing)

제품묶음가격을 사용하는 판매자는 여러 가지 제품을 묶어서 하나의 낮은 가격으로 판매하는 것이다. 크루즈, 여행도매업자, 카지노에 의해 잘 개발되는 전략이다. 호텔의 경우 객실, 식사, 부대이용시설을 하나의 수발 패키지로 묶거나 조식과 신문을 묶어서 비즈니스요금으로 제공한다. 제품의 판매를 촉진하는 제품다발 가격은 구매하지 않는 것을 구매하게 할 수는 있지만 묶어서 구매하려는 사람들에게 충분히 이해될 정도로 가격이 낮아야 한다. 핵심서비스에 추가된 제품은 고객이 지불하려는 비용보다 더 가치가 있음을 보여주어야 한다.

제품묶음가격은 환대산업과 여행업체에게 두 가지 중요한 혜택을 준다. 첫째,

고객은 제품에 대해 지불할 수 있는 다른 최대가격과 다른 유보가격을 가지고 있다. 따라서 제품을 묶음으로 고객은 패키지의 구성상품 하나에서 다른 구성상품으로 유보가격을 이동시킬 수 있다. 예를 들어 고객 '갑'은 Disneyland 가까이 호텔객실료 60불과 3일 동안의 디즈니패스 120불을 지불할 의사가 있다. 고객 '을'은 호텔객실료 80불과 3일 동안의 디즈니패스 95불을 지불할 의사가 있다. 만일 객실요금이 80불로 가능한 호텔이 3일간의 디즈니패스를 얻을 수 있어서 2인 2박과 디즈니이용권 2매를 묶어서 350불에 제공한다면, 두 고객은 이 패키지로 혜택을 받을 수 있다. 비록 객실요금 80불이 고객이 지불하고자 하는 가격보다 높지만 객실과 이용권을 패키지로 묶는다면 전체상품가격은 유보가격보다 낮아진다. 이 경우 3일 이용권은 고객 '갑'의 유보가격보다 25불 낮고 객실요금은 지불하여야 하는 요금보다 일박에 20불이 높다. 패키지로 두 상품이 묶이면 객실요금과 이용권은 고객 '갑' 패키지에 대한 유보가격보다 10불이 낮다. 고객들은 다른 유보가격을 가지고 있으므로 묶음으로써 패키지의 한 구성요소에서 다른 구성요소로 남는 이익을 시장을 확장하기 위해서 이월할 수 있다.

가격묶음의 두 번째 이점으로 핵심제품의 가격이 저가품질의 제품이라는 인식이나 가격전쟁을 피할 수 있다는 것이다. 예를 들어 평균 객실료가 100불이 넘는 Las Vegas 호텔의 점유율을 채우기 위해 45불에 항공사에 객실을 팔 수 있다. 항공사는 왕복항공료에 객실을 묶어서 팔 것이다. 로스앤젤레스 출발 항공요금과 호텔 2박을 포함한 항공패키지 가격을 249불이라 하면 호텔객실요금이 45불이라고 선전하는 것 보다 고객에게 좋은 인식을 심어 줄 것이다. 객실요금을 45불이라고 한다면 호텔운영 상태가 좋지 않다는 생각을 할 수도 있고 호텔객실이 45불 수준으로 생각하고 100불 이상을 지불한 고객은 그 차액만큼의 환불을 요청할 수도 있다. 객실을 항공사에 판매함으로 상품묶음으로 만들어 낮은 가격으로 유발된 호텔객실의 부정적인 이미지를 해결할 수 있다.

(2) 가격조정전략(price-adjustment strategies)

기업들은 다양한 고객들의 차이와 변화하는 상황에 대처하기 위해 기본적 가격을 조정한다. 이러한 가격조정전략으로는 할인가격, 수용, 차별화가격, 수익관리가 있다.

① 대량구매 할인가격

대부분의 호텔은 단기간 혹은 일년내내 대량의 호텔객실을 구매하려고 하는 고객을 유인하기 위한 특별요금제가 있다. 호텔들은 단체나 협회에게 대개 무료상품이나 특별요금을 제공한다. 산업협회에서 개최하는 컨벤션에 참가자 개인이 숙박요금을 지불해야 한다고 가정하자. 협회는 매 객실 20개의 객실을 5불을 저렴하게 예약하기 보다 객실 일박의 무료를 선호한다. 협회는 협회의 총경비를 절감하는 무료숙박을 초청강사나, 협회 진행요원들을 위해 사용할 수 있기 때문이다. 호텔은 단체요금을 이외에도 매년 협의한 숙박일수를 이용하는 기업을 위한 기업할인요금이 있다.

② 구매시기에 따른 할인가격

계절할인으로 수요가 저조한 비수기에 서비스를 구매하는 구매자들에게 가격할인을 해주는 것이다. 계절적 할인은 고정적으로 판매기간이 저조한 기간 동안 호텔이 안정적인 수요를 유지하게 하여준다. 항공사 등도 비수기 가격으로 시간별로, 날짜별, 주별로 탑승권을 제시한다. 국제선은 수요의 계절적 변동에 따라서 가격을 조절한다. 레스토랑의 경우 혼잡이 시작되기 이전에 고객을 유치하기 위해 조기 손님을 위한 특별요금을 제공한다. 불행하게도 기업에 의해서 제공되어지는 다양한 할인요금은 바람직한 긍정적 결과를 이끌어 내지 못할때도 있다. 레스토랑이 매달 고령자들 위한 할인을 실시하는데 고령자세분시장도 레스토랑이 혼잡하기 전 이른 저녁방문을 유도하고자 할 것이다. 따라서 고령자는 바쁜 시간대에도 할인을 받을 수 있기 때문에 조기방문 특별요금을 받을 이유가 없을 것으로 느낀다.

③ 차별화전략

차별화-가격용어는 인종, 종교, 성별, 연령에 근거하여 차별에 대한 정신적 이미지를 자극하는 것이다. 성별에 근거한 가격차별화는 옛날부터 나이트클럽에서 촉진적인 전략으로 사용되었다. 차별화가격은 시장의 세분화와 이 세분시장에 대한 가격탄력적 특징에 근거하여 가격을 차이가 나게 책정하며 기업이 고객, 지역, 제품의 차이에 따라 기본적 가격을 자주 조정한다. 차별화 가격으로 가격의 차이가 비용의 차이에서 나오지 않지만 기업은 제품이나 서비스를 두 가지 이상의 가격으로 판매한다. 수요의 변동에 따른 저변동비는 가격차별화로 수요를 원만하게 하고 부수적인 매출수익과 이익을 가져오는 유용한 도구가 된다. 모든 고객에게 가격을 인하하지 않고도 추가적인 수요를 유인하기 위해서 낮은 가격전략을 활용한다.

환대산업의 주된 영역인 호텔, 항공사, 크루즈라인, 철도 등은 고정비가 높다. 이 분야의 기업들은 좌석, 침대객실을 채워야 한다. Marriott 기업의 수익관리 담당 부사장은 기업의 가장 큰 기회비용은 공실이라 판단하고 객실을 채워 매출의 기회를 최대화하는 가격차별화를 도입한 가격시스템을 실시하였다. Marriott는 울타리치기(fencing)으로 이 개념을 정의하고 이 개념의 목적은 가격 비탄력 고객을 가격 탄력세분화에 따른 요금제를 사용하지 못하게 하는 것이다. Marriott에서 울타리치기(fencing)는 고객이 자신에게 가장 좋은 차별화 가격을 선택하도록 하는 제한을 두어 미리 예약을 하거나 환불 불가능한 구매들을 포함하게 하였다. 이러한 정책은 가격에 민감한 고객에게 저가요금을 비탄력 세분시장에는 제한없는 정규요금을 제공받게 하는 것이다.

성공적인 차별화 가격을 위해서 다음과 같은 기준이 충족되어야한다.

첫째, 고객의 다른 집단은 가격에 대해 다르게 반응하여야 한다. 즉, 각 집단은 다르게 서비스를 평가해야 한다.

둘째, 각 세분시장은 구별 가능해야 하고 구조적인 체계가 그 세분시장들의 가격을 다르게 정하기 위해서 존재하여야 한다.

셋째, 저가격으로 구입한 세분시장에 속한 사람이 구입한 상품을 다른 세분시장에게 판매할 기회가 없어야 한다.

넷째, 실행할 가치가 있을 만큼 세분시장이 충분히 커야 한다.

다섯째, 가격차별화 전략을 실행하는 데 드는 비용은 그것으로 부터 얻어지는 수입을 초과하지 않아야 한다. 이는 부분적으로 넷째의 기준과 관계가 있다

여섯째, 다른 가격의 사용이 고객에게 혼란을 주어서는 안 된다.

④ 수익관리

일드경영는 1980년대 초 항공사가 최초로 도입하여 이젠 전 사업에서 이용되고 있는 경영기법이다. 특히 항공기의 좌석과 유사한 개념의 호텔객실상품은 공급이 한정적이고 비탄력적이며, 재고나 저장판매가 안 되는 특성을 지니고 있다. 이러한 측면에서 볼 때 수요와 공급의 관리는 중요한 의미를 가지고 있고 가격 결정의 문제는 매출 극대화에 직접적인 영향을 미치는 변수로 작용한다.

즉, 호텔객실영업은 보유하고 있는 전 객실을 할인 없이 제값을 다 받고 100% 판매하는 것이 최고의 지향점이지만 현실적으로 불가능하므로 수요의 증감에 따라 적절한 가격전략을 통하여 최대한 수익을 극대화해야 하는데 이것이 수익관리이다. 차별화 가격의 적용이 일드경영이다. 호텔은 특성상 고정비가 높고 성수기와 비수 기간의 수요 변동이 다른 산업에 비해 심한편이다. 또한 서비스산업의 특성인 객실의 비저장성과 한정된 객실로 시간과 가격에 대한 조절관리가 절대적으로 요구되는 환경을 제공한다. 이러한 호텔의 특성상 가장 많이 사용되는 전략이 수익관리이다. 수익관리는 호텔의 수익과 공헌이익을 최대화하는 데 사용되는 것으로 한정된 호텔객실제품을 수요에 대응하여 성수기와 비수기로 나누어 가격을 차등적으로 적용함으로 수요와 객실 공급을 조절하는 전략이다.

이 수익관리에 대한 개념은 고객세분화에 대한 수요의 변동성에 근거하여 다양한 가격을 효과적으로 활용함으로 수익과 객실재고를 관리하는 것이다. 비수기일 경우 비정장성인 호텔객실의 판매를 최대화하기 위해서는 변동비를 초과하는 매출이 일어난다면 고정자본이 높은 객실의 특성상 호텔의 고정 자본비를 줄여나갈 수 있기 때문에 판매를 해야 한다. 수익관리시스템을 최초로 도입한 기업은 ITT Sheraton이다. 수익관리는 서비스에 대해 기대되는 수요에 근거하여 다른 객실료의 개발과 사용을 의미한다. 이런 객실료는 수익을 최대화 하는 데 사용된다.

예를 들어서 객실이 100개인 호텔의 공표 요금이 십만원이라면 그 호텔은 하루에 천만 원의 매출액을 창조할 수 있다. 그런데 객실 점유율이 80%가 되고 객실당 평균 할인율이 30%가 된다면 5백 60만 원의 매출액을 창출할 수 있다. 이 경우에 있어 호텔의 일드는 56%가 된다. 수익관리란 수익을 최대화시키기 위한 기법으로서 수요 상황에 따라 객실요금을 차등적으로 적용하여 매출액을 극대화시키는 것을 의미한다. 객실점유율 목표가 항상 100%로 정해질 필요는 없다. 호텔객실 부문은 항상 예외적 수요가 있기 때문에 어떠한 경우에는 최고 성수기라도 90~95%정도의 목표로 walk-in등의 초과 수요를 기대할 수 있으며 반대로 예약 취소에 대비하여 100~110%정도의 목표를 정할 수 있다. 물론 그 목표는 최적이 평균객실요금과 객실점유율의 조화에 의한 매출액의 극대화이다. 이처럼 예약 시점에 따른 lead-time(예약일과 투숙일 사이의 기간) 이외에도 세분 시장의 분류에 의한 고객의 형태, 시장 상황 및 특수 기간, 수요 주기 등에 따라 할인율이 적용범위가 변하게 된다. 이것이 수익관리의 개념이다.

Yield(%) =
(실제 평균 객실료 / 잠정적인 객실료) × (판매된 객실 수 / 판매 가능한 객실 수) × 100

혹은

$$\text{수익률(Yield \%)} = \frac{\text{실현수익총액(Revenue Realized)}}{\text{잠재수익총액(Revenue Potential)}} \times 100$$

여기에서 말하는 잠재수익총액(revenue potential)이란 보유 객실 모두를 할인판매 없이 제값을 받고 완전 100% 판매하였을 경우 얻어지는 수입총액을 의미한다.

따라서 300실을 보유한 호텔의 경우 평균객실 요금이 1실당 $100이라면, 잠재수익총액은 $30,000이다 실현 수익총액(revenue realized)이란 영업활동결과 실제로 얻어진 판매총액을 말한다. 위에서 언급한 호텔의 경우 판매객실이 200실, 1실당 평균객실료가 $80이라면 실현수익총액은 $16,000이므로 수익률은 다음과 같다.

$$\text{수익률} = \frac{\$16,000}{\$30,000} \times 100 = 53.3\%$$

이러한 수익관리는 다음과 같은 점에 유의하여야 한다.

• 수요가 높은 경우(high demand)

(1) 단체고객이나 일시 체제 고객들에게 낮은 요금의 객실판매를 금해야 하고 이들의 예약접수를 규제해야 한다.

(2) 일시 체재를 제한하기 위하여 최저한의 체재일수 기준을 설정하고 그 미만에 해당하는 예약은 받지 않도록 한다.

(3) 높은 객실요금을 기꺼이 지불하겠다는 단체고객에 한하여 예약을 접수하도록 한다.

• 수요가 낮을 경우(Low demand)

(1) 회사측에서 예약담당에게 특별할인 객실료를 허용하여 표준객실료 지불을 고려하는 고객에게 할인판매하도록 재량권을 부여한다.

(2) 실료에 민감한 반응을 보이는 시장고객의 계층이나 기관들을 방문하여 저렴한 가격조건으로 단체고객을 보내주도록 판촉한다.

(3) 현지 시장권(local market)을 대상으로 가능한 범위 내에서 저렴한 가격의 패키지 판매를 도모하여 판촉활동을 전개한다.

수익관리의 한계점은 수익 향상만을 지나치게 강조하여 고객에 대한 서비스의 질이 나빠질 우려가 있고, 수익을 향상시키기 위하여 비수기에 지나친 할인을 제공함으로써 호텔의 이미지를 손상할 수 있다는 점을 들 수 있다. 성수기에 다시 요금을 인상할 때 고객의 저항이 있을 수 있으며, 세분시장별 수익성과 객실이외의 수이원천에 대한 공헌도를 고려하지 못하는 점 또한 한계라고 할 수 있다.

따라서 호텔수익관리는 다음과 같은 한계점를 갖는다.

첫째, 예약통제에 따른 잠재수익의 상실이다. 객실가격결정과 객실재고관리에 있어서 지나치게 일드매니지먼트에 의존하게 되면 장기적인 수익기회를 인식하지 못하여, 고객에 대한 서비스가 소홀해질 수가 있다.

둘째, 비수기의 지나친 가격할인이다. 점유율의 향상하기 위하여 지나치게 낮은 가격으로 객실을 판매하였을 경우 호텔의 이미지에 손상을 입으며, 성수기 때의 가격 상승은 고객에게 요금에 대한 저항을 줄 수 있다.

셋째, 전산시스템 도입과 유지관리비용이 높기 때문에 신중을 기해서 도입해야 한다.

사례

호텔 패키지로 여름 100배 즐기기

HOLIDAY

이번 여름에는 어디서 무더위를 식힐까. 인파로 가득한 해변도, 땡볕이 내리쬐는 산도 내키지 않는다면 임피리얼 팰리스 서울에서 마련한 '서머 홀리데이 패키지'에 주목해보자. 멀지 않은 곳에서 휴양지의 이국적인 정취를 만끽하며 알찬 휴식을 즐길 수 있다.

여름철 휴가 시즌을 맞아 임피리얼 팰리스 서울이 야외 수영장에서 무더위를 식히며 편안한 휴식을 즐길 수 있는 '서머 홀리데이 패키지'를 선보인다. 종류는 총 3가지. 디럭스룸에서의 1박과 카페 아미가에서의 2인 조식 뷔페 · 로비 라운지 델마르의 음료 2잔 또는 호텔이 제작한 커플 티셔츠가 제공되는 디럭스룸 패키지와, 디럭스룸에서의 1박과 20층 클럽 임피리얼 라운지의 2인 조식 등이 제공되는 클럽디럭스패키지, 그리고 스위트룸에서의 1박과 20층 클럽라운지의 2인 조식 · 클럽라운지혜택 · 룸서비스 와인과 샐러드 · 호텔 제작 커플 티셔츠가 제공되는 스위트 패키지 중에서 택하면 된다. 서머 패키지를 이용하는 모든 고객에게는 닥터 자르트의 클렌징 폼과 수분 크림을 선물로 증정한다. 더욱이 야외 수영장 입장료도 반값으로 할인받을 수 있다.

▲ 임피리얼 팰리스 서울

야외 수영장에서 지중해의 낭만을

지난 6월 22일 오픈한 야외 수영장은 야자수와 고대 그리스 신전을 본떠 만든 기둥, 지중해풍의 하얀 파라솔 아래 시원함을 더해주는 나무 테이블 그리고 라운드 수영장으로 구성되어 있다. 마치 신전 내 정원에 들어온 듯한 기분을 느끼게 한다. 주변에는 30여 개의 선베드가 마련되어 태닝을 즐기기에도 제격이다. 무더위가 기승을 부리는 7월 20일부터 8월 15일까지 약 한 달 동안은 나이트 풀을 개장한다. 수영장의 조명과 은은한 코발트빛이 특별한 정취를 자아내는 밤, 야외 수영장에서 보다 여유로운 시간을 보낼 수 있다.

이 기간 동안 풀사이드 바에서는 스낵, 그릴 등 다양한 메뉴도 판매한다. 여기서 가족, 친구와 프라이빗한 모임을 가져도 좋을 것이다. 왕새우 · 관자 꼬치 · 오징어 · 부채 가재를 이용한 해산물 구이나 소안심 · 양갈비 · 떡갈비 · 소등심 · 소시지가 포함된 모둠 육류 구이 등 셰프가 즉석에서 구워 주는 그릴 메뉴, 햄버거 · 샌드위치와 같은 스낵 메뉴, 열대야도 떨쳐낼 수 있는 시원한 팥빙수 등을 맛볼 수 있다. 도심 속 이국적인 정취를 만끽할 수 있는 임피리얼 팰리스 서울에서 무더위를 떨쳐내고 시원한 휴가를 즐겨보자.

▲ 임피리얼 팰리스 서울 제공

출처: 시니어조선(2012. 6. 27.).

연습문제

1. 같은 급에 있는 호텔의 가격을 비교해보고 어떤 가격차이가 있는지를 설명해 봅시다.

2. 가격차별화의 효과적인 사용의 예를 찾아봅시다.

3. 호텔산업에서 기존제품가격전략을 객실부와 식음부로 나누어 조사해 봅시다.

CHAPTER

08 호텔마케팅의 유통

1. 호텔유통의 경쟁력 포인트
2. 호텔유통의 핵심인 좋은 입지
3. 호텔의 머천다이징
4. 호텔의 매장운영
5. 호텔면세점 운영
6. 호텔유통의 유통정보화시스템

HOTEL MARKETING

학습목표

- 호텔마케팅 입지에 대한 개념을 익힌다.
- 호텔머천다이징을 공부한다.
- 호텔의 매장운영 노하우를 습득한다.
- 호텔의 판매촉진 관리를 배운다.

도심 비즈니스호텔, 튀어야 산다

서울 도심은 지금 비즈니스호텔 신축 중이다. 관광객은 밀려오는데 고질적인 숙박난이 계속되면서 서울 명동과 종로, 인사동 일대에 비즈니스호텔이 속속 신축되거나 개축되고 있다.

이들 비즈니스호텔은 대형특급호텔과 달리 식당과 부대시설 등을 없애는 대신, 독특한 아이디어 차별화로 관광객들을 끌어 모으고 있다. 특급호텔 역시 새로 문을 열거나 단장 중인데, 기존 호화특급호텔과 달리 새로운 콘셉트로 차별화를 꾀하고 있다.

가장 눈길을 끄는 곳은 지난 1일 문을 연 '호텔 스카이파크 센트럴점'이다. 2010년부터 명동에만 중소 규모의 비즈니스호텔을 세 곳이나 오픈한 호텔 스카이파크의 4호점이다. 외국인 관광객이 이 일대 명동 거리에서 가장 많이 사는 제품인 '화장품'에 주목해 차별화했다. 총 15개층 가운데 6~12층을 여성관광객만을 위한 '레이디스 플로어'로 지정, 에뛰드, 더페이스샵 등 국내 화장품 브랜드와 협업을 통해 객실을 핑크색과 초록색을 주조색으로 한 독특한 분위기로 꾸몄다. 다양한 화장품을 고객이 직접 사용해 볼 수도 있다.

지난 9월 29일에는 부동산투자회사 아벤트리 리츠가 모두투어의 투자를 받아 '호텔 아벤트리 종로'를 조계사 맞은 편 견지동에 오픈했다. 종로에서 가장 허름한 건물 중 하나였던 천마빌딩을 아벤트리 리츠가 매입해 객실 155개의 호텔로 바꾸었다. 하이라이트는 한국을 대표하는 한복 디자이너 이영희 씨가 직접 디자인한 '디자이너스 룸 이영희'이다. 사군자를 형상화한 전통 소재의 침구류, 모던 한복 스타일의 여성용 객실원피스가 비치됐고 테라스엔 대나무와 장독으로 꾸몄다.

지난 12일 인사동에 문을 연 '센터마크 호텔'은 국내 1위 여행사인 하나투어와 부동산 개발사 신영자산개발이 공동투자해 설립한 250실 규모의 특급호텔이다. 외국인 관광객들에게 숙박은 물론 관광과 쇼핑문화를 한꺼번에 즐길 수 있도록 하는 여행상품을 개발해 차별화한다는 계획. 12월부터 뮤지컬 '오페라의 유령'과 연계한 패키지 상품을 내놓을 계획이다. 경복궁과 인사동에서 한국의 전통을 느끼며 관광을 하고 명동에서 쇼핑을 하며 뮤지컬까지 보는 식이다.

지난 7월부터 완전 리모델링에 들어가 이달 5일 재개장한 명동 세종호텔(특급호텔)은 '도심 속 갤러리 · 부티크 호텔'을 표방하며 '디자인'에 승부수를 뒀다. 정문 입구 인테리어는 대리석을 이용해 고대 그리스 파르테논 신전을 모티브로 꾸몄으며, 전체 객실은 원목을 소재로 친환경적 디자인을 선보였다. '도심 속 힐링'을 즐길 수 있도록 정원이 있는 객실, 파티를 위한 테라스가 있는 객실 등 맞춤형 객실도 내놓았다.

업계 관계자는 "명동은 쇼핑과 관광을 한꺼번에 즐길 수 있는데다 광화문이나 서울역을 통해 인천공항과 빠르게 연결돼 외국인 관광객들을 위한 호텔 입지로는 최적"이라면서 "이번에 호텔을 오픈한 회사들이 앞으로도 1~2년 내에 각각 2, 3곳의 호텔을 새롭게 문 연다는 계획"이라고 말했다.

출처: 한국일보(2012. 11. 15.).

1. 호텔유통의 경쟁력 포인트

호텔유통은 크게 세 가지의 경쟁력 포인트로 분석할 수가 있다. 이것은 경쟁력의 대가인 미국의 마이클 포터 교수가 만든 3가지의 경쟁전략 유형 등(저가격, 차별화, 집중화)을 호텔마케팅에 적용해서 호텔유통의 전략포인트화한 것이다. 하나씩 설명하면 다음과 같다.

1) 호텔유통에서의 저가격

호텔은 무조건 비싸야 한다. 이러한 발상이 과거에는 많았다. 그런데 대한민국의 거의 모든 호텔들이 지속적인 적자 상태에 있었다는 것은 무엇을 의미하는가?

특급호텔들은 비싸기로 유명하다. 문제는 비싼 것으로는 유인할 수 있는 고객의 숫자가 그렇게 많지 않다. 호텔의 면세점을 이용하거나 각종 시설들에서 제품이나 서비스를 구매하는 사람들은 구매력(purchasing power)이 있어야 한다. 구매력이란 호텔잠재고객이 호텔에 와서 제품이나 서비스를 구매하려고 하는 구매의도 또한 실제로 구매행동을 하기 위해서 지갑을 여는 것을 반영한다. 개인들은 호텔에서 그렇게 많이 쓸 수가 없다. 우리나라 전체 인구 중 특급호텔을 자주 드나들 수 있는 소위 말하는 부유층은 5%가 훨씬 안 된다. 또한 그들 중에서도 호텔에 와서 제품이나 서비스를 구매할 의사를 가지고 있는 사람들도 그렇게 많지 않다.

그런데도 특급호텔들은 전국에 우후죽순 생겨난 것이었다.

국내의 부유층 고객들 이외에 호텔이 잠재고객군으로 분류하는 집단은 크게 두 가지가 더 있다. 하나는 국내법인이고, 다른 하나는 외국인 관광객이다. 30대 재벌 그룹들은 거의 전부 그룹소유의 호텔들이 있다. 재벌의 다양한 공식행사들을 위해서 자기 그룹의 호텔들을 사용한다. 제품과 서비스의 구매가 상당히 이루어진다. 그러나 그것뿐이다. 재벌그룹 계열사들이 매일 같이 호텔에서 행사를 할 수는 없는 것이다.

또한 외국인 관광객이 천만 명을 넘었다는 언론보도가 나오고 있으나, 외국인들은 주로 중국, 미국, 일본, 대만, 태국에서 오는 고객들이다. 일부의 외국인 관광객들 중에 최고 부유층이 있어서 호텔면세점을 상당히 활용하는 것은 사실이나, 다수의 외국인 관광객들은 저렴한 비용으로 관광을 오는 경우가 상당히 많다.

과거의 특급호텔 위주의 호텔유통은 한계점에 다다른 것으로 알려지고 있다. 그래서 대안으로 최근에 급속성장하는 것이 비즈니스호텔로의 진출이다. 비즈니스 호텔은 특급호텔처럼 화려한 부대시설들이 있는 것이 아니라, 알뜰한 비즈니스에 적합한 가격할인형의 호텔들이다.

호텔유통의 핵심전략은 앞으로는 비교적 저가격으로 바뀌어야 할 것이다. 품질 좋은 제품과 서비스를 제공은 하나 그러나 가격은 비교적 거품이 없는 상태로서 호텔고객들이 대체로 만족할 수 있는 수준에 맞추는 것이 필요하다.

2) 호텔유통에서의 차별화

호텔유통의 두 번째 경쟁포인트는 일반적인 호텔들과는 다른 차별화를 추구하는 것이다. 대형면세점들의 경우에는 입점한 브랜드들이 전세계적으로 알려진 명품브랜드들이 대부분이다. 이러한 경우에는 호텔의 파워가 브랜드들의 파워 보다 약한 것이 사실이다. 그리고 세금이 할인된 상태로서 여행객들을 유인할 수 있는 기본적인 조건은 채우고 있다. 그러나 호텔 간의 차별점이 거의 없다고 할 수 있다.

호텔 내에 입점한 다양한 형태의 유통점포들은 다른 호텔의 유통점포들과는 다른 차별화 전략을 강구해서 추진해야 한다. 진열된 제품의 종류를 차별화하고, 고객들마다 다른 형태의 서비스를 제공하고, 투숙객들이 필요로 하는 적절한 제품의 진열과 판매방식을 다른 호텔들과는 다르게 해야 한다.

3) 호텔유통에서의 집중화

호텔유통의 세 번째 경쟁포인트는 특정한 규모 이상의 고객집단에게 집중하는 것이다. 예를 들어서, 큰손 중국인 관광객들에게 집중해서 유통직원들 모두에게 웬만한 정도의 중국회화가 가능하도록 심야나 주말 특별교육을 할 필요가 있다. 경우에 따라서는 중국인들이 자국에서 가장 많이 찾는 전통중국산 제품들을 일부 진열해서 '익숙한 제품에 손이 스스로 나가게 하는 전략'을 강구할 필요도 있다.

집중화전략을 수행하려면 거의 모든 호텔유통이 그것에 맞춰져야 한다. 중국인들이 좋아하는 배경음악을 잔잔하게 틀고, 중국인들이 좋아하는 색깔로 매대를 치장하고, 중국인들이 신뢰하는 브랜드들을 다수 진열하고 그리고 나서 중국인들에게 호감을 가질 수 있다고 판단되는 국산이나 일부 외제제품을 유통판매하는 것이 바람직할 것이다.

중국인들이 좋아하는 색은 황색과 붉은색이다. 황색은 고귀하고 신성한 권위의 상징이고, 붉은색은 운을 가져다주며, 상서로움과 경사로움을 상징한다. 이와 같이 문화의 차이가 선호하는 색깔을 가져오고 아울러 이에 맞는 매상연출을 해야 할 것이다.

2. 호텔유통의 핵심인 좋은 입지

사례 – 조선호텔, 비즈니스호텔사업 진출

신세계 계열 조선호텔이 2014년 서울역 인근에 중저가 비즈니스호텔 1호점을 연다. 롯데호텔과 신라호텔이 주도하고 있는 비즈니스호텔 건립에 조선호텔도 뛰어든 것이다. 21일 투자은행(IB)업계에 따르면 조선호텔은 쌍용건설이 서울 동자동에 건립 중인 '용산 쌍용 플래티넘 콤플렉스'에 342실 규모의 비즈니스호텔을 열기로 했다. 내년 하반기에 완공되는 이 빌딩은 오피스텔 1개 동과 호텔 및 오피스 1개 동 등 모두 2개 동으로 구성된 복합 건물이다. 유동성 위기를 겪고 있는 쌍용건설은 이 중 호텔 부문만 떼어내 900억 원 수준에 맥쿼리자산운용에 매각기로 합의했다. 맥쿼리자산운용은 20년 장기 임대차 계약을 맺는 방식으로 호텔 운영을 조선호텔에 맡기기로 했다. IB업계 관계자는 "조선호텔은 큰 돈 들이지 않고 호텔을 열 수 있고 맥쿼리는 안정적인 수익을 장기간 거둘 수 있다는 점에서 두 회사의 이해가 맞아 떨어진 것"이라고 말했다. 업계에선 쌍용 플래티넘 콤플렉스가 △교통 여건(지하철 1 · 4호선 서울역 인근) △도심 접근성 △주변 풍광(남산자락에 위치) 등에서 최적의 호텔 입지를 갖췄다는 평가를 내놓고 있다. 조선호텔은 하루 숙박료 10만~20만 원 안팎의 중저가 숙박시설을 찾는 외국인 관광객을 겨냥, 이 호텔을 비즈니스호텔로 운영키로 했다.

출처: 한국경제(2012. 11. 21.).

1) 호텔유통에서 입지는 왜 중요한가

입지(location)란 오프라인 상에 있는 호텔의 지리적인 위치를 의미한다. 좋은 입지에 위치해 있는 호텔은 그 자체로서 경쟁력이 있다. 숙박장소로서는 자연배경을 하고 높은 곳에 위치한 것이 좋은 입지이나, 반면에 유통장소로서 접근성이 좋은 곳이기도 해야 한다.

특히 유통의 관점에서는 다수의 고객들이 별 부담 없이 드나들 수 있는 장소여야 한다. 미국의 최고급 유통전문가가 유통에서 가장 중요한 세 가지 요소를 꼽으면서 강조한 것이 있다.

> 유통에서 가장 중요한 요소는 입지이다.
> 유통에서 두 번째로 중요한 요소는 입지이다.
> 유통에서 세 번째로 중요한 요소는 입지이다.

외국인 관광객 천만 명 시대를 맞이해서 일본계 관광객들이 가장 많이 찾는 호텔이 서울 명동의 롯데호텔이다. 서울 한복판에 있으면서 지하철도 연결되어 있고 관광하기에 좋은 지역에 위치해 있다.

2) 한번 정해진 입지를 바꿀 수 있는가

유통입지는 한 번 결정되면 인위적으로 바꿀 수가 거의 없다. 입지란 땅의 위치를 의미한다. 개울이 흐르거나 다리를 건너가는 입지에서 개울을 막을 수도 없고, 다리를 더 놓을 수도 없다. 입지는 정해진 대로 적응해야 한다. 좋은 호텔유통을 위해서는 통행량이 많고 잠재고객들이 자연스럽게 들락거릴 수가 있어야 한다.

이와 반대로, 사람들이 거의 살지 않는 외진 곳에 호텔이 들어서면 손님이 거의 오지 않는다. 대도시에서 외곽으로 빠져 나가는 도로의 한편에 호텔을 내는 경우인데 사람들이 많은 지역에서 외곽으로 흘러 나가는 지역은 사람들이 모이지 않는다. 우리가 수도관을 틀어서 물을 받을 때 흘러가는 물은 아무리 많아도 별로 도움이 안 된다. 수도꼭지에서 나오는 물을 틀어서 받을 때만 물이 쌓이는 것이다. 이와 같이 입지란 사람들이 한쪽으로 몰려들거나 혹은 아침에는 왔다가 저녁에는 나가더라도 반복해서 통행이 있어야 한다. 고속도로 변의 호텔들이 대부분이 적자인 것은 지나가는 차량은 많아도 거의 주정차를 하지 않아서이다.

한번 정해진 입지를 바꿀 수 없다는 것이 처음에 호텔을 출점할 때에 꼭 명심해야 할 기본이다. 잘못 정해진 입지 때문에 중간에 문을 닫은 호텔은 부지기수로 많았다.

3) 입지를 보완할 수는 있는가

입지 상태를 어느 정도는 보완이 가능하다. 가장 많이 쓰는 보완은 셔틀버스로 손님을 끌어 오거나 배달을 하는 것이다. 이러한 경우에는 현재의 입지가 별로 좋지 않아도 취급하는 제품만 좋고 가격이 맞으면 크게 문제 되지 않는다. 국내의 관광객들을 호텔유통을 위해서 관광버스로 데려오는 것은 힘들다.

그러나 여행사와 호텔이 결합해서 외국인 관광객들을 대규모로 이동시키는 것은 가능하다. 이것이 원활할 경우에는 어느 정도 나쁜 입지라도 보충할 수가 있다.

또 다른 보완 방법은 전화나 인터넷으로 판매하는 경우이다. 아직 우리나라에서는 호텔 외부에서 구매하기 힘든 특정 호텔에서만 팔리는 제품들이 거의 없다. 따라서 전화나 인터넷으로 호텔이 판매할 수는 없다. 그러나 비즈니스호텔이 늘어나고 호텔들이 자체 개발한 제품들의 경쟁력이 느는 상황이 오면 호텔의 입지와 상관없이 온라인 판매를 통해서 호텔의 추가수입을 올릴 수가 있을 것이다.

3. 호텔의 머천다이징

사례 – K-패션 센세이션, 11일 뉴욕서 개막해

최근 뉴욕에서 진행된 한 한국 패션행사가 화제다. 'K-패션 센세이션'이란 이름으로 진행된 행사는 패트리샤 필드의 주도 아래 11일 맨하튼 드림호텔의 루프톱바(roof top bar)에서 화려하게 막을 열었다. 행사의 기획, 총괄, 진행을 모두 도맡은 패트리샤 필드는 영화 '악마는 프라다를 입는다', 드라마 '섹스 앤 더 시티' 속 스타일을 완성하며 화제를 불러모은 인물이다. 특히 드라마나 영화를 통해 수많은 무명브랜드를 유명브랜드로 만들며 '뉴욕패션의 대모(代母)'로 자리매김한 인물이기도 하다. 이날 진행된 'K-패션 센세이션' 행사는 '글로벌 브랜드 육성사업'의 일환으로 한국패션협회에서 국내 패션업체의 해외진출을 지원하기 위한 행사이다. 국내에서는 보끄레 머천다이징에서 진행하는 여성 브랜드 올리브데올리브의 스페셜 라인 '모린꼼뜨마랑 by 올리브데올리브'와 'MK트렌드의 버커루'가 함께 했다. 지난 6월 방한한 패트리샤 필드는 여러 후보 브랜드 가운데 이 날 행사의 주인공으로 '모린꼼뜨마랑 by 올리브데올리브'와 '버커루'를 직접 선택했고, 뉴욕에서 통할만한 스타일을 직접 고르며 'K-패션 센세이션'이라는 이름을 직접 짓는 등 적극성을 보였다. 행사에는 패트리샤 필드의 VIP 50여 명, 미국, 프랑스의 대형 백화점의 바이어 50여명, 유명 패션모델 등 300여명이 참석한 가운데 성황리에 막을 내렸다. 그 동안 뉴욕에서 열렸던 한국 관련 패션행사와는 달리 쇼를 가미한 독특한 진행방식이나 참여 인사의 중량감 때문에 호응이 남달랐다. 유명 백화점 구매담당자들은 "살아있는 한국 패션을 처음 접할 수 있던 좋은 기회였다. 이들 2개 브랜드에 대해 긍정적으로 생각한다"며 소감을 전했다. 행사를 주도한 패트리샤 필드는 "다음 작품에서 한국 브랜드를 참여시킬 가능성이 매우 높다"고 밝히며 "한국의 패션 브랜드는 매력적이며 잠재력이 있다. 다만 아직은 K팝이나 음식 등에 비해 인지도가 부족한 만큼 이들과 접목시키는 홍보 방법이 필요하다"라고 조언했다.

출처: OSEN(2012. 11. 5.).

1) 머천다이징의 개념

머천다이징(merchandising)이란 소매점포가 잠재소비자들의 특성에 적합한 제품들을 잘 선정해서 매입하고 진열하는 것을 의미한다. 제조업체는 제품을 생산하는 것이 주목적이고 소매업체는 제품을 공급받아서 판매하는 것이 목적이다. 소매업체는 제조업체, 수입업체, 도매업체에서 어떻게 하면 좋은 물건을 싸게 매입할 수 있는가를 궁리한다. 머천다이징이란 소매업체가 좋은 제품을 찾아서 이를 좋은 조건에 매입해서 진열하는 것과 관련된 모든 것을 의미한다.

전세계 유통업체들이 유통의 꽃으로 부르는 것이 머천다이징이다. 좋은 물건을 매입해야 잘 팔 수 있다. 나쁜 물건을 사서 많이 팔겠다는 것은 거의 불가능하다. 소비자들이 자기 돈을 내면서 물건을 사는 데 그렇게 엉성하지 않다. 간혹 분별력이 떨어지거나 혹은 연세가 드셔서 여러 군데의 점포를 찾아가기 힘들거나 하는 분들에게 한두 번 나쁜 물건을 비싸게 팔수는 있을 것이다. 그러나 정상적인 유통환경에서는 그러한 일은 거의 나타나지 않는다.

그렇다면 유통업체들은 어떻게 경쟁을 하는가? 결국은 좋은 물건을 잘 찾아야 한다는 것이다. 어느 정도 규모가 되는 유통업체들은 전세계를 상대로 매입을 한다. 전세계에서 단일시장으로는 가장 큰 시장을 형성하고 있는 미국은 현재 거의 전세계에서 제품을 매입하고 있다. 미국의 소매업체들은 주로 중국에서 중저가 공산품을 대규모로 매입한다. 현재 전세계에서 가장 싼 가격에 대부분의 공산품을 제조할 수 있는 나라가 중국이다. 미국의 소매업체들은 독특하면서도 역사가 있는 제품은 독일, 영국, 스웨덴과 같은 북유럽 국가에서 매입한다. 또한 미국 소매업체들은 소위 말하는 명품은 프랑스와 이탈리아에서 매입한다. 미국 내에서 자체적으로 생산한 제품까지 합해서 미국은 거의 전세계에서 이름이 나거나 특이한 제품들은 거의 다 매입해서 판매를 하고 있다. 이와 같이 소매업체들은 소비자에게 팔릴 수 있는 제품들은 전세계 어디에서든지 구입해서 팔아야 경쟁에서 이길 수가 있다.

2) 머천다이저의 업무

미국에서는 머천다이징 업무를 수행하는 사람들을 머천다이저라고 하고 우리나라에서는 매입팀장이나 MD라고 부른다. 소매업체들마다 다른 용어들을 사용하고 있으나 제품을 매입해서 진열하는 데까지 관련된 업무를 수행하는 사람들을 의미한다. 이들의 첫 번째 주요 업무는 경쟁업체들에 비해서 동일한 제품을 보다 싸게 사는 것이다. 그러면 어떻게 하면 다른 경쟁업체들에 비해서 염가로 매입할 수 있을까? 여러 가지 방법들이 현장에서 사용된다. 첫째는 주문을 많이 하면 싸게 살 수가 있다. 점포가 많은 업체는 점포가 적은 업체에 비해서 훨씬 더 저렴하게 매입할 수 있다. 따라서 소매업체 본부에서 많은 점포들을 출점하려고 하는 기본적인 목적 중의 하나가 저렴한 매입이다.

또한 반품이 없이 모든 제품을 매입하겠다고 하면 반품하는 조건을 거는 업체들에 비해서 상대적으로 저렴하게 구입이 가능하다. 반품을 하겠다고 하면 공급업체의 입장에서는 언젠가는 공급한 제품들 중 일부를 다시 받아야 하므로 상당한 부담이 될 수 있다.

또 저렴하게 구입할 수 있는 방법은 현찰로 물품대금을 지불하는 방식이다. 소매업체가 제품을 받고 난 후에 상품등록을 전산으로 하고 경리팀에 자료를 넘기면 2~3일이면 대금결제가 이루어지는 형태다. 이렇게 되면 공급업체로서는 거의 현찰을 받는 형태이므로 비교적 저렴한 가격에 물건을 공급하려고 한다. 그러나 대부분의 경우에는 제품이 공급된 이후 물품대금을 받을 때까지 한 달 혹은 늦으면 석 달에서 육 개월이 걸리는 경우도 종종 있다. 이렇게 시간이 오래 걸릴 것 같으면 제품의 공급업체는 납품가를 올리는 것이 보통이다.

머천다이저의 두 번째 주요 업무는 경쟁업체들이 미처 매입하지 못해서 팔지 못하고 있는 제품들을 구입해서 판매하는 것이다. 지역적으로 가까운 거리에 있는 경쟁업체 중에서 어느 한 업체가 다른 업체들이 취급하지 못하는 제품들을 취급하고 그 제품이 소비자들에게 인기를 끌게 되면 그 업체는 상당한 경쟁력을 확보할 수가 있다. 소매업체들은 타 업체에서 취급하지 않는 고유의 제품을 찾으려고 혈안이다. 국내의 어느 곳이든지 새로운 물건이 있으면 연락해서 샘플을 받아 본 이후에 이것을 매입할지 안 할지를 결정한다. 필요하다면 전세계의 선진국과 개발도상국 심지어는 후진국에서도 새롭고 특이한 제품을 공급 받으려고 한다.

우리 업체에서만 취급하는 제품을 찾는다는 것은 그렇게 쉽지가 않다. 어쩌다 전라도의 제조업체와 연이 닿아서 우리 점포에서만 팔아서 이득을 보고 있으면 경쟁점포에서 우리 업체의 제품을 사다가 공급업체가 어디인지를 추적한다. 그리고 그 업체에 연락해서 자신들에게도 공급해 달라고 한다. 공급업체 입장에서는 제품을 팔아 주겠다는 소매업체들이 늘면 늘수록 반가운 것이다. 그래서 달라는 소매업체들에게는 다 공급한다. 만약 최초에 그 업체와 거래를 텄는데 다른 업체들에게는 주지 말라고 하면 제조업체가 이 말을 듣는다는 보장이 없다. 제조업체의 거의 모든 물량을 특정 소매업체가 다 사가겠다고 하는 경우 이외에는 독점적인 제품매입은 현실적으로 거의 불가능하다고 볼 수 있다.

4. 호텔의 매장운영

호텔신라, 홍콩에 화장품 전문매장 '스위트메이' 2호점 오픈

호텔신라가 최근 홍콩에 국산 화장품 전문매장인 '스위트 메이'를 오픈했다.

12일 업계에 따르면 신라면세점은 홍콩 북서부 엔롱 지역 최대 복합쇼핑몰인 엔롱프라자에 스위트메이 매장을 열었다. 지난해 9월 마카오 베네시안호텔 그랜드캐널 쇼핑센터에 1호점을 개점한데 이은 2호점이다.

스위트 메이는 호텔신라의 해외사업 확대 방안 중 일환으로 국산 화장품에 대한 선호도가 높은 화교권을 주요 타깃으로 설정했다.

스위트 메이 매장에는 참존, 한스킨, 토니모리, 바닐라코, 보브, 설화수, 오휘 등 중국인이 선호하는 브랜드들로 구성됐다.

호텔신라 관계자는 "화교권 소비자들의 니즈를 파악하기 위해 지난 해 마카오에 이어 홍콩에 테스트 매장을 오픈한 것"이라고 설명했다.

호텔신라는 올해 말과 내년 초에 각각 스위트메이 홍콩 2호점과 3호점을 내고, 2014년 말까지 홍콩과 마카오 등에 점포 수를 30개 이상으로 늘릴 계획으로 전해졌다.

한편, 스위트메이는 영어 'Sweet(달콤함)'와 한자 '美(may)'의 합성어로 로고 색은 중국인이 좋아하는 주황색으로 디자인됐다.

출처: 이투데이(2012. 10. 12.).

1) 매장관리의 개념

매장(retail sales area)이란 오프라인 점포에서 팔려고 하는 제품이 진열되어 있는 창의적이고 독특하면서 효율적으로 관리되는 면적을 의미한다. 소매점포의 전면부와 입구 그리고 매장 전체와 후면의 백스토어까지를 전부 포함한다. 손님들이 방문하고 싶어 하는 산뜻한 인테리어로 매장을 꾸미고 어느 정도 시간이 흐르면 제품 진열을 바꾸어 가면서 신선감을 제공해야 지속적으로 경쟁력을 갖출 수 있다.

매장관리의 효율적 차별화 자체로 매출액이 얼마나 더 증대되었는지 확인하는 것은 쉽지 않다. 매출액 증대는 여러 가지 요소들이 결합해서 작용하는데 점포 내외부의 매장이 산뜻하고 보기 좋다고 해서 손님들이 얼마를 더 지출했는지에 대한 데이터를 구하는 것이 쉽지 않기 때문이다.

그러나 매장디스플레이가 세련되지 못하면 소비자가 싫어하고 장기적으로는 소비자의 숫자가 줄어든다는 현장실무자들의 이야기를 종합해 보면 매장관리가 중요한 것은 사실이다.

2) 매장배치와 이미지

매장 바로 앞의 전면부는 통행하는 호텔고객들의 시선을 끌어야 한다. 간판은 크고 눈에 잘 뜨게 만들어야 한다. 눈에 가장 잘 뜨이는 색깔이 빨간색이다. 빨간색은 금방 고객들을 유인할 수 있는 효과가 있다. 그러나 싫증도 비교적 쉽게 내는 단점도 있다.

매장 앞에는 입간판을 놓아서 지나가는 사람들이 볼 수 있게 만들고, 매장 전면부의 통로에는 충동성이 있는 제품들을 진열하는 것이 보통이다. 중소형 점포들은 매장 전면부를 적극적으로 활용하고 있으나, 대형 소매업체들은 지저분하다는 느낌을 주기 싫어서 매장 전면부를 거의 활용하지 않는다.

고객이 매장 내에 들어와 카운터를 중심으로 매장을 보면서 자신이 구매하려고 하는 제품이 진열된 곳을 찾아간다. 매장 내 배치의 기본 원칙은 고객들이 쉽게 원하는 물건을 찾을 수 있게 하는 동시에, 매장 전체를 돌아볼 수 있도록 동선을 만드는 것이다. 고객들이 필요한 것만 구매하고 나가게 되면 큰 매장은 비효율적이다. 그래서 되도록 고객들이 매장의 구석구석을 돌아볼 수 있도록 배열하는 것이 기본 원칙이다.

점포 내에서 가장 잘 팔리는 물건은 점포의 입구 쪽이나 가장 끝 쪽에 진열하는 것이 보통이다. 고객들이 가장 많이 사는 것을 전부 매장의 입구에서 가장 먼 곳에 배치하면 고객들이 입구 쪽에서만 진열을 돌아보다가 그냥 나가는 수가 있다. 고객들 중에 내성적인 사람들은 종업원들에게 물어보는 것을 꺼려할 수도 있다. 그래서 매장의 입구 쪽에도 진열해서 성격이 급하거나 가볍게 둘러보는 사람들에게 일부를 판매하고 또 매장의 가장 먼 쪽에도 배치해서 시간이 넉넉하면서 꼼꼼하게 둘러보는 고객들에게도 일부를 판매할 수 있도록 하고 있다.

고객들이 쇼핑을 끝내고 카운터에서 계산을 기다릴 때가 가장 한가한 때이다. 카운터의 캐시어가 소비자들이 고른 물건 값을 계산하는 순간에 소비자들은 줄 서서 그냥 기다릴 뿐이다. 이때 캐시어의 위와 양옆에 충동성 있는 제품들을 진열해 두면 고객들이 순간적으로 그 제품들을 고르는 수가 있다. 주로 담배, 맥주나 오락용 잡지들이 소비자들의 눈에 뜨이도록 배치한다.

POP도 자주 사용되는데 POP란 Point Of Purchase Advertising의 약자로서 구매시점광고라고 한다. 고객들이 매장 내에서 구매를 고려하고 있을 때 쉽게 볼 수 있는 광고물이다. 양말진열대 앞에 특정 브랜드의 양말광고 게시물을 진열해 두면 손님을 구매시점을 보다 더 자극을 할 수 있다. 또한 가끔은 바닥광고가 사용되고 있는데, 바닥광고란 매장의 바닥에 붙여 놓은 광고를 말한다. 고객들이 무심코 지나가다가 바닥광고물을 밟게 되면 약간의 죄의식을 느끼게 된다고 한다. 특히 바닥광고에 사람의 얼굴이 나와 있을 때 무심코 밟게 되면 미안해서 그 제품을 구매하는 경우가 있다고 한다.

배경음악은 매장에 영향을 준다. 배경음악이 빠르면 고객들이 빠르게 움직이고, 좀 느리면 느긋하게 쇼핑한다. 붐빌 때는 빠른 음악을 틀어서 회전율을 높이고, 오후 시간대에는 좀 느린 배경음악을 트는 것이 보통이다. 고급매장은 느린 음악을 많이 애용한다.

종업원의 옷차림새도 매장이미지에 영향을 준다. 종업원들이 후줄근하게 하고 있으면 고객들이 반말도 쓰면서 마구 대한다. 그러나 종업원들이 깔끔하게 옷맵시를 갖추고 있으면 고객들도 정중하게 종업원들을 대한다고 한다. 소비자들이 쇼핑을 할 때 종업원들이 고객들과 눈을 직접적으로 마주치면 고객이 불편함을 느낄 수 있다. 따라서 멀리서 고객들의 행동을 주시하면서 필요한 것이 있으면 달려가서 도와주는 것이 좋다고 호텔실무자들이 언급한다.

3) 매장 내의 도난

매장 내에서는 도난 사고가 자주 일어난다. 미국에서 조사된 바로는 소매업체의 전체 매출액 대비 약 2% 정도의 손실은 도난과 취급부주의라고 한다. 경쟁이 점점 심해 가는 소매환경에서 매출액 대비 2%의 손실은 엄청난 것이다.

제품의 도난은 크게 종업원과 고객에 의해 일어난다. 종업원에 의한 도난이 매출액 대비 약 1% 정도라고 하고, 고객에 의한 도난이 약 0.5% 정도라고 한다. 종업원들이 고객들 보다 물건에 더 손을 많이 대는 것이다. 종업원들은 물건에 접근하기가 상당히 쉽다. 들어오는 제품을 박스 채로 들고 나가는 경우도 있고, 종업원들이 별로 없는 시간대에 물건을 몰래 빼내는 경우가 많다고 한다. 매장에서 판매하는 직원들도 물건을 몸에 숨겨서 나가는 경우도 자주 있다. 그래서 몇몇 점포에는 감시용 거울이 설치되어 있다. 심한 경우에는 몰래카메라까지 활용되기도 한다. 반품처리시스템이 잘 안 되어 있는 점포에서는 실제로는 고객이 반품한 적이 없는데 종업원이 그냥 반품대장에다가 반품이 되었다고 쓰고(예: 10만 원짜리 구두 한 켤레 반품) 현찰 10만 원을 챙기는 것이다. 반품을 일일이 확인하지 않는 경우에는 현찰만 종업원의 주머니로 들어가는 것이다.

이렇기 때문에 종업원의 철저한 윤리의식 고양이 필요하다. 과거에는 심한 경우도 많았다고 하는데 최근에는 소매업체가 강력한 처벌규정을 들고 나오면서 많이 줄어든 것으로 알려진다.

5. 호텔면세점 운영

사례 – 시내면세점 늘어난다

관세청, 중소 · 중견기업 대상 시내면세점 특허신청 공고 · 광역자치지역별로 1개 이내 신규특허

최근 해외 관광객들의 화장품을 비롯한 한국산 제품에 대한 관심이 높아지고 있는 가운데 내년부터 시내면세점이 크게 증가할 전망이다.

관세청(청장 주영섭)이 오늘 5일 지역 경제활성화와 관광진흥 지원을 위해 중소 · 중견기업을 대상으로 하는 '시내면세점 신규특허 신청 공고문'을 관세청 홈페이지에 게재한 것.

이번 공고는 지난 10월18일 '보세판매장운영에 관한 고시' 개정안이 시행됨에 따른 후속조치로서, 주요 내용은 현재 시내면세점이 설치되어 있는 지역(서울 · 부산 · 제주)을 제외한 광역자치지역별로 1개 이내의 범위에서 신규특허를 허용하는 신규특허를 허용하는 것이다.

관세청은 이번 시내면세점의 신규 특허를 중소 · 중견기업을 대상으로 한다는 방침에 따라, 신규특허 대상에서 '독점규제 및 공정거래에 관한 법률' 제14조 규정에 의한 상호출자제한기업집단에 속하는 기업 및 공기업(지방 공기업 포함)을 제외하였으며, 그동안 외국인 쇼핑 인프라가 없거나 부족한 지역을 위주로 신규특허를 한다는 정책방향에 따라 기존 시내면세점이 설치되어 있는 지역(서울 · 부산 · 제주)은 제외하였다.

또한 관세청은 신규특허 시내면세점에 대해서 매장면적의 40% 또는 825㎡(250평) 이상을 국산품 전용매장으로 설치하도록 하여 우수 국산제품 및 지역상품의 판매 촉진을 유도하도록 하는 등 시내면세점 운영의 공공성이 강화되도록 하였다.

시내면세점 신규특허를 희망하는 업체는 특허신청서, 사업계획서, 건물등기부 등본 등의 서류를 갖추어 사업지를 관할하는 세관에 12월 4일까지 접수해야 한다.

관세청 특허심사위원회에서는 신청업체를 대상으로 지역별 외국인 방문자 수 및 관광인프라 등 주변여건, 사업지속 가능성, 보세화물 관리역량 등을 심의하여 사전승인 여부를 결정할 예정이다.

이번 조치에 대해 관세청은 금번 중소 · 중견기업 대상 시내면세점이 신규특허 확대가 면세산업 시장의 구조개선 및 지역경제 활성화와 관광진흥 지원 등에 도움이 될 것으로 기대하고 있다.

한편 현재 시내면세점 설치지역은 호텔롯데(소공점, 잠실점, 코엑스점), 호텔신라(장충점), 동화면세점(세종로), SK워커힐면세점(광장동) 등 서울 6곳과 호텔롯데(서면점), 파라다이스(해운대) 등 부산 2곳, 호텔롯데(서귀포 중문단지), 호텔신라(제주시 연동) 등 제주 2곳 등 총 10곳이다.

출처: 한국일보(2012. 11. 5.).

호텔의 메인 수익원은 면세점이다. 면세점이 없는 국내 상당수의 호텔들은 전부 영업적자이나, 면세점이 있는 호텔들은 흑자를 보고 있다. 객실운영과 연회관리 만으로는 호텔이 수익비용 균형을 유지하기가 힘들다는 것이다. 따라서 호텔들은 면세점유통을 강화해야 한다.

면세점을 가진 호텔들은 크게 두가지의 고객들을 집중적으로 유입하는 전략들을 강구해야 할 것으로 보인다. 첫째, 국내의 백화점 명품고객들이 백화점에서 명품을 구매하지 않고 호텔면세점을 이용할 수 있도록 유도하는 것이 필요할 것으로 보인다. 세금이 없다는 가격경쟁력을 주요 소구점으로 해서 호텔면세점의 제품들의 판매강화를 할 필요가 있다고 보인다.

둘째, 해외에서 국내로 유입되는 관광객들의 대부분이 명품선호하는 국가에서 오고 있다. 중국, 미국, 일본, 대만, 태국은 전세계에서 대표적인 명품애호 국가들이다. 따라서 이들이 국내에 여행을 와서 호텔면세점을 적극적으로 활용할 수 있게 유도할 필요가 있다.

장기적으로는 호텔면세점을 다점포화하는 전략을 강구해야 할 것이다. 단일호텔을 가진 면세점의 경우 보다는 많은 호텔들을 소유한 기업이 운영하는 면세점은 제품매입시의 바잉파워가 훨씬 강하기 때문이다. 최근에 국내호텔들의 해외진출 사례가 가시하되면서 국내와 해외의 다점포 면세점을 연계한 적극적인 마케팅전략이 필요할 것으로 보인다.

6. 호텔유통의 유통정보화시스템

유통에서 정보시스템의 중요성이 날로 부각되고 있고, 고객의 욕구를 세밀하게 파악하고 고객에게 최적의 조건에 제품을 공급하기 위해서이다. 선진유통의 핵심으로 부상하는 유통정보시스템을 우리나라 호텔들도 점점 더 강화해 나가야 할 것으로 보여진다.

유통정보시스템은 크게 두가지로 나누어진다.

첫째, 공급사슬관리(SCM)의 활용이다. 공급사슬관리란 제품공급업체와 호텔유통점포 간의 긴밀한 연계가 되어서 제품의 배송과 보충이 원활하게 이루어지는 시스템을 말한다. 1982년에 미국에서 처음으로 도입된 공급사슬관리는 전세계 일반유통에서 가장 중요한 시스템이다. 그동안 호텔유통에서는 공급사슬관리의 중요성이 비교적 알려지지 않았으나, 면세점이 호텔의 주요수익원이 되면서 호텔유통이 호텔경영 전체를 이끌어가는 최근에는 공급사슬관리가 아주 중요해지고 있다.

공급사슬관리가 제대로 되려면 공급업체와 호텔유통업체 간에 정보시스템이 상호연결되어서 실시간으로 제품판매의 상황이 보고되어서 필요한 제품의 수급상황에 대한 의사결정이 신속하게 이루어질 수 있어야 한다.

둘째, 고객관계관리(CRM)의 활용이다. 고객관계관리란 고객의 구매이력을 저장해서 고객들이 재구매를 할 적에 다양한 인센터브를 주는 시스템을 말한다. 특히 면세점 간의 가격차이가 많지 않은 경우에는 재구매 빈도를 늘려서 고객에게 제공하는 다양한 형태의 적립금이 상당한 인센티브로 작용할 수 있다.

호텔의 투숙객의 경우에는 자동적으로 고객정보의 확인이 가능하므로 고객관계관리가 쉽다. 비록 투숙하지 않고 면세점 혹은 호텔내의 다른 점포들에서 매입하려는 고객의 경우에도 호텔의 특성상 고객에 대한 다양한 정보의 획득이 일반 소매유통에 비해서는 용이한 것이 사실이다.

특정한 고객의 특정한 욕구를 120% 만족시키려는 호텔유통의 노력이 강구되어야 경쟁력이 강화되면서 좋은 호텔마케팅을 수행할 수 있을 것이다.

연습문제

1. 호텔머천다이징을 알기 쉽게 설명해 봅시다.

2. 호텔의 좋은 매장운영의 방법을 설명해 봅시다.

3. 호텔유통에서 정보시스템이 중요해지는 이유는 무엇인지 설명해 봅시다.

CHAPTER

09 호텔마케팅 촉진전략

1. 호텔 판매촉진의 개념과 의의
2. 호텔광고 및 PR
3. 호텔 인적판매
4. 호텔 판촉이벤트

HOTEL MARKETING

학습목표

- 판매촉진은 전체 마케팅믹스에서 어떠한 위치를 차지하는지 이해한다.
- 광고와 PR의 관계를 알고 유사점과 차이점을 알아본다.
- 인적판매가 왜 효과적인지 그리고 그 한계는 무엇인지 이해한다.
- 판촉이벤트에 엔터테인먼트 산업을 활용하는 방안을 모색해 본다.

스타를 사는 것을 넘어 함께 사는 스타마케팅

흔히 셀럽(celebrity)라고 불리는 엔터테인먼트, 스포츠 등의 스타를 활용하는 마케팅을 스타마케팅을 보도록 하자. 최근에는 두 영역이 모호해져 스포테인먼트(sportainment)라고 하는데 우리가 호텔마케팅을 공부하면서 이러한 영역까지 관심을 갖고 공부해야 하는 이유는 마케팅에서 촉진전략을 보다 풍성하게 하고 효과적으로 수행할 수 있기 때문이다.

지금까지의 스타마케팅은 우리가 보고 있는 부분 혹은 스타가 팬들에게 보여주고 싶은 부문을 활용해 왔다. 사회학자 고프만(Goffman, E)은 전방부와 후방부라는 개념을 활용하여 사회를 그리고 있는데 사회에 사는 개인은 연기를 하는 배우와 같이 사회라는 무대에 올라가서 자신의 역할을 수행한다는 것이다. 이때 무대가 전방부라면 무대 뒤는 후방부로 대비될 수 있다. 즉 스타가 영화, 드라마, 스포츠 경기 등에서 보여주었던 멋진 장면들로 기억되고 다시 스타가 추천하는 상품, 서비스에 자연스럽게 이러한 멋진 장면의 이미지들이 고스란히 담겨지게 하는 것이다.

그러나 최근에는 스타의 후방부까지 스타마케팅에 활용함으로써 스타의 활용을 극대화 하고 있다. 즉 눈에 보이지 않는 곳까지 스타를 활용하는 방법이다. 눈에 보이지 않는 곳은 스타의 사생활이 될 수도 있고 또는 스타가 팬들 모르게 은밀하게 하는 선행활동도 될 수 있다.

호텔 및 리조트산업에서는 스타마케팅을 활용하기 시작했고 또 상당부분 성공을 거두기도 한다. 비발디파크의 오션월드와 에버랜드 리조트의 캐리비언베이는 국내 걸그룹 등 스타를 광고모델로 기용함으로써 마케팅성과를 올리고 있다. 또 방문객의 취향에 맞추어 콘서트를 열면서 워터파크에서의 파티 즐거움을 극대화하고 있다. 이러한 것은 스타의 전방부라고 할 수 있다.

반면 스타의 후방부에 관련된 사례는 다음과 같다. 켄싱턴 리조트에서는 매년 스타와 함께 스타호텔 기금 전달식을 통해서 불우한 이웃을 돌보고 있다. 또한 스타가 묵었던 객실을 스타의 사진과 소장품 등으로 장식하면서 스타의 사적 흔적을 테마화하고 있다.

이와 같이 스타의 후방부까지 스타마케팅으로 활용하는 것에 대하여 지극히 상업화라는 비판도 있을 수 있으나 오히려 스타의 참모습을 보여주면서 팬들이 보다 스타의 인간적인 면을 발견하는 기회가 될 수 있다. 스타의 이미지를 사는(buy) 것이 아니라 스타와 같이 동시대를 사는(live) 시대가 온 것이다.

1. 호텔 판매촉진의 개념과 의의

1) 호텔 판매촉진의 개념

(1) 판매촉진의 정의

판매는 기업이 가치를 실현하는 수단이자 그 자체가 된다. 기업은 판매를 통해 존재의의를 획득하고 기업활동의 완성하며 이해 관계자에게 승인을 받는다. 판매가 이루어지기 위해서는 먼저 고객이 구매하고자 하는 상품과 서비스를 알아야 한다. 소비자가 해당 제품을 알지 못하면 구매를 할 수 없다.

미국 마케팅 협회(American Marketing Association)의 정의에 의하면 판매촉진(sales promotion)이란 '사용자극, 소비자 수요 증대, 제품의 이용가능성 확대를 목적으로 한정된 기간 동안 소비자, 소매업자, 도매업자 등을 대상으로 이루어지는 마케팅 압력'이다. 또한 촉진은 일종의 커뮤니케이션(communication)인데 기업의 제품이나 서비스를 주어진 가격에 구매하거나 지속적인 구매를 유도할 목적으로 제품 또는 서비스의 성능이나 가치를 잠재고객에게 제공하거나 설득한다. 이를 위해서 자사의 제품이나 서비스가 경쟁사보다 우월하게 고객의 문제를 해결할 수 있다는 것을 납득시킨다.

호텔 역시 객실을 판매하고 투숙한 고객들이 다양한 부대시설을 이용할 수 있도록 많은 노력을 하고 있다. 무엇보다도 호텔의 판매촉진을 이해하기 위해서는 호텔이 제공하는 서비스에 대한 이해가 선행되어야 한다. 그리고 이러한 서비스의 특성에 대하여 소비자가 어떠한 행동을 하며 이를 해소하기 위해서 호텔은 어떠한 노력을 해야 하는지를 알아야 할 것이다. 호텔의 서비스는 다음 표에서 볼 수 있듯이 무형성, 동시성, 이질성, 소멸성으로 특징된다. 호텔은 실제로 방문하지 않으면 상품을 경험할 수 없는 입지의 고정성과 상품의 구성이 무형적인 서비스로 구성되어 있어 타사 상품과 차별화할 수 있는 유형화의 극대화를 위한 정보 제공 수단으로 사용된다(김영규, 2004)

호텔서비스가 무형적 성격을 가지고 있으므로 당연히 고객은 위험을 부담하게 되며 이를 극복시켜주기 위해서 판매촉진을 한다. 즉 유형화의 단서역할을 하는 것이다. 서비스의 소멸성 역시 재고로서 저장이 불가능하므로 판매촉진이 필요하다. 도심에 위치한 호텔이 여름휴가 기간에 패키지상품을 파는 이유는 관광지에 위치한 호텔로 손님이 떠나고 출장와서 호텔에 묵는 손님이 현저하게 줄어들기 때문에 객실이 소멸하기 전에 팔고자 하는 것이다.

〈표 9-1〉 서비스와 판매촉진의 관계

서비스의 특징	소비자행동	마케팅믹스	마케팅전략
무형성	위험지각	판매촉진	유형의 단서
동시성	서비스 제공 접점 중요시	유통(장소)	MOT관리 내부마케팅
이질성	품질예측 용이	상품 / 유통(장소)	감동서비스
소멸성	구매고민	가격 / 판매촉진	수요와 공급의 조화

출처: 남택영(2008).

(2) 판매촉진의 종류와 기능

촉진은 크게 푸쉬전략(push strategy)와 풀전략(pull strategy)로 나눌 수 있다. 푸시전략은 가치사슬상에서 기업과 고객 간에 중간단계에 있는 중간상에게 적극적인 촉진전략을 활용하도록 판매를 유도한다. 이를 위해서 리베이트(rebate), 즉 상품을 판매한 중간상에게 상품대금으로 지불된 액수의 일부를 사례금이나 보상금의 형태로 돌려주거나 하우스오간(house organ)과 같이 PR을 목적으로 발행하는 간행물을 제시하기도 한다. 정보의 제공은 신제품의 출시하여 구매를 촉진하기 보다는 존재하고 있다는 사실을 알려주는 것이다. 반대로 풀전략이란 최종소비자를 상대로 적극적인 촉진활동을 하게 되며 소비자가 자사의 제품이나 서비스를 적극적으로 찾게 함으로써 자발적으로 자사의 제품을 취급하게 만든다.

여행사는 관광업에서 전형적인 중간역할을 하며 호텔, 항공, 크루즈 등을 위해 판매역할을 수행한다. 북미 크루즈(cruise)의 판매는 로얄캐리비언크루즈(Royal Caribbean Cruise)나 카니발(Carnival)과 같은 개별 선사에 의해 이루어지는 것이 아니라 이들의 상품을 종합적으로 다루는 여행사에 의해 이루어지기 때문에 티켓을 여행사가 많이 팔아주는가에 따라 사업의 성패가 갈리게 된다. 여행사의 입장에서도 항공사 티켓을 팔아 커미션을 받아왔으나 최근 항공사들이 커미션을 지급하지 않는다는 이른바 제로커미션(zero commission) 시대를 맞이하여 새로운 수익의 원천으로서 크루즈에 주목하고 있는바 선사가 여행사에게 정상적인 커미션 이외에 기업 등 단체손님을 유치하면 추가 커미션을 지급하기도 한다.

[그림 9-1] 크루스전문여행사 홈페이지

출처: Grand Travel & Cruise 홈페이지.

호텔은 각종 전시회 등을 통해서 자사의 상품과 서비스를 선보이고 있다. 한국국제관광전(KOTFA: Korea World Travel Fair)은 국내에서 가장 긴 역사와 신뢰도를 가진 관광박람회인데 국내 뿐만 아니라 전세계의 도시에서 온 관광청들이 관광상품을 선보이고 현지의 항공사, 호텔, 리조트 등이 관광 관련업체와 연계한 프로모션을 하고 있다. 예를 들어 필리핀 관광청에서는 한국인이 필리핀을 더 가까이 느낄 수 있도록 '필리핀관광청 쇼룸'을 호텔로비에 오픈하고 필리핀 왕복 항공권과 현지 호텔 숙박권을 제공하는 추첨이벤트를 통해 한국인들의 필리핀에 대한 여행 관심을 증대시킨다.

2) 호텔 판매촉진 계획수립

기획(planning)이란 문제를 해결하기 위한 아이디어를 현실성으로 이어주는 것이다. 기획이 ing인 이유는 진행형이란 의미이며 계속해서 상황의 변화에 따라 수정되어야 함을 의미한다. 계획은 기획의 산출물이라고 볼 수 있다. 판매촉진 계획을 세우는 이유는 판매가 잘 안 되어 이를 만회하기 위해 세우는 것도 있지만, 보다 적극적으로 판매를 증진하기 위한 돌파구 마련에 있기도 하다.

판매촉진 계획을 수립하기 위해서는 구체적으로 어떠한 목표를 가지고 누구를 대상으로 어떠한 메시지를 가지고 어떠한 매체를 활용할 것인가를 결정해야 한다.

판매촉진의 목표는 앞에서 살펴 본 바와 같이 정보 제공, 환기, 설득 중 어느 기준으로 설정하느냐에 달려있다. 가능한 목표는 측정 가능해야 하며 이는 수치로 나타내야 한다.

효과적인 판촉을 위해서는 시장을 세분화하여 담당자별로 집중 관리 하도록 한다. 다음 표는 객실과 연회판촉으로 나누어 각 시장별로 어떠한 활동을 해야 하는지를 나타내고 있다. 통상적으로 세계적인 체인호텔들은 세일즈 브릿지(sales bridge)라는 판촉활동을 지역별로 펼치고 있는데 특정지역에 있는 판촉지배인과 영업 관련 부서장들이 지역별로 나누어 새로운 고객을 찾아나서는 행사이다(박대환 · 정연국, 2010).

〈표 9-2〉 객실 및 연회판촉의 대상

구분	시장	내용
객실판촉	국내기업체	기업체 임직원, 출장직원, 바이어 등 고객
	외국인 기업체	한국지사, 사무소, 대리점에서 근무하는 외국인 장기투숙객 및 출장직원 등
	국내여행사	허니문 고객
	인바운드	여행사, 외국인 단체관광객
	항공사	승무원
	관공서	관공서 직원들의 출장
연회판촉	컨벤션	국제회의를 하는 대형단체
	기업체	세미나, 상품설명회, 인센티브, 각종파티
	학회 및 대학	각종 학회 및 대학에서 실시하는 행사
	협회 및 사회봉사단체	각종 협회나 라이온스클럽 등 사회봉사단체 행사
	종교단체	각송 송교난제에서 실시하는 행사
	관공서	정부 및 각 시도 행정관서, 정당 등 포함
	동창회	각종 동창회에서 실시하는 행사

출처: 이정학(2010).

호텔의 판매촉진 수단은 다양하며 다음 절을 통해서 자세하게 언급하고자 한다.

다음 단계는 대상시장을 대상으로 커뮤니케이션을 할 메시지를 만들어야 한다. 메시지는 고객들이 잠재된 욕구를 표현할 수 있어야 하며 시장의 욕구를 충족하고 관심을 이끌어 낼 수 있어야 한다. 또한 단순하면서도 짧고, 디자인적으로도 뒷받침을 해주어야 한다. 호텔의 여름패키지 상품의 명칭은 서머 디럭스, 여름패키지, 메드포서머, 얼리서머 등 다양하게 명명하고 있다.

매체의 선택 역시 다양한 매체를 활용하고 이들 조합(mix)해서 가장 효과적으로 메시지를 전달할 수 있는 방안을 모색해야 한다. 대체로 광고판, 신문, 잡지, 텔레비전, 라디오, DM 등이 있다.

사례 – 쉐라톤인천, 오픈 기념 이색 패키지

호텔의 판촉은 트렌드에 맞아야 투숙객으로부터 공감을 얻을 수 없다. 쇼는 관객의 눈높이에 맞아야 하는 것이다. 각 호텔들은 시즌을 맞이하여 혹은 인근 지역에서 벌어지는 메가이벤트에 맞게 패키지라는 이름으로 판촉행사를 하고 있다.

쉐라톤인천호텔이 오는 8월 1일 개점을 기념해 '2009년 인천 체험 패키지'와 '자연주의 패키지' 상품을 선보인다.

8월부터 10월까지 '인천 세계 도시축전'이 열리는 기간에 선보이는 인천 체험 패키지는 센트럴파크의 전망이 돋보이는 객실 1박(조식 포함, 2인 기준)과 실내 수영장, 쉐라톤 피트니스와 사우나를 이용할 수 있으며, '인천세계도시축전'을 관람할 수 있는 입장권(2매)이 함께 제공된다. 패키지 상품은 8~10월 주말에 한해 판매되며, 딜럭스 룸 기준 19만 9,000원이다.

쉐라톤인천호텔만의 특화된 서비스와 상품을 즐길 수 있는 '자연주의 패키지'는 웰빙을 테마로 도착 당일 제공되는 건강 음료 2잔과 쉐라톤 브랜드의 특화된 '쉐라톤 스위트 슬립 베드(Sheraton Suite Sleep Bed)'에서 편안한 잠자리까지 하루의 긴장을 풀어준다. 다음날 아침 쉐라톤 피트니스에서의 스트레칭 수업과 식단을 고려하여 제공되는 조식 뷔페, 호텔에 인접해 있는 센트럴 파크(Central Park)에서의 산책도 즐길 수 있다. 이 상품은 8월6일부터 10월 25일까지 딜럭스룸 기준 22만 8,000원에 판매된다.

쉐라톤인천호텔 판촉 · 마케팅팀 박문희 이사는 "호텔의 지리적 장점을 부각시켜 보다 다양하고 이색적인 패키지를 준비하고 있다"며 "앞으로도 업무 차 방문한 고객뿐만 아니라 가족단위나 연인, 친구에게 잊지 못할 추억을 만들어 줄 특별한 맞춤 패키지를 선보이겠다"고 전했다.

출처: 여행신문(2009. 7. 13.).

2. 호텔광고 및 PR

1) 광고 기법

(1) 광고의 개념과 의의

광고(advertising)는 라틴어 adverter라는 말에서 나온 것으로 주의를 돌리다, 마음을 어디로 향하게 하다의 뜻을 가진다. 즉 '반복하여 부르짖어 주의를 끌어 마음을 향하게 하는 것'이다. 따라서 광고는 욕망을 불러일으키는 연금술이라고도 불리운다.

광고의 정의를 보다 구체적으로 보면 특정 수단을 사용해서 무엇인가 사실을 전달함으로써 많은 사람들의 행동을 일정한 방향으로 진행시키고자 하는 계획적인 활동이다. 또한 광고는 명시된 광고주가 있고 광고주가 비용을 유료로 지불하며 비인적인 매체를 통하여 아이디어, 상품, 서비스를 제어하며 때로는 윤리적, 도덕적 문제로 규제되기도 한다.

1912년 미국 대선현장에 시어도어 루즈벨트 대통령의 선거사무실에 300만 부의 홍보 제작물을 만드는데 "copy right by 0000" 라고 저작권을 주장하는 조그만 사진이 일부 들어갔다. 개인 사진작가가 찍은 것이므로 때문에 이를 지우고 다시 만들려면 최소 300만 달러가 추가로 필요하고 더 나가 시간도 별로 없었다. 만약 사진사에게 알려지면 도덕적 책임을 져야 할 것이다. 미안하다고 사과해야 하나? 상대방의 호혜를 기대해야 하나? 결론은 단 1달러도 지불하지 않았고 오히려 후원금으로 250달러 덤으로 받았다고 한다. 선거본부의 한 운동원이 낸 아이디어에 따르면 오히려 "축하합니다. 루즈벨트 대통령 후보의 선거팜플렛에 당신의 이름이 박힌 사진이 실렸습니다. 당신은 아마도 유명인사가 될 겁니다. 이 정도 호의를 베풀어주었으니 당신은 1000달러 정도 후원을 해야 하지 않아요?"라고 정면돌파를 해서 성공했다.

상기 내용은 광고와 PR과 스폰서링의 개념을 바로 설명해 주고 있다. 선거제작물은 당연히 PR이고 사진작가 입장에서는 본인의 존재가치를 광고한 것이며 아울러 사진작가가 낸 250달러는 정치적 스폰서링이었다.

광고는 소비자행동에 있어서 정보의 원천이 되며 고객에게 정보를 제공하여 고객이 외부에서 정보를 탐색하는 데 도움을 준다. 또한 광고의 목적은 정보의 제공하여 제품과 서비스를 기억하게 함으로써 수요자의 흥미를 돋굴 뿐만 아니라 판매자의 저항을 극소화하는 데 목적이 있다. 광고와 PR은 잠재적 고객을 대상으로 하는 약속이므로 실재 투숙한 이후에 약속이 이행될 수 있는 서비스를 포함한 총체적 노력이 요구된다.

광고가 다수의 고객을 접근하는 데 용이하고, 메시지가 통제가능하며 고객당 비용이 저렴하다는 장점이 있다. 또한 제품의 이미지를 개선하고 신제품을 신속히 시장에 도입시키는 데 도움을 준다. 반대로 광고는 취약점을 갖기도 하는데 고객별로 차별화된 메시지를 전달하는 것이 불가능하며 여러 차례 반복해야 하고 주로 시청각에 의존하는 한계가 있다. 또한 효과측정이 어렵다는 특징을 갖는다. 이에 비해서 PR는 신뢰도가 높고 비용이 가끔은 무료가 되어 비교적 저렴하나 통제가 어렵과 직접적인 매출 상승 보다는 간접적이고 장기적인 성격을 띤다.

(2) 호텔의 광고

호텔광고는 호텔의 상품인 객실, 식음료, 부대시설과 인적, 물적 서비스 그리고 아이디어에 대한 비인적, 시각적, 청각적, 공개적 후원메시지를 전달하는 것과 관련된 모든 활동으로 호텔기업이 행하는 모든 커뮤니케이션 활동을 포함하는 개념이다(구자혁, 2004). 광고의 첫걸음은 시장을 조사하는 데 있으며 먼저 전문광고대행사와의 논의가 필요하다.

호텔상품을 널리 광고홍보하고 판매량을 늘림으로써 수익을 확보하며 관광산업의 계절적 편재성(seasonality)에서 오는 비수기를 적극적으로 대처하고 유휴시설의 가동하여 성과로 연결시켜야 한다. 광고전략을 수립하는 과정은 다음과 같다(박정선, 1997)

먼저 포지셔닝(positioning)으로 고객의 마음 속에 호텔을 독특하게 위치시키는 것이다. 두 번째로 호텔의 독특한 개성을 반영하는 이미지를 창조하도록 한다. 세 번째는 목표인데 광고가 전달하고자 하는 바를 알도록 해야 하며 이를 위해서는 가능한 한 문장으로 명확히 간략히 기술되어야 한다. 네 번째는 목표고객으로서 인구통계학적 특성과 심리적 특성이 있다. 다섯 번째는 약속으로 고객들에게 호텔의 가장 중요한 이익을 이해시키도록 한다. 여섯 번째는 지원으로 사실에 입각하여 지원하도록 한다.

최근 소셜미디어가 각광을 받게 됨에 따라 페이스북 및 트위터 등을 통해 이른바 친구맺기를 통해서 광고를 하는 경우도 많아지고 있다. 렉싱턴 호텔은 페이스북 이벤트에 참가하면 커피를 공짜로 제공하는 등 소셜미디어를 오픈한 것을 직접 홍보하고 있다.

호텔 옥상의 광고는 호텔을 확인하는 데 매우 중요한 역할을 한다. 따라서 가시성을 확보하기 위해서는 가능한 여러 각도에서 거리를 잘 보아야 할 것이다. 물론 옥상광고에 조명은 필수적이다.

호텔 공식웹사이트를 통한 직접 예약 및 CRS(central reservation system), GDS(global distribution system), 한국의 호텔엔조이, 미국의 익스피디어 등 제3의 중개자를 통한 전자상거래 등의 예약률이 높아가고 있는 추세에서 최근 인터넷 및 모바일을 통한 소비자 의사결정이 늘어나고 있고 호텔 역시 홈페이지와 모바일 앱 등을 통해서 자체광고를 활용하고 있다.

호텔의 신뢰를 가시화하는 방법중 하나는 고객과 직접 접하는 접객요원(C.P: contact personnel)과 고객의 만남의 장에서 퍼포먼스의 내용이나 실적을 직접 광고하는 것이다.

객실 부문은 시설이나 설비를 통한 차별성을 도출하는 것이 중요하며 식음료 부분은 고객범위가 다양해 직접적인 광고보다는 전통적 매체인 신문, 잡지 등을 활용하는 것이 좋으며 사우나, 피트니스 등 부대시설은 이용객의 특성이 명확해지므로 특수선문시 등을 활용하는 것이 좋다

[그림 9-2] 호텔광고

출처: 밀레니엄힐튼호텔 홈페이지(Hotel-blog.com).

2) PR 기법

(1) PR의 개념과 의의

PR은 원래 퍼블리시티(publicity), 즉 홍보로부터 시작되었는데 가치가 있는 사항을 신문 등 매체에 소개하면서 자연스럽게 기업 이미지나 상품을 알리는 효과를 얻는 방법 즉 언론에 기사화시키는 방법을 말한다. 그러나 퍼블리시티를 넘어서 보다 전문적이고 전략적으로 발전하면서 PR(public relation), 즉 공공관계, 공중관계라는 개념이 도출되었다.

사전에서 정의하는 것을 보면 보다 구체적으로 해설적인 자료의 배부, 이웃 간의 상호교환 및 대중의 반향의 평가 등을 통하여 한 사람, 사회, 조직체와 다른 사람들, 특수 대중층이나 지역사회, 일반사회의 의견을 일치시키고 친목관계를 도모하는 것을 PR이라고 한다.

호텔에 적용하면 호텔홍보란 언론매체에 호텔의 조직과 경영에 대한 기사가 실리도록 하는 활동이고 이는 호텔 PR의 하위개념이라면 호텔 PR은 호텔이 이해관계자들과 바람직한 관계를 맺기 위해 벌이는 모든 활동을 말한다.

따라서 PR은 관계의 기술이라고 정의할 수 있는데 조직이나 호텔기업이 자신을 둘러싼 내외부 여러 집단과 좋은 관계를 유지하는 고도의 전략이자 전략적 과정이다(우경진, 2009). 최근 기업의 경쟁에서 협력과 상생이라는 공존의 길을 모색하고 기업의 사회적 책임(CSR)이 강조되면서, 특히 지역사회와 관계를 맺으면서도 원래 기업의 존재의의인 이윤추구가 어떻게 조화를 이루느냐라는 과제에 비추어 볼 때 PR의 기능은 매우 중요하다고 할 수 있다.

PR은 직접적이고 돈을 지불하면서 하는 광도와는 달리 간접적이고 돈을 직접 지불하기 보다는 우회적으로 활용한다는 점에서 차이가 있다. 따라서 다음과 같은 활동이 포함된다(정경훈 · 박호래, 1994).

- 지역사회의 사업이나 사회활동에 참여
- 불우이웃돕기 등 자선활동
- 지역유지들에 대한 의례적인 방문
- 지역의 복지시설에 대한 방문
- 지역운동 경기팀이나 그룹의 후원자 역할 수행
- 신문기관이나 라디오, 텔레비전 등에 정기적인 공개
- 기관잡지를 통한 홍보
- 특별행사의 유치나 사람의 이목을 끄는 행사 유치
- 명사초청 및 모임의 유도
- 기자와 팬들의 관심을 끌 수 있는 유명인사(Celebrity)의 전시장 및 무대 제공

이상의 방법을 통해서 기업은 자사의 상품이 소비자의 필요, 욕구, 관심, 이익 등에 부합할 수 있다는 정보와 느낌의 전달해야 하며 PR과 연동하여 보다 전략적으로 구매를 촉진시키는 프로그램을 계획, 실행, 평가를 해야 할 것이다.

(2) 호텔의 PR

호텔은 이미지산업이자 서비스를 바탕으로 하기 때문에 궁극적으로 호의와 좋은 브랜드이미지 창출을 통해 다른 호텔과 경쟁할 수 있다. 따라서 고객에게 영향을 주는 요인이 단시간에 이루어 질 수 없으므로 보다 장기적인 접근이 필요하며 이는 호텔의 전략적 PR활동이 필요한 부분이다.

호텔에서는 마케팅부서 내에 주로 PR기능을 담당하고 있다. 또한 판촉 및 기획팀이 담당하는 이벤트 등에 PR기능을 포함시키기도 한다. 또한 모든 특급호텔은 언론사만을 전담하는 기능을 가지고 있어 전문적이면서도 능동적인 정보 제공에 힘쓰고 있다. 호텔을 PR할 수 있는 좋은 소재는 다음과 같다(이정학, 2010).

- 총지배인, 주방장 등 간부직원들의 부임 및 퇴임, 인사 이동 등 임직원의 동향
- 영업장의 시설변경 및 증축, 새로운 영업장의 신설
- 새로운 서비스의 도입
- 국내외 정치인, 연예인 및 저명인사의 내방
- 새로운 레스토랑 메뉴 개발, 패키지 상품, 프로모션 상품
- 기념일 이벤트
- 국가적, 지역적으로 관심을 끄는 컨벤션, 연회행사, 전시회
- 지역사회와 관련된 공공행사
- 호텔 자체 임직원들의 수상
- 호텔 내 선행직원이나 독특한 일을 수행하는 직원

최근 지구온난화와 함께 친환경에 대한 이해관계자의 요구가 강화되고 있는데 이를 비용이라고 소극적으로 생각하지 말고 오히려 전략적으로 사용해야 한다. 따라서 호텔 입장에서는 친환경활동을 좋은 PR소재로 활용할 수 있다. 예를 들면 객실정비시 불필요한 소등과 온도조절장치로 적정 온도를 맞춘 후에 객실을 정비하거나 음식 조리시 더운 음식과 찬음식을 구분하여 조리하여 가스 사용량을 줄이며 객실복도와 사무실에 고효율 형광등을 채용하는 등의 내부활동을 외부의 이해관계자들에게 보여줄 필요가 있다.

호텔은 다양한 매체를 통해서 이상의 소재들을 이해관계자들에게 전달하고 있는데 호텔체인에서 발행하고 있는 소개책자, 신문,잡지 등 대중매체 등을 활용한다. 또한 무엇보다도 직접 고객들을 대면하는 호텔종업원은 걸어다니는 홍보수단으로 매우 중요하기 때문에 교육훈련이 중요하다. 호텔이 지역사회와의 관계를 돈독히 하면서도 지역사회의 구성원을 PR의 전도사로 바꾸는 방법은 인근지역 호텔

및 관광관련 학생들을 호텔시설 견학 등 팸투어로 초대하는 것도 좋다.

트위터(Twitter) 활동과 브랜드와는 강한 상관관계를 가진다고 한다. 예를들어 애플(Apple)은 동종업계에서 최상위 브랜드가치와 함께 트위터 사용자 수와 평균 트윗수의 최상을 달리고 있다. 이와 같은 소셜미디어(social media)는 열렬한 친구와 영향력 있는 사람과의 관계를 만드는데 유효한 수단이기 때문에 PR역시 궁극적으로 상업적인 메시지보다는 스토리를 전달하여 친구를 만드는 것에 비유할 수 있다. 가장 좋은 고객은 친구이다.

3) 스타 인도스먼트

(1) 스타 인도스먼트의 의의

스타(celebrity)는 일반 대중에 비하여 높은 인기를 가진 연예인이나 운동선수 등을 말하지만 특정 분야의 전문가, 기업의 CEO나 종교인, 정치인까지 포함한다. 이러한 유명세로 벌어들인 재산을 보유하고 있으므로 흔히 리치앤 페이머스(rich & famous)라고 불린다. 스타는 반신(半神)적인 존재로서 인간과 신의 성질을 동시에 가지고 있으며 또한 오늘날 같이 신앙과 엔터테인먼트가 혼재되어 있는 시대에서 숭배의 대상이 되고 있다고 한다(Morin, 1992).

오늘날은 관심경제(attention economy)로 표현되는데, 즉 정보 및 상품이 무한대로 공급되지만 관심을 둘 대상이 너무나 많아지므로 기업의 입장에서는 관심의 결핍이 치명적인 약점으로 작용한다. 따라서 기업의 입장에서는 한정된 시장을 가지고 어떻게 하면 고객의 관심을 끌 것인가를 고민하게 되며 그 해법은 스타의 활용에 있다. 우리는 그것을 일반적으로 스타마케팅이라고 부른다.

스타가 일반 대중과 비교가 되는 것은 무엇보다도 엔터테인먼트 및 미디어 산업의 중심에서 끊임없는 뉴스거리를 만들어 내면서 대중의 관심을 끈다는 것이다. 그 이유는 전문성, 신뢰성, 매력성 등을 가지기 때문이다. 대중은 팬(fan)으로서 이와 같은 스타의 속성들을 부러워하기도 하고 때로는 닮고 싶기도 한다. 벤쿠버 올림픽 금메달리스트 김연아 선수는 피겨선수로서의 전문성도 가지고 있지만 매력성을 고루 갖추고 있는 스타이다. 팬들은 김연아 선수와 때로는 현장에서 혹은 미디어를 통해서 만나게 되며 우리는 이것을 스타와 팬 간의 유사사회적 상호작용(PSI: parasocial interaction)이라고 한다. 즉, 직접 대면할 기회는 없지만 늘상 같이 생활한다고 관심과 애정을 보내는 것이다. 따라서 스타는 팬에게 하나의 상품브랜드이자(Thomson, 2006) 친구이며 애인이자 신이다.

스타는 상품으로서 브랜드가치를 가지지만 소비자로 하여금 상품을 구매하는데 추천인 역할을 하기 때문에 더 중요한 의미를 갖는다. 상품 인도스먼트(endorsement)는 추천, 옹호, 보증, 인증 등 다양하게 쓰이고 있는데 스타가 상품과 같이 광고에 등장하는 것을 말하며 특정 상품에 대한 공개적인 승인을 함으로써 소비자에게 상품에 대한 각인을 시키는 것이다. 이와 같은 스타마케팅은 광고뿐만 아니라 홍보대사 등 PR활동에도 활용이 되고 있다. 스타는 본인과 이미지가 유사한 상품 및 서비스 등을 추천하는 역할을 하는데 광고주는 스타를 따르는 팬을 어떻게 하면 어떻게 구매자로 바꾸느냐가 스타마케팅의 기획의도가 된다(양승훈 · 최문용, 2011). 따라서 스타마케팅은 스타의 대중적 인기, 특히 사람들이 얼마나 그 스타를 아느냐 그리고 얼마나 그 스타를 좋아하느냐의 호감도를 상품, 서비스, 이벤트, 사회봉사활동 등과 연계해서 진행하는 마케팅 전략이다. 또한 광고모델로서 스타의 특성이 스타가 광고하는 브랜드와 일치할 때 효과가 있는 것으로 나타났다. 자메이카의 육상선수인 Usain Bolt는 스포츠브랜드인 푸마(Puma)광고에 자주 등장하는데 스타와 브랜드상품의 속성이 서로 일치하는 경우이다. 또한 Tiger Woods는 또 다른 스포츠브랜드인 나이키와 전속계약을 맺고 있으며 특히 골프용품 광고에 활용되면 전문성으로 어느 누구보다도 설득력 있는 광고메시지를 전달할 수 있을 것이다.

(2) 국내 호텔의 스타인도스먼트 사례

관광상품은 무형적 특성으로 인하여 마케팅에 어려움이 있는데 대중스타를 광고에 기용함으로써 무형적 특징을 스타를 통해서 구체화 및 유형화한다는 점에서 효과적인 마케팅 수단으로 활용되고 있다(양승훈, 2008).

부산 롯데호텔은 한류스타와 손잡고 일본인 관광객 유치에 힘쓰고 있는데 장근석, 김현중, 김수현 등 연예인 팬미팅 이벤트와 함께 동반효과(synergy)를 내기도 한다. 이들 한류팬들이 호텔 투숙객으로 바뀌는 것이다.

설악산에 위치한 켄싱턴스타호텔은 영국왕실을 콘셉트로 하여 럭셔리한 로얄 패밀리의 하룻밤 분위기가 물씬 나는 호텔인데 독특하게 스타와 객실상품을 연결하고 있다. 로비에 투숙했던 스타들의 사진을 걸어놓고 골프스타 박세리 등이 머문 방이라는 것을 알리기 위해 방 앞에 박세리 선수 운동용품을 전시하고 벽에는 선수 사진 등을 걸어놓았다.

워터파크는 인기 걸그룹을 모델로 하여 대대적인 홍보를 하고 있다. 워터파크 홈페이지 역시 젊은 남녀의 수영복 차림 부각하고 연인, 로맨틱, 등의 문구를 삽입하고 있다. 포시즌 워터파크(서울 성동구 소재)의 홈페이지 초기 화면에는 젊은 남녀의 피트니스센터 전경을 포함하고 있고, 씨랄라(서울 영등포구 소재)의 자체 소개 동영상을 인어공주와 왕자의 이야기에 따와서 '로맨틱 스파 & 워터'라는 카피를 채용하고 있다. 또한 금강산랜드(경기도 파주 소재)의 소개 동영상에 비키니를 입은 젊은 여성들이 물에 뛰어드는 모습, 웅진플레이도시(경기도 부천 소재)는 젊은 남녀 연인들의 즐거운 물놀이 시간, 여성 9인조 음악그룹 나인뮤지스의 공연영상이 담겨져 있다. 캐리비안베이는 가장 적극적으로 아이돌 가수들을 모델로 기용하고 있다. 소녀시대와 f(x) 빅토리아, 2PM 등이 캐리비안베이 모델로 활동했으며 올해는 2PM과 미쓰에이의 수지를 모델로 기용했다. 웅진플레이도시는 2011년 나인뮤지스 이샘, 이유애린, 현아에 이어 올해도 같은 팀의 현아, 민하, 은지를 모델로 발탁했다. 오션월드는 2010년 유이와 가희를 모델로 기용했으며 올해는 손담비를 메인 모델로 내세웠다. 디아라의 경우 2010년 천안 휴러클 리조트 테딘 워터파크 모델로 활동했다.

다만 스타의 이미지가 너무 강해서 스타가 인도스하고 있는 상품과 서비스가 희석되는 것등은 경계해야 할 부분이다. 또한 스타는 인간이므로 늘 스캔들과 같은 부정적인 이미지를 가질 수 있음을 숙지할 필요가 있다. 최근 연구에 의하면 잘하는 기업이 잘못을 저지를 경우에는 더 큰 이미지 타격을 입는다고 한다.

[그림 9-3] 워터파크의 광고

출처: 광고주 홈페이지.

4) PPL과 브랜디드 엔터테인먼트

(1) PPL 및 브랜디드엔터테인먼트의 개념과 의의

PPL은 product placement의 약자로 흔히 직접광고와는 대비되는 간접광고의 하나로서 드라마나 영화 속에 전개되는 이야기와 장면에 광고목적물을 보여줌으로서 시청자는 광고물에 무의식적으로 노출된다. 일종의 스타마케팅이기도 하지만 스토리의 전개에 광고물을 삽입하기 때문에 스타에 대한 주목효과와 함께 스토리의 몰입을 통해 자연스럽게 마케팅메시지를 전달한다.

이러한 PPL의 등장배경에는 스타를 이용한 광고비의 폭등이 기업의 마케팅 비용 상승으로 나타난다. 또한 프로그램 제작사 측에서도 기업에게 제작지원 및 협찬을 받아 제작비 절감의 압박을 해소할 수 있다. 그럼에도 간접광고는 원래 프로그램인 영화 및 드라마의 전개 몰입을 방해하거나 전체적인 작품의 완성도를 떨어뜨리는 문제점이 있기 때문에 조심스럽게 계획되어야 한다.

브랜디드 엔터테인먼트(branded entertainment)는 음성, 영상프로그램과 브랜드와의 결합을 말한다. 브랜디드 엔터테인먼트가 추구하는 것은 브랜드메시지 전달을 통해 상업적 수익을 취하되 엔터테인먼트의 재미를 갖춘 것을 말한다(조형진, 2006). 브랜디드 엔터테인먼트는 2005년 초반 삼성 애니콜의 애니모션이 본격적으로 시작되었다.

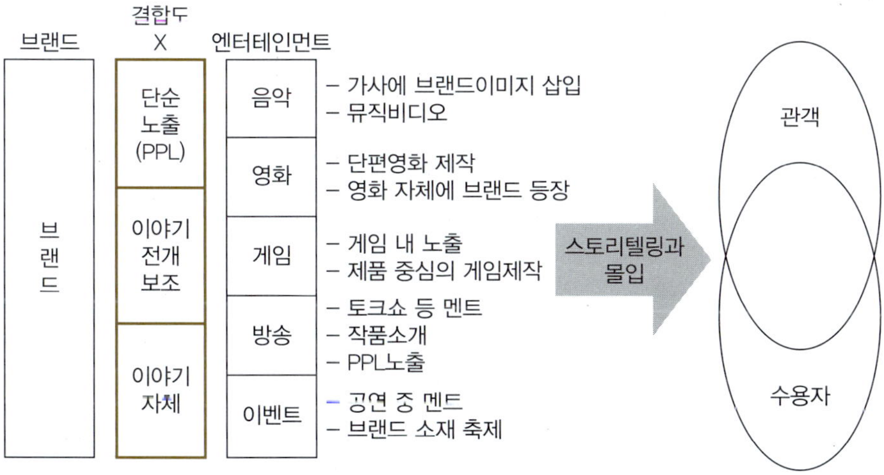

[그림 9-4] PPL 및 브랜디드 엔터테인먼트

PPL은 단순노출이라면 보다 본격적으로 이야기 전개를 보조하거나 더 나가 이야기 자체를 전달하는 것도 있다. 음악의 가사에 브랜드명을 삽입하는 것이 PPL이라면 뮤직비디오에 브랜드이미지를 넣는 경우는 좁은 범위의 브랜디드 엔터테인먼트다. 영화도 단순 노출에서 짧은 단편영화 자체가 브랜드를 전달하는 것도 있다. 고급 자동차 제조사인 BMW는 소셜네트워크 인터렉션 무비라는 용어를 사용하기도 하는데 에피소드 X3라는 부제를 붙여 빠른 화면전개와 함께 자동차 추격씬을 보여주고 있다. 최근에는 게임 내 노출과 브랜드 중심의 게임제작을 하고 있는 등 미디어를 확대하고 있다. 방송에서의 토크쇼멘트에 브랜드를 거명하면 PPL이고 프로그램 자체가 브랜드를 광고하기 위해 제작되었으면 브랜디드 엔터테인먼트라고 할 수 있다. 이와 같이 어디까지 PPL이고 브랜디드 엔터테인먼트까지인지, 더나가 어디까지가 엔터테인먼트 자체인지 구분이 모호해지고 있다. 이때 엔터테인먼트를 즐기는 관객은 동시에 잠재고객이 된다.

브랜디드 엔터테인먼트를 만드는 광고주는 수용자가 이야기에 몰입되어 있을 때에는 자연스럽게 광고 효과를 이끌어 낼 수 있다.

(2) 호텔 PPL 및 브랜디드 엔터테인먼트 사례

호텔 상품 역시 드라마 및 영화에서 배경의 역할을 하면서 자연스럽게 간접광고를 할 수 있다. 시청자는 엔터테인먼트 프로그램을 시청하면서 주인공을 주목하게 되고 주인공을 만나고 싶어하며 장면 중에 나타난 장소를 그리워하게 된다. 호텔 객실 구매는 호텔의 전반적인 이미지에 의해서 결정되는 경우가 많으므로 특히 이러한 PPL이 효과가 있다.

이후 시청자는 영화와 드라마에서 본 호텔을 현지에서 보며 그 장면을 다시 인식할 수 있어 호텔은 영화와 드라마로 채색되는 것이다.

다만 문제가 되는 것은 이야기 전개를 호텔이 방해하지 않고 관객의 몰입을 망쳐서는 안 된다는 것이다. 무분별한 PPL은 오히려 호텔에 부정적인 이미지를 줄 수도 있다는 점을 명심해야 한다.

쉐라톤워커힐호텔은 2001년에 방영된 드라마 〈호텔리어〉 촬영에 객실을 제공했는데 약 1억 원 가량을 투자한 것으로 나타났다. 물론 드라마를 통해 호텔의 로고, 종업원의 유니폼, 레스토랑 등을 포함하는 부대시설 등을 노출시켰다. 이어 '호텔리어 패키지상품' 출시, 객실점유율 상승, 면세점 판매고 상승 등 가시적인 성과를 거두었다. 서울프라자호텔은 〈겨울연가〉에 촬영장소를 제공하였으며 그랜드하얏트는 드라마 〈파리의 연인〉에 등장하였다. 클럽메드는 차태현, 성유리가 주연한 MBC 미니시리즈 〈황태자의 첫사랑〉에 촬영 전 일정을 대규모로 협찬하였는데 해당 리조트의 상당부분이 배경으로 활용되었다. SBS 주말드라마 〈파리의 연인〉의 초반부 주요 배경은 프랑스 파리의 한 고급아파트이나 실제로는 서울 삼성동 '오크우드 프리미어 코엑스센터'에서 촬영이 진행되었다. 영화 〈로맨틱아일랜드〉는 남녀가 필리핀 보라카이에서 만난 뒤 로맨틱한 사랑을 나누는 내용을 그리고 있는데 국내 유명한 여행사와 항공사, 호텔 체인점, 의류 브랜드명을 직접적으로 노출하였다.

[그림 9-5] 영화 및 드라마의 PPL및 브랜디드 엔터테인먼트

출처: 영화사 및 방송국 홈페이지.

3. 호텔 인적판매

1) 인적판매의 개념과 의의

(1) 인적판매의 의의

판매 행위는 여러 가지 모습으로 나타난다. 어떤 사람은 판매를 소리치고 설명하며 판매하는 행위(yell, tell, sell)로 보고 그 머릿글자를 따서 YIT라고도 한다. 또는 뿌려놓고 기도한다(spray & pray)는 머릿글자를 모아서 S&P라고도 하며 어떤사람은 LGD 즉 점심 먹고 골프치고 저녁만찬을 즐긴다(Lunch, golf and dinner)라고도 한다. 세일즈맨을 말하는 소책자(talking brochure)라고도 한다(kotler, 2007).

인적판매는 세일즈맨을 통해서 고객과 직접 면담을 하고 설득을 통해서 구매현장에서 판매를 체결하는 데 목적이 있다. 그럼에도 고객은 사라고 설득당하는 것을 싫어하면서도 동시에 구매하기를 좋아한다.

비즈니스의 세계는 말 그대로 전쟁터이고 하루에 몇 번씩이고 설득이나 협상을 수행해야 한다.

또한 인적판매는 다양한 면에서 이점이 있다. 첫 번째로 마케팅 정보를 수집하는 수단이 되기도 하는데 고객과의 직접 대면하는 접점에 있기 때문에 상대적으로 고객의 정보를 수집하기 쉽기 때문이다. 두 번째로 직원과 고객이 직접 만나기 때문에 사고파는 관계를 넘어 인간관계를 형성 및 유지하는 데 좋은 기회가 된다. 이를 위해서는 무엇보다도 상대방에게 이미지를 각인시켜야 되며 마음을 얻어야 한다.

인적판매자는 다음과 같은 요건을 필요로 한다. 단순하게 주문을 받는 사람(order taker)이 되어서는 안 되며 고객의 욕망을 해소해 주고 문제를 해결해 주는 적극적인 세일즈맨이 되어야 한다. 판매자의 입장에서는 인적판매는 소비자가 보일 수 있는 망설임을 극복할 수 있는 기회를 제공할 수 장점이 있지만 이를 위해서 판매자는 반드시 제품에 대하여 잘 알고 있어야 하며 제품을 판매하고자 하는 의지를 가지고 있어야 한다(Kaser & Olekers, 2004).

인적판매는 촉진 속도가 느리고 고객당 촉진 비용이 높은 것이 단점이다. 그럼에도 구매자 입장에서도 광고 등을 통한 정보를 1차로 얻고 보다 구체적인 내용을 알고 싶을 때는 당연히 세일즈맨을 찾게 되기 때문에 광고, 홍보 및 인적판매를 적절하게 혼합해서 구사하는 것이 매우 중요하다.

(2) 호텔의 인적판매

호텔에서 인적판매가 중요한 이유는 호텔객실이 무형적 특성이며 이는 곧 재고로 저장될 수 없는 소멸성을 의미하기 때문이다. 따라서 설득력과 즉각적인 피드백이 있는 인적판매가 유효하다. 또한 세일즈맨은 아직 소비가 되지 않은 호텔상품을 고객이 미리 연상할 수 있도록 하는 이미지 관리가 필요하다. 즉, 호텔리어는 호텔이 인간으로 구현된 상태이기 때문에 판촉을 담당하는 지배인의 인상, 용모, 어투 등 고객이 느끼는 전반적 이미지는 보이지 않는 호텔의 서비스를 보이게 하는 역할을 한다. 아울러 첫인상이 중요하므로 단정한 외모와 세련되고도 설득력 있는 언어를 자유자재로 구사해야 한다.

호텔직원이 가져야 할 세가지 요소를 흔히 KAS라고 한다. K는 지식(Knowledge), A는 태도(Attitude), S는 스킬(Skill)을 뜻한다. 따라서 자신이 파는 상품인 객실 및 연회에 대한 구체적이고 명확한 지식을 바탕으로 고객지향적 태도와 함께 친절한 서비스를 수행할 수 있는 스킬로 무장하여야 할 것이다. 연회판매원은 호텔 내 여러 연회실의 수용능력, 가능한 셋업, 가격범위, 메뉴, 장비 및 데코레이션 등의 부수적인 서비스를 알아야 한다. 웨이터와 웨이트리스는 당일 메뉴, 메뉴에 들어가는 재료, 조리방법, 프레젠테이션, 가격, 스페셜티(specialty) 등을 숙지해야 할 것이다.

호텔의 판촉지배인은 수시로 다양한 정보를 접하고 필요한 곳에 전화로 방문예약한 후 즉시 달려가서 객실, 식음료, 연회, 부대시설 등 호텔서비스의 상품을 팔수 있는 마음자세로 근무해야 할 것이다. 이를 위해서 판촉지배인은 "sales manager's trace system"을 구축하게 되는 데 그 구성요소는 다음과 같다(박대환 · 정연국, 2010).

- 담당하는 거래처(sales account) 최초의 기록
- 거래처에 보낸 감사의 편지
- 거래처와 거래관계에 있는 계약서 및 재계약 스케쥴
- 거래처 주요 방문일정
- 거래처의 주요 행사 및 예약 담당자에 대한 간략한 정보 등

호텔의 인적판매는 다음과 같이 크게 현장판매, 전화판매, 내부판매로 나눌 수 있다. 현장판매는 호텔 밖에서 판매원에 의해서 일어나는 판매노력인데 흔히 판매방문(sales call)이라고도 한다. 예비고객과의 대면을 통해서 컨벤션기획자, 항공사, 크루즈 직원, 여행도매업자 등을 방문하는 것이 포함된다. 전화판매는 전화를 통해 직간접적으로 판매를 유도하는 방식이다. 예상고객을 확인하고 고객의 잠재적 가치의 수준을 판단하게 되며 보통 현장판매를 위한 대용 및 사전 수단이다. 내부판매(internal sale)는 업장에서 판매가능성을 높이거나 고객의 평균 판매수준보다 더 많이 판매하려고 노력하는 것이다(최태광 · 김미경 · 최문용, 2012)

잠재고객과의 접촉을 위해서 대규모 행사나 이벤트에 참석하고, 알게 된 고객

자리를 같이 함으로써 자연히 접촉할 기회를 갖는다. 편한 시기를 보아서 호텔에 식사초대를 하고 식사 시에는 호텔에 대한 충분한 정보를 제공하고 식사 후에는 반드시 호텔투어를 권유하여 고객의 호감도를 높일 필요가 있다. 미팅을 위한 세일즈키트(sales kit)는 다음과 같이 준비된다(이정학, 2010)

- 호텔 브로슈어: 호텔의 시설전반을 소개한 인쇄물
- 팩트시트(fact sheet): 호텔의 개요 및 시설을 한 장에 소개한 인쇄물
- 컨벤션 및 연회 브로슈어: 회의나 연회장의 규모, 시설등을 상세히 소개한 인쇄물
- 패키지 상품 안내서
- 식음료 업장 프로모션 상품안내서
- 헬스클럽 브로슈어: 헬스클럽의 시설이나 회원가입에 관한 안내가 소개된 인쇄물
- 유료회원 가입안내서
- 객실요금표(room tariff)
- 뉴스레터(news letter): 매월 또는 격월로 발행되는 호텔 소식지

2) 판매사이클

(1) 예상고객과 가망고객의 결정

인적판매를 위해서 가장 먼저 해야 할 일은 누가 우리의 고객이고 고객 중에서 어느 위치에 있는 고객인지를 파악해야 한다. 삼성그룹의 창업주 이병철 선대회장은 "장사꾼이 아니라 고객의 마음을 얻는 기업가가 되라"고 하였다. 고객(顧客)이란 한자를 보면 '돌아볼 고'에 '손님 객'이므로 서비스와 상품을 제공한 후에 항상 돌아보도록 해야 하되 손님이므로 항상 떠날 준비가 되어 있다는 것도 염두에 두어야 한다. 즉 고객의 마음관리가 매우 중요하다.

고객을 판단 하는 데에는 RWW공식이 있으며 이를 충족시키면 비로소 가망고

객이 된다. 가망고객(qualified prospect)란 구매동기가 구체화되어 스스로 문의하거나 정보를 요구하는 고객이다. 이전에 예상고객이 있는데 구매능력은 없고 정보도 없으나 계기가 되면 가망고객으로 바뀔 수 있는 고객이다. 예상고객에서 가망고객으로 바꾸기 위해서는 첫 번째로 R, 살 의지가 있는 고객(real)인지를 먼저 판단하고 두 번째로 W(win)는 고객으로 하여금 구매에 이르게 할 수 있을 것인가를 판단해야 한다. 사지 않는 고객이나 구매에 이르게 할 자신이 없는 고객에게 인적판매의 노력을 한다는 것은 상당한 비용을 감수해야 한다. 세 번째로 W(worth)는 설령 팔았다 하더라도 남는 거래를 해야 한다. 손해보는 장사는 하지 않는 것이 좋다. 즉 세일즈노력(시간과 비용)과 세일즈 결과인 산출을 항상 염두해 두어야 한다. 즉, 고객의 마음을 읽고(reading) 고객을 최종 구매단계로 이끌기 위해서(leading)는 고객이 보내는 끊임없는 단서(lead)들을 잘 알아차려야 한다.

고객은 다음 그림에서 보는 것과 같이 다양한 종류가 있는데 고객과 기업 간의 마음의 거리라고 볼 수 있다.

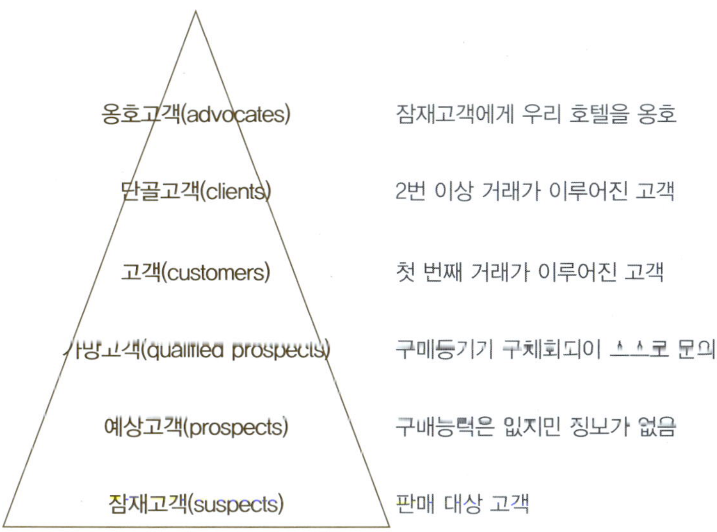

[그림 9–6] 고객의 사다리

출처: 박대환, 정연국(2010).

(2) 상품의 제시 및 설득

상품을 제시(presenting)하기 위해서는 고객을 찾아가거나 고객이 내방해 주어야 한다. 세일즈콜(sales call)이란 호텔의 상품이나 서비스를 판매하기 위해서 고객을 방문하는 것을 말하는데 첫 번째로 방문목적이 뚜렷해야 하고 두 번째, 모든 방문은 계획에 의해 진행되어야 하며, 세 번째, 상품설명에 대한 스킬을 소유하고 있어야 한다. 마지막으로 고객을 잘 설득하여 자사의 고객으로 유도해야 한다(박대환 · 정연국, 2010).

상품을 제시하는 단계에서 중요한 것은 상품의 특징(feature)과 효용(benefit)을 적절히 사용해야 한다. 호텔에서 바다가 바라보이는 발코니가 있는 객실이라고 소개하는 것은 특징만을 설명하는 것이기 때문에 구매를 유도하기에는 부족하다. 발코니에서 석양을 감상하며 추억을 되새기거나 불어오는 바다 소리와 내음을 맡을 수 있다는 것은 고객이 구체적으로 얻는 효용이다. 따라서 특징과 효용을 적절히 배합하는 전략이 중요하다.

또한 호텔의 상품이 귀빈층 객실인 경우도 이성적 판단을 돕는 특징과 감성적 판단을 도와주는 효용을 제시해야 한다. "호텔 안의 또 다른 호텔 개념으로 무료 아침식사, 이브닝 칵테일, 컨시어지서비스 등 일반층과 차별화된 서비스를 제공하고 있습니다" 등의 특성이다. "귀빈층의 고객에게만 독점적으로 제공하는 수준 높은 서비스를 체험하실 수 있습니다"는 효용이다.

상품을 제시하는 것도 너무 많은 상품을 제시하면 고객이 부담을 갖게 되므로 대안을 몇 개 골라서 간결한 설명과 함께 보여주어야 한다. 예를 들어 여행사직원들이 가장 많이 실수하는 것은 브로셔를 고객에게 떠맡기는 것이다.

설득은 고객의 구매지연을 구매행동으로 옮기는 단계이다. 캐리비안 7일 크루즈상품을 구매하는 손님은 상대적으로 높은 가격과 노년층이 주로 이용한다는 선입견이 구매지연을 유발한다. 이때 판매자는 재치있게 크루즈란 교통수단과 숙박이 모두 포함되었고 크루즈 내에 식사가격이 모두 포함되어 있다고 함으로써 가격에 대한 저항을 줄인다. 또한 노년층보다는 최근에는 크루즈가 대형화되면서 다양한 놀이시설이 구비된 크루즈를 추천해 주도록 한다. 또한 브로셔에 그러한 이미지를 골라서 확신을 유도하도록 한다.

흔히 판매는 연애와 같다고 한다. 즉 연예에 성공하기 위해서는 상대방의 대화를 잘 들어주고 잘 공감하고 잘 호응해 주어야 한다. 또한 늘 새로운 모습으로 변신하여 상대방에게 긴장감을 유발해야 한다. 처음부터 모든 것을 다 공개하지 말고 만날 수록 새롭다는 것을 알게 한다. 마지막으로 작은 것부터 세심하게 배려해 상대방이 소중한 존재임을 자각하게 한다.

판매도 마찬가지로 고객과 연애를 하듯이 하면 된다. 고객이 처음 매장에 들어오면 경계심을 가지게 된다. 따라서 대화를 시도해야 하는데 접객 시에는 편안한 분위기를 조성할 필요가 있다. 이를 위해서 기본 예절 뿐만 아니라 호감을 주는 용모와 함께 고객의 성향에 따라 스타일을 달리할 필요가 있다. 다양한 화제를 제시함으로서 고객이 무엇을 원하는 지를 알아보아야 할 것이다. 즉, 고객에 대한 기초정보를 파악하는 단계이다. 집중공략 단계에는 관심분야를 설명해야 하는데 이때 전문성을 기반으로 하는 신뢰감을 주는 것이 중요하다. 상품 및 트렌드를 설명해 준다. 분위기를 전환하는 단계에서는 보다 집중을 할 수 있도록 환기를 시키거나 아니면 장소를 이동한다. 음료 등을 제공하는 것도 좋은 방법이다. 뭔가를 보여주는 단계는 전문성 중심으로 설명을 한다. 제품의 차별성을 강조하고 그것이 왜 고객에게 좋은지 이야기해 주어야 한다. 구매의도를 타진하는 단계에서는 고객의 연락처를 획득하고 개인적 관계를 형성하며 계약의 당위성을 부여한다.

호텔의 연회행사는 특성상 예약과 판촉활동을 통해서 주로 이루어지기 때문에 판매촉진에 대한 교육과 훈련이 지속적으로 실시되어 연회행사의 수주를 극대화하는 데 최선을 다해하며 담당직원 역시 연회행사에 대한 경험이 풍부해야 하며 관련부서와의 관계가 좋아야 한다(이희천, 2009) 이를 위해서 대고객 상담기술과 대화방법을 익히는 것이 매우 중요하다. 연회행사를 판매하는 경우에도 theme set-up, 엔터테인먼트, 꽃장식 등이 추가로 필요한지 물어보고 왜 주문을 해야 하는지 당위성을 부각시켜야 한다.

호텔의 레스토랑 매장에서도 판매행위가 일어난다. 직원들은 보다 수익성이 있는 상품을 판매하도록 해야 한다. 이를 업셀링(upselling)이라고 한다. 호텔 내 레스토랑에서 사이드디쉬, 스페셜 드링크, 리쿠어 등을 손님에게 추가로 주문하겠는지를 물어 보아야 한다. 또한 연관상품을 제시하는 경우도 있는데 이를 크로스셀링(cross selling) 혹은 교차판매라고 한다. 스테이크에는 와인을 판매하는 것이 대표적이다. 메뉴에 대한 특성을 이른바 4P를 중심으로 설명할 때에는 제공되는 크기가 얼마인지(portion), 어떻게 조리되는지(prepared), 어떻게 제공되는지(present), 가격은 얼마인지(price)를 정확하게 제시해 주어야 한다. 아울러 메뉴를 설명할 때에는 묘사어구를 사용해서 고객의 군침이 돌도록 해야한다. 예를들면 가볍게 구운, 넘쳐흐르는, 거품이 가득한 치즈를 녹여서, 살짝 볶은 등 형용사를 사용하면 좋다.

(3) 판매종결 및 후속조치

계약을 체결하는 단계에서는 문제를 해결하고 종결하는 것이다. 판매종결(closing)이란 고객이 마침내 구매하겠다는 의사결정을 내리는 상태이다. 이때 고객의 표정을 빨리 읽어 내려야 한다. 예를 들어 고객이 좀더 앞으로 몸을 기울인다든지, 상품을 자주 언급한다든지, 브로셔를 집어든다든지, 고개를 끄덕거리는지 등 행동에서 단서를 찾아야 한다. "카드로 하시겠습니까? 아니면 현찰로 하시겠습니까?" 등을 물어봄으로써 마음이 바뀌기 전에 먼저 확답을 받는 것이 좋다.

후속조치(follow-up)는 손님이 잘 주무셨는지 불편한 점은 없는지를 물어 봄으로써 향후 비즈니스를 도모해야 한다. 판매가 사이클이라는 것은 결국 돌고 도는 것이며 후속조치를 통해 세일즈 전 과정에서 일어난 사항들을 체크하고 보완하는 작업이 필요하다.

고객관리 차원에서 DM(direct mail)을 활용하면 좋다. 비록 프린트가 되어있지만 고객의 성함과 본인의 서명은 꼭 자필로 하고 좋은 필기구를 사용해야 신뢰성이 돋보인다. 내용은 다음과 같이 포함될 수 있다.

- 최초 고객에 대한 감사의 편지
- 고객이 재이용을 하지 않은 경우 6개월 이후 사후편지
- 3회 이상 사용자에 대한 신용카드 제공
- 12개월이 지난 후에 재이용하지 않는 고객에게 이전에 정기적으로 이용했음

을 상기시켜 주는 편지

• 여행사에 대한 감사의 편지

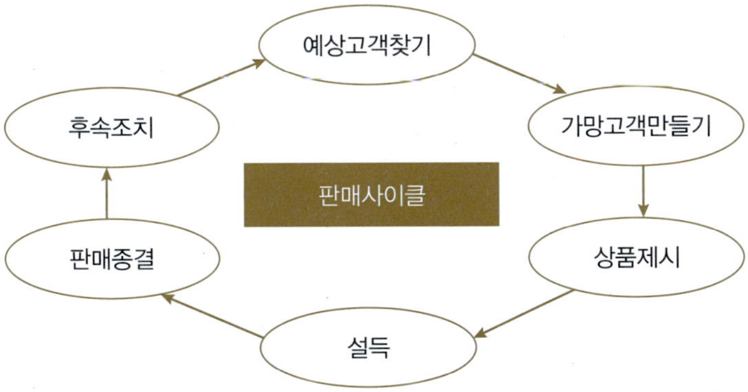

[그림 9-7] 판매흐름도

4. 호텔 판촉이벤트

1) 판촉이벤트에서 문화와 엔터테인먼트

여기서의 판촉이벤트란 좁은 의미의 판촉으로 여러 가지 인센티브나 보상을 활용하여 고객들이 나중이 아닌 지금 당장 구매에 나서게 하는 것을 말한다. 따라서 광고나 PR, 인적판매와는 차별되는 것으로 광고가 상품을 제시하고 홍보가 상품에 대하여 어떠한 생각을 갖게 하는 장기적인 수단이라면 판촉이벤트활동은 바이어의 구매활동을 유발하기 위한 단기적인 수단이라고 볼 수 있다(kotler, 2003).

따라서 판촉이벤트는 광고보다 빠른 효과를 가져오며 현장에서의 거래에 초점을 맞추는 전략이나 아울러 판촉이 때로는 적자를 볼 수도 있음에 유의해야 한다. 다만 너무 자주 사용하게 되면 궁극적으로 브랜드의 가치를 하락시킬 수도 있음을 유의해야 한다. 가격 인하와 경품권, 상품 제공 등의 활동을 자주 벌이게 되면 소비자는 해당 브랜드를 싸게 볼 것이다.

판촉이 효과적이려면 문화예술산업과 엔터테인먼트산업과 동반되어야 한다. 즉, 판촉으로 고객 마음의 심금을 울리기 위해서는 심오한 깊이를 만들어야 하며 이는 문화와 엔터테인먼트를 활용해야 한다. 일반적으로 문화와 산업의 융합, 문화의 상품화를 통해 보다 큰 부가가치를 창출하려는 전략이 최근 사용되고 있으며 컬쳐노믹스(culturenomics)라고도 하는데 즉, 문화(culture)와 경제(economy)의 합성어이다.

> 시인은 오로지 시만을 생각하고
> 경제인은 오로지 경제만 생각한다면
> 이세상은 낙원이 될 것 같지만
> 사실은 시와 경제 사이를 생각하는 사람이 없으면
> 휴지와 지폐
> 종이 두 장만 남을 것이다
>
> (김광균의 생각의 사이 中)

미국의 사회학자인 Oldenberg가 제시한 제3의 공간(the third place)은 제1의 공간인 집과 제2의 공간인 일터와는 달리 감각적인 짜릿함과 내 집 같은 편안함을 주고 여러 사람들이 이용하는 대중적인 시설들을 개인의 공간처럼 느끼게 만드는데 묘미가 있다. 이러한 장소는 상점, 브랜드랜드, 미술관 그리고 호텔 등이 있다. 특히 호텔은 단순하게 잠을 자는 곳을 넘어서 라이프스타일을 만끽하며 사람들이 만나는 장소이다(Mikunda, 2007). 최근 각광받고 있는 부티크호텔(Boutique) 혹은 테마호텔들은 역사적 의미, 예술적 가치, 새로운 라이프스타일을 제시하고 있으며 이들은 새로운 경험을 통해 신선함, 경이로움, 독특함, 창조성 그리고 예술적 도시의 공간 표현이라고 할 수 있다(홍성용, 2008). W호텔은 우리나라 최초의 부티크호텔이다. 부티크호텔이란 Ian Shrager가 1984년 뉴욕의 모건즈호텔을 오픈하면서 도입된 개념으로 W호텔은 프랑스 디자이너인 Philipe Starch의 컬래버레이션으로 탄생된 호텔로 호텔과 디자인이라는 문화산업이 결합해서 이루어진 것이다.

따라서 호텔 자체가 문화와 이벤트이자 호텔의 판촉이벤트라는 것은 문화와 엔터테인먼트를 파는 활동이라고도 볼 수 있으며 문화예술에 대한 이해 없이는 효과적인 판촉이벤트 전략을 구사할 수 없다.

기업 역시 전통적인 판촉마케팅에서 벗어나 고객의 마음을 읽고 감동을 전하는 파티마케팅(party marketing)을 선호하고 있는데(이경목, 2008) 파티 역시 다양한 역사적 기원을 가지는 문화활동이다. 파티에는 프랑스의 살롱문화, 유럽의 카페문화 그리고 물랑루즈의 화려함이 녹아 있다.

판촉이벤트에 문화예술이 접목되는 것은 이미지, 감성, 이야기 등이 중시하는 문화의 시대와 무관하지 않다. 고객의 소비패턴 역시 품질 중심에서 품격(品格) 중심으로 바뀌고 있으므로 문화욕구를 충족시킬 수 있는 제품과 서비스를 제공하고 문화를 매개로 하여 차별화, 고급화하면서 신규 수요를 창출해야 한다. 한마디로 최근의 판촉이벤트는 경제적인 인간(homo economicus)이라고 고객을 보기 보다는 문화를 가지고 노는 인간(homo ludens)을 유혹(lure)하는 다양한 활동이다. 문화는 사회구성원인 인간이 추구하는 궁극적인 가치인 진리, 아름다움, 선함을 나타내는 각종 음악, 미술, 전시, 음악 등을 말하며 이를 미디어, 광고, 이벤트, 디자인 등을 통해 구현한다(삼성경제연구소, 2002).

2) ATL, BTL 그리고 TTL

판촉이벤트는 BTL에 해당된다. BTL은 Below the Line의 약자로서 대면적(face to face) 커뮤니케이션활동이며 이벤트, 전시, 스폰서십 등 미디어를 매개로 하지 않고 직접 고객과 커뮤니케이션을 하는 수단이다. 즉 BTL은 소비자와 1대 1의 관계를 맺는 것이다. 광고대행사들이 광고주에 청구서를 발행할 때 매체사에서 받는 커미션(commission)이 포함되는 것을 청구서 윗부분에 기재하고 매체사 커미션 없이 광고제작서비스에 대한 요금(fee)만 받는 것을 청구서 아랫부분에 기입한 관행에서 유래되었다고 한다. 이와는 반대로 ATL은 Above the Line의 약자로서 마케팅활동 중 비대면적인 커뮤니케이션활동으로 전통적인 4대 매체라고 할 수 있는 TV, 신문, 라디오, 잡지 및 인터넷 등을 활용한다.

> 나에게 말해보라. 그러면 잊어버릴 것이다.
> 나에게 보여줘라. 그러면 기억할지도 모른다.
> 나를 참여시켜라. 그러면 이해할 것이다.
>
> (중국속담 中)

전통적으로 ATL에 집중해 왔으나 이전에는 주로 구색 맞추기 차원에서 시도되던 BTL이 각광받고 있으며 점차 무게의 중심이 옮겨지고 있다. 이러한 BTL의 인기는 고객의 욕구가 세분화됨에 따라 ATL에 대한 한계를 가져왔고 또한 고객들이 능동적으로 체험함으로써 즐거움과 만족을 느끼게 하고 또한 상대적으로 매체광고에 비하여 값이 싸다는 것도 원인이 될 수 있다. 현재 한국의 광고시장은 약 8조 원인데 그중 35%가 BTL시장이라고 할 수 있다.

향후 BTL에 집중하지 않을 수 밖에 없는 이유는 다음과 같이 정리할 수 있다(천현숙, 2011). 새로운 미디어의 출현, 현대인들은 자신과 직접적 개인적인 정보에만 관심을 갖고 따라서 불특정 다수를 대상으로 하는 ATL은 한계에 다다르고 있다. 개인미디어의 확산으로 권력이 소비자에게 넘어가고 더욱이 UCC(user created contents), 위키피디아와 같이 정보를 생산하기 까지 하는데 이러한 소비자인 프로슈머(prosumer)를 중심으로 정보의 역전현상이 일어나고 있다. 소비자 역시 전문가에 의한 기업광고 보다는 소셜네트워크에서 만난 대중의 입소문에 더 신뢰를 두고 있다. 그러므로 소비자에게 재미와 감동을 줄 수 있는 엔터테인먼트가 필요하다.

BTL은 ATL에 비하여 다음과 같은 장점을 가지고 있는데(천현숙, 2011), 비용이 상대적으로 저렴하며 소비자 접촉률이 높고 소비자로 부터의 빠른 피드백으로 성과측정이 용이하다. 또한 소비자의 욕구가 다양화 세분화되는데 이에 유연하게 대처할 수 있으며 ATL이 규제가 심하므로 이를 피해 나갈 수 있는 장점이 있다. 그럼에도 궁극적으로는 고객을 움직이기 위해서는 양자가 필요하며 이들 간의 시너지 효과를 창출할 수 있는 TTL(through the Line)로 이양해야 할 것이다.

3) 판촉이벤트

(1) 이벤트의 개념과 의의

이벤트(event)란 인류의 역사만큼이나 오래된 것이다. 이벤트는 일상과 다른 비일상의 행위이자 제례이며 어떠한 필요성을 충족시켜주는 의식절차가 일어나는 순간을 말한다(골드 브레트, 1996).

이벤트는 다양한 종류가 있는데 생일, 회식 등 지극히 사적인 작은 규모에서부터 지역축제, 전시, 공연 등 공공성을 띠는 대규모까지 다양하다. 특히 기업은 이벤트를 전략적으로 활용하고 있는데 일상적인 마케팅활동이 아닌 지극히 비일상적이고 순간적이다.

이처럼 이벤트는 사람들 간의 인연을 만들어 내는 사회적 기능을 갖지만 또한 동시에 돈을 만들어 내는 경제적 기능을 수행하기도 한다. 때로는 이 두 가지가 섞어서 나타나기도 한다. 동창회는 잠시 일상을 접고 오랫만에 친구끼리 만나 옛 추억에 잠기면서 회포를 푸는 자리이기도 하지만 다음 모임을 위해서 회비를 걷거나 모교를 위한 기금모임의 장소도 될 수 있다.

그럼에도 이 두 가지 성향의 이벤트의 핵심은 직접현장성과 한 번에 끝나기 때문에 일회성에 있고 가능한 모인 사람들이 직접 동참하게 만들어야 효과를 볼 수 있다.

본 내용에서 이벤트는 경제적 기능, 즉 상품의 판매를 촉진하는 도구를 의미한다. 즉, 이벤트의 개최를 통해서 기업의 홍보, 상품의 홍보, 상품의 판매를 촉진시키는 마케팅믹스 중에서 촉진도구의 판매촉진수단인 이벤트를 마케팅도구로 사용하는 것이다(이경모, 2007). 그럼에도 이벤트의 또하나의 기능인 사회적 기능까지 부수적으로 포함된다.

식료품점의 시식회부터 백화점의 패션쇼, 대형할인점의 고객할인대잔치에 이르기까지 모든 감각을 동원해서 물건 사기를 망설이는 사람에게 제품과 서비스에 대한 정보와 유인을 한다. 한마디로 이벤트는 불황을 이기는 지혜라고 볼 수 있다.

앞서 말한 호텔객실상품과 같은 무형서비스는 재고로 저장할 수 없기 때문에 무형서비스의 질과 가치를 잠재고객들의 마음에 선명하게 부각시키고 구매욕구를 자극하는 데 다소 어려움이 따른다(송성인). 이벤트는 기업과 고객사이를 직접 연결해 주는 효과가 있다.

이벤트의 기능을 보면 다음과 같다(현대경영연구소, 2009).

- 고객과의 대화 계기 및 연결의 시작인 커뮤니케이션으로 신규고객을 유치하거나 방문횟수를 늘리고 싶은 경우 등이다.
- 개성의 창출과 타기업과의 차별화를 시도하며 특히 문화이벤트를 하면 문화의 발신지로, 스포츠이벤트를 하면 젊고 활동적인 이미지로 보여진다.
- 이야깃거리 만들기, 입에서 입으로 확산하는 PR효과가 있는데 이벤트회장에 모이는 고객의 수에는 한계가 있으므로 다른 사람에게 입에서 입으로 전해지는 효과가 더 크다. 따라서 이벤트는 앞에서 살펴본 광고, PR, 인적판매와 별도의 것이 아니라 때로는 혼재되어서 나타나기도 하고 동시에 적절히 동시에 구사해야 한다.

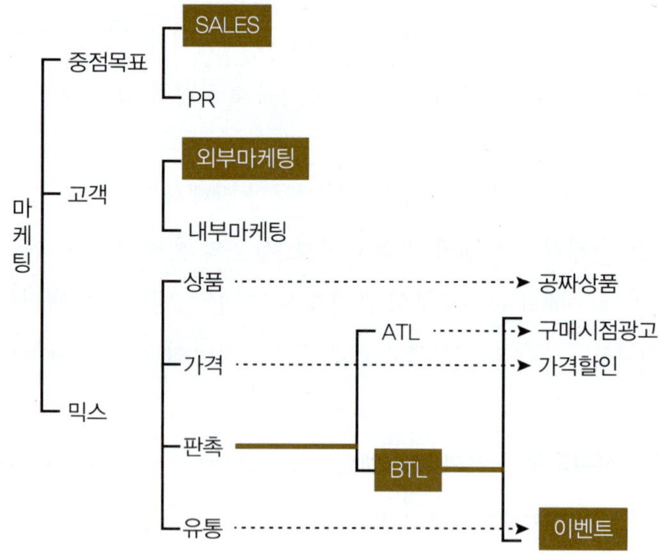

[그림 9-8] 판매촉진 도구로서의 이벤트의 위치

[그림 9-8]은 이벤트가 어떠한 위치에 속하는지를 그림으로 나타냈다. 이벤트는 마케팅의 4P중에서 판촉에 해당되며 주로 BTL의 형태로 나타난다. 그러나 이벤트는 다른 4P와도 밀접한 관련이 있는데 공짜상품, 가격할인, 구매시점 광고를 포함하기도 한다.

(2) 판촉이벤트의 기법

판촉이벤트는 SP(sales promotion)이라고도 한다. 이를 위해서는 고정고객을 확보해야 하고 또 먼저 고객으로 하여금 오길 잘 했다고 기쁨과 만족을 느끼는 서비스를 제공함으로써 고객을 형성해야 한다. 그러나 고객이 먼저 업장에 와야 이를 가능케 한다. 이를 위해서는 끊임없는 이야깃거리를 만들어 내는 이른바 PR활동에 전념해야 한다. 결국 판촉이벤트의 바탕은 PR형 이벤트가 바탕이 되어야 함을 알 수 있다.

또한 판촉이벤트는 대개 고객과 직접 대면하는 이벤트가 있을 수 있고 또는 고객을 대면하는 직원을 내부적으로 사기 양양을 시키고 의욕을 만들어 주는 이벤트가 있을 수 있다. 즉, 직원이 만족해야 고객을 만족시킬 수 있는 것이다. 이상을 정리하면 판촉이벤트는 SP형 이벤트(좁은 의미의), PR형 이벤트, 조직활성화형 이벤트가 있다. 이벤트는 고객과의 대화를 시작으로 해서 궁극적으로 매출액을 증대시키고 판매를 촉진시키는 데 목표가 있다. 이벤트의 기능을 보면 다음과 같다(현대경영연구소, 2009).

보다 구체적으로 SP형 이벤트에는 가격할인, 견본 무료제공, 우대권, 경품, 구매시점 광고, 경진대회, 기념스탬프, 실연 등이 있으며 고객을 대상으로 하거나 중개업자들에게 하우스오간과 같은 인센티브를 줄 수 도 있다. 조직활성화형 이벤트에는 판매콘테스트, 판매프리미엄, 판매회의, 사원교육, 포상제도 등이 있다.

아래 그림은 이를 정리한 것으로 SP와 PR, 내부와 외부형 이벤트를 나누었으며 모두 긴밀한 관계가 있는 것을 알수있다.

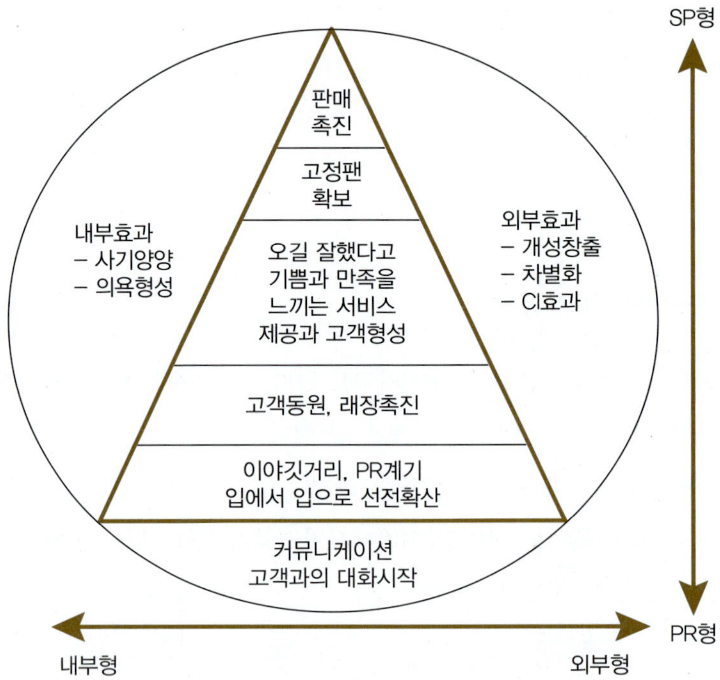

[그림 9-9] 판매촉진 도구로서의 이벤트의 종류

출처: 현대경영연구소(2007).

(3) 호텔의 판촉이벤트 사례

서울 웨스틴조선호텔은 주말 외국인 투숙객을 대상으로 덕수궁과 청계천 등을 돌며 한국문화를 소개하는 관광지 투어 프로그램을 시행한다. 또한 세종호텔은 세종갤러리를 확장오픈하였으며 그랜드엠베서더 서울은 고객들이 객실에서 문화공연을 즐기도록 배려하였다. 부산 롯데호텔은 피아노와 3인조 밴드의 상설공연을 비롯해 발레, 국악, 현악 3중주, 재즈피아노 콘서트 등 다양한 공연을 진행할 예정이다. 로비 주변에는 국내외 미술과 사진 전시도 상시로 선보인다. 한류와 엔터테인먼트의 힘을 입어 한국의 문화와 예술을 호텔의 판촉이벤트와 접목시키려는 노력이다. 원래 롯데호텔은 2010년 경인년을 맞이하여 1층 커피숍 페닌슐라에 벵갈산 호랑이 세자르를 전시해 놓았다. 로비에 실물 크기의 세자르 모형을 전시하고 벽면에는 밀림 형태로 장식해 포토존을 만든 뒤 '세자르 포토 콘테스트'를 열기도

했다. 또한 '세자르 패키지'라는 객실 패키지를 선보여, 이 패키지를 이용하는 고객에게 세자르 캐릭터를 선물하는 이벤트도 펼쳤으며 페닌슐라에서도 '세자르 메뉴'도 개발하였다. 육당 최남선 선생은 한국을 호담국(虎談國)이라고 할 만큼 호랑이에 대한 이야기가 많은데 십이지신의 하나로서 단군신화로부터 시작하여 많은 우화 속에서 존경과 두려움의 대상이자 애정의 대상으로 때로는 은혜를 갚을 줄 아는 영물로 그려지고 있다. 중국의 고대문명 속에 호랑이는 힘, 기상, 성스러움의 상징으로 일본은 성스러운 동물이자 권력을 상징하는 것으로 묘사되곤 한다. 따라서 한중일 삼국이 공통으로 가지고 있는 문화코드인 호랑이를 판촉이벤트에 활용하고 있다.

[그림 9-10] 민화의 호랑이와 부산 롯데호텔 호랑이 전시장

출처: 삼신학회(samsin.org); 부산롯데호텔.

호텔의 일선 종업원들은 감정노동과 육체노동의 스트레스에 압박을 받고 있고 다른 산업들 보다 비교적 이직률(turn over)이 높은 편이다. 따라서 이들에게 동기를 부여하고 조직에 몰입시키기 위해서는 기존의 인재관리(talent management) 뿐만 아니라 비공식적인 다양한 이벤트를 활용할 필요가 있다. 즉, 기업은 종업원의 마음을 경영해야 한다는 것이다. 이를 위해 펀경영(fun경영)을 도입하기도 하고 GM(general manager)가 격 없이 종업원들에게 다가가려는 노력도 필요하다. SK그룹은 fun을 기반으로 하는 퍼너자이저(FunErgizer) 등 다양한 이벤트를 만들어 조직을 활성화시키고 있으며 이를 종업원의 T-DNA화 하고 있다.

4) 스폰서십

(1) 스폰서십의 개념과 의의

오늘날 기업은 치열한 경쟁 환경 속에서 소비자의 주목(attention)을 끌 수 있는 방법을 찾게 되었는데 그 하나의 방법이 스폰서십이다. 스폰서십은 기업커뮤니케이션 전략의 일환으로서 1931년 옥스퍼드 사전에서 처음 명시되었으며 '기업이나 기업인이 상업적인 제품에 대한 광고적인 소재를 끌어내기 위해 방송프로그램에 비용을 지불하는 것'이라고 정의할 수 있다(한정원, 2006).

즉, 기업이 만드는 상품과 서비스에 관심을 갖게 하기 위해서는 마케팅활동, 특히 프로모션이 필요하지만, 소비자가 관심을 가지고 있는 제3의 대상과의 일종의 삼각관계를 만들어 낼 필요가 있다. 이는 스폰서를 제공하는 쪽(sponsor)과 스폰서를 받는 쪽(sponsee)에서는 서로 이익이 되도록 해야 가능한 것이다.

스폰서십은 다양한 역사적 배경과 유사개념을 가지고 있는데 메세나(mecenat), 자선(charity), 박애(philanthropy), 후원(patronage) 등과 혼용되어 쓰이고 있다. 메세나의 어원은 고대 로마의 재상으로 문화 및 예술에 큰 공적을 남긴 마에케나스에서 유래되었는데 오늘날 기업메세나는 기업들의 순수한 문화예술단체를 지원하는 개념이다. 노블레스 오블리주(noblesse oblige), 즉 귀족과 같은 혜택자는 사회적 책임을 다하기 위한 성실한 노력해야 한다는 것도 오늘날 스폰서십의 근간을 이룬다. 오늘날 전문가 집단에 의한 재능기부(pro bono)도 같은 맥락이다.

Michael Porter는 전략적 공유가치(SCV: strategic shared value)의 개념을 제시하였는데 기업의 사회적 책임(CSR: corporate social responsibility)을 기업 본연의 경제적 이윤추구와 조화를 이루는 개념이다. 따라서 기업은 문화예술단체, 스포츠, 엔터테인먼트 산업 집단에게 현금, 물품, 인적자원을 지원함으로서 이들이 제 기능을 발휘할 수 있도록 도와주며 동시에 기업은 이러한 활동을 통해서 브랜드 이미지를 상승시키고 이해관계자들과 우호적인 관계를 맺는 것이 좋다.

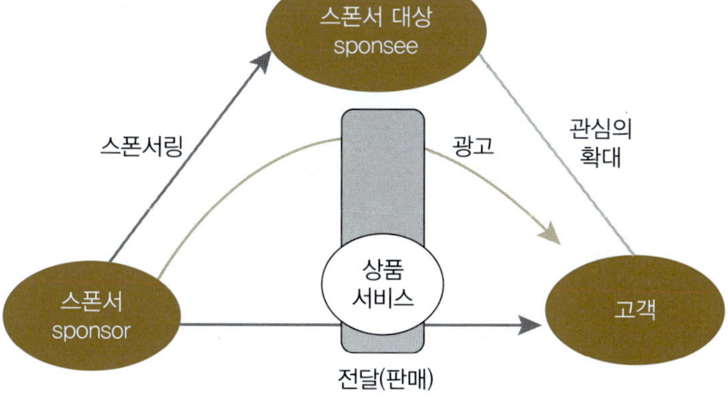

[그림 9-11] 스폰서십의 개념도

스폰서십은 광고나 PR 등 다른 촉진수단보다는 다른 성격을 가지고 있다. 스폰서십은 광고보다 사회적 책임을 지는 이타적 성격을 가지며 광고가 직접적, 강제적이라면 이는 간접적, 잠재적 성격을 지닌다. 따라서 설득의도 역시 숨어있는 것이 보통이다. 이는 광고에 대한 소비자의 저항을 극소화하고 무의식 중에 이를 전달하는 데 목적이 있다.

방송국의 TV프로그램은 스폰서십에 의해 운영되는 경우가 많다. 제작지원(prodution support)은 제작에 대한 경제적, 물질적 지원이며 협찬과도 유사하게 쓰인다.

아래 그림을 보면 스폰서는 주로 상호작용보다는 정보 제공에, 상품판매보다는 이미지 제고를 위해 선택된다.

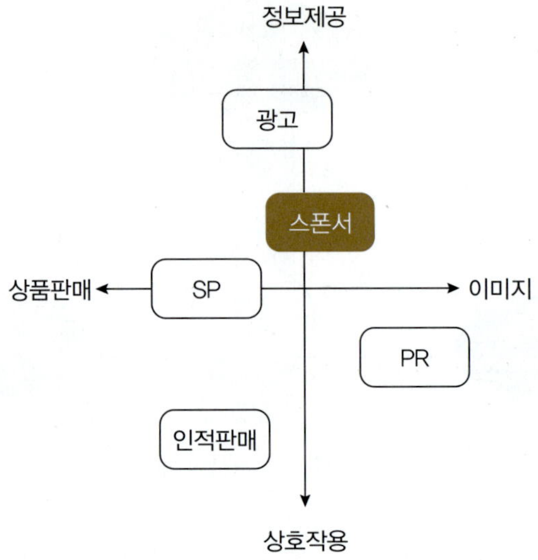

[그림 9-12] 스폰서십의 개념도

(2) **호텔의 스폰서십**

호텔은 직접 스폰서활동을 하거나 스폰서를 유치하는 장소를 제공함으로써 간접적인 효과를 도모할 수 있다.

서울힐튼호텔은 매년 자선열차 전시회인 '크리스마스 트레인 이벤트' 행사를 진행하는데 이 행사를 통해서 조성된 수익금으로 어려운 이웃을 돕고 있다. 또한 서울프라자호텔은 소년소녀 가장돕기 '하나되어 함께 되는 세상'이라는 이벤트를 연 2회 실시하여 지역사회에 이바지하고 있다.

호텔은 스폰서십 계약체결의 주요 장소이므로 미디어의 간접노출을 통한 이미지 제고가 가능하다. 부산의 해운대그랜드호텔은 2002년 한일 월드컵 기간 중에 공식 스폰서십 회사 관계자들이 묵게 됨에 따라 객실내 물품을 스폰서십 브랜드로 채워 놓기도 했다. 예를 들어 미니바의 콜라는 코카콜라로, 어매니티로서 면도기는 질레트로 바꾸었으며 월드컵 축하행사 이벤트 시에는 부대업장 직원들이 아디다스 유니폼을 입고 고객들에게 서빙을 하였다.

연습문제

1. 호텔 판매촉진은 왜 하는지 설명해 봅시다.

2. 호텔 판매촉진이 다른 마케팅 믹스와 연결시키는 방법을 말해 봅시다.

3. 호텔 판매촉진과 엔터테인먼트산업과 무슨 관계가 있는가 알아봅시다.

4. 호텔 판매촉진에서 인적판매를 극대화할 수 있는 방법은 무엇인지 말해 봅시다.

HOTEL MARKETING

PART

04

호텔마케팅의 실무

CHAPTER

10 호텔객실

11 식음료관리

12 주장관리

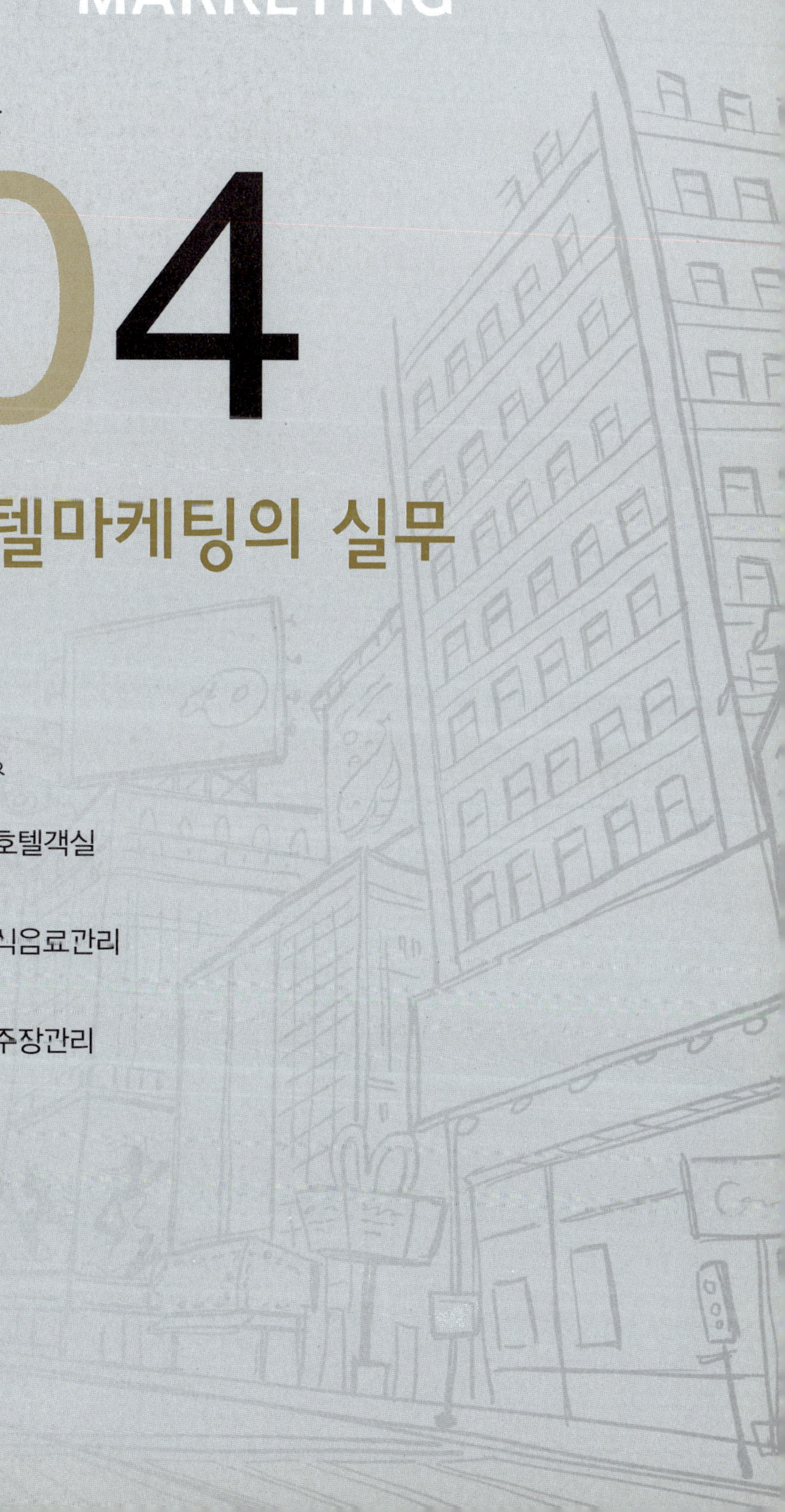

CHAPTER

10 호텔객실

1. 호텔객실의 의의
2. 객실요금의 종류
3. 객실업무

HOTEL MARKETING

학습목표

- 호텔객실이 호텔경영에서 중요함을 이해한다.
- 객실요금의 종류 및 객실부서, 예약담당, record clerk, information clerk, room clerk, mail clerk, night clerk 등의 업무내용과 업무절차를 이해한다.

강화도에 있는 모 호텔의 트윈룸은 더블침대를 두 개 배치하여 놓았다. 우리가 알고 있는 트윈룸은 상식적으로 싱글침대 2개를 배치하는 것인데 이 호텔은 매우 특색 있게 트윈룸을 구성한 것이다.

이 호텔은 왜 이와 같이 트윈룸을 구성하였을까? 그 이유는 강화도를 방문하는 관광객의 구성에서 찾을 수 있을 것이다.

강화도는 역사와 문화유적이 많이 산재해 있는 관광지역으로 이 지역을 방문하는 관광객은 단체관광객 혹은 기업체의 세미나, 연수 등을 목적으로 방문하는 고객이 많은 지역이다. 이러한 점에 착안하여 트윈객실에 더블침대를 2개 배치한 것이다.

호텔은 시장수요에 능동적으로 대응할 수 없는 특성을 가지고 있다. 고객이 많다고 해서 호텔이 보유하고 있는 객실 이상으로 객실을 판매할 수 없으며, 고객이 적다고 해서 객실 수를 줄일 수도 없는 것이다. 따라서 호텔객실 운영은 어떻게 하면 객실판매를 효율적으로 극대화시키느냐가 중요한 관점일 수밖에 없는 것이다.

이 호텔은 객실의 효율적인 운영을 위한 대안으로 더블침대를 2개 배치하는 방법을 찾은 것이다. 이렇게 객실을 구성하면 객실을 판매할 때, 1인에서 4인까지 트윈룸을 제공할 수 있기 때문이다. 또한 고객의 입장에서도 추가적인 객실 없이도 많은 인원을 수용하는 관계로 비용을 절감할 수 있기 때문에 호텔과 고객 모두가 만족하는 상황이 나타나는 것이다. 이러한 예는 해외에서도 찾을 수 있다. 인도네시아 발리에 있는 반얀트리 호텔, 라벤다 호텔 등 많은 호텔들은 휴양지에 걸맞게 객실에 작은 야외풀장 시설을 설치하여 무더위에도 고객은 자신만이 풀장을 편하게 이용할 수 있게 하여 고객으로부터 좋은 반응을 얻고 있다.

호텔경영에 있어 객실의 수요에 대한 비탄력성은 운영에 많은 어려움을 가중할 수 있다. 따라서 객실을 운영하는 데 상황에 적합한 시설물과 구조는 시장수요 대응에 중요한 영향을 미치게 된다. 이러한 점에서 강화도에 있는 이 호텔의 경우 트윈룸에 더블침대를 배치한 것은 탁월한 선택이라고 할 수 있다.

1. 호텔객실의 의의

1) 호텔객실의 중요성

호텔의 기본적인 기능은 숙박을 제공하는 기능과 식사를 제공하는 기능으로 크게 분류할 수 있으며, 숙박을 제공하는 기능을 담당하는 것이 객실이다. 따라서 객실은 타 지역을 여행하는 사람에게 휴식의 공간 및 이에 부수되는 서비스를 제공하는 장소로써, 호텔의 주요 수익원이 되는 중요한 부문인 것이다. 그리고 호텔의 객실은 다른 영업장에 비하여 원가의 비중이 낮고, 운영비용이 적게 들어 수익률에 있어서는 호텔의 다른 영업장과 비교할 대상이 아니며, 객실점유율이 높으면 높을수록 다른 영업장의 매출을 높일 수 있는 긍정적인 역할을 하기 때문에 호텔경영 전반에 있어서 커다란 파급효과를 갖는다.

한편 객실은 고정비용이 높은 특성을 가지고 있다. 고정비용의 주요 구성은 감가상각비, 인건비, 시설의 유지 · 관리비 등을 들 수 있는 데, 이들 비용은 판매와 관계없이 일정하게 소요되고, 그 비용이 매우 높은 특성을 가지고 있다. 예를 들어 객실이 판매되어 고객이 투숙하게 되면 추가적으로 소요되는 비용은 수도 · 광열비용, 소모품비용, 세탁비용 정도이다. 그러므로 객실판매에 따라 추가적으로 소요되는 변동비는 낮은 반면에 고정비용이 높다는 특성을 가지고 있다. 이를 다시 표현하면 객실을 판매하는 경우 수익(profit)은 크게 증대하지만 판매하지 못하는 경우에는 반대로 고정비용의 손실도 커진다는 것을 의미하는 것으로 객실점유율이 높고 낮음에 따라 경영목표의 달성 정도에 매우 크게 영향을 미친다. 이러한 관계로 객실 부문은 전문가에 의하여 관리되고, 운영되어야 경영의 효율성이 증대하는 것이다.

객실은 크게 객실의 시설물 및 설비를 관리하는 부문과 객실판매를 위한 서비스를 제공하는 부문으로 구성되어 있다. 즉, 객실정비와 관련한 부문과 객실판매와 관련한 부문으로 구성되어 있다는 것이다. 그리고 이 두 부문의 하위에는 또한 많은 조직과 구성원을 가지고 있어, 이들의 유기적인 결합 속에서 객실이라고 하는 상품이 생산되고 판매가 되는 것이다. 따라서 호텔의 객실운영은 어느 한 부문만으로 운영되고 관리되는 것이 아니다. 작게는 객실판매와 직접적으로 관련된 부문이 관련되어 있지만, 크게는 객실판매를 위하여 지원하는 부문이 모두 결합되어 있다고 할 수 있다. 그리고 전체적으로는 호텔의 전 부문이 객실의 운영에 간접적으로 관계되어 있다고 할 수 있다. 그러므로 객실경영의 효율성은 전체조직의 유기적인 결합과 하위조직들이 그들의 역할에 충실할 때, 기대하는 결과를 얻을 수 있다.

2) 호텔객실의 특성

오늘날 객실은 몇 가지 측면에서 두드러진 특성을 보이고 있는 데, 이 특성을 정리하면 다음과 같다.

(1) 시설 및 비품의 고급화 · 차별화

현대 호텔은 객실을 구성하고 있는 시설 및 설비 그리고 소모품 등을 고급화하여 유형적인 부문에서 고객의 만족을 유도하고, 고객의 차별화된 심리적인 욕구를 충족시키기 위한 노력을 지속하고 있다. 특히 최근에 새로이 오픈한 R/C 호텔과 같은 신규호텔들은 표준객실(standard guest room)을 최소화하고 Suite Room과 같은 특실을 많이 운영하고 있으며, 객실과 욕실의 공간면적을 보다 넓게 구성하기도 하는 등 고급화, 차별화 전략에 앞장서고 있다. 이처럼 현대의 호텔들은 유형적인 요소인 시설과 설비에 대한 고급화 혹은 차별화전략을 고객만족을 위한 중요한 정책으로 활용하고 있는 것이다.

(2) 서비스의 차별화 및 심리적 욕구의 충족

현대 호텔은 유형적인 부문의 고급화와 차별화만을 지향하고 있는 것은 아니다. 무형적인 부문에 있어서도 차별화 노력을 진행하고 있다. 즉, 경쟁호텔과는 차별화되고 품위 있는 서비스를 제공하기 위하여 서비스의 개발에 계속 노력하고 있으며, 그 서비스는 가치지향적인 소비패턴에 부합하는 측면에서 연출 및 제공에 힘을 기울이고 있는 것이다.

실무적으로 이러한 서비스 차별화 및 심리적 욕구의 충족을 위하여 100% 고객만족과 고객감동을 위한 프로그램을 제시하고 운영한 서울 강남의 R/C 호텔의 사례를 정리하면 다음과 같다.

첫째, 고객기호카드 프로그램을 운영하고 있다. 고객기호카드는 고객이 원하는 바를 미리 예측하고 부응할 수 있기 위하여 작성하는 카드이다. 한번 컴퓨터에 입력된 자료는 계속해서 고객이 방문할 때마다 활용되며, 어느 국가 혹은 어느 지역의 R/C 호텔에 가든지 똑같은 서비스를 받을 수 있다. 고객기호카드에는 보통 고객의 기호(선호하는 것, 싫어하는 것), personal information(생일, 기념일), 취미들을 작성하게 된다.

둘째, 고객제안 프로그램을 운영한다. 고객제안 프로그램은 각 영업장에서 고객의 의견을 듣는 의견함을 비치하여 상품과 서비스를 고객의 욕구에 맞게 개선하기 위한 것이다. 고객제안 프로그램을 통해 고객들은 서비스의 만족 여부와 장점 혹은 개선하여야 할 사항들을 지적하기도 한다. 때로는 개별적으로 서신이나 전화를 통하여 만족도 여부를 알려오기도 하며, 고마움을 표시하고픈 직원에게는 감사의 편지를 쓰기도 한다. R/C 호텔은 이러한 감사의 편지나 고객의견서가 접수되면 first class card 혹은 기타 사내게시판을 통하여 이를 직원들에게 홍보하며, 직원들은 이로 인해 개선점이나 잘된 점을 알게 된다. 서신을 통해 감사의 표시를 전해오는 고객들은 주로 외국인 고객이 많은 편이다. 실제로도 각 식음료 영업장의 메뉴들이 이런 고객제안절차를 통해 적절하게 바뀌어져서 항상 고객들에게 새로운 입맛을 제공하기도 한다.

셋째, 상황별 대처방안 교육을 실시하고 있다. 각 영업장 및 부서의 qualified trainer로부터 직원들이 겪을 수 있는 다양한 상황을 설정하도록 하여, 해당 상황별로 적합한 대고객 서비스 및 응대 방법을 직원들에게 교육시킨다. 이를 통하여 직원들은 예상하지 못했던 상황에서도 서비스를 어려움이나 고객불평 없이 진행할 수 있으며, 궁극적으로는 100% 고객만족을 달성할 수 있게 한다. 동 교육은 매일 라인업 교육시간에 진행되고 있으며, 업무와 아울러 OJT(on the job training)의 일환으로 실시되는 경우도 있다. 기존의 R/C 호텔 표준교육 매뉴얼 이외에 지역 · 문화적 특성상 발생할 수 있는 예상하지 못한 경우는 얼마든지 있으며, 이런 경우에 어떻게 대처하였는가에 따라 서비스의 숙련정도가 판가름될 수 있다. 고객에게 100% 만족을 선사하기 위해서는 어떠한 상황에서도 능숙하게 고객의 요구사항에 대처할 수 있는 지원과 서비스 자세는 필수적이다. 단순한 전화예절이나 인사예절 매뉴얼이 아닌 업무와 관련된 상황별 대응 매뉴얼은 삼성의료원에서 개발되어 큰 효과를 거두었으며, 외국의 R/C 호텔에서도 이미 활용되어서 고객만족 향상에 상당한 도움을 얻고 있다.

부서별로 취합된 상황별 대처방안은 별도의 매뉴얼로 편집되어서 각 업장에 비치되어 기본교육교재로 활용할 예정이다.

넷째, 고객불평처리 보고서를 작성한다. 고객불평처리카드는 guest incident action form이라고도 하며, 고객 complaint 발생 시 이의 재발을 막기 위하여 활용하는 양식이다. 고객의 complaint를 접수한 직원은 R/C 호텔 기본수칙에 의거하여 이를 10분 이내에 해결하고 20분 이내에 고객이 해결책에 만족하였는지 확인한 후, 양식을 작성한다. 이 양식에는 고객불평내용 및 고객에 대한 정보, 해결내용, 고객의 반응 등을 기록하게 되는데, 해당직원은 이를 각 임원, quality leader, 해당부서, 고객관리 담당자에게 전달하여 문제의 재발방지는 물론 고객의 만족을 반드시 확인한다.

(3) 종사원 교육의 강화

현대 호텔에서 또 하나 특이할 만한 것은 종사원에 대한 교육을 강화하고 있다는 점이다. 이러한 직원교육의 내용은 다양한 형태로 이루어지고 있는 데 R/C 호텔의 경우, 종사원 교육의 목적을 다음과 같이 제시하였다.

첫째, 고객에게 최고의 서비스와 상품을 제공하여 최고의 호텔로 인정을 받는다.

둘째, 직원의 능력개발을 통하여 만족도와 생산성을 높이며, R/C 호텔 수준에 맞는 인재를 양성한다.

셋째, 교육을 통하여 직원 상호간의 화합과 친선을 도모하며 조직의 효율성을 극대화한다.

이러한 목표를 달성하기 위하여 1998년 R/C 호텔이 실시한 교육내용을 정리하면 〈표 10-1〉과 같다. 〈표 10-1〉에서 보는 바와 같이 종사원의 교육은 직무와 관련한 교육 뿐 만 아니라, 자기계발을 비롯하여 예절교육, 서비스교육, 사례분석, 소방교육, 산업안전교육, 어학교육 등 호텔 종사원으로 갖추어야 기본적인 지식과 기능은 물론, 전문가 양성을 위한 특별교육에 이르기까지 다양하게 종사원 교육이 진행되고 있음을 알 수 있다.

〈표 10-1〉 R/C 호텔의 교육훈련 사례

주요 교육명	대상	시기
신입직원훈련	신입직원	수시
Day 21 Orientation(재교육)	신입직원교육수료자 및 기타직원	수시
Daily Line up 교육	전 지원	매일
직무교육(OJT)	전 지원	매일
친절 · 서비스 교육(1)	영업직원	3회 이상/주
친절 · 서비스 교육(2)	관리직원	3회 이상/주
친절 · 서비스 강사양성교육	Qualified trainers(사내강사)	4회/년
Train the trainer(강사양성과정)	Qualified trainers(사내강사)	12회/년
중간관리자 직무능력 개발교육	신입 및 기존 중간관리자	1회 이상/주

초급관리자 교육	초급관리자	수시
외국어교육(영어, 일어)	전 직원(대상희망자)	매일
TQM(Total Quality Management) 교육	전 직원	5회/주
부서별 트레이너 자기교육 개발	Qualified trainers(사내강사)	1회 이상/월
Training Certification (R/C 호텔 전문가 양성과정)	전 직원	초기: 입사 후 30일 이내 추가교육은 이후 매일 실시
소방교육	전 직원	2회/월
산업안전교육	전 직원	4회/년
조리사 보수교육	해당 직원	1회/년
전화예절교육	전 직원	수시
보건위생교육	전 직원	4회/년
성공하는 사람들의 7가지 습관 3일 워크숍	전 직원	1회/월
해외연수교육	해당 직원	필요시
서비스 성공사례 발표회	전 직원	1회/년
직원 경력 개발 워크숍	전 직원	1회 이상/년
전산시스템 실무교육	해당 직원	필요시
전문직능교육	해당 직원	필요시
사외법정교육 및 사외 전문연구과정	해당 직원	필요시
실습생 직무능력 개발교육 및 산학실습생 실습교육	실습생	수시
복장교육	전 직원	수시

출처: 호텔 리츠 칼튼 서울.

(4) 호텔객실의 대규모화

현대의 호텔은 객실규모를 대규모화하여 객실의 경쟁적 우위를 확보하려는 경향을 보이고 있다. 이러한 경향은 체인화 혹은 프렌차이즈 계약을 통하여 실현하고 있는 실정이며, 많은 독립호텔의 경우도 객실규모를 확대하여 '규모의 경제(Economy of Scale)'를 실현하려는 특성을 보이고 있다. 우리나라는 Inter-continental

호텔과 롯데호텔, 하얏트호텔 등이 대표적이며, 대기업에서 운영하는 콘도와 같은 숙박시설 등도 이러한 '규모의 경제'를 실현하려는 훌륭한 실례라고 할 수 있다.

객실규모의 대규모화는 한 지역에 커다란 규모의 호텔을 건축하는 것에 그치지 않고, 관광지역 혹은 특정 대도시 지역 등에 동일한 이름을 가진 몇 개의 호텔을 건설하기도 한다. 그리고 이를 통하여 호텔의 인지도를 넓히고, 객실의 매출원가를 낮추는 등의 효과를 기대할 수 있다.

(5) 어메니티류의 다양성

현대의 호텔은 객실 내에 비치되어 있는 어메니티(amenity)류를 다양하게 구성하고 있다. amenity류란 욕실 내에 비치되어 있는 작은 물건을 의미하는데 예를 들어 비누, 칫솔, 치약, 샴푸, 린스, 목욕젤리, 바디로션, 헤어 드라이기, 빗, 스킨, 로션 등을 말한다. 이러한 물건들은 상황에 따라서는 고객이 사용하지 않는 경우도 있으나 amenity류의 다양성은 호텔 서비스를 유형화시키는 데 중요한 역할을 할 뿐 아니라, 높은 품질의 amenity류를 객실에 비치함으로서 고급화 이미지에 대한 유형성도 증대시키는 것이다.

(6) 이그제큐티브 플로어 룸(EFL: executive floor room)

EFL은 비즈니스 맨을 위한 전용층의 객실을 의미한다. EFL은 국제무역이 활성화됨에 따라 무역에 관계되는 사람들의 이동이 많아지면서 그 필요성이 크게 증대되었다. 그렇기 때문에 각 호텔은 주요 잠재고객이 되는 비즈니스맨의 유치에 많은 관심을 갖게 되었고, 이들의 유치를 위한 구체적인 실천방안으로 EFL을 실시하여 운영하게 된 것이다. 그러므로 EFL은 상용여행을 목적으로 투숙하는 고객의 편의와 업무수행에 필요한 설비와 시설을 갖추고 고객을 유인하려는 차별화 전략의 결과로 받아들일 수 있다. 이처럼 EFL의 운영은 능동적인 차별화 전략을 실행하는 과정에서 자연스럽게 나타난 것이다.

EFL은 비즈니스를 위하여 이동하는 고객의 유치를 목적으로 하기 때문에 사업

수행에 필요한 집기 혹은 비품을 우선하여 비치하고, 비즈니스를 지원하는 기타의 서비스를 제공하며, 이들이 조용하게 업무를 처리할 수 있는 분위기 연출 등 비즈니스 여행객의 욕구를 반영하는 방식으로 운영되는 객실이라고 하겠다.

따라서 EFL은 순수한 관광목적으로 여행하는 투숙객과는 차별화하여 상용여행객에 대한 경쟁적 우위를 확보하고, 객실점유율을 확대하려는 목적으로 오늘날 도심지역에 입지하고 있는 대부분의 호텔들이 지정 · 설치하였다고 할 수 있다. 또한 EFL을 운영하는 호텔은 비즈니스 업무에 수반되는 문서작성, 팩스 송 · 수신 등과 같은 문서수발, 번역 혹은 기타 업무지원과 같은 비서업무 등에 대하여 포괄적인 지원서비스를 제공할 수 있는 비즈니스 센터(business center)를 설치하여 운영하고 있다.

3) 객실의 종류

(1) Standard Room

첫째, 싱글 룸(single room)은 객실에 1인용 침대를 설치하여 한 사람이 투숙, 이용할 수 있는 형태의 객실을 가리킨다. 이 싱글 룸은 single bed room with bath, single with bath, S/B, SWB, SB 등으로 표시한다.

둘째, 트윈 룸(twin room)은 객실에 1인용 침대를 2개 설치하여 두 사람이 동시에 투숙할 수 있는 형태의 객실을 가리킨다. 이 트윈 룸은 twin bed room with bath, twin with bath, T/B, TWB, TB 등으로 표시한다.

[그림 10-1] 투윈 룸(Twin Room)

출처 : 하얏트 리젠시 인천 호텔 홈페이지.

셋째, 더블 룸(double room)은 객실에 2인용 침대를 설치하여 두 사람이 투숙하여 이용할 수 있는 형태의 객실을 가리킨다. 이 더블 룸은 double bed room with bath, double with bath, D/B, DWB, DB 등으로 표시한다.

[그림 10-2] 더블 룸(Double Room)

출처: 쉐라톤 워커힐 서울 호텔 홈페이지.

넷째, 트리플 룸(triple room)은 객실에 1인용 침대를 3개 설치하여 세 사람이 동시에 투숙하여 이용할 수 있는 형태의 객실을 가리킨다. 이 트리플 룸은 triple bed room with bath, triple with bath, Tpl/B, TPWB, TPB 등으로 표시한다. 그러나 실제적으로는 트리플 룸을 보유하고 있는 호텔은 그리 많지 않으며, 대개의 경우 투윈 룸에 extra bed를 설치하여 트리플 룸으로 임시 사용하고 있는 경우가 많다. 이것은 트리플 룸을 이용하는 고객이 많지 않기 때문에 나타나는 자연적인 현상이라 할 수 있다. 또한 우리 나라의 경우는 더블베드와 싱글베드 각 1개씩을 객실에 설치하여 트리플 룸으로 활용하는 사례를 많이 볼 수 있다.

다섯째, 스튜디오 룸(studio room)은 객실 내에 소파 겸 침대로 활용할 수 있는 스튜디오 침대가 설치된 객실을 가리킨다.

이 외에도 한국은 우리나라 전통의 한실을 운영하고 있다.

[그림 10-3] 우리나라 전통 한실

출처 : 노보텔 엠베서더 호텔 홈페이지

이러한 객실 이외에 여러 가지 형태로 객실을 구분할 수 있는데, 창문의 방향에 따라서 인사이드 룸(inside room)과 아웃사이드 룸(outside room)으로 나눌 수 있다. 인사이드 룸은 객실의 창문이 호텔의 안쪽을 향하고 있는 객실을 의미하며, 아웃사이드 룸은 객실의 창문이 호텔 외부로 향하고 있는 객실을 의미한다. 따라서 리조트 호텔의 경우는 투숙객이 아름다운 경치와 경관을 감상할 수 있는 아웃사이드 룸을 선호하는 경향이 있다. 그리고 인접해 있는 객실의 연결문의 유 · 무에 따라서 커넥팅 룸(connecting room)과 어조이닝 룸(adjoining room)으로 구분할 수 있다. 커넥팅 룸은 인접해 있는 객실 사이에 연결문(connecting door)이 있는 객실을 말하며, 어조이닝 룸은 방이 인접해 있으나 객실 간에 연결문이 없는 객실을 말한다.

(2) Suite Room

이러한 표준객실 이외에 호텔마다 그 특성에 알맞은 여러 가지 형태의 특실을 보유하고 있는 데, 이를 스위트룸(suite room)이라고 한다.

〈표 10-2〉 R/C 호텔의 객실의 종류

표준객실			스위트룸		
객실명	면적(M^2)	객실수	객실명	면적(M^2)	객실수
Double Room	32.53	337	Junior Suite	44.20	64
Twin Room	32.53		Parlor Suite	48.81	
Ondol	30.40		Deluxe Suite	65.45	
			Executive Suite	74.00	
			Plaza Suite	63.20	
			Presidential Suite	263.25	

출처: R/C 호텔.

일반적으로 스위트룸은 2개 이상의 객실로 구성된 특수한 객실을 의미하는데, 1실은 침실로 활용하고, 다른 하나의 방은 응접실 혹은 업무용 거실로 이용하는 경우가 대부분이다.

[그림 10-4] 응접실 거실

출처 : 쉐라톤 인천 호텔의 홈페이지

그리고 스위트룸은 호텔의 객실운영 혹은 판매전략에 따라서 여러 종류의 스위트 객실로 구성하여 운영하고 있다.

스위트룸은 그 형태에 있어서 각 호텔마다 많은 차이가 있으며, 명칭도 각기 다르게 사용하고 있다. 〈표 10-2〉는 한국의 R/C 호텔이 현재 운영하고 있는 표준객실과 스위트룸을 정리한 것이다.

2. 객실요금의 종류

호텔의 객실상품은 성수기와 비수기의 수요량 차이와 객실상품의 비이동성, 고정비용의 과다 등 상품판매에 따른 여러 가지 제약조건으로 판매 및 마케팅활동에 많은 한계를 가지고 있다. 이러한 특성은 비수기에 객실수요를 증대시키기 위한 어떠한 전략이 요구되며, 고객을 호텔이 입지해 있는 장소로 유인하기 위한 전략 또한 필요하다. 더욱이 판매하지 못한 객실상품은 고정비용에 있어서 많은 손실이 발생되는 특성을 가지고 있다. 그렇기 때문에 구전에 의한 신뢰성 회복, 서비스의 유형화 · 물체화를 위한 노력, 판매시점관리 등 많은 전략과 전술을 이용하여 객실의 구매 욕구를 즉각적으로 일으키려는 데 적지 않은 관심을 가지고 있다.

이러한 노력 중에서 빼놓을 수 없는 전략 중의 하나가 객실가격전략 혹은 정책이다. 즉, 호텔은 객실가격의 차별화를 통한 고객의 구매 욕구를 자극하는 수단이 많이 활용되고 있는 것이다. 그리고 이와 같은 다양한 가격전략은 여러 가지 측면에서 긍정적인 효과가 나타나는 것도 사실이다. 효율적인 객실가격은 객실점유율을 향상시켜줄 뿐 만 아니라, 성수기와 비수기의 객실점유율 격차를 줄여주기 때문에 전반적인 경영활동(인사, 재무, 생산 등)을 용이하게 해준다. 또한 합리적인 객실가격의 결정은 식음료 및 부대시설 영업의 활성화에도 크게 영향을 미친다. 따라서 어떠한 가격으로 객실을 공급하느냐 하는 문제는 아무리 강조하여도 지나치지 않는다고 할 수 있다.

그러나 한편으로는 객실판매가격의 지나친 변경이나 동시에 여러 종류의 가격을 제시하여 운영을 하는 경우, 고객에게 혼란을 가중시킬 뿐 아니라 고객의 만족도에도 영향을 미치기 때문에 객실가격은 충분히 검토되어야 한다. 다시 말하면 경영방침, 이념 및 객실상품생산과 관련한 원가, 기술 등의 내부적인 요소와 호텔의 경영환경에 영향을 미치는 외부환경요인 그리고 고객의 심리적인 요인 등을 고려하여 최적의 의사결정을 통한 가격이 설정되고 제시되어야 한다.

호텔의 객실요금은 다른 제품의 가격과는 다르게 매우 복잡하게 구성되어 있다. 즉 호텔의 객실요금은 순수한 객실요금(net price)과 서비스 요금, 부가세 등으로 구성되어, 실제적으로 고객이 지불하는 객실요금은 순수한 객실요금에 21%를 추가하여야 한다. 그러므로 고객에게 제시되는 가격이 순수한 객실요금인지 혹은 서비스 요금과 부가세를 포함한 요금인지를 명확히 확인시켜주어야 한다.

전술한 바와 같이 호텔의 객실은 상황에 따라서 여러 가지 형태의 가격전략을 채택하여 활용하고 있다. 호텔 객실요금의 대표적인 내용을 살펴보면 다음과 같다.

1) 공표요금

공표요금이란 각각의 호텔에서 주무관청에 신고하여 설정된 요금으로 객실요금표(room tariff)에 공식적으로 공표한 요금을 말하는 것이다. 이 공표요금은 원화로 표시하는 호텔도 있고, US Dollars로 표시하는 경우도 있다. 그리고 객실요금을 원화로 표시하는 경우는 현재 우리나라가 변동환율제를 채택하고 있기 때문에 달러로 지불할 때는 그 지불금액에 약간의 차이를 보일 수 있다.

한편 room tariff에 제시되는 요금은 Net(순수한 객실요금)으로 표시되어 있는데, 이것은 객실가격이 보다 저렴하다는 인식을 주기 위한 것이다. 그러므로 고객은 실제로 이 요금에 서비스요금과 봉사료를 포함하여 순수한 객실요금에 21%를 추가하여 계산하여야 한다.

2) 할인 및 특별요금

(1) 무료

컴플리멘터리(complimentary)는 호텔의 VIP 혹은 여행사 가이드 및 호텔수배담당, 기타 객실판매에 기여도가 높거나, 높을 것으로 예상되는 고객에 대하여 마케팅전략 또는 기타의 이유로 객실요금을 받지 않고 무료로 제공하는 것을 말한다. 무료객실은 객실부 혹은 마케팅 부문에서 고객관리를 위하여 주로 이용하고 있으며, 기타 임원진들의 경영활동의 과정에서 활용되고 있는 수단이다. 그리고 객실을 무료로 제공하고자 할 때에는 호텔의 내부규칙에 의하여 제공되며, 무료객실 제공에 대한 최종결재는 호텔에 따라서 차이는 있으나 총지배인 혹은 객실부 지배인의 전결에 의하여 결정되는 사례가 많다.

또한 단체투숙객의 경우에도 실무적으로는 무료객실을 제공하고 있는데, 여행사 혹은 기타 단체투숙객에 한하여 15객실 이상을 이용하는 경우, 15객실 당 1실을 무료로 제공(호텔에 따라서 차이가 있음)하기도 한다. 그리고 객실을 무료로 제공하는 경우도 객실요금만을 무료로 제공하는 방법과 식사요금을 포함한 객실요금을 무료로 제공하는 등의 두 가지 방법이 있다.

(2) 비수기 할인요금

호텔은 성수기와 비수기의 이용객 차이로 인하여 객실점유율에서 많은 차이를 보이게 된다. 특히 비수기에는 객실의 판매가 용이하지 않은 관계로 다양한 판매방법이 강구되는 데, 이때 판매의 활성화를 위하여 season-off Rate를 적용하여 수요를 자극하는 것이다. 즉, 객실이용객이 많지 않은 비수기에 공표요금의 가격을 일정비율로 할인하여 저렴한 가격으로 판매하는 방법을 말한다.

우리나라는 지역에 따라서 성수기와 비수기로 나뉘는데, 특히 서울 및 수도권 지역은 다른 지역과는 성 · 비수기가 반대의 현상이 나타나고 있다. 여름에는 대개의 관광지역의 경우 휴가 · 휴양객들로 인하여 객실점유율이 높은 반면에, 수도권 지역은 대표적인 관광배출지역으로 하계휴가기간 동안은 지역주민의 이용이 현저하게 하락하고, 외국인 투숙객도 줄어드는 현상이 발생하여 어려움을 겪는다. 또한 수도권지역에 입지하고 있는 호텔은 겨울에 가장 어려운 비수기를 맞게 된다.

관광지역 및 기타 지역의 경우도 계절적인 차이는 있으나 비수기가 있기 마련이다. 이와 같이 호텔은 성수기와 비수기의 객실점유율의 차이가 많이 발생한다. 따라서 비수기에 감소된 객실수요량을 조금이라도 확보하려는 차원에서 비수기 요금을 적용하고 있는 것이다. 그러나 한편으로는 각 호텔의 비수기 객실가격 인하는 지나친 경쟁을 촉발하기도 한다.

(3) Commercial Rate

커머셜레이트(commercial rate)는 특정기업 혹은 이용 빈도가 높은 고객에 대하여 공표요금에서 일정한 비율로 할인된 가격에 객실을 제공하는 요금을 말한다. 이 커머셜레이트는 호텔과 기업 혹은 고객과의 계약에 의하여 가격협정이 이루어지게 되는데, 커머셜레이트는 호텔과 기업 혹은 고객에게 모두 이익을 주는 요금제도가 될 수 있다. 그 이유를 양자의 측면에서 검토하여 보면, 우선 호텔의 측면에서는 할인된 가격에 객실을 제공하기 때문에 단위당 이익은 낮을 수 있으나 지속적으로 고객을 유치할 수 있기 때문에 궁극적으로는 객실의 매출액을 신장시킬 수 있으며,

이용자들의 측면에서는 객실을 언제든지 확보할 수 있음을 물론, 보다 높은 수준의 서비스를 제공받을 수 있는 장점을 가지고 있다. 다음은 서울강남에 입지하고 있는 R/C 호텔과 R 호텔의 커머셜레이트 적용과 관련한 협약서의 예이다.

R/C 호텔의 객실협약서

THE RITZ-CARLTON®
SEOUL

November 8, 2000
REPRISENTATIVE NAME
COMPANY NAME
COMPANY'S ADDRESS
Tel:
Fax:
Dear Mr.,

Thank you for your interest in our Ritz Carlton Hotel, seoul preferred customer programs. We welcome the opportunity to serve you, COMPANY NAME and your associates. Our Executive Reservation Service(ERS) is designed to reward our repeat clients and prestige accounts with exclusive rates, value added service rates, special attention and personalized service.

The entire staff of Ritz Carlton Ladies and Gentlemen join me in supporting our international reputation and tradition pledging commitment to fulfill your requirements with our standards of excellence. We wish to create a partnership with COMPANY NAME so we may best serve your individual needs in recognition and appreciation for your values patronage and continued loyalty.

I look forward to working with you and welcoming you and COMPANY NAME to our ERS program extending our appreciation, quality products and personal service.

Please sign the attached program description, indicating your understanding, agreement and wish to Participate and return a copy to me at facsimile number 822-3451-8282.

Thank you.

Sincerely,

SALES MANAGER'S NAME

TITLE

602 YEOKSAM-DONG, KANGNAM-GU, SEOUL 135-080, KOREA

PHONE:(02)3451 FAX:(02)3451-8188

⟨COMPANY NAME⟩

THE RITZ-CARLTON, SEOUL

EXECUTIVE RESERVATION SERVICE

RATE AND BENEFIT SERVICES AGREEMENT

1. General Benefit
   - Preferred rates for The Ritz-Carlton Club and Executive Suite
   - Priority wait list
   - Sales manager to assist with personalized arrangement for your guests
   - Newsletter and all direct mail specials
   - Special events for members, corporate clients and guests

2. Room Rate

Room Type	Published Rate	Your ERS Rate
Deluxe corner Deluxe	KRW 280,000 KRW 310,000	KRW 196,000 KRW 217,000
The Ritz-carlton Club		
Club Deluxe Club Corner Deluxe Junior Suite Club Parlor Suite Executive Suite Plaza Suite Presidential	KRW 380,000 KRW 400,000 KRW 400,000 KRW 500,000 KRW 600,000 KRW 600,000 KRW 5,000,000	KRW 266,000 KRW 280,000 KRW 280,000 KRW 350,000 KRW 420,000 KRW 420,000 KRW 3,500,000

- For your ERS Reservation: Please call direct (82)(2)3451-8000
- Effective: November 8, 2000
- ERS rates are non-commissionable and subject to 10% government tax and 10% service charge.

3. Club floor Guest Benefits

- Express Check-In/Check-Out service
- Use of The Ritz-Carlton Club Lounge and meeting room facilities
- Continuous food and beverage presentation
- Hand Phone and Pager use upon request
- Fitness Club Membership Privileges including Unlimited Free Use of Saunas
- Guest room upgrade upon availability
- Personalized business cards and stationary
- Airline Flight Bites at Departure
- Bvlgari Toiletries, soaps and bath Amenities
- Hard Paper Fax Machine & Speak Phone
- Unpacking & Pressing Service

Respectfully Submitted

Sincerely,

______________________	______________________
SALES MANAGER'S NAME	DOSM NAME
TITLE	TITLE

(4) **싱글요금**

호텔의 객실요금은 기본적으로 투숙인원수에 의하여 객실요금이 결정되는 것이 아니라, 각 객실의 종류에 대한 요금으로 결정한다. 즉, 객실의 종류에 따라 결정된 투숙인원(싱글 룸은 1명, 더블과 트윈 룸은 2명, 트리플 룸은 3명 기준)이 투숙하면 된다.

고객이 싱글 룸을 예약하고, 호텔에서 confirm을 받았으나 투숙하는 당일에 호텔의 사정에 의하여 트윈 혹은 더블 룸을 제공하였다고 가정하자. 이때 고객에게 청구되는 요금은 트윈 룸 혹은 더블 룸의 객실가격을 청구하는 것이 아니라, 싱글 룸의 객실가격을 적용하여 청구하는 것이다. 이와 같이 호텔의 사정으로 싱글 룸을 제공하지 못하고 다른 객실을 제공하였다 하더라도 싱글 룸의 객실요금을 청구하여야 하는데, 이것은 single rate라고 한다.

(5) **단체할인요금**

호텔은 단체로 이용하는 투숙객에 대해서도 할인요금을 적용하는 데, 이러한 경우는 대개 여행사 · 기타 단체투숙객을 송객하는 기업과의 계약에 의하여 요금이 결정된다. 즉, 단체할인요금은 특정 여행상품 혹은 특정여행사 혹은 특정세미나에 참석하는 단체투숙객에 대하여 할인된 요금을 적용하여 객실을 제공하는 경우에 이용되는 요금을 말하는 것이다. 이러한 단체요금적용은 이용하는 객실수가 많고 객실매출액이 크기 때문에 보다 저렴한 요금을 적용해 주는 것이다.

여행사에 대한 호텔의 단체할인요금 적용은 크게 두 가지 방법을 활용할 수 있는 데, 때에 따라서는 이 두 가지 요금형태를 모두 활용하여 단체할인요금을 적용하는 호텔도 있다. 그 적용방법은 다음과 같다.

첫째, 호텔과 여행사와의 개별적인 계약에 의하여 단체할인요금이 결정되고, 이 요금으로 객실을 제공하는 방법이다. 그러므로 이러한 단체할인요금은 호텔과 여행사가 어떠한 요금으로 협정서를 교환하느냐에 따라 여행사마다 객실이용에 대한 지불가격이 달라질 수 있다. 그리고 보다 낮은 가격으로 객실이용계약을 체결한 여행사의 입장에서는 여행상품가격 면에서 차별적인 우위를 확보할 수 있기 때문에 경쟁적 우위를 점할 수 있다. 물론 호텔에서 특정 여행사에 대하여 다른 경쟁위치에 있는 여행사보다 객실요금을 저렴하게 적용하는 것은, 과거에 그 여행사가 호텔의 객실매출액에 기여한 정도를 보고 결정을 하게 된다. 이와 같이 여행사와 개별적으로 단체할인요금을 계약에 의하여 제공하는 호텔은 대부분의 경우 객실매출액의 많은 부분이 여행사에 의존하는 구조를 가지고 있다. 한편 여행사와의 계약에서도 호텔 측에서는 여행사에서 기획한 특정 여행상품에 대하여 객실할인요금과 관련한 계약을 체결할 수도 있다.

둘째, 호텔에서 특정 여행사와 계약에 의하여 단체할인요금을 적용하지 않고, 단체할인요금을 호텔에서 결정하여 모든 여행사에 일괄적으로 적용하는 경우이다. 이러한 동일한 단체할인요금을 적용하는 경우의 호텔은 객실매출액에서 여행사가 차지하는 비중이 낮고, 개별고객 위주의 객실판매전략을 구사하는 경우가 많다.

이외에 여행사에서 단체를 인솔하여 숙박하는 guide 혹은 tour conductor에게 특별한 할인요금을 제공(guide rate)하는 방식도 있다.

(6) 기타객실요금

① Midnight Charge

midnight charge는 고객이 특정일에 예약을 한 상태에서 당일의 늦은 저녁이나 익일 새벽에 도착한 경우에 발생된다. 즉, 호텔에서는 고객이 예약한 날짜에 고객을 위하여 객실을 준비하여 놓고 있었기 때문에 실제로 고객이 투숙하지 않았다고 하더라도 타 고객에게 판매할 수 없었으므로 1박에 해당하는 요금을 청구하게 되는 것이다. 이것을 midnight charge라고 한다.

② Hold Room Charge

hold room charge는 투숙객이 호텔의 객실을 점유하고 있는 상태에서 타 지역 혹은 다른 지방을 여행하는 경우에 발생되는 요금이다. 즉, 객실에서 잠은 자지 않으나, 해당 고객의 짐이 객실을 점유하고 있어 호텔의 입장에서는 객실이용과 같은 상황이기 때문에 객실요금을 청구한다. 단 청구되는 객실요금은 각 호텔의 규정에 의하여 정해지는 경우가 많으며, 상황에 따라서는 이 요금을 청구하지 않는 경우도 있다.

③ Over Charge

호텔의 check-out시간을 초과하였을 때 청구하는 요금을 over charge라고 한다. 우리 나라의 호텔은 check-out 시간을 정오(12:00)로 하고 있는 경우가 많은 데, 이 시간을 지나서 check-out하는 경우에 호텔의 규정에 따라 일정한 추가요금을 청구한다. 이것을over charge라고 한다.

④ Day Use

day use는 하루 중 특정한 시간만을 사용하는 경우에 발생되는 요금으로 주로 낮에 day use가 발생한다. day Use의 발생원인에는 여러 가지가 있으나 대표적으로 업무, 휴식 등을 주요 원인으로 들 수 있다. day Use는 사용시간에 따라서 청구되는 요금이 달라지며, 또한 호텔에서 사용시간에 따라 규정한 지불 조건이 다르므로 이에 따라서도 요금차이를 보일 수 있다.

기타 여러 가지의 요금제도가 있으나 우리가 보편적으로 접할 수 있는 객실요금의 종류는 위에서 설명한 바와 같다. 이처럼 객실요금의 종류는 매우 복잡하고 다양한 양상을 보이고 있으며, 실무적으로는 이러한 요금들이 동시에 모두 활용되고 있기 때문에 객실의 요금에 대하여 정확히 이해하여야 한다.

3. 객실업무

1) Reservation Clerk

(1) 업무의 개요

reservation clerk은 객실예약을 담당하여 처리하는 임무를 가지고 있다. 따라서 객실예약과 관련한 전문적인 지식과 기술을 가지고 있어야 한다. 특히 객실예약은 그 예약의 정확성이 매우 요구되는 업무로 세심한 주의를 기울여야 함은 물론이다.

reservation clerk의 직무를 정리하면 다음과 같다.

첫째, 객실예약을 접수하고, 예약슬립(reservation slip)을 작성, 둘째, 년 · 월 · 일별 객실예약현황을 작성하고, 이와 관련한 현황을 객실부 지배인과 프런트 지배인에게 보고, 셋째, 기존 예약된 고객에 대하여 예약된 사항을 확인(confirm), 넷째, 객실예약 및 판매현황, 기타 객실과 관련한 각종 보고서류 혹은 양식을 작성하여 관리하며 객실부 지배인과 프런트 지배인에게 보고, 다섯째, 당일 check-in하는 예약슬립을 프런트 데스크에 인계하고, check-out한 고객의 예약슬립을 회수하여 정리 · 보관한다.

(2) 객실예약업무

객실예약의 업무흐름도는 다음과 같다. 아래의 그림은 예약슬립을 운영하고 있는 호텔의 예시이며, 현재는 전산시스템의 발달로 인하여 예약슬립 없이 바로 전산입력하는 호텔이 증가하고 있다.

객실예약의 과정의 일반적인 절차를 정리한 것이다. [그림 11-1]에서 보는 바와 같이 여행사, 협회 · 단체, 기업체, 개인 등의 객실예약원천으로부터 전화, 팩스, 직접방문, 서신, 텔렉스 등의 수단으로 예약요청이 발생하면서 예약업무가 시작되는 것이다. 예약업무는 현관사무실 소속인 예약담당이 취급하며, 예약의 절차는 다음과 같다.

1단계: 예약가능확인

2단계: 예약의 가부결정

3단계: 예약슬립작성

4단계: 전산입력

5단계: 예약슬립분류

6단계: 예약슬립보관

7단계: 예약완료

* 당일예약 리포트 출력 및 보고

예약은 이와 같이 7단계의 과정을 거쳐서 완료된다고 할 수 있다. 당일예약업무가 종료되었을 때 전산예약시스템에 예약현황을 집계하는 프로그램이 있으면, 이를 출력하여 객실부 지배인과 프런트 지배인에게 익일 보고하는 것으로 완전히 완료된다.

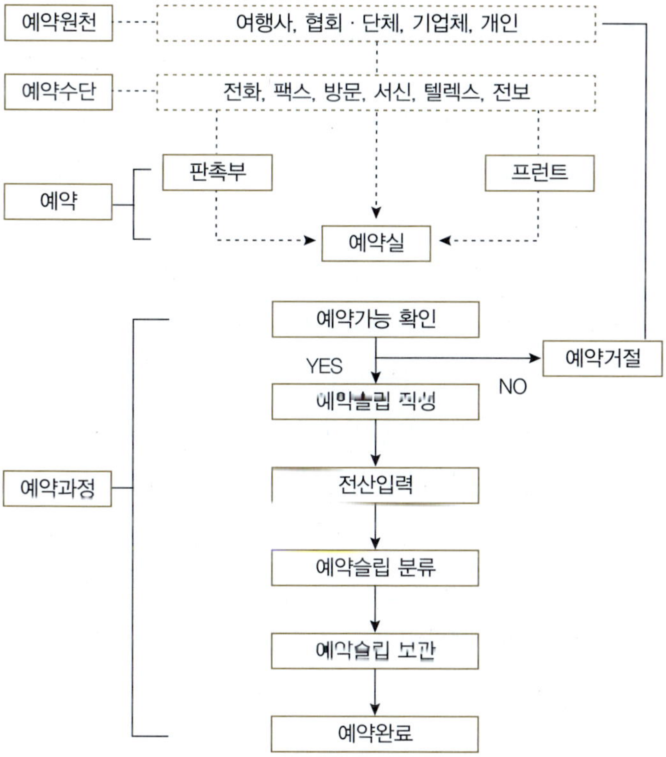

[그림 10-5] 객실예약의 흐름도

다음은 객실예약과 관련한 업무의 주요내용을 정리한 것이다.

1) 예약의 접수 및 예약슬립 작성
2) 예약사항의 전산 입 · 출력
3) 예약확인 및 변경
4) 예약취소
5) 예약금의 징수 및 처리
6) 객실관련 회의자료 작성
7) 예약현황 파악
8) 객실판촉 및 홍보, 해외사무소와의 업무협조
9) 예약슬립의 프런트 인계
10) 귀빈의 예약보고 및 기타 예약의 특이사항보고
11) 예약슬립의 정리 및 분류

(3) 초과예약 및 Walk-in Guest관리

호텔의 객실상품 특성으로 매출을 극대화하기 위한 방안의 하나로 walk-in guest를 위한 객실을 일정비율 남겨 놓았다가 당일에 프런트데스크에서 판매하는 방안이 많이 활용되고 있다.

초과예약(over booking)이란 말은 호텔의 보유객실수보다 많은 객실수를 예약받는 것을 의미하는데, 이것은 호텔의 예약자가 어떠한 사유로 인하여 취소통보를 한다든지 혹은 투숙을 예정한 당일 아무런 연락없이 check-in을 하지 않아 no-show 등이 발생하는 현상 등이 빈번하게 일어나기 때문에 이를 극복하기 위한 방안으로 활용이 되는 것이다. 한편 초과예약의 범위는 보유객실수에 보통 5%~10% 정도를 받고 있는 것이 일반적인데, 이것은 예약의 취소비율과 no-show비율의 연간통계 등을 기준으로 각 호텔마다 탄력적으로 적용하고 있다. 즉, 예약의 취소비율과 no-show비율 그리고 기타 제반여건을 고려하여 초과예약의 범위를 객실부 지배인 혹은 프런트 지배인이 결정하여 105% 혹은 110%의 예약을 받는 것이다.

워크인게스트(Walk-in Guest)란 투숙 당일에 예약없이 객실을 사용하는 고객을 말한다. 즉 사전에 예약을 하지 않고 고객의 제반 상황에 의하여 당일객실이 필요한 고객을 의미한다. 이러한 워크인게스트들은 대부분의 경우에 급작스럽게 객실이 필요한 고객들로 호텔 측에서는 보다 비싼 요금으로 객실을 판매할 수 있다는 장점을 가지고 있다. 그렇기 때문에 당일 판매를 위한 객실수를 남겨 놓고 예약을 받는 것이 객실매출액을 증대시키는 데 훌륭하게 기여할 수 있다. 여기서 워크인게스트를 위한 객실을 몇 실 남겨 놓느냐? 하는 문제가 제시될 수 있는데, 이 역시 연간 워크인게스트의 통계 혹은 월별, 요일별 통계를 활용할 수 있다. 즉, 연간 혹은 월별, 요일별 워크인게스트의 통계를 활용하여 객실부 지배인 혹은 프런트 지배인의 지시를 받아 프런트데스크에서 당일 판매할 객실수에 대해서는 예약을 받지 않는 것이다.

이처럼 호텔은 객실매출액의 증대를 위하여 상황에 따라서 초과예약을 받는다든지 혹은 워크인게스트에게 제공할 객실을 남겨 놓고 예약을 받는 등의 방법을 활용하게 된다.

⑷ 단체예약

호텔객실의 이용고객은 개별투숙객과 단체투숙객으로 크게 분류할 수 있다. 개별투숙객과 단체투숙객을 구분하는 것은 실무적으로 여러 가지 형태가 있을 수 있지만, 호텔의 측면에서 보면 이용객실수를 기준으로 분류하는 것이 효과적이다.

호텔객실의 판매에 있어서 개별투숙객은 단체투숙객보다 1실당 객실판매가격을 높게 책정하여 객실을 판매할 수 있는 이점이 있는 반면에, 단체투숙객은 개별투숙객보다 1실당 판매가격은 낮으나, 많은 객실을 한꺼번에 판매할 수 있는 장점을 가지고 있다. 그러므로 원칙적으로는 개별투숙객을 중심으로 객실을 판매하는 것이 호텔의 입장에서는 바람직 하지만, 많은 객실을 보유하고 있는 호텔은 판매객실수에 한계를 가질 수밖에 없기 때문에 이를 극복하기 위하여 단체투숙객 유치를 위하여 노력하는 것이다.

단체투숙객은 여러 가지 형태가 있을 수 있다. 예를 들어 대형 세미나 혹은 단체모임을 위하여 투숙하는 경우도 있으며, 여행사를 통한 단체관광객이 투숙하는 경우도 있다. 그리고 이러한 단체투숙객은 객실점유율을 높이고, 전체 객실매출액을 증대시키는 데 결정적인 역할을 하게 되는 것이다. 또한 성수기와 비수기의 객실점유율의 차이를 줄일 수 있기 때문에 전체적인 호텔경영의 어려움을 극복하는 데에도 긍정적인 영향을 미친다.

한편 단체투숙객은 일시에 많은 고객이 check-in/out을 하기 때문에 이들의 등록 및 객실배정의 업무를 수행하다 보면, 개별고객에게 제반서비스를 효과적으로 제공할 수 없으며, 호텔로비의 혼잡성을 증대시켜 이미지 창출에도 부정적인 영향을 줄 수 있다. 그렇기 때문에 많은 호텔에서는 단체객의check-in/out의 편의도모와 개별투숙객에 대한 서비스지연 등의 문제를 해소하기 위하여 단체투숙객의 등록데스크를 별도로 운영하고 있다.

단체투숙객은 단체행사의 주최자가 있고, 많은 투숙객, 단체행사일정, 식사관계 등에서 개별고객과는 차이가 있기 때문에 예약의 내용도 달라질 수 있다. 그렇기 때문에 예약업무의 효율성을 증진시키기 위하여 단체투숙객을 위한 별도의 예약슬립을 가지고 있는 호텔이 많다.

2) Record Clerk

(1) 업무 내용

record clerk은 고객의 숙박관계기록을 주요직무로 하고 있으며, 프런트 지배인의 지시에 따라 업무를 수행한다.

레코드 클러크의 직무를 정리하면 다음과 같다.

첫째, 숙박등록을 마친 모든 고객의 기록을 정리하여 처리한다.

둘째, 숙박카드와 고객관리카드, 객실판매일보 등 객실과 관련된 정보를 기록하고 보관한다.

셋째, 룸 클러크의 업무를 지원한다.

이와 같이 레코드 클러크는 객실판매 현황, 고객관리카드 등 객실과 관련한 내용을 기록하고 보관함으로써 객실부 지배인 혹은 프런트 지배인의 객실판매전략

수립을 위한 기초자료를 제공하는 업무를 기본으로 하고 있다. 그리고 룸 클러크 업무를 지원하여 객실판매를 원활하게 하는 직무를 담당한다.

(2) 주요 보고서

레코드 클러크는 고객관리카드 및 현관에서 필요로 하는 각종 보고서를 작성하는 것을 주요업무로 하고 있다. 그렇기 때문에 레코드 클러크가 작성한 보고서와 보고서의 내용은 객실을 관리하고 운영하는 데 중요한 의사결정의 자료가 되고 있다.

레코드 클락이 다루는 각종 보고서와 서류는 다음과 같다.

첫째, 고객관리카드를 작성한다. 고객관리카드는 고객이 check-out을 하고 나면, 고객의 신상을 고객관리카드에 기록하여 보관한다. 그리고 고객관리카드의 내용은 호텔마다 각기 기재사항에 차이를 보이고 있는데, 일반적으로 고객의 정보, 회사와 가정의 연락처 등이 그 주요 내용을 구성하고 있다. 〈표 10-3〉은 R 호텔의 고객관리카드 예이다.

〈표 10-3〉 R 호텔의 고객관리카드(Guest History Card)

GuestInformation			
Guest No.		Class	
English Name		Birthday	
Passport No.		Wedding	
Level		Mailing	
Sex		Department	
Nationality		Sales Emp.	
Area		Required Date	
		Remark	
Home		Company	
TelePhone No.		Company	
Zip		Department	
Address		Title	

Car No.		Telephone	
		Fax No.	
		Zip	
		Address	

둘째, 각종 보고서를 작성한다. 객실판매일보(일, 월), 고객의 pick-up sheet 작성, group name list, group movement Status 등을 작성한다. group movement status는 단체투숙객이 투숙하고 있는 동안에 식사시간, 모닝 콜 시간, 가이드 성명 및 객실번호 등을 기록하여 투숙객이 호텔에 머무는 동안에 필요한 내용 등을 정리한 것이라고 할 수 있다. 다음은 R 호텔의 group movement status의 예이다.

〈표 10-4〉 GROUP MOVEMENT STATUS

		1	2	3	4	5	6
Tour Name							
Agent							
No. of Rms							
Pax							
Check-in							
Check-out							
Morning Call							
BreakFast	Time						
	Name						
	Rm No						
Guide	Name						
	Rm No						
Remark							

셋째, 이용객에 대한 thanks letter 혹은 birthday card 등을 발송하여 고객관리 업무를 한다.

3) Room Clerk

(1) 업무 개요

룸 클러크는 프런트데스크에서 근무를 하며, 객실배정과 관련한 업무를 주요 직무로 하고 있으며, 프런트 지배인의 지시에 따라 직무를 수행하게 되는 것이다. 객실배정은 단순한 업무인 것처럼 보이지만 실제로는 투숙객의 보이지 않는 성향, 예를 들면 직업, 여행 목적, 동반자 등에 따라서 세심한 주의를 기울여 객실을 배정하여야 고객의 만족을 높일 수 있다. 따라서 룸 클러크는 오랫동안의 경험과 경력을 필요로 하는 중요한 직무이다.

룸 클러크의 직무를 정리하면 다음과 같다.

첫째, 룸 클러크는 현관사무실에서 당일 투숙하는 고객의 예약슬립을 프런트데스크로 인수하는 직무를 가진다.

둘째, check-in하는 투숙객의 등록 및 객실배정을 하는 직무를 갖는다.

셋째, 객실열쇠를 관리하며, 귀빈(VIP: very importantperson)의 투숙시에 객실부 지배인에게 보고한다.

넷째, 현관서비스를 제공하는 종사원의 업무지시 및 감독을 한다.

다섯째, 숙박객에게 우편물 전달 및 complaint 사항에 대하여 보고하고 처리한다.

(2) 룸 클러크의 중요성

한편 룸 클러크는 전체객실의 상황을 파악하고 있어야 하는데, 객실을 많이 보유하고 있는 호텔은 이 상황을 파악하기가 쉽지 않다. 그러한 관계로 room rack을 활용하여 전체객실의 현황을 확인하게 된다. 즉, room rack은 객실의 판매, 정비, 공실이 객실별로 어떠한 상황에 있는지를 확인시켜 주는 객실현황차드인 것이다. 오늘날은 이 room rack을 만드는 전자기세 기술의 발달로 객실의 관리가 너욱 용이해 졌는데, 전자 room rack은 객실의 상황에 따라서 각기 다른 색상의 불빛이 들어오도록 하여 프런트에 근무하는 전 직원이 이 room rack의 불빛을 보고 객실의 상황을 알 수 있도록 하였다. 즉, 프런트데스크의room rack은 일반적으로 각기 다른 3가지의 불빛을 사용하여 객실상황 전체를 파악할 수 있도록 하였는데, 예를 들면 고객이 투숙해 있는 객실에는 푸른색전등, 객실정비 중일 때는 황색전등 그리고 판매되지 않은 객실인 경우에는 녹색전등이 켜지도록 하여 보다 효율적으로 객실관리를 할 수 있도록 하고 있다. 과거 이러한 room rack이 개발되어 있지 않았다거나 혹은 이러한 설비가 도입되어 있지 않은 경우에는 stock card(room rack의 전등과 동일한 역할을 하는 두꺼운 종이 혹은 플라스틱으로 만든 것)를 활용하여 이를 구분하였다. 즉, 여행사 단체, FIT 고객 등을 구분하기 위하여 이 카드를 활용한 것이다.

(3) 룸 클러크의 기본지식

① 제품분석

룸 클러크는 제품에 대한 지식을 확실히 가지고 있어야 한다. 즉, 객실의 규모, 위치, 각 객실의 비품, 실내장식 및 요금에 관하여 정확하고 새로운 사항을 알고 있어야 하는 것이다. 이러한 최신사항을 알고 제품을 판매하기 위하여 룸 클러크는 수시로 객실을 순회할 필요가 있으며, 특히 객실수리를 마친 후에는 반드시 돌아보고 확실히 파악을 해두어야 한다. 또한 경영주나 관리자의 경영정책을 숙지하여 동일목적을 향하여 호텔경영에 협력하여야 하며, 객실제품 이외에도 다른 식음료 제품을 정확하게 파악하여 고객의 인포메이션 요청에 응하여야 한다.

② 경쟁분석

어느 기업이라도 경쟁자는 항시 존재하는 것이다. 훌륭한 룸 클러크는 자기 경쟁업체의 객실 및 부대시설의 내용에 관해서도 숙지하고 있어야 한다. 고객이 경쟁호텔의 객실요금 등이 싸다고 항의를 제기하는 경우에 있어서도 그 이유와 장·단점 등에 관하여 납득이 갈 수 있는 설명자료로서 대처할 줄도 알아야 하는 것이다. 현명한 고객은 자기 스스로 제품의 우열을 판단할 줄 아는 것이다.

③ 고객분석

호텔의 고객에 관하여 충분한 지식을 가져야 하는 것은 단지 고객의 이름이나 안다는 것이 아니다. 고객의 인간성과 심성을 충분히 파악할 줄 알아야 한다는 점이다. 찾아온 고객이 여행에서 무척 지쳐 있을 때, 룸 클러크는 등록하는 과정에서 얼마든지 훌륭한 몇 마디로 고객이 갈망하고 있는 동조자적 친구로서 깊이 또는 좋은 인상을 심어 줄 수 있는 일이다. 훌륭한 룸 클러크는 가장 훌륭한 상담역의 기능도 아울러 가질 수 있는 것이므로 부단히 인간의 전반적인 심성과 심리를 관찰하고 자기의 직무에 이용할 줄 알아야 한다.

④ 객실판매 착안점

가. 고객에게 고가의 객실을 팔려는 장사꾼의 근성을 상대방에게 보이지 않도록 노력하고 주의하라.

나. 고객이 호텔객실제품에 관해 충분한 지식을 가지고 있는 경우에는 제품판매의 소구점(selling points)에 관해 충분한 설명과 강조를 잊지 말아야 한다.

다. 복잡한 설명과 가격의 제시는 오히려 고객을 혼미하게 하거나 나쁜 인상을 줄 우려가 있다.

라. 외관상으로 고객의 경제적 능력을 일차적으로 판단한 후, 가능한 고가의 객실을 제시하는 경우에는 객실의 이점에 역점을 두어 판매하여야 한다.

마. 장기체재를 원하는 고객에 대해서는 각별한 주의로 객실판매에 임하여야 한다.

바 다정한 친구를 맞이하듯 정중하게 객실의 선택을 위해 고객에게 일임하고 객실에 담긴 사연이나 귀중한 비품 · 설비 등에 관해 착실히 설명해 주어 구매의욕을 유발토록 한다.

사. 고객이 원하는 객실을 갖고 있지 못할 때는 정중히 사과하는 어조로 미안함을 표시함과 더불어 다른 종류의 객실을 설명해 주어야 한다.

⑤ 고객의 기본불만 내용

- 예의를 모르고 불친절할 때
- 서비스가 신속하지 않을 때
- 반응이 없거나 지연될 때
- 냉정하거나 무관심을 표할 때
- 약속대로 이행되지 않을 때
- 지나치게 회사의 영리만을 추구할 때
- 간부라고 해서 거만을 부리거나 만나자고 해도 만나주지 않을 때
- 서비스 및 국적의 차별을 받을 때
- 고객의 인격이 무시당하였을 때
- 과거의 숙박 당시와 현재의 제반숙박 조건이 일치되지 않을 때 등이다.

4) Information Clerk

(1) 업무개요

투숙객은 관광, 사업, 지리, 풍습, 문화 등 다양한 방면에서 많은 질문이 있을 수 있으며, 이러한 질문에 효과적으로 응대함으로서 고객의 만족을 증대시킬 수 있다는 차원에서 그 중요성이 대두되고 있는 것은 사실이다. 그러나 고객은 의문사항에 대하여 프런트데스크에서만 정보욕구를 해소하는 것이 아니라, 벨과 도어, 당직 데스크 혹은 교환실, 비즈니스 센터 등 다양한 부서에 문의를 하게 되며, 또한 이러한 물음에 효과적인 응대를 위하여 전체 직원에 대하여 많은 교육을 시키고 있다. 이러한 이유로 현대의 호텔들은 인포메이션 클러크를 별도로 두어 운영하는 경우는 흔하지 않다. 단지 프런트데스크에서 정보욕구를 해소하려는 고객이 많으므로 프런트데스크에서 종사하는 직원 전체를 대상으로 교육을 통한 효과적인 정보제공에 보다 많은 노력을 기울이고 있는 것이 현실이다. 그것은 질문의 내용에 있어서도 고객이 문의하는 것은 어떤 전문적인 지식을 요하는 문의보다는 일상적이고 평범한 문의가 많다는 것에서도 프런트 전체 직원에 대한 인포메이션 교육이 보다 효

과적임을 알 수 있다.

인포메이션 클러크는 고객안내 업무 및 정보를 제공하는 것을 주요 직무로 하며, 프런트 지배인의 지시 하에 업무를 수행한다. 인포메이션 클러크가 제공하는 안내서비스 및 정보제공서비스는 고객의 만족을 높여주는 중요한 수단이 되기 때문에 호텔과 관련하여 고객에게 요구되는 정보 · 서비스는 물론 주변지역의 교통관계, 관광지 등에 관한 내용을 숙지하고 있어야 한다.

인포메이션 클러크의 직무를 정리하면 다음과 같다.

첫째, 호텔 이용객의 질문과 요구하는 정보에 대하여 응답할 직무를 갖는다.

둘째, 룸 클러크가 업무가 많을 경우, 룸 클러크의 업무를 지원한다.

셋째, 호텔을 이용하는 고객의 안내요구가 있을 경우 안내하여야 하는 직무를 갖는다.

이와 같이 인포메이션 클러크는 고객이 요구하는 정보와 서비스에 대한 안내를 주요업무로 하기 때문에 이와 관련된 지식은 물론, 청결하고 단아한 복장을 하여야 하며, 언어에 각별한 주의를 기울여야 한다. 또한 자신이 모르는 질문이 있었을 경우에도 고객과 같이 문제를 해결하려는 자세를 갖추어야 한다.

(2) Information Clerk의 기본지식

인포메이션 클러크는 다음과 같은 기본적인 내용을 숙지하고 있어야 한다.

① 호텔상품과 서비스 지식

가. 호텔객실에 관한 사항: 전체 객실수, 객실의 종류, 객실요금, 객실의 시설물, check-in/out 시간, 객실이용시 준수사항 및 서비스에 관한 전반적인 지식을 갖추고 있어야 한다.

나. 식음료 시설에 관한 사항: 식음료 영업장의 종류, 규모, 이용시간, 각 식음료 영업장의 특성, 식음료 메뉴의 가격 및 특성에 관한 기본적인 내용, 식음료 영업장 지배인의 이름, 각 식음료 영업장의 주방장 이름 등 식음료 시설이용에 부수되는 제반사항 및 서비스의 특성에 관한 지식을 갖추고 있어야 한다.

다. 부대시설에 관한 사항: 부대시설의 종류, 규모, 이용시간, 각 부대시설의 특성, 이용방법 및 호텔임대매장의 종류와 판매상품에 관한 기본적인 지식 및 이에 부수되는 서비스 내용에 관하여 숙지하고 있어야 한다.

라. 기타 호텔에 관한 사항: 총지배인을 비롯한 간부들의 이름, 고객이 요구하는 호텔정보를 확인할 수 있는 route, membership 제도 및 이와 관련한 서비스 등을 숙지하고 있어야 한다.

② 호텔외부사항

가. 교통 · 지리: 항공기, 지하철, 대중교통노선, 렌트카 이용방법을 숙지하고 있어야 하며, 주변지역의 교통노선지도를 가지고 고객의 문의에 응대하여야 한다.

나. 비즈니스 업무와 관련된 사항: 각국의 대사관 위치 및 전화번호, 주요 관광서의 위치 및 전화번호, 상공회의소, 은행, 무역대리점 협회의 회원목록 비치, 환율, 기타 비즈니스 활동에 요구되는 정보를 요구할 때, 이 욕구를 충족시켜 줄 수 있는 route에 관한 제반사항.

다. 주변관광자원: 호텔 주변 혹은 인근지역의 관광자원 및 자원의 특성, 이용시간, 이용 방법, 접근교통 노선, 주요 음식점 등에 관한 정보를 숙지하고 있어야 한다.

라. 기타사항: 국가의 사회, 문화, 교육, 경제 등과 관련한 기본적인 지식 및 공통적인 지식, 세계적인 이슈가 되는 내용에 관한 사항, 인근지역 종합병원의 전화번호 등과 관련한 내용을 숙지하고 있어야 한다. 물론 기본적으로 영어와 국제적인 매너는 습득하여야 한다.

이와 같이 인포메이션 클러크는 고객이 요구할 수 있는 정보의 내용을 알고 있어야 하며, 자신이 모르고 있다고 하더라도 이를 확인하여 줄 수 있는 route에 대해서 숙지하여야 한다. 고객이 요구하는 정보에는 어떠한 범위가 없다. 따라서 인포메이션 클러크는 고객이 요구할 수 있는 정보에 관심을 기울여 이를 습득하는 데 많은 노력을 아끼지 않아야 하며, 다방면의 책과 잡지 혹은 신문기사를 가까이 하여 교양을 쌓아야 한다.

③ Message 처리업무

Message는 고객과 상대방이 직접 대면할 수 없는 경우에 긴급을 요하는 사항이나 기타의 이유로 사용되는 수단이다. 특히 메시지는 그 내용에 따라서 시간의 제약을 요하는 것도 있고, 중요한 내용일 수도 있기 때문에 정확하게 처리되지 않으면, 상황에 따라서는 고객에게 심각한 정신적 · 육체적 긴장 혹은 물질적 손실까지도 야기시킬 수 있다. 그렇기 때문에 Message는 중요하게 다루어져야 하며, 정확한 전달을 위하여 세심한 주의를 기울여야 한다.

5) Mail Clerk

(1) 업무 개요

메일 클러크(Mail Clerk)은 우편물 송달업무와 프런트 클락 업무협조를 주요 직무로 하고 있으며, 프런트 지배인의 지시를 받아 업무를 수행한다. Mail Clerk의 주요 직무를 정리하면 다음과 같다.

첫째, 숙박객 혹은 프런트로 전달된 메시지 혹은 우편물을 취급하여 고객에게 송달하는 직무를 갖는다.

둘째, 룸 클러크의 업무를 지원 · 협조한다.

셋째, 타부서와의 협력관계를 유지한다.

이와 같이 메일 클러크은 우편물 송달업무를 주요업무로 하고 있는데, 고객에게 전달되는 우편물 혹은 메시지는 상황에 따라서는 긴급을 요하고, 중요한 내용일 수도 있다. 따라서 메시지 혹은 우편물을 정확하게 전달하는 것은 중요한 업무에 해당한다 할 수 있다. 그리고 룸 클러크의 업무를 지원하는 것을 주요업무로 하고 있으므로 이와 관련한 지식과 기술 습득에 노력하여야 한다.

(2) 업무 내용

메일 클러크는 고객과 직원 등 호텔에 유입되는 모든 우편물의 분류와 송달의 책임을 지고 있으며, 호텔의 규모에 따라서 우편물의 양이 차이가 있을 수 있다. 특히 고객에게 전달되는 우편물은 그 내용이 매우 중요할 수도 있기 때문에 전달에 만전을 기울여야 하며, 고객이 보내는 송달우편물도 차질없이 송달될 수 있도록 주의를 기울여야 한다.

우편물의 종류는 대개 편지, 전보 등이 있을 수 있으며, 이들 우편물의 접수, 분류, 보관 및 발송 등과 관련한 업무가 메일 클러크의 중요한 직무이다. 우편물 취급 업무를 발송과 접수 등으로 나누어 설명하면 다음과 같다.

첫째, 고객이 가지고 온 우편물은 프런트데스크의 저울에 달아 규정된 요금을 받고, 우표를 내주어 고객이 직접 mail box에 넣도록 한다. fax와 telex의 발송은 기본적으로 비즈니스 센터를 이용하여 보내도록 한다. 그러나 고객의 fax 내용이 긴급을 요하는 경우는 프런트데스크에서 보내주고 규정된 요금을 청구한다. 그리고 원본은 고객에게 전달한다. telex의 경우는 익일 비즈니스 센터가 open하면 인계한다.

둘째, 도착우편물은 고객 혹은 호텔 내의 직원에게 오는 우편물로 나눌 수 있는데, 이것을 우선 분류한다. 그리고 고객에게 오는 우편물은 우편물 접수대장에 접수날짜와 시간을 기록하고, lamp를 켜서 우편물이 왔음을 고객에게 알리거나 혹은 key rack에 보관하였다가 고객에게 전달한다.

셋째, 반송될 우편물의 경우에는 반송될 사유를 적어 우체국으로 돌려보낸다.

6) Night Clerk

(1) 업무 개요

나이트 클러크(night clerk)는 야간 프런트데스크의 업무를 총괄하는 직무를 수행한다. 야간에는 객실부 지배인 혹은 프런트 지배인 등이 부재중인 관계로 이들을 대신하여 야간 프런트 업무를 총괄하기 때문에 상황에 따른 대처능력과 프런트데스크 업무에 숙련도가 높아야 한다. 나이트 클러크의 직무를 정리하면 다음과 같다

① 나이트 클러크는 야간의 프런트데스크 업무를 총괄하는 직무를 갖는다. 물론 야간에는 야간의 당직지배인이 있으나 프런트데스크 및 벨과 도어 등의 접객 종사원을 관리 · 감독한다.

② 객실판매 현황을 작성하고, 객실열쇠(room key)를 관리 · 점검하는 직무를 갖는다.

(2) 업무 내용

이와 관련한 직무의 구체적인 내용은 다음과 같다.

첫째, 나이트 클러크는 주간 근무자로부터 업무를 인수받아 객실의 판매 및 객실판매와 관련된 각종보고서를 작성한다.

둘째, 그 날 투숙한 VIP guest의 check-in이 완료되면, 투숙 중인 VIP의 현황을 파악하고, 이들의 욕구가 무엇인지를 확인하여 이에 대응하여야 한다.

셋째, 나이트 클러크는 walk-in guest를 위한 객실을 확보 및 객실매출을 극대화하기 위하여 투숙 예정시간이 지난 고객에 대해서도 정리하여야 한다. 즉, 예약 슬립에 기재된 연락처로 객실투숙 여부를 확인하고, 변동이 생기면 바로 예약을 취소하고 walk-in guest에게 객실을 판매할 수 있도록 준비한다. 그리고 노쇼우(no-show)가 발생하는 경우 역시 마찬가지이다. 이때 check-in 시간이 지나도 투숙하지 않은 객실에 대해서는 no-show, cancellation을 확인하여 no-show, cancellation의 리스트를 작성함은 물론, 비어있는 객실(vacant room)과 투숙 중인 객실(occupied room)의 key 유 · 무를 확인한다.

넷째, key rack에 있는 메시지 혹은 우편물 등을 확인하여 전달되지 않은 것은 벨맨 등을 시켜 투숙 중인 고객에게 전달한다.

다섯째, 각종 보고서를 작성한다.

여섯째, sleep out room을 확인한다. sleep out room이란 판매된 객실로 되어 있

으나 key가 key rack에 그대로 있고, 고객이 없는 객실을 말한다. 이러한 경우는 대체로 두 가지 상황으로 나누어 설명할 수 있는데, 하나는 객실에 고객도 짐도 없고 고객이 다시 들어오지 않는 경우이다. 이때는 그때까지의 계산을 확인한 다음 check-out 처리를 한다. 그리고 고객이 deposit을 한 금액 중 남은 금액이 있으면 이것으로 정산처리를 하며, 만일 남은 금액이 없다면 고객의 연락처로 연락하여 정산할 수 있도록 조치한다. 다음으로 객실에 고객은 없고 짐만 그대로 있는 경우인데, 이때는 다시 key를 회수하여 key rack에 보관한다. 그 이후에도 고객이 들어오지 않으면 일단 고객의 deposit 여부를 확인한다. 그 결과 사전지불(advance pay)을 하였거나, credit card를 open(카드에 서명만 하는 경우)한 상황이라면 숙박고객으로 마감을 하지만, 그렇지 않을 경우는 야간당직 지배인에게 보고하여 일단 당일 판매하지 않은 것으로 처리한 후 프런트 지배인에게 보고한다.

일곱, 야간 투숙객의 불평사항처리 및 화재예방의 직무를 갖는다.

여덟, 야간 투숙객을 환송하는 직무를 담당한다.

이와 같이 나이트 클러크는 프런트 지배인을 대신하여 프런트데스크의 업무를 총괄하여 관리하는 중요한 직무를 담당하는 것이다.

(3) 보고서 작성

나이트 클러크는 자정 0시를 기준으로 각종 보고서를 작성하게 된다.

나이트 클러크가 작성하는 보고서는 다음과 같다.

첫째, 객실판매일보(daily room report) 작성을 한다. 객실판매일보는 당일 객실판매에 대한 종합보고서로 객실 부문의 영업 내용을 분석하는 데 중요한 자료가 된다. 이 보고서에는 객실별 판매객실수, 객실별 판매단가, 객실별 평균판매단가, 총판매객실수, 객실점유율, 전체 객실의 평균판매단가 및 숙박객 수 등이 기록되어 있으며, 컴퓨터에 프로그램된 내용에 따라 전년, 전월 등의 기록과 비교할 수도 있다. 객실판매일보에 기록된 내용 중 중요한 항목은 다음과 같이 구성된다.

객실점유율(room occupancy) = (판매객실수/판매가능 객실수) × 100
객실매출비율(room revenue) =
(판매가능객실의 총매출액/당일판매객실의 매출액) × 100
평균객실요금(average per room occupied) = (객실매출액/판매객실수) × 100

객실판매일보 이외에 VIP list 작성, group in house, 업무일지 등을 작성한다. 이외에 객실판매와 관련된 report의 예를 정리하면 다음과 같다.

〈표 10-5〉 객실판매와 관련된 Report의 예

구분	Report명	내용	비고
1	Guest Registration	이미 Guest History에 등록된 사람이면 도착일 하루 전 숙박기록부를 찍어 손님으로부터 다시 작성하는 불편을 덜어준다.	
2	Room Status	Rm No.별로 객실현황을 일목요연하게 객실종류, 국적, 이용객실수, 객실요금 등을 기록	
3	Daily Room Report	객실종류별 년, 월, 일별 통계보고서	
4	Actual Arrival List	익일 도착할 Guest의 명부	
5	Departure List	퇴숙할 Guest의 명부	
6	In-House Guest List	투숙객 총명부	
7	In-House Group Break-down	Group 투숙객의 객실별 집계표.	
8	Country of Origin	국적별 Guest 현황	
9	NO-Show List	당일 투숙중인 Guest 중 아직 도착하지 않은 인원	
10	Group Movement Status	Group 투숙객의 Morning Call Time 및 식사시간 등을 빌췌하는 Report	
11	Long Term Guest	15일 이상 장기 투숙객 명부	

출처: 원융희(1997). 호텔실무론 재구성.

사례 - 제주 신라호텔

〈허니문 패키지〉

• 허니문 패키지 특별 할인

허니문 패키지를 이용하는 모든 고객에게는 화장품을 무료로 준다.

머무는 날에 따라서

- 1박(패키지 이용 고객): 고급 액자증정(스위트 제외)
- 2박(스위트 패키지 이상 이용 고객): 요트 승선권(2인) 또는 차량제공(SM5 기준), 꽃, 과일 및 공항 pick up 서비스

• 색소폰 연주자 대니정 디너 뷔페

- 허니문 패키지 고객은 무료로 이용 가능하다.(조식 쿠폰으로도 이용 가능)

• 제대혈 무료 보관 경품 이벤트

- 허니문 고객을 위해 나중에 태어날 아기를 위해 2박 이상 머무르는 고객에게 경품 추첨을 통해 제대혈 무료 이용권을 주고 있다.

• 허니문 스파 패키지

- 허니문 패키지를 이용하는 고객에게 제공되는 이벤트이다. 신혼부부를 위한 부부 감성 프로그램(kissing school)과 허니문 스페셜 이벤트(겔랑스파 2시간 상품 이용시 1인 2시간 무료) 등이 있다.

〈노보텔 엠배서티 독산〉

• 식-추석 패키지

(~ 2012년 10/7일까지)

기간	객실타입	호팩제휴 할인가
9/28 ~ 10/7	슈페리어객실	₩ 137,750

- 객실1박 + 가든테라스2인저녁뷔페 + 객실내 VIP set up

• Fall in love 패키지

(~ 2012년 11/30일까지)

기간	객실타입	호팩제휴 할인가
9/1 ~ 11/30	슈페리어객실	₩ 152,000
	엠배서더 이그제큐티브	₩ 204,250
	프리미어 스위트	₩ 218,500

슈페리어객실이용시
- 수영장, 체련장 무료 + 생수1병 + 객실내 VIP set up

엠배서더이그제큐티브 이용시
- 영화관람권 2장 + 객실내 VIP set up + 2인조식뷔페 + 귀빈층 라운지혜택 (해피아워 등)
  + 수영장, 체련장, 사우나 무료 + 생수 2병 및 인터넷무료

프리미어스위트 이용시
- 키즈카페 2시간 이용권 추가제공 (빅마켓 내 위치) + 객실내 VIP set up +
  2인조식뷔페 + 귀빈층 라운지혜택 (해피아워 등)+ 수영장, 체련장, 사우나 무료 + 생수 2병 및 인터넷무료

• 파티 섬머 패키지

(~ 2012년 9/30일까지)

기간	객실타입	호팩제휴 할인가
~ 9/30	슈페리어객실	₩ 199,500
	슈페리어객실 + 2인조식	₩ 231,800
	엠배서더 이그제큐티브	₩ 242,250
	노보텔 슈페리어	₩ 251,750
	프리미어 스위트	₩ 261,250

슈페리어 객실 이용시
- 객실1박 + "가든테라스" 야외가든 BBQ 2인 식사권 + 수영장'체련장 무료 + 객실내 VIP set up

엠배서더 이그제큐티브 / 노보텔슈페리어 / 프리미어 스위트 이용시
- 2인조식뷔페 + 가든테라스 야외가든BBQ 2인 식사권 + 귀빈층 라운지혜택 (해피아워 등)
  + 수영장, 체련장, 사우나 무료 + 인터넷무료 + 객실내 VIP set up

▪ L.O.V.E (~ 2012년 12/31일까지)

기간	객실타입	호팩제휴 할인가
9/1 ~ 12/31	엠배서더 이그제큐티브	₩ 231,800

2인조식뷔페 + 귀빈층 라운지혜택 (해피아워 등) + 배너, 풍선장식 + 수영장, 체련장, 사우나 무료 + 인터넷무료 + 객실내 VIP set up
*** 단, 12월 24, 25, 30, 31일은 패키지의 이용이 불가합니다. ***

▪ G.N.O (~ 2012년 12/31일까지)

기간	객실타입	호팩제휴 할인가
9/1 ~ 12/31	프리미어 스위트	₩ 323,000

4 ~ 5가지의 음식, 와인 + 풍선장식 + 수영장, 체련장 무료 (3인까지 투숙 가능, 6인까지 입실 가능) + 객실내 VIP set up
*** 단, 12월 24, 25, 30, 31일은 패키지의 이용이 불가합니다. ***

▪ 결혼기념일 (~ 2012년 12/31일까지)

기간	객실타입	호팩제휴 할인가
~ 12/31	귀빈층 엠배서더	₩ 213,750

객실1박 + 2인 조식 + 와인 + 그랑아 칵테일 2잔 + 그랑아 밴드관람 + 객실내 VIP set up

▪ 추가사항

포함내역

- 세금별도 (봉사료없음) - 객실내 VIP set up (호텔상황에따라 품목은 변경 가능) - 투숙기간 주차무료
- 객실가능시 오후2시까지 체크아웃 무료연장 (단, 7 ~ 8월, 12 ~ 1월은 불가)
- 조식뷔페 추가시 1인 22,000원에서 인하된 17,000원(세금별도)에 이용가능
- 부모조식뷔페이용시 16세미만자녀 2명까지 조식뷔페 무료
- 수영장, 체련장무료 - 객실내생수제공 - 유리, 가든테라스, 그랑아할인 (15%할인, 호팩카드 제시시)

귀빈층 라운지 이용혜택 (엠배서더이그제큐티브/노보텔슈페리어/프리미어스위트룸객실 이용시, 단 G.N.O 패키지, 결혼기념일패키지는 제외)

- 커피, 차, 주스, 쿠키 서비스 (오전10시~오후6시)
- 해피아워 : 무제한주류, 안주 (오후6시~오후8시) (주말및 공휴일은 예약상황에 따라 1 ~ 2부로 나눠질수 있음)
- 사우나무료 (단,15세이상만 이용가능) - 객실내 인터넷무료

특이사항

- 일반객실인 슈페리어객실/온돌룸도 모두 리모델링이완료되어 전객실 모두 쾌적한 객실 컨디션을 자랑
- 객실 슈페리어룸 선택시 온돌룸으로 변경가능

* 노보텔독산은 호팩제휴로 호팩멤버쉽카드 할인받아 이용하는게 가장 좋은 방법입니다. 호팩제휴 할인과 더불어 호팩멤버쉽카드회원에게는 객실내 VIP set up + 16세미만아이2명 조식뷔페무료 + 체크아웃 오후2시까지 연장 혜택이 추가로 주어지니, 노보텔독산을 즐기는 가장 현명한 방법입니다 *

출처: 호팩 홈페이지(http://www.hopac.co.kr).

사례 – 쉐라톤 임페리얼 쿠알라룸푸르

시설상세정보 | 플랜리스트 | 호텔 사진 | 호텔 지도

사진 더보기

쿠알라룸프 최대의 랜드마크인 트윈타워와 쿠알라룸프 시티센터와 함께 전면 개장을 실시한 호텔입니다. 보다 새로운 객실, 로비, 수영장과 전일 식사를 제공하고 있습니다

교통:
쿠알라룸프국제공항까지 70km, 차로 45분에서 60분.

주소:
JALAN SULTAN ISMAIL

연락처:
TEL : +60-3-27179900
FAX : +60-3-27179999

객실타입및 요금

체크인 2012-11-13 체크아웃 2012-11-14 검색

[객실 타입]	플랜	요금	아침/저녁	
디럭스 룸 (42sqm)		MYR 396/실	유료/유료	요금보기
디럭스 TWIN TOWERS VIEW 룸 (42sqm)		MYR 436/실	유료/유료	요금보기
클럽 룸 (42 sqm)		MYR 586/실	포함/유료	요금보기
디럭스 스위트룸 (84 sqm)		MYR 746/실	포함/유료	요금보기

※날짜에 따라서 식사,서비스 요금이 다릅니다.　　객실타입을 더보기

호텔 임페리얼 쿠알라룸프정보

추가 정보	체크인 : 15:00	체크아웃 : 12:00	주차장 : 있음 1대 1박 8 말레이시아 $	
객실 설비	TV 타월 바스로브 유료비디오 인터넷접속(랜형식)	금고 미니바 위성방송 전기스탠드 인터넷접속(무선랜형식)	샴푸 샤워캡 컨디셔너 다리미(대여)	전화 슬리퍼 고형 비누 헤어드라이어
식사、레저 서비스 설비	바 미용실 비 즈니스 센터 컴퓨터사용가능	카페 사우나 클리닝서비스 이메일 송신가능	택배 레스토랑 팩스사용가능 수영장(여름한정)	모닝콜 룸서비스 휘트니스클럽
바리어프리	장애자용 룸			
특별서비스	웰컴 드링크 서비스	석간· 조간신문 서비스		
크레디트 카드	JCB American Express	VISA	Master Card	Diner's Club
주의사항	체크인예정시간보다 늦어지는 경우는 반드시 연락해 주시길 바랍니다.폐문시간은 없습니다. 16:00까지 예약을 확보하겠습니다.도착하지 않을 경우는 예약을 캔슬하겠습니다. 임시침대를 이용하는 경우는 침대 한대당 요금이 부과됩니다.(80.00MYR/대/일)			
캔슬폴리시	캔슬 해당일로 부터 기산하여 이하와 같이 캔슬료를 받습니다. 캔슬 접수일이 캔슬 해당일의 24시간이내: 최초 1일숙박분의100%의 캔슬료를 받습니다 ※시설 현지 시간 오전 0시를 기점으로 계산합니다.			

출처: http://www.travel.rakuten.co.kr

연습문제

1. 호텔객실 요금의 종류에 대하여 설명해 봅시다.

2. 호텔객실부서의 예약담당, record clerk, information clerk, room clerk, mail clerk, night clerk 등의 업무내용과 업무절차에 대하여 설명해 봅시다.

3. 현대호텔의 객실의 특성에 대하여 설명해 봅시다.

CHAPTER

11 식음료관리

학습목표

- 호텔식음료상품의 개념과 특성을 이해한다.
- 호텔식음료상품의 시스템적 접근에 대해 모색할 수 있다.
- 호텔식음료상품의 서비스품질요인에 대해 이해한다.
- 호텔서비스 품질의 구성요인에 대해 이해한다.
- 식음료기업(호텔레스토랑)의 사례분석을 통해 사업의 경영지침 및 메뉴를 이해할 수 있다.

다이어트 열풍에 식음료업체 'S라인' 경쟁

최근 들어 다이어트에 성공하겠다고 다짐하는 사람들이 늘고 있다고 한다. 이 얘기는 비단 어제 오늘의 얘기만은 아니지만 이러한 사람들의 욕구를 충족하기 위한 식음료 업체들의 경쟁도 뜨겁다고 한다. 식음료업체들은 서로 뒤질세라 체중 감소에 도움을 주는 식음료상품들을 앞다투어 시장에 출시하고 있다.

사람들은 러닝머신 위를 달리고, 자전거 페달을 돌리며 근육을 단련하면서 몸 가꾸기에 구슬땀을 흘리고 있다. 직장인 박모씨는 "유산소 운동이 아무래도 근력 운동과 병행하면 다이어트에 도움이 될 것 같아요." 이처럼 운동이 다이어트에 가장 좋은 방법이지만 작심삼일로 끝나기 일쑤라는 것이 문제이다. 그렇다고 무조건 굶거나 물만 마시고 체중을 뺄 수 없다 보니 살을 빼는 데 도움을 줄 수 있는 식음료상품에 관심이 쏠리고 있다.

식음료업체들은 새해 벽두부터 다이어트 시장 선점에 나서고 있다. 지방 분해 성분을 넣은 음료수를 새로 내놓고, 20~30대 몸매 관리를 중요하게 생각하는 젊은 여성들을 타깃으로 한 기능성 영양 파우더로 칼로리를 낮추기도 한다. 심지어 주류업체까지 저칼로리 음료를 내놓고 다이어트 시장에서 각축전을 벌이고 있다고 한다. 그렇지만 전문의들은 다이어트 식음료에만 의존해서는 안 된다고 조언한다. 가정의학과 교수의 말을 빌자면 골고루 조금씩 자주 먹는 습관이 중요하며, 한꺼번에 너무 많이 몸무게를 빼는 것도 좋지 않다고 주문하고 있다.

출처: MBN뉴스(2013. 1. 15.).

11 식음료관리

오늘날의 경영환경은 끊임없이 변화하고 있으며 점차 복잡해지는 경향을 보이고 있는데, 자사의 제품 및 서비스가 경쟁위치에 있는 다른 호텔에 비해 고객을 만족시킬 수 없다면 그 호텔은 유지하기 힘들다.

양질의 호텔서비스 질을 고객에게 전달하기 위해서는 고객의 기대와 요구에 부응하는 서비스를 제공해야 한다. 이는 곧 고객 만족을 위한 최선의 방법 중의 하나는 서비스에 대한 고객들의 기대감을 충족시켜 주는 것이라 할 수 있다. 따라서 호텔의 경영자는 고객만족을 위하여 서비스 품질 개선에 노력해야 한다. 오늘날 고객은 왕이다. 대부분의 기업에서 고객을 만족시키는 것이 가장 우선적인 과제가 되고 있다. 즉, 고객을 신중하게 선택해야 한다. 다시 말하면 기업의 목적 달성에 기여하는 고객을 선택해야 한다는 것이다. 선택된 고객과 관계를 맺기 위하여 효과적으로 경쟁하기 위해서는 무엇보다도 경쟁기업의 마케팅믹스보다도 더 큰 가치를 고객에게 제공해 줄 수 있는 마케팅믹스를 창조해야 한다.

경제의 진보에 따라 경제활동의 중심이 물질로부터 서비스로 옮겨지고 풍요로운 사회의 진입을 반영하여 21세기는 산업구조, 취업구조에서 점하는 제3차 산업의 비중이 증대되고 있는데, 이는 주로 서비스산업의 증대에서 기인된 것이다. 이와 같이 서비스산업의 비율이 증대되는 현상은 서비스경제화로 불리고, 21세기 서비스산업의 발달은 급신장될 것으로 예상되고 있다.

최근 들어 우리나라의 경우 여러 서비스산업 중에서 환대산업(hospitality industry)으로서의 호텔산업이 크게 성장하고 있다. 호텔산업은 서비스산업이란 단어가 시사해 주듯 서비스가 가장 중요한 관건으로서 오늘날 점점 비중이 증가하고 있는 서비스 부문까지 관심을 가지게 되었다. 우리나라 호텔산업은 88 서울올림픽 이후 호텔의 폭발적인 증가로 인하여 후유증이 우려되어 왔다. 결국 IMF를 지나며 현실화 되었고, IMF 여파로 한때 위축되었던 호텔산업의 경기는 2002년 한・일 월드컵 개최 이후 중국인들이 한류여행 여파로 호텔신축이 증가하고 있다.

이에 따라 호텔산업의 양적 증대 추세에 따른 일시적인 수요공급의 불균형이 곧 호텔산업의 성장을 위협해 왔기 때문에 각 호텔의 특색 있는 매출액 신장을 위한 호텔의 서비스 품질 개선 노력은 그 어느 때보다도 절실히 요구되며, 그 대책방안이 수립되지 않으면 안 되는 시점에 놓이게 되었다.

요즈음 호텔산업은 개인의 소득증대와 더불어 식당에서 식사하는 인구가 늘어남에 따라 객실판매수입의 증가보다는 식음료판매의 수입의 증가가 늘어나고 있다. 그중에서도 음료서비스판매의 중요성은 놀라울 만큼 발전을 거듭해 왔는데, 이러한 이유로 호텔산업에서는 점차적으로 음료서비스 부문에 관심을 갖게 되어, 음료부문의 인적서비스 개선과 상품판매의 질을 보다 높여 호텔산업의 수입증대를 꾀하려고 하고 있으며, 이러한 부분이 현재 호텔마다의 시급한 과제가 되고 있다고 해도 과언이 아닐 것이다.

실제적으로 호텔경영에 있어 70년대 이전에는 객실영업이 위주가 되었고, 식음료는 숙박객의 식사와 음료를 제공하기 위한 부수적인 시설로 인식하였다. 그러나 객실의 경우에는 매출액이 한정되어 있는 반면에 식음료는 이에 비해 탄력적이고 매출액을 증대시킬 수 있는 높은 가능성을 내포하고 있다. 따라서 적극적인 서비스와 적정한 가격, 안락한 분위기의 조성 등과 같은 고객의 구미에 맞는 서비스 상품 개발을 통해 경쟁력 확보에 주력해야 할 필요성이 높다는 것이다.

그중에서도 특히 음료시장은 수질오염과 용수 부족, 기호변화에 따른 대체음료의 등장으로 하나의 독립된 시장으로 성장하고 있으며, 알코올성 음료까지 합세한다면 매우 위력적인 잠재성을 지니고 있다. 하지만 호텔에서 이와 같은 음료시장을 다룸에 있어서는 아직도 과거 객실영업의 부수적인 차원이나 식음료의 일부로서 다소 그 중요성을 간과하고 있는 것 같다. 이러한 맥락에서 식음료상품의 개념 및 특성을 살펴보고 식음료상품을 시스템적으로 접근하여 식음료상품의 서비스품질

요인 및 구성요인을 살펴보고자 한다.

1. 호텔 식음료상품의 개념 및 특성

현대 호텔상품의 구성요소는 위치(location), 서비스(service), 이미지(image), 가격(price)으로 분류할 수 있으며, 관리자의 경영능력과 자본시설을 바탕으로 객실, 식음료, 그리고 서비스를 상품으로 하여 하나의 기업으로 성장해 가고 있다고 할 수 있다. 그러므로 호텔경영면에서 상품을 분류하여 보면 식음료 부문과 객실 부문을 호텔의 수익 발생이 이루어지는 2대 상품이라 할 수 있다.

호텔상품은 다양한 형태의 서비스를 통합함으로써 비로소 상품으로서의 성격을 형성하게 되지만 호텔 식음료상품은 메뉴와 형태의 서비스로 이루어져 있고 이 서비스를 통하여 비로소 식음료상품으로서의 성격을 형성하게 된다.

이러한 호텔 식음료상품은 호텔의 다른 상품보다 부가가치가 상대적으로 높을 뿐만 아니라 객단가를 최대로 높일 수 있는 장점을 지니고 있으므로 호텔 식음료상품은 호텔경영에 있어 주경영의 목표가 되어야 할 것이다. 식음료상품의 개념에 대하여 살펴보기 위하여 상품에 대한 개념을 검토해 보면 다음과 같다.

상품이라는 용어는 제품이라는 용어와 자주 혼동되고 있는데, Philip Kotler로 대표되는 대부분의 구미지역 마케팅 학자들은 주로 제품이라는 용어를 사용하면서, 상품에 대하여는 고도로 표준화된 재화와 용역의 의미로서 수용하는 입장을 취하고 있다.

상품과 제품의 사전적 의미는 이희승 편 국어대사전에서는 상품은 시장에서 판매할 목적으로 생산된 물건이라고 서술하고 있으며, 법률적으로는 동산과 같은 상거래를 목적으로 하는 물건이라고 서술하고 있다. 또한 제품은 원료를 써서 만들어 낸 물품 즉 원료를 가지고 물건을 만드는 것을 의미하고 있다.

따라서 상품은 판매를 목적으로 생산된 재화이며, 상거래와 교환의 대상이 되는 것은 모두 상품이라고 하고 기한이 다 될 때까지도 유통, 상거래의 측면에서 받아들이는 개념이다.

그리고 제품(product)은 협의와 광의로 해석할 수 있는데 협의의 의미는 인간이 천연자원에 대해 어떤 작용을 가하여 그것을 변화, 조합, 연결함으로써 만들어 낸, 즉 제조된 것을 뜻한다. 반면, 광의의 의미는 어떤 것이든 욕구나 욕망을 충족할 수 있는 것이어서 시장에서 주의를 끌거나 획득, 사용, 소비되게끔 제공할 수 있는 모든 것을 뜻한다. 따라서 어떤 실질적인 가치를 가지는 물체가 유통과정상에 있는 것만을 말하며 생산된 그대로의 제품은 상품이라 할 수 없으며, 그것이 시장에 출하되어 교환의 대상이 될 수 있는 환경에 놓여졌을 때 비로소 상품이라고 할 수 있다.

이상과 같은 상품과 제품의 개념을 종합하여 볼 때, 광의의 상품은 제품을 포함하고 있다고 볼 수 있으며 상품은 기본적 욕구 또는 욕망을 충족시켜 줄 수 있는 것으로 시장에 출하되어 주의나 획득, 사용 또는 소비의 대상이 될 수 있어야 하며 상품에는 물리적 대상물과 서비스, 사람, 장소, 조직, 아이디어 등이 포함된다.

이와 같이 상품 속에 서비스를 포함하는 개념으로 볼 때 관광상품은 관광에 관련된 상품과 서비스가 종합되어 이루어진 상품을 의미한다고 할 수 있을 것이다.

식음료 부문은 식음료라는 제품을 생산하지만 이들이 곧 상품은 아니며, 호텔기업의 이미지, 종사원의 적절한 서비스, 분위기 등의 속성의 연쇄가 시스템적으로 또는 유기적으로 통합됨으로써 비로소 완전한 상품이 된다는 의미에서 개별단위 영업장에서 생산하는 식음료를 제품으로 인식하고, 소비자에게 판매되는 시점에서의 통합제품을 단위영업장의 이미지와 결합된 상품으로 이해할 수 있다.

물론 단위영업장의 메뉴를 상품으로 착각하는 견해도 성립될 수 있지만 단위영업장을 상품으로서 파악함으로써 단위영업장 중심의 포트폴리오 관리가 가능해지며, 그 다음 단계에서 메뉴를 상품으로 재차 규정할 수 있기 때문이다.

이러한 관점에서 볼 때, 식음료상품은 식당상품, 주장상품, 연회상품의 세가지로 대별할 수 있으며, 이는 [그림 11-1]에서 보는 것처럼 각각 여러 종류의 단위 상품으로 세분할 수 있다.

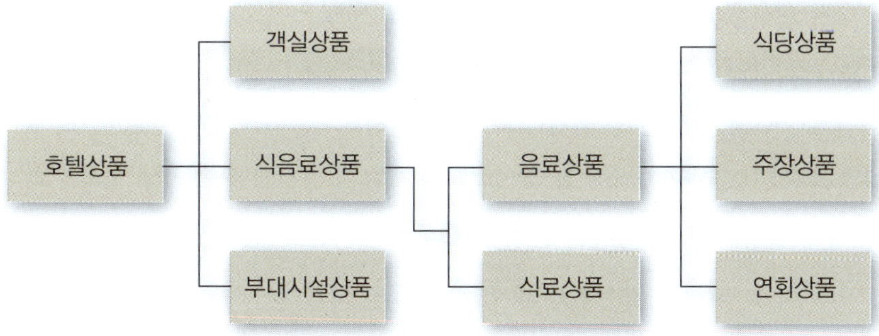

[그림 11-1] 호텔 식음료상품의 유형

또한 호텔 식음료상품에 대한 학자들의 견해를 보면 다음과 같다.

김충호, 손일락, 원융희, 오승일, 홍성열 이상과 같은 학자들은 호텔식음료의 조직도에서 상품을 구분함에 있어 식당, 주장, 연회, 요리(=주장) 등의 상품으로 구분하고 있으며, 오정환은 그의 저서에서 요리와 식음료 또는 연회를 일괄 판매하는 곳으로 상품을 분류하고 있다.

호텔경영에 있어서 20세기 중반에는 식음료 부문은 많은 호텔 경영자들에게 매우 낮게 인식되어 있었으며, 그것은 객실 부문이 주수입이기 때문이고, 단지 식음료 경영의 목표는 손익분기점 유지, 혹은 최소의 손실에 있었기 때문에 식음료상품은 상대적으로 덜 중요시되었다.

1980년 이후에는 대형 호텔들이 생성, 성장과 확대로 말미암아 수년 동안 호텔 식음료상품의 판매가 점차 손익분기점을 넘어 거의 객실상품 판매액에 육박하였으며, 경쟁력이 강한 상품으로 호텔기업의 수익에 많은 공헌을 하고 있다.

1988년 이후 우리 나라의 식음료상품 판매액과 객실상품 판매액의 비율은 50%로서 30%를 차지하고 있는 객실상품 판매액과 비교하여 볼 때 식음료상품의 중요도는 다시 한번 고찰해 보아야 할 것이다.

이와 같이 호텔에 있어서 식음료상품이 차지하는 역할은 매우 크고 중요하다. 아무리 호텔의 시설과 설비가 훌륭하다 할지라도 식음료상품 중에서 소리파징과 서비스가 최고 수준을 유지하지 못할 때 그 호텔의 경영은 매우 어려울 것이다.

또한 최근에 호텔수입 중 식음료상품 판매액이 객실상품 판매액보다 높게 나타남으로써 식음료상품의 중요도를 재인식하게 되었으며, 식음료상품의 특징 또한 고찰할 필요성이 있다.

식음료상품의 특징은 크게 두 가지로 대별하여 볼 수 있는데, 생산관리 측면과 판매관리 측면으로 구별지어 볼 수 있다. 오정환은 생산관리 측면에서 생산과 판매가 동시에 발생하고, 주문생산을 원칙으로 하며 수요 예측이 곤란하다. 또한 주장에는 이익의 폭이 크게 발생한다고 특정 짓고 판매면에서의 특징은 장소적인 제약이 따르고, 시간적인 제약을 받으며 상품의 부패성과 인적서비스의 의존도가 크다. 또한 메뉴 카탈로그에 의한 판매와 현금판매이며, 주장의 건물과 제반시설, 무드 등의 영향이 크다고 특징을 서술하고 있다.

또한 이정자는 생산성의 제약과 상품의 특징, 인적 서비스에의 의존도, 메뉴에 의한 판매로 구분지어 놓고 있다. 그리고 박현지는 식음료 생산면에서 첫째, 생산과 판매가 동시에 이루어지며 주문생산량이 적다. 둘째, 한가지의 자재(종속수요)가 여러 가지 제품에 사용된다고 특징을 설명하고 있다.

또한 J. W. Stoke는 식음료상품의 판매에 있어서 전문적인 지식과 경험, 그리고 기술이 절실히 요구되며, 종사원에 대한 의존도가 매우 높다고 특징짓고 있고, A. G. Seaberg는 메뉴의 계획 및 작성과 그 관리는 일반 제조업체에서는 찾아볼 수 없는 식음료 영업의 한 특징이 될 뿐만 아니라 이것을 활용함으로써 구매시점 광고와 같은 많은 이익을 도모할 수 있는 이점을 안겨주게 되는 특징을 가지고 있다.

2. 호텔 식음료상품의 시스템적 접근

오늘날 사회는 다양하고 복잡하므로 호텔상품도 고객의 욕구 충족을 위해 다각적인 측면에서 강구되어야 한다. 특히 호텔 식음료상품은 식당이나 주장에서의 제요소뿐만 아니라 그외 호텔 분위기, 호텔의 외부환경, 호텔의 이용시설 등이 고객의 만족을 가져오므로 이러한 제반요소들이 시스템적으로 갖추어져 있어야 한다.

이런 측면에서 Medlik은 호텔상품의 구성요소를 5가지로 분류하였는데, 이것은 위치(location), 시설(facilities), 서비스(service), 이미지(image), 가격(price)으로 제시하였다.

Doswell과 Gamble은 호텔서비스 마케팅 측면에서 유형상품(physical products) 즉, 식음료 및 객실 등, 서비스, 정서적 만족을 호텔상품의 구성요소로 보았다.

그리고 호텔서비스의 특성을 논하는 가운데 호텔의 서비스 기능은 물적기능, 인적기능, 시스템적 기능으로 열거되고 이와 같은 제반기능이 상품적 요소가 된다. 즉, 호텔상품의 구성요소에는 물적, 인적, 시스템적 요소가 있고 일반적인 호텔 상품은 물적, 인적 서비스를 광의로 해석하는 견해가 지배적이다.

따라서 본 연구에서는 호텔상품의 구성요소를 우선 경영자원의 투입요소인 물적자원과 인적자원으로 대별하였고, 물적자원에 의한 산출을 생산제품과 시설제품으로 나누었다. 여기에서의 생산제품이란 객실과 식음료를 말한다.

그리고 생산제품은 장소적, 시간적, 양적으로 제한을 받는 특성을 갖고 있기 때문에 제조업에서 생산하는 제품과 비교할 때 상당히 비탄력적이다. 특히 객실에 있어서는 당일 판매량이 고정화되어 있기 때문에 성수기에는 객실수요가 공급에 미치지 못해 거절되는 경우가 많아 호텔 수입에 반영되지 못할 때가 있고, 비수기에는 객실을 팔고 싶어도 고객의 이용율이 적어 호텔경영에 어려움이 있다.

또한 당일 객실판매가 이루어지지 않으면 상품성이 없는 비재고성의 특성이 있다. 식음료 생산에 있어서도 상기와 같은 여러 가지 제한을 받고 있다. 이는 대량생산이 불가능할 뿐만 아니라 고객에 의한 주문 판매만이 가능하여 생산에 관한 계획이나 예측이 불가능하다. 왜냐하면 제조업에서는 원자료 투입량을 기준으로 하여 생산계획과 재고관리를 하지만 호텔에서의 생산계획이란 오직 고객의 이용 인원에 의존해야 하고 계절에 의한 날씨, 시간 등이 큰 요인으로 작용한다.

한편, 시설제품은 호텔건물을 비롯하여 고객이 요구하는 각종 시설업 즉, 호텔 주차시설, 각종 표지판, 건물내의 각종 시설로서 의자, 테이블, 실내의 각종 디자인, 화장실 시설, 정확한 온도 및 통풍시설, 음향효과 등 고객이 이용하는데 필요한 제반시설을 통칭한다.

그러나 현대 호텔의 기능이 숙박과 음식만을 제공하는 단순한 기능이 아니라 다양한 기능을 고객에게 제공하고 있다. 집회 및 연회기능, 각종 문화 행사 기능, 스포츠 및 레저기능, 건강관리기능 등이 포함되어 있다.

이처럼 다양한 기능의 확대는 한층 더 호텔시설을 고급화 내지 대규모화를 촉진시킨다. 다시 말해 호텔사업 투자가들이 건설할 때 객실보다는 식음료업장이나 다양한 부대시설에 보다 많은 관심과 투자를 하고 있는 것이 오늘날의 현실임을 감안할 때 호텔사업에서 시설의 고급화와 중요한 시설이 호텔경영에 큰 영향을 미칠 것으로 보인다.

그러나 이와 같은 물적자원에 의한 생산제품(객실, 식음료)과 시설제품(호텔 제반시설: 수영장, 골프장, 볼링장 등)은 유형재로서 고객에게 기본적인 상품이다. 반면에 인적자원으로서의 서비스제품이란 호텔 종사원의 인적 서비스를 제품화한 것이다. 호텔상품이 유형재로서 객실 및 식음료를 판매하는 곳이지만 보다 근본적인 영업의 성공 여부는 호텔서비스를 제공하는 종사원의 서비스에 달려 있다.

대부분의 기업이 그 운영에 있어 생산의 효율화를 위해 기계화하고 있지만 적어도 인적 서비스는 기계화나 자동화가 어렵다.

하지만 종사원의 서비스는 완전한 상품 가치를 형성하는 데 결정적인 역할을 한다. 그러나 단순히 유형재나 무형재의 상호결합에 의한 상품형태가 호텔의 상품적 가치를 발휘하는 것은 아니다. 호텔의 상품적 가치는 물적자원인 생산제품, 시설제품과 인적 서비스 제품의 단순한 구성만으로 생겨나는 것은 아니며 고객에게 전달될 수 있는 종합시스템적 서비스(total systematic service)가 첨부되어야만 완전한 호텔상품으로서 판매될 수 있다.

지금까지 연구된 호텔상품의 구성요소는 물적자원과 인적자원으로 대별하여 설명하는 이분설이 지배적이었으나, 본 연구에서는 종합시스템적 서비스를 포함시켜 삼분설을 제시하였다.

종합시스템적 서비스에는 물적, 인적자원의 상품적 가치를 강화하거나 전달하는 서비스로서 손님이 호텔에 머물고 있는 동안에 인식하는 각종 서비스를 포함한 것으로 이런 시스템 속에서만이 고객이 식음료상품에 느끼는 만족도가 크므로 호텔 식음료상품의 시스템적 접근이 필요하다.

3. 호텔 식음료상품의 서비스 품질요인

호텔의 식음료 업장은 그 호텔의 위치, 시설규모 및 경영방침 등에 의해서 특성과 형태가 매우 다양하다. Buttle은 호텔 업장의 특성과 다양성에 대한 요인으로 위치, 동기, 좌석형태, 종사원의 서비스 수준, 전문화, 식음료서비스 방법 등을 삼았다. 이에 관해 더 상세한 것은 〈표 11-1〉에 나타나 있다.

〈표 11-1〉 식음료 서비스 질의 평가 기준

평가기준	내용
위치	1. 상용/고속도로, 2. 호텔/모텔, 3. 공공기관, 4. 기업
동기	1. 이익: 소매운영, 여가운영, 사업/산업운영, 2. 복지
메뉴 정도	1. 제한됨, 2. 많음, 3. 대단히 많음
메뉴 형태	1. 테이블 도트, 2. 알라카트
서비스 형태	1. 업장
좌석 형태	1. 좌석 시설 없음, 2. 카운터 및 등 없는 의자, 3. 테이블과 의자가 고정된 좌석, 4. 테이블과 의자가 자유스러운 좌석
인적 서비스의 수준	1. 아주적다, 2. 적다, 3. 적당하다, 4. 많다, 5. 아주 많다.
전문화	1. 피자, 스테이크, 3. 버거, 4. 어류, 5. 아이스크림, 6. 불고기 등
서비스 전달 방법	1. 테이블 서비스, 2. 선채로 하는 서비스, 3. 기계 서비스: 자동 판매기, 콤베이어 및 돌아가는 테이블 고정 및 이동 차량

Laine과 Iris는 서비스의 제공 형태에 따라 드라이브인(drive-in), 카운터서비스(counter service), 카페테리어 및 뷔페(cafeteria or buffet), 즉석음식(fast-food), 가격이 저렴한 레스토랑(moderate-priced restaurant), 테이블서비스 레스토랑(table cloth or table service restaurant), 분위기 좋은 레스토랑(atmosphere restaurant), 미식가 레스토랑(gourmet restaurant), 계약급식(contract feeding) 등으로 나누었다.

일반적으로 서비스업의 업장 형태는 서비스 제공 방법에 따라 테이블서비스, 연회서비스, 카운터서비스, 셀프서비스, 급식서비스, 자동판매기서비스가 있는데 이를 보다 구체적인 업장으로 구별하면 〈표 11-2〉와 같다.

〈표 11-2〉 식음료 서비스의 형태

서비스형태	업종 종류 및 특성
테이블서비스	호텔, 레스토랑, 그릴, 회원제 레스토랑(member's restaurant)
연회서비스	각종 모임 및 회의, 세미나를 위한 서비스
카운터서비스	커피숍, 가족식당, 슈퍼마켓 등
셀프서비스	카페테리아, 뷔페, 스넥바, 가족식당, 즉석 및 간이식당
급식서비스	회사, 학교, 병원, 군대, 형무소 등 단체 급식
자동판매기서비스	각종 음료 및 즉석식품의 자동판매

그리고 William과 Martin은 서비스 질의 평가척도를 위해 16개 요소를 평가기준으로 제시하였다. 절차적 서비스의 평가기준에 기술적 시스템(technical system)이 포함되어 있으며 7가지 구성요소가 있다.

(1) 서비스의 진행과정(flow of service)

서비스의 절차가 적절하게 진행되도록 하기 위해서는 진행과정에서 어떤 불특정한 서비스의 단계에서 다음 단계로 옮겨가는 것도 일정한 절차에 의해서 규칙적으로 진행되어야 한다.

(2) 적시 서비스(timeliness)

고객으로부터 주문을 받은 후 제품의 서비스가 고객에게 전달되는 데 걸리는 시간을 잘 지키는 것은 신속 이상의 좋은 결과를 가져온다.

(3) 수용(accommodation)

서비스의 본제와 절차는 업소의 편의에 맞추어 고안한 것이 아니라 고객의 필요와 욕구를 충족시킬 수 있도록 고안 · 결정되어야 한다.

(4) **예견**(anticipation)

효율적인 서비스의 판매를 고객이 요구하기 전에 한걸음 앞서 제공해야 한다.

(5) **의사전달**(communication)

고객, 종사원 상호 간 그리고 종사원과 감독자와의 관계에서 간결하고 분명한 의사전달이 잘 이루어지지 않았을 경우 높은 수준의 서비스란 존재하지 않는다. 그러므로 상호 간에 어떤 의사를 표현하거나 메시지를 전달하고자 할 때에는 철저하고 정확하게 그리고 시간에 늦지 않도록 유의하여 전달하여야 한다.

(6) **고객의 피드백**(customer feed-back)

제공하는 서비스와 제품이 고객들의 욕구와 기대를 충족시켜 주었는지의 여부를 항상 지속적으로 인식해야 한다. 그렇지 않다면 제공되는 서비스가 고객의 욕구 충족에 접근하고 있는가를 알 수 없으며, 서비스 과정에서 노출되는 문제점을 개선할 수 없다.

(7) **감독**(supervision)

설정된 서비스 체제가 정상적으로 잘 운영되도록 하기 위해서는 상기 여섯 요소를 효율적으로 감독하고 조정할 필요가 있다.

한편 인격적 서비스는 대고객관계에서 형성된 고객의 욕구에 조정할 수 있는 종사원들의 능력을 말하며 아홉 가지 요소로 구성되어 있다.

① **태도**(attitude)

어떤 사람을 막론하고 그 사람의 태도는 곧바로 다른 사람에게 전달되고 반영되는데 양질의 서비스를 제공하기 위해서는 적극적인 태도를 유지해야 한다.

② 몸짓 대화(body language)

전형적인 대화에서 몸짓 대화는 의사전달의 2/3의 역할을 차지한다. 얼굴표정, 눈빛, 응답, 손의 자세, 동작 등을 통해 고객들은 종사원들의 태도와 자세를 읽을 수 있다.

③ 목소리 어조(tone of voice)

고객에게 한 말의 특정내용도 중요하지만 어조에 따라 진정한 의미가 달라진다. 지나치게 짤막하고 갑작스럽고 냉담하고 비꼬는 것 같은 말씨는 부정적인 태도를 의미하는 것으로 양질의 서비스에서는 금물이다. 그러므로 양질의 서비스를 위해서는 개방적이고 우호적이며 안락한 분위기에서 고객과 즐거운 대화를 나누도록 한다.

④ 재치(tact)

상황이 달라진 여건에서 고객에게 무슨 말을 해야 되는지를 알아차리는 재치도 성공적인 서비스인이 되기 위한 것이며, 고객들의 비위를 상하게 하는 말은 무슨 일이 있어도 삼가고 회피하여야 한다.

⑤ 이름을 불러 주는 것(naming names)

고객의 이름을 부르는 것은 인간적으로 친해지고 싶어하는 의사, 즉 특별한 배려와 성의, 존경심을 갖고 있음을 보여 줌으로써 만족감을 불러일으킨다.

⑥ 주의 집중(attentiveness)

개인적인 친밀감을 얻기 위한 서비스에 필요한 것으로 고객들의 인간적 욕구에 기반을 맞추며 예의바르고 친절히 존대하는 서비스를 제공한다면 영업은 저절로 번창한다.

⑦ 안내(guidance)

고객이 뭔가 결정하지 못하고 혼돈하고 있는 경우 고객을 위해 관심을 보이고 보살펴 주고 노력하는 성의를 보여 주어야 하며, 제공하는 제품과 서비스에 대하여 깊고 철저한 지식을 갖고 있어야 한다.

⑧ 제안에 의한 판매촉진(suggestive selling)

양질의 서비스를 제공하는 삶들은 자신들을 판매대리인으로 영업의 증대는 판매에 달려 있고, 판매업무가 그들의 책임임을 알고 있다. 그러므로 고객이 원하지 않는 서비스 또는 제품을 무리하게 받아 줄 것을 요구하는 일은 절대적으로 피하고 준비되어 있는 서비스나 제품을 고객들에게 알려 주는 일에 노력을 집중한다.

⑨ 문제해결(problem solving)

고객으로부터 문제점이나 불평이 발생하게 되면 조용하고 부드럽게 그리고 재치 있게 처리하여 진실한 태도와 마음을 고객에게 심어주며 참된 성의와 취지를 고객의 마음에 확신시켜 주어야 한다.

〈표 11-3〉 서비스 질의 평가척도 기준

절차적 서비스 기준	인격적 서비스 기준
1. 수용	1. 접객태도
2. 예견	2. 주의력
3. 적시	3. 어조
4. 업무절차	4. 체화
5. 의사전달	5. 재치
6. 고객 피드백	6. 호명
7. 감독	7. 안내
	8. 제안판매
	9. 문제해결

상기의 16개 서비스 질의 기준은 식음료영업장, 각 개인의 직무간 차이, 식음료업장 운영의 강조성 및 중요도에 따라 달라질 수 있다. 따라서 평가척도의 기준은 절차적인 서비스에 중요성을 부여할 수 있고 반면에 인격적인 서비스를 강조할 수

있다.

전자의 경우에는 셀프서비스, 즉석 영업장 등에서 많이 찾아볼 수 있으며 후자에는 호텔의 고전적 레스토랑 및 전문 레스토랑 등이 있다.

대고객서비스 평가척도(CSAS: Customer-Service Assessment Scale)는 업장에서 제공하는 서비스가 고객들의 기대에 부응하고 있는지를 측정하는 데 매우 유용한 평가도구이다.

이 척도는 호텔종사원이 스스로 평가하는 자기평가(self assessment), 타인에 의한 평가(assessment by others), 지배인들의 평가(manager's assessment), 감독자들의 자기평가(supervisor's self assessment), 집단분석(group analysis), 감독지배인들의 집단분석(group analysis for managers), 접객요원들의 집단분석(group analysis for servers) 등으로 각 영업장의 특성에 알맞게 다양하게 적용할 수 있다.

4. 호텔서비스 품질의 구성요인

1) 호텔서비스 품질에 대한 속성

고객의 호텔서비스 품질평가에 미치는 결정요인을 밝혀내는 것은 오늘날 고객의 다양한 기대와 욕구에 적극적으로 대처하고 호텔 이용객들은 호텔을 최종적으로 결정시 여러 가지 고려하여야 할 요소들을 적절히 고려하여 호텔을 선택하기 때문에 보다 구체적인 호텔서비스 품질에 대한 속성요인을 찾아내는 데 그 의의가 있다 하겠다.

호텔을 이용하는 고객이 지각하는 호텔서비스의 구성요소를 개념화하고 각 구성요소별 세부항목을 개별화하여 구체화하기 위하여 우선 문헌조사를 바탕으로 구성하여 보았다. 먼저 Cadotte와 Turgeon의 호텔서비스 품질 평가에 관한 25개 속성은 다음 〈표 11-4〉와 같다.

〈표 11-4〉 호텔의 서비스 품질평가 속성

1. 객실 · 식음료 · 서비스의 가격	13. 서비스 품질
2. 서비스의 속도	14. 호텔시설
3. 주차시설	15. 건물의 청결
4. 숙박시설 이용가능 정도	16. 경영자의 서비스 지식
5. 퇴숙시간	17. 주변환경
6. 신용카드 사용 여부	18. 불편에 대한 반응
7. 영수증의 정확성	19. 서비스의 다양성
8. 경영자의 자세	20. 시설 외관
9. 호텔의 규모	21. 경영자의 인성
10. 입지	22. 영업시간
11. 직원들의 서비스 지식	23. 광고수준
12. 서비스 내용	24. 예약제도
	25. 호텔 주변 교통 혼잡도

연도에 따른 호텔서비스 품질평가 구성요인에 대한 선행연구자들의 내용들은 다음 〈표 11-5〉와 같이 분류할 수 있다.

〈표 11-5〉 호텔서비스 품질의 평가 구성요인

연구자	평가구성요인
Engel et al.	평가기준: 위치, 제품구색, 가격, 광고판촉, 종사원서비스, 기타 지각특성: 호텔이미지(위치, 제품구색, 가격, 광고판촉, 종사원서비스)
Medrik Buttle	이미지, 입지, 시설, 서비스, 가격 이미지, 입지, 시설, 서비스, 가격
Lewis	이미지, 평판, 서비스품질, 전반적 느낌, 안전, 개선된 서비스, 식음료 가격과 질, 입지, 서정적, 실내장식, 분위기, 쾌적 상태, 헬스시설, 조용함, 가격과 가치, 예약과 프론트서비스, 객실과 욕실 구비조건, 식음료의 질, 객실 속성 조건 이미지, 안전, 입지, 평판, 가격, 가치, 건축미, 편의성, 조용함, 서비스 질, 부대시설, 객실 상태, 식당의 질, VIP 대우
PZB	유형, 신뢰, 반응, 안전, 예절, 능력, 이해, 신용, 접근성, 의사진텔 유형, 신뢰, 반응, 보증, 감정이입
Kuntson	청결, 안락함, 편리한 위치, 신속 정중한 서비스, 친절과 환대, 객실요금, 부대시설, 안전과 보안, 특별한 대우
Cadotte & Turgeon	가격, 신속성, 주차시설, 숙박시설, 퇴숙시간, 신용거래의 적질성, 계산의 정확성, 친절한 태도, 정리정돈, 편리한 위치, 경영층의 서비스 지식, 서비스 공간의 적정성, 청결성, 서비스 품질, 종사원의 서비스 지식, 조용함, 불평 접수태도, 서비스 다양성, 시설의 통일성, 종사원 외모, 영업시간, 광고수준, 교통불편도

Martin	절차부문: 수용, 예견, 적시성, 업무절차, 의사전달, 고객반응, 감독 인격부문: 태도, 관심, 어조, 신체언어, 재치, 호칭, 안내, 제안판매, 문제해결
Leblanc	이미지, 능력, 신용, 적시, 예절, 반응, 경쟁, 접근성

또한 윤미희는 국내에 있어 서비스 품질 측정에 관해 파라슈라만팀이 제시한 구성영역을 바탕으로 호텔서비스를 대상으로 한 특유의 구성영역을 제시함과 동시에 호텔 서비스 품질을 측정하기 위한 다항목척도를 개발하였고, 쾌적성, 편의성, 효용성, 접객요원의 대응능력, 책임성, 정보전달력, 그리고 친절성의 7가지 요인과 23개의 세부항목으로 나누어 제시하였는데 그 구체적인 내용은 다음 <표 11-6>와 같다.

〈표 11-6〉 호텔의 서비스 품질 구성요소

1. 도난 및 화재로부터의 안전성	12. 사전에 상황파악하여 서비스하는 자세
2. 단정하고 깨끗한 유니폼	13. 고객의 문제를 신속히 처리
3. 로비 등 조용한 공간	14. 고객이 주문한 것을 정확히 제공
4. 시설의 청결함	15. 고객과의 약속 이행
5. 분위기의 쾌적성 및 편안함	16. 전문용어의 사용 억제
6. 이용하고픈 부대시설의 이용 가능성	17. 안내사항의 전달력
7. 모든 시설의 이용편리	18. 광고한 것과 같은 시설 제공
8. 주차의 편리	19. 부담스럽지 않은 서비스
9. 적정한 수준의 상품 가격	20. 항시 웃는 얼굴로 고객 응대
10. 종업원의 전문지식 소유	21. 마음에서 우러나오는 친절한 서비스
11. 파손시설 즉시 복구	22. 기호에 맞는 식음료 제공
	23. 부대시설의 다양성

2) 호텔 식음료상품의 서비스 품질 구성요인

호텔 식음료상품의 서비스 품질에 대한 소비자의 측정 구성요소를 개념화하기 위해 기존의 연구들을 살펴보았지만 호텔 식음료상품으로서의 서비스가 일정치 않고 다양한 항목을 밝혀내었기에, Parasuraman 연구팀 및 윤미희 등의 국내외 선행연구자들의 측정 구성요인들 중 기본적으로 유사한 기준과 공통된 속성들을 밝혀내었다. 선행연구를 통해 도출된 요인들을 근거로 실증조사 대상인 대전 유성관광특구 내 호텔의 특수성을 고려하여 고객이 평가하는 호텔서비스 품질 측정 구성요인을 〈표 11-7〉에서와 같이 28가지로 결정하였다.

〈표 11-7〉 선행연구를 통해 도출된 28가지 호텔 식음료상품의 서비스 품질 측정 구성요인

1. 실내장식의 화려함	15. 평판 및 명성
2. 시설의 정비 및 상태	16. 주차시설
3. 조명 및 냉난방의 상태	17. 위생상태
4. 고객의 요청에 대한 반응	18. 분위기의 쾌적함
5. 종사원의 친절한 태도	19. 조용한 공간
6. 파손시설의 즉시 복구	20. 종사원의 외모
7. 신속성 및 적시성	21. 외부환경
8. 의사소통	22. 시설이용의 편리함
9. 종사원의 전문지식 및 서비스 지식 소유	23. 부대시설 이용 가능성
10. 부담스럽지 않은 서비스 제공	24. 접근의 용이성
11. 상품의 다양성	25. 예약
12. 가격의 적절성	26. 고객과의 약속이행
13. 안전성	27. 유익한 안내 세공
14. 가치성	28. 안내지 등의 효율적인 배치

5. 식음료기업(레스토랑) 사례분석

1) 사업의 경영지침

- small meeting을 통한 지속적 업무개선과 효율적 시스템 구축
  - 역피라미드 조직 구축을 통한 업무개선을 위한 small meeting의 정례화
- 전 직원의 경영마인드를 통한 창조적 업무능력 고취
  - job rotation을 전 업무에 적용하여 경영마인드 및 창조적 업무능력 고취
- Q.S.C(quality, service, cleanliness) 확립을 위한 철저한 매뉴얼화
  - quality: 식재료의 신선도 유지 및 관리와 새로운 메뉴의 개발 등 메뉴관련 전 업무의 매뉴얼화
  - service: 서비스의 질 관리 및 수준향상을 위하여 고객을 내집에 찾아온 손님

으로 모시는 마음으로 고객이 무엇인가를 요구하기 전에 원하는 것이 무엇인가를 미리 알아 봉사한다는 생각으로 서비스의 매뉴얼화

- cleanliness: 주방, 홀, 창고 등의 모든 시설을 청결하고 위생적 관리를 위한 매뉴얼화

2) 경영이념 및 신조

● 경영이념

- 최상의 메뉴를 저렴한 가격과 최고의 서비스로 고객 만족 창출
- '우리는 고객을 위해 존재한다'는 고객만족을 위한 서비스 철학을 확립한다.
- 고객만족을 위한 Point
  - 최상의 특화 메뉴
  - 저렴한 가격
  - 질 높은 서비스를 제공
  - 고객입장에서 생각하는 자세
  - 고객에 대한 배려심을 갖고 근무
  - 종사원(내부고객)만족이 고객만족보다 우선됨을 인식
  - 종사원을 가족처럼
  - 내부고객의 만족을 우선한 복리후생제도를 시행
  - 지역주민과 지역사회의 외식문화의 창조 및 보급을 수행하고 있는 점을 인식
  - 건전하고 질 높은 외식문화를 고객에게 제공하며 보급

● 레스토랑 종사인의 신조

- Q.S.C의 수준 향상은 우리의 책임이다.
- 정직을 평생의 보배로 삼으며, 공과 사를 구별할 줄 아는 바른 회사의 전통을 만든다.
- 직원은 우리의 일생 친구로 서로 아끼고 사랑한다.

- 모든 이에게 만족과 행복을 느끼게 해준다.
- 호텔 & 레스토랑은 우리의 점포로 회사의 꿈이 실현되면 자신의 꿈과 행복도 성취 될 수 있음을 믿는다.

3) 메뉴 및 가격의 기본정책

〈표 11-8〉 메뉴의 종류

메뉴의 유형	종류	가격대
Appetizers	8	3,500 ~ 5,900
Soups	7	3,500 ~ 4,500
Salads	6	4,500 ~ 5,500
Sandwiches	7	4,900 ~ 7,500
Pastas	5	9,000 ~ 12,000
Meats	7	9,900 ~ 23,900
Fish	7	8,500 ~ 21,500
Desserts	6	3,500 ~ 4,500
Side Dish-Cold	8	-
Side Dish-Hot	10	-
찬요리음식	5	-
Pasta Station	6	-
Carving Station	7	-
부페메뉴	3	-
음료	12	3,000
생과일주스	5	3,000
와인	10	-
맥주	12	4,000 ~ 8,000

연습문제

1. 호텔식음료 상품을 시스템적 접근으로 설명해 봅시다.

2. 호텔식음료상품의 서비스품질 요인에 대해 설명해 봅시다.

3. 호텔서비스 품질의 구성요인은 무엇인지 말해 봅시다.

CHAPTER

12 주장관리

1. 주장관리
2. 음료
3. 술
4. 양조주
5. 증류주
6. 칵테일

HOTEL MARKETING

학습목표

- 음료에 대한 이해와 주장관리 개념에 대해 이해한다.
- 술에 대한 종류를 알고 주장관리 기법을 이해한다.

술시장 규모 年16조… 전통주 비중은 0.3% 불과

우리의 막걸리가 일본 등 해외에서도 인기가 높다. 그리고 우리 국민들의 술 마시는 양도 세계 최상위권이라 한다. 그런데 마시는 술이 우리의 전통주가 아니라 외국산이라는 데 문제가 있다.

한국의 술시장 규모는 연 16조 원에 달하는데 그중 우리 전통주의 점유율은 0.3%에도 미치지 못하고 위스키나 와인 등에 잠식당해 있다.

대중에게 널리 알려진 전통주라고 하면 동동주와 막걸리 등이 있다. 두 가지 술 모두 누룩과 멥쌀 등을 사용하여 빚는 술이라는 점은 같다. 동동주는 술 위에 밥알이 떠 있어서 부의주 혹은 동동주로 불린다. 막걸리는 밥알 없이 발효시킨 술을 막 걸러 짜내기 때문에 막걸리다.

막걸리는 순수한 미생물에 의해 자연 발효시킨 것으로 술이면서 건강식품이다. 막걸리는 알코올 도수가 낮고 영양도 많을 뿐 아니라 사람에게 유용한 필수 아미노산이 10여 종 함유된 식품이다. 다른 술과 달리 막걸리엔 1.9%의 단백질이 들어 있다. 우유의 단백질이 3%인 것과 비교하면 상당히 많은 양이다. 단백질이 맥주는 0.4% 정도이며 소주에는 전혀 들어 있지 않다.

그나마 우리 전통주의 수출이 꾸준히 증가해서 최근에는 1년에 6000t이 넘는다고 한다. 금액으로는 900만 달러 정도라고 하는데 우리나라 젊은층과 직장인들이 막걸리를 더욱 애용해 주었으면 좋겠다. 접대할 때 위스키나 양주를 찾을 게 아니라 우리 전통주를 이용했으면 한다. 요즘 정부부처 등 중요행사 때 막걸리로 건배 등을 하는 것은 바람직한 일이다. 새해에도 이런 것이 확대되면 우리의 전통주 소비에 큰 도움이 되지 않을까 생각한다.

출처: 문화일보(2009. 12. 31.).

1. 주장관리

1) 주장의 개념(유래)

주장을 의미하는 바(bar)의 어원은 프랑스어의 'Bariere'에서 유래하였으며 고객과 바텐더 사이에 가로질러진 널판을 바(bar)라고 하던 개념이 현대에 와서는 술 또는 음료를 제공하는 영업장의 총칭을 의미한다.

오늘날 음료(beverage)서비스를 제공하는 주장은 이것이 존재하는 사회상을 반영하면서 빠르게 성장하면서 변화와 경쟁을 겪고 있는 많은 수익을 내는 사업이다. 현대에 있어서 주장은 여러 가지 형태를 취하고 있는데 그것들은 다음과 같다.

① 단순 주장(beverage-only bar)

② 유흥제공 주장(bar/entertainment combinations)

③ 식음료제공 주장(food and beverage combinations)

④ 호텔 주장(hotel beverage operations)

⑤ 기내 주장(airline beverage service)

⑥ 기타 주장

(1) 주장의 유형(분류)

① 칵테일 바(cocktail bar)

② 레스토랑 바(restaurant bar)

③ 팝 바(pop bar)

④ 멤버스 클럽 바(members club bar)

⑤ 댄스 바(dance bar)

⑥ 호텔 바(hotel bar)

⑦ 스낵 바(snack bar)

⑧ 비어 바(beer bar)

⑨ 와인 바(wine bar)

(2) 주장조직

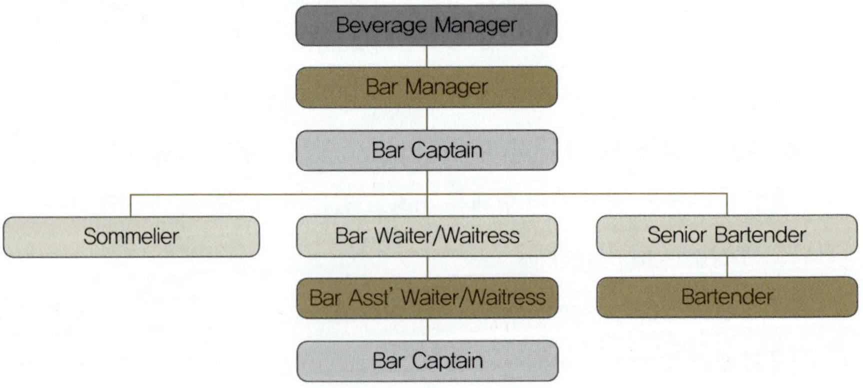

(3) 주장조직의 직무분석

① Bar Manager

바 지배인은 관리자로서 경영마인드를 가지고 자신이 맡고 있는 업장의 영업에 대하여 총괄책임을 지고 부하 직원을 지휘, 감독하며, 음료에 대하여 풍부한 지식을 습득하고 있어야 한다.

② Bar Captain

바 캡틴은 지배인을 보좌하고 부재 시 그 업무를 대행하며 접객 서비스에 있어서 바텐더, 웨이터, 웨이트리스 등 부하 직원을 통솔하는 조장으로서의 역할을 한다.

③ Bartender

바텐더는 칵테일 조주법 뿐만 아니라 각종 음료에 대한 지식을 가지고 있어야 하며, 바 카운트에 앉은 고객에게 직접 주문받고 서빙하기도 한다. 와인의 전문적인 판매를 소믈리에가 담당한다.

④ Bar Waiter/Waitress

바 웨이터/웨이트레스는 고객에게 주문을 받아 바텐더에게 전달하고 바텐더로부터 생산 된 칵테일 및 음료를 고객에게 서빙하는 역할을 한다.

⑤ Bar Boy

바 보조는 일반적으로 실습생이 담당하며 바에서 바텐더를 보조하고 각종 잡무를 담당한다.

(4) 바텐더가 갖추어야 할 매너

바텐더는 우선적으로 단정한 용모(smart)와 전문적인 관리인(expert)으로서의 자세가 필수적이라고 할 수 있다. 더불어 풍부한 교양(reading)과 투철한 직업관(vocation), 신속한 정보(information), 신중한 태도(cautious), 마무리(ending) 능력을 필요로 한다.

① 바 종사원의 서비스기본

가. 주문을 받을 때는 필요 이상으로 손님에게 다가가지 말고, 여성손님을 우선적으로 주문받고 서비스한다.

나. 주문을 받은 후 복창하여 확인한다. 그리고 나서 '예, 감사합니다'란 말을 반드시 한다.

다. 서비스 도중 손님에게 엉덩이가 향하지 않도록 주의해야 한다.

라. 추가 주문 시에는 동석손님의 글라스도 살펴본다.

마. 단골고객의 취향을 기억해서 방문 시마다 세심한 배려로 늘 재방문을 위한 고객의 편안함을 제공하여야 한다.

바. 복장과 용모는 항상 깨끗하고, 단정해야 하며, 표정은 밝아야 한다.

사. 고객과 대화 시에는 고객이 원하는 화제로 대응해야 한다.

아. 항상 예의바르고 분명한 언어와 태도로 고객을 유도한다.

자. 주류는 음료와 달리 욕망한계가 불명확하기 때문에 고객의 숙취 상태를 파악하면서 대응할 줄 알아야 한다.

② 취객의 대처방법

가. 상반신을 높게 하고 의복과 넥타이를 느슨하게 한다.

나. 얼굴이 붉을 때는 머리를 시원한 수건으로 차갑게 한다. 그러나 안색이 푸르스럼할 때는 옆으로 눕우고 차갑게 하지 말아야 한다.

다. 상태가 심할 경우에는 프런트와 객실부서에 즉시 연락해서 빈 객실을 임시로 제공하거나, 혹은 운송수단 섭외를 해야 하고, 투숙객일 경우는 객실까지 데려다 주는 배려를 하여야 한다.

라. 구토의 증상이 있을 경우에는 얼굴을 옆으로 해서 쉬게 하고 수건과 통을 준비해 둔다.

마. 신체의 보온에 주의하고, 취기가 조금씩 떨어지면 뜨거운 커피나 홍차 등을 제공해서 취기를 빨리 가라앉게 해야 한다.

바. 택시로 전송할 경우에는 손님의 물건들을 체크하고 택시번호, 회사명 등을 메모해 두어 만일의 일에 대비하는 것이 좋다.

③ 바텐더의 자세

가. 칵테일 조주(調酒)는 규정된 방식(recipe)으로 만들어야 한다.

나. 술은 규정대로 서비스해야 하며, 조주는 고객의 시야에서 만들어야 한다.

다. 특정한 고객이나 동료직원에게 술을 무료로 주어서는 안된다.

라. 바 카운터 내에서 취식을 해서는 안된다.

마. 레시피에 있는 술이 없을 때는, 비슷한 제품을 사용하되, 바뀐 술의 요금을 적용하도록 한다.

바. 빈 병이라고 해서 함부로 고객에게 주어서는 안된다.

사. 바 카운터에서 흡연이나 음주를 해서는 안되며, 근무시간 외에는 업장 출입을 삼가해야 한다.

④ 음료 주문받는 요령

가. 고객이 착석하면 계절 및 시간에 알맞는 인사를 미소띤 얼굴로 한다.

나. 먼저 물을 따른 후 식전음료를 주문을 받는다. 음료의 판매촉진을 위해 음료를 주문받은 후 천천히 따를 수도 있다.

다. 시간이 오래 걸리는 칵테일은 주문받을 때 소요예상시간을 미리 알려 주어 지루함을 덜어 주어야 한다.

라. 요리주문이 끝나면 신속히 테이블로 가서 와인을 주문 받는다(와인은 요리 코스에 맞추어 추천하며, 고객의 기념일 여부를 파악하여 샴페인 주문을 유도한다).

마. 주문서에는 음료 주문내용을 빠뜨리지 않고 기록해야 하고, 고객의 특별주문은 물론, 변동된 가격 등을 꼭 적어야 한다.

마. 주문서는 3매 1조로 되어 있다. 1매는 캐시어에게, 1매는 바에서 보관하여야 하며, 나머지 1매는 테이블의 담당캡틴에게 주지시켜 착오가 없도록 하여야 한다.

(5) 주장의 성격

① 긍정적인 측면

가. 지역경제의 활성화

나. 스트레스 해소

다. 삶의 질 향상

라. 관광자에게 즐거움 제공

마. 풍경의 아름다움

바. 또 다른 삶의 질 향상

② 부정적인 측면

가. 일부 업소의 퇴폐적인 영업으로 사회적 물의를 제공할 수 있으며, 지나친 음주의 병폐를 불러올 수도 있다.

나. 지나치게 소비적일 수 있으며, 향락적일 수 있다.

다. 청소년에게 유해환경을 조성할 수 있다.

라. 주거환경을 해칠 수 있다.

(6) 주장관리의 기본

① 구매관리 : 시장조사, 납기관리, 적정재고관리, 우량납품업체 선정

② 저장관리 : 품목별 분류저자의 원칙, 선입선출의 원칙, 적정 온도유지의 원칙

③ 원가관리 : 직접원가, 제조원가, 초원가, 판매가격

④ 판매관리 : 병당 판매가격 산정법, 잔당 판매가격 선정법, 칵테일 판매가격 선정법

⑤ 부정관리 : 개인용 음료의 반입판매, 무료 서비스의 남용, 칵테일을 속이는 행위, 공모, 과다청구 및 거스름돈의 부수입, 근무 중 또는 근무 후 음료 & 술의 섭취

(7) 주장의 수익관리

① 총수익과 순수익: 총수입은 판매총액에서 재료원가를 뺀 금액을 말하며 순수익은 판매총액에서 제조원가(직접비)와 기타비용(간접기)를 뺀 금액이다.

② 원가관리: 직접원가, 제조원가, 총원가, 판매가격

③ 매출액 증대방안

④ 원가 절감방안

⑤ 재고조사: 1일 출고, 1일재고조사

⑥ 가격결정은 스트레이트 음료와 칵테일에 따라 다르다.

⑦ 인건비관리: 인건비의 비율, 생산성 측정법

⑧ 주정관리

- 개인용 음료의 반입판매
- 무료서비스의 남용
- 칵테일량을 속이는 행위
- 과다청구 및 거스름돈의 부수입

⑨ 부대시설관리

(8) 칵테일 재료 선택과 보관

① 주류

가. 위스키, 진, 브랜디: 도수가 높은 증류주는 실온에서 보관 한다.

나, 포도주: 코르크 마개의 병은 옆으로 뉘어서 코르크 마개가 항상 젖은 상내가 되도록 보관한다.

② 얼음에는 가루얼음(shaved ice), 작은얼음(cracked ice), 각얼음(cube ice), 덩어리 얼음(lump ice)이 있다.

③ 탄산음료는 구입시 병의 마개가 녹이 슬지 않았나 확인하고 보관 장소도 살펴보고 구입한다.

④ 과일은 잘 익고 신선하고 모양이 좋은 것을 선택하고, 신선도를 유지하기 위

해 냉장고에 보관한다.

⑤ 유제품은 항상 신선한 것을 구입하고 이물질이 섞이지 않은 것을 선택, 냉장고에 보관하되 그날그날 사용하고 남은 것은 처리하는 것이 좋다.

⑥ 계란은 껍질이 거칠고 흔들어 소리가 나지 않는 것이 신선한 것이며, 전등에 비춰 보아 검게 보이는 것은 상한 것이다.

2. 음료

주장이란

일반적으로 주장(酒場)을 총칭하여 바(bar)라고 부르는데 알코올릭드링크(alcoholic-drinks)을 비롯한 소프트드링크(soft drinks) 등의 음료(beverage)를 위주로 판매하는 영업장을 말한다.

1) 음료의 정의

음료(beverage)는 기본적으로 인간의 행위에서 '마신다(drinking)'를 기본으로 하고 있으며, 인간의 기본적인 삶의 일부분이며, 또한 기호에 따라 각종 음료를 섭취한다. 이제 음료는 인간의 필수적인 영양분일 뿐 아니라, 인간의 각종 사회생활에 있어서 중요한 매개물이며, 개인의 여가생활에도 큰 영향을 미치는 부문이다.

2) 음료의 분류

〈표 12-1〉 음료분류표

<table>
<tr><td rowspan="24">음료</td><td rowspan="7">비알코올성
음료
(Non-Alcoholic
Beverage)</td><td rowspan="2">청량음료
(Soft Drink)</td><td colspan="2">탄산음료(Carbonated Drink)</td></tr>
<tr><td colspan="2">비탄산음료
(Non-Carbonated Drink)</td></tr>
<tr><td rowspan="2">영양음료
(Nutritious Drink)</td><td colspan="2">쥬스류(Juice)</td></tr>
<tr><td colspan="2">우유류(Millk)</td></tr>
<tr><td rowspan="3">기호음료
(Fancy Taste)</td><td colspan="2">커피(Coffee)</td></tr>
<tr><td colspan="2">차(Tea)</td></tr>
<tr><td colspan="2">코코아(Cocoa)</td></tr>
<tr><td rowspan="17">알코올성
음료
(Alcoholic
Beverage)</td><td rowspan="4">양조주
(Fermented
Liquor)</td><td colspan="2">맥주(Beer)</td></tr>
<tr><td colspan="2">포도주(Wine)</td></tr>
<tr><td colspan="2">과실주(Fruit Wine)</td></tr>
<tr><td colspan="2">곡주(Grain Wine)</td></tr>
<tr><td rowspan="10">증류주
(Distilled Liquor)</td><td rowspan="4">위스키
(Whisky)</td><td>스카치 위스키</td></tr>
<tr><td>아이리쉬 위스키</td></tr>
<tr><td>아메리칸 위스키</td></tr>
<tr><td>캐나디안 위스키</td></tr>
<tr><td colspan="2">브랜디(Brandy)</td></tr>
<tr><td colspan="2">진(Gin)</td></tr>
<tr><td colspan="2">보드카(Vodka)</td></tr>
<tr><td colspan="2">럼(Rum)</td></tr>
<tr><td colspan="2">데킬라(Tequila)</td></tr>
<tr><td colspan="2">아쿠아비트(Aquavit)</td></tr>
<tr><td rowspan="3">혼성주
(Compounded Liquor)</td><td colspan="2">과실류(Fruitc)</td></tr>
<tr><td colspan="2">종자류(Beans and Kernels)</td></tr>
<tr><td colspan="2">약초, 향추류(Herbs ans Spices)</td></tr>
</table>

3) 음료의 역사

① 알코올성 음료의 역사

인간이 언제부터 알코올성음료, 즉 술을 마셨다는 공식적인 기록은 존재하지 않는다. 맥주는 BC 4200년경 고대 바빌로니아에서 여섯줄 보리가 재배되면서부터 곡류의 가공으로 빵과 함께 이를 발효시켜 맥주를 개발하였으며 포도의 원산지인 중앙아시아에서는 BC 4000~3000년에 포도주를 제조했던 유적을 찾아볼 수 있다. 중세 8세기경 아랍의 연금술사인 Jabir Ibn Hayyan이 보다 강한 주정의 제조과정을 고안해 내었다.

② 비알코올성 음료의 역사

인류가 최초로 개발한 음료는 1919년 스페인 발렌시아(Valencia)에서 발견된 '아라니아' 동굴에 그려진 약 1만 년 전의 암벽조각에서 벽화 발견(봉밀)하였다. 기원전 6000년경에 바빌로니아인들이 레몬의 과즙을 추출하여 마셨다는 기록이 존재하며 광천수의 탄산가스의 존재를 발견한 것은 18세기 산소를 발견했던 영국의 화학자인 Joseph Pristry의 연구에 의해 규명되었다. 커피는 지금으로부터 1400년 전 예멘(Yemen)에서 목동이 발견하였으며 18세부터 합성향신료가 개발되어 쓰이기 시작하였다.

3. 술

1) 술의 정의

술이란 주세법상 알코올이 1% 이상 함유되어 있고 사람이 마실 수 있도록 만들어진 것을 의미한다.

① 주류(酒類): 주정(희석하여 음료로 할 수 있는 것)과 알코올분 1도 이상의 음료

② 술의 어원: 수불[1] → 수블 → 수울 → 수을 → 술

2) 술의 역사

인간이 언제부터 알코올성음료, 즉 술을 마셨다는 공식적인 기록은 존재하지 않는다. 알코올성음료의 시대별 발달과정을 살펴보면, 수렵 및 채취 시대에는 과실을 이용하여 술을 만들었고, 유목 시대에는 가축의 젖을 사용하여 만들어졌고, 농경시대에 들어오면서 곡물을 사용한 곡주가 빚어지기 시작하였다.

12세기경에는 아일랜드(Ireland)에서 보리를 발효하여 증류한 술을 마셨는데, 이 술은 스코틀랜드(Scotland)에 영향을 주어 오늘날의 위스키(whisky)를 탄생시켰다.

12세기경 러시아에서는 대표적인 증류주인 보드카(vodka)가 개발되었으며, 14세기경에는 프랑스에서 Arnaud de Villeneuve라는 의학교수에 의해 브랜디(brandy)가 발견되었다. 17세기경에 네덜란드의 Sylvius 박사에 의해 진(gin)이 탄생되었으며, 그후 멕시코에 있는 스페인 사람들은 원주민이 즐겨 마시는 발효주 풀케(pulque)를 증류하여 데킬라(teguila)를 만들었다.

그리스 신화의 디오니소스(Dionysus/Bacchus)는 제우스와 세멜레의 아들로 뉘사산에서 성장하며, 뉘사산에서 포도나무를 발견하고 와인을 만들었다. 그는 포도주 담그는 법을 이카리우스에게 가르쳐 주었다.

성경에는 구약성서 창세기에는 노아가 홍수를 피해 아라랏 산에 갔을 때 하나님이 포도의 재배법과 담그는 법을 가르쳤다고 한다.

우리나라의 술 유래는 「고삼국사」를 인용하면, 해모수가 하백의 세 딸을 궁전으로 초내하여 술 대접을 하였는데, 그중 유화가 해모수와 잠자리를 하게 되고 주몽을 낳았다는 데서 술의 역사를 찾아볼 수 있다.

1) '물에 불이 붙는다'에서 수–불.

3) 술의 제조과정

당 + 효모 → Alcohol + CO_2 + H_2O

(1) 과실류를 원료로 한 술의 제조

과실류에 포함되어 있는 과당(fruit sugar)에 효모를 첨가하면 에틸알코올(ethyl alcohol)과 이산화탄소(CO_2) 그리고 물(H_2O)이 만들어진다. 여기서 이산화탄소는 공기 중에 유리되기 때문에 알코올성분을 포함한 액이 술이 된다.

(2) 곡류를 원료로 한 술의 제조

곡류에 포함되어 있는 전분은 스스로 발효되지 못한다. 때문에 전분당화효소인 디아스타아제(diastase)를 작용시켜 당분으로 당화시킨다. 여기에 효소(yeast)를 첨가하여 발효시키면 이산화탄소는 유리되고 알코올성분을 포함한 액, 즉 술이 생성된다.

4) 술의 분류

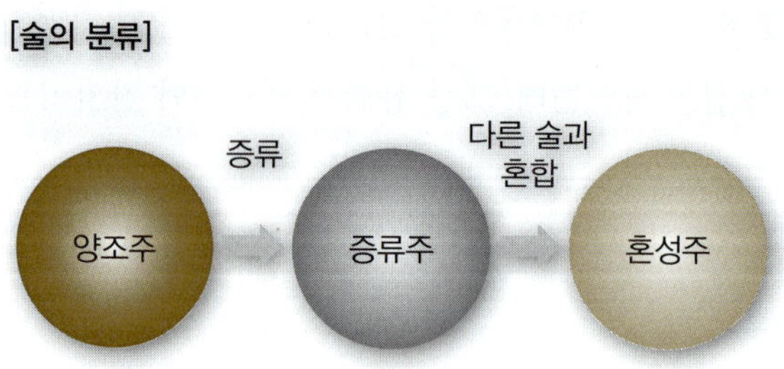

[그림 12-1] 술의 분류

(1) 양조주

원료를 그대로 또는 당화한 다음 효모로 발효하여 만든 술로 알코올 발효가 끝난 술을 직접 또는 여과하여 마시는 것으로 원료자체에서 우러나오는 성분을 갖고 있다. 또한 알코올 함량이 낮고 추출물 함량이 높은 술이며 와인(wine), 맥주(beer), 막걸리, 청주 등이 양조주에 속한다. 포도수의 성우, 포도과즙을 용기에 넣고 발효가 일어나면 과즙의 당분은 알코올과 탄산가스로 변한다. 탄산가스는 공기 중으로 날아가고 알코올 액만 남게 된다. 이것이 포도주(wine)이다. 맥주는 보리를 맥아를 만들고 이 맥아 중에 형성된 당화효소 작용으로 곡류를 당화시킨 다음 알코올 발효를 시킨다.

(2) 증류주

양조주를 증류하여 만든 술을 말한다. 증류는 알코올과 물의 끓는점의 차이를 이용하여 고농도 알코올을 얻어내는 과정으로 양조주를 서서히 가열하면 끓는점이 낮은 알코올이 먼저 증발하는데, 이 증발하는 기체를 모아서 적당한 방법으로 냉각시켜 다시 고농도의 알코올 액체를 얻어내는 과정이다.

와인을 증류하면 브랜디(꼬냑, 아르마냑), 사과브랜디를 증류하면 칼바도스가 되고 맥주를 증류하면 위스키(whisky), 보드카(vodka)등이 된다. 위스키(whisky), 브렌디(brandy), 보드카(vodka), 진(gin), 럼(rum), 데킬라(tequia), 소주, 고량주 등이 여기에 속한다.

(3) 혼성주(liqueur)

양조주나 증류주에 식물의 꽃, 잎, 뿌리, 과일을 담그어 식물의 향기, 맛, 색깔을 침출시키고 다시 당류나 색소를 가하여 만든 술이다.

5) 알코올 도수 표시방법

〈표 12-2〉 술 종류에 따른 알코올 도수

종류	맥주	막걸리	청하	소주	포도주	위스키	브랜디	청주
용량(ml)	355	1000	360	360	700	360	700	180
에탄올 농도(%)	4.5	6.0	15.0	25.0	12–14	40.0	40.0	15.5
순수 에탄올의 양(g)	12.0	48	43	72	73	115	224.0	22.2

주: 순수 에탄올의 양 = 에탄올농도 × 1병의 부피 × 0.8(알코올의 비중)

(1) 미국식 도수표시 방법

미국의 술은 강도(强度)표시를 프루프(proof) 단위를 사용하고 있다. 60°F(15.6℃)에 있어서의 물을 0으로 하고 순수 에틸알코올(ethyl alcohol)을 200 Proof로 하고 있다. 주정도를 2배로 한 숫자로 100 Proof는 주정도 50%라는 의미이다. 즉, 미국의 프루프를 용량퍼센트로 변환하면 미국 프루프의 절반이 용량퍼센트(%)라는 것이다.

현재 우리나라 도수의 배가 미국의 프루프이다. 그러므로 80 Proof의 위스키는 우리나라 도수로 40도가 된다.

예) 86°U.S Proof = 43% alcohol/Volume (v/v)

92 °U.S Proof = 46% alcohol/Volume (v/v)

(2) 한국식 도수표시 방법

스프리트가 완전히 에틸알코올일 때를 100으로 해서 이것을 100등분으로 표시, 이는 %와 °와 같은 표기이다. 즉, 25도짜리 소주는 소주 100ml 중에 알코올분이 25ml 함유되어 있다는 의미이다.

(3) 독일식 도수표시 방법

독일과 러시아는 중량비율(percent by weight)을 사용한다. 100g의 액체 중 몇 g의 순수 에틸알코올이 함유되어 있는가를 표시한다. 술 100g 중 에틸알코올이 40g 들어 있으면 40%의 술이라고 표시한다.

(4) 칵테일의 알코올도수 계산법

$$\frac{(\text{재료 알코올 도수} \times \text{사용량}) + (\text{재료 알코올 도수} \times \text{사용량})}{\text{총사용량}} = \text{칵테일 알코올 도수}$$

4. 양조주

1) 와인

(1) 와인의 정의

와인(wine)의 어원은 라틴어 '비넘(vinum)'으로 포도나무로부터 만든 술이라는 의미이다. 넓은 의미에서의 와인은 과실을 발효시켜 만든 알코올 함유 음료를 말하지만, 일반적으로 신선한 천연과일인 순수한 포도만을 원료로 발효시켜 만든 술인 포도주를 의미한다.

세계 여러 나라에서 와인을 뜻하는 말은 이탈리아, 스페인의 비노(vino), 독일의 바인(wein), 프랑스의 뱅(vin), 미국과 영국의 와인(wine) 등이 있다.

(2) 와인의 역사

와인을 누가 처음 만들어 마셨는지는 알 수 없지만, 고고학자들이 발굴한 유적과 효모에 의해 발효가 저절로 일어나는 와인의 특성상 와인은 '인류가 마시기 시작한 최초의 술'로 보여진다. 기원전 6000년경 과일 압착시에 사용한 것으로 보이는 유물과 기원전 4000년경 와인을 담았던 것으로 추정되는 유물로 보아 와인의 역사는 기원전 4000년경 전에 시작된 것으로 보인다. 또한 포도 재배과정이 그려진 고대 이집트의 벽화와 아시리아의 유적, 페르시아의 진흙 그릇 등을 통해 기원전 약 3500~3000년경에는 와인이 많이 음용되었음을 알 수 있다. 소아시아 지방으로 추정되며, 지중해 연안을 기점으로 그리스, 로마, 이집트 등의 지역으로 퍼진 후 로마 제국의 유럽 침략으로 프랑스를 비롯한 유럽에 포도원이 확산되기 시작했다.

(3) 와인 양조 · 포도의 구조

- 과육(pulp): 물, 포도당, 광물질
- 표피(skin): 색소(antocyan), 향기, 탄닌
- 씨(seed): 레스베라트롤(resveratrol), 폴리페놀(polyphenol), 탄닌(tannin)
- 와인 양조: 포도와 포도즙을 와인으로 변화시키는 모든 과정을 총칭
- 발효: 유기체인 효모(yeast)의 작용으로 포도에 포함된 당분(grape sugar)인 포도당과 과당이 알코올로 바뀌게 되는 자연 현상

(4) 와인의 양조 방법

(5) 와인의 분류

① 색깔에 의한 분류

- 레드와인(red wine)
- 화이트 와인(white wine)
- 로제 와인(rose wine)

② 탄산가스에 의한 분류

- 일반 와인(still wine)
- 스파클링 와인(sparkling wine)

③ 첨가물 여부에 의한 분류

- 주정 강화 와인(fortified wine)

- 가향, 가미주(unfortified wine)

④ 바디(Body)에 따른 분류

- 풀 바디(full-bodied wine)
- 미디엄 바디(medium-bodied wine)
- 라이트 바디(light-bodied wine)

⑤ 식사(용도)와 관련한 분류

- 식전주(aperitif wine)
- 식중주(table wine)
- 식후주(dessert wine)

(6) 와인 포도 품종

원시적 상태였을때 포도나무는 포도과에 속하는 칡의 일종이었다. 많은 종류 중에서 유럽종은 "비티스 비니페라(vitis vinifera)"로서 질 좋은 포도주를 만들 수 있는 유일한 품종이며 프랑스에서 재배되는 모든 종류의 포도나 품종이 이로부터 유래되어 까베르네 쇼비뇽, 샤르도네, 뮈스까 등의 품종으로 이어졌고 전세계적으로 모든 포도원에 퍼져갔다.

유럽종 포도	양조용	일반적으로 신맛과 단맛 모두 강해 양조용으로 사용된다. 포도는 돌연변이를 쉽게 일으키기 때문에 오랜 역사를 통해 다양한 품종으로 발전되어 왔다. 삐노종, 까베르네종 등과 같이 원래는 같은 품종이었으나 계속 가지를 쳐서 전혀 다른 품종이 된 것도 많다.
미국종 포도	식용	양조용으로 사용되는 경우도 간혹 있지만 신맛이 적고 독특한 향기가 있기 때문에 고급 와인에는 사용되지 않는다.

① 포도 품종

가. 레드 와인

품종	어원	재배지역
까베르네 쇼비뇽	Cabernet Sauvignon	전세계
메를로/멜롯	Melrot	쌩떼밀리옹, 뽀므롤, 전세계
까베르네 프랑	Cabernet Franc	프랑스, 전세계
진판델	Zinfandel	캘리포니아
가메	Gamay	프랑스 보졸레
그르나슈	Grenache	프랑스 남주, 론, 스페인
삐노누아	Pinot Noir	프랑스 버건디, 샴페인
시라	Syrah	프랑스 론, 호주
산지오베세	Sangiovese	이탈리아 토스카나
네비올로	Nebbiolo	이탈리아 삐에몬테
바르베라	Barbera	이탈리아 삐에몬테
피노타지	Pinotage	사우스 아프리카
몬테폴치아노	Montepulciano	이탈리아 아부로쪼
템프라니요	Tempranillo	스페인 리오아
까르메네르	Carmenere	칠레
말벡	Malbec	보르도, 아르헨티나

나. 화이트 와인

품종	어원	재배지역
샤르도네	Chardonnay	전세계, 지킨디 샤블리
리슬링	Riesling	독일, 알자스
게부르츠트라미너	Gewurztraminer	독일, 알자스
쇼비뇽 블랑	Sauvignon Blanc	전세계, 보르도, 남서부, 루라르, 뉴질랜드
세미용	Semillon	쏘떼른느
비오니에	Viognier	프랑스 론, 캘리포니아
트레비아노	Trebbiano	이태리, 소아베
비달 블랑	Vidal Blanc	캐나다 나이아가라

(7) 떼루아(terroirs)

① 떼루아를 구성하는 기본요소

떼루아는 포도가 자라는 데 영향을 주는 지리적인 요소, 기후적인 요소, 포도재배법 등을 모두 포괄하는 단어이다. 여기에는 토양, 강수량, 태양, 바람, 경사, 관개, 배수 등이 포함된다.

기후는 일조량(1250~1500시간), 온도(평균기온 10~20도), 강수량(연간 500~800mm)이 적당하며 지형은 고도, 경사, 방향, 토양은 물이 잘 빠지는 토양이어야 한다.

참고로 더운 기후에서는 알코올 도수가 높고, 바디가 강하며, 탄닌 함량은 높고 산도는 낮으며 서늘한 기후는 알코올 도수가 낮고, 바디가 약하며, 탄닌 함량은 낮으나 산도는 높다.

일반적으로 와인 벨트 지역은 남반구의 남위 20~40도, 북반구의 북위 30~50도를 지칭한다.

(8) 와인 라벨

① 구대륙

② 신대륙

(9) 와인 서빙 순서

> 화이트 와인→레드 와인
> 가볍고 단순한 와인→복잡 미묘한 와인
> 약한 와인→강한 와인
> 빈티지가 영(young)한 와인→숙성된 와인
> 드라이와인→스위트와인

(10) 와인 보관

① 외부 조건

- 온도 변화가 적은, 어둡고 서늘한 곳
- 진동 없는 곳
- 냄새가 없는 곳

② 장기 보관

- 일반 냉장고를 피하자
- 박스에 넣어 온도 변화가 없는 장소

- 예산과 장소만 허락한다면 와인 셀러

(11) 와인의 특성

- 알코올 함량이 비교적 낮다.
- 식욕증진, 소화촉진 작용
- 빛깔, 투명도, 맛, 향기가 우월하다.
- 수확년도에 따라서 질과 맛에 큰 차이가 있다.

(12) 와인에 영향을 미치는 요소

- 포도의 품종과 상태
- 생산지의 기후와 토양
- 생산년도
- 양조 기법

(13) 와인 시음 온도

- 진한 맛의 레드 와인인 경우
  예) 까베르네 소비뇽, 멜롯, 쉬라인 경우 15~20℃ (59~68° F)
- 가벼운 맛의 레드 와인인 경우
  예) 보졸레지역 와인, 피노누아, 버건디 12~15℃ (54~59° F)
- 드라이 화이트 와인인 경우
  예) 샤도네, 버건디, 소비뇽 블랑 10~12℃ (50~54° F)
- 가볍고 달콤한 화이트 와인인 경우
  예) 디저트 와인, 샴페인이나 스파클링 와인 5~10℃ (41~50° F)

(14) 샴페인 서비스 방법

샴페인 서비스 방법 역시 화이트와인과 거의 동일하다. 다만 다른 점과 주의점은 샴페인은 다른 와인과 달리 가스가 함유되어 있으므로 병이 흔들리지 않아야 하고, 코르크를 열 때 마지막 코르크가 빠져 나오기 전에 코르크를 살짝 한 쪽으로 불균형을 이루어 가스가 빠져 나가면서 코르크가 마지막 빠져 나올 때 펑하는 소리가 나오지 않도록 각별히 주의를 기울여야 한다. 또한 호일 제거 후 코르크를 감싸고 있는 철사를 제거할 때 왼쪽 엄지손가락으로 코르크를 누르고 오른손으로 철사를 제거해야 한다. 왜냐하면 샴페인의 이동시 병이 흔들렸을 경우 철사를 제거할 때 코르크가 펑하고 튀어 나오는 것을 방지하기 위해서이다.

마지막으로 주의 할 것은 가스함유로 인하여 한꺼번에 샴페인을 다 따르는 것이 아니라 잔에 1/3 정도를 따른 다음 가스가 가라앉으면 재차 따른다.

(15) 와인과 음식의 조화

- 각 지역의 요리와 생산지 와인 조화
- 요리의 특성에 따라 와인 선택
- 당도: 당도가 높은 와인은 디저트나 케이크와 잘 어울린다.
- 신맛: 신맛이 많은 와인은 기름기가 많은 음식의 느끼함을 덜어준다.
- 탄닌: 단백질, 지방과 반발 작용, 단백질이나 지방이 떫은맛을 없애주고, 육류와 궁합이 좋다. 기름기 많은 생선은 탄닌이 많은 레드와인과 먹으면 금속성의 비위가 상하는 맛이 날 수 있다.
- 향: 향이 진한 음식과 향이 진한 와인

(16) 구대륙 & 신대륙 와인

① 구대륙

나라	특성
프랑스, 이탈리아, 스페인, 독일	떼루아, 와인등급

② 신대륙

나라	특성
미국, 아르헨티나, 호주, 칠레, 남아공, 뉴질랜드	포도품종, 스타일 & 지역

2) 맥주

최초의 맥주(麥酒, beer)는 곡식이 물에 불려져 자연발효가 일어나면서 생긴 걸죽한 음료이다.

(1) 맥주의 어원

곡물을 뜻하는 게르만어의 베오레(bior)와 라틴어의 마신다는 뜻의 비베레(bibere)에서 유래했다.

(2) 맥주의 역사

기원전 6000년경에 메소포타미아의 수메르에서 출토된 점토판에 맥주를 만든 기록이 존재하였다. 또한 기원전 3500년경에 바빌로니아인들이 맥주를 만들었었으며 고대 이집트에서는 피라미드 건설에 동원된 인부들에게 맥주와 빵을 지급하였다.

맥주는 메소포타미아에서 이집트를 거쳐 유럽으로 전파된 것으로 추측하며, 10세기에 독일에서 맥주 제조에 처음으로 홉(hop)을 사용하였다.

(3) 나라별 명칭

독일	비어(bier)
러시아	피보(pivo)
포르투갈	세르베자(cerveja)
덴마크	올레트(ollet)
프랑스	비에르(biere)
미국	비어(beer)
영국	엘(ale)
중국	페이주
체코	피보(pivo)
스페인	세르베자(cerveza)
이태리	비르라(birra)

(4) 맥주의 분류

① 원료에 의한 분류

- 몰트 맥주
- 기타 맥주

② 효모에 의한 분류

- 상면(표면)발효 맥주
- 하면(저면)발효 맥주
- 자연발효 맥주

③ 살균 유무에 따른 분류

- 라거 맥주
- 드라프트 맥주

④ 색에 의한 분류

- 담색 맥주
- 농색 맥주
- 흑색 맥주

(5) 맥주

① 맥주

보리를 싹을 낸 후 호프, 효모를 첨가하여 발효시켜 만든 주정도수 4~ 6%의 알코올성 음료로 탄산가스가 함유된 음료를 말한다.

② 원료

가. 물(water): 맥주의 90%를 정도 차지한다.

나. 보리(barley): 보리로 싹을 내어 만든다.

다. 홉(hop): 쌉쌀한 맛과 독특한 향을 내고 거품을 일게 하며 맥주의 변질을 막아준다.

라. 효모(yeast): 발효를 돕고 맥주 맛을 좌우한다.

홉(hop)의 작용

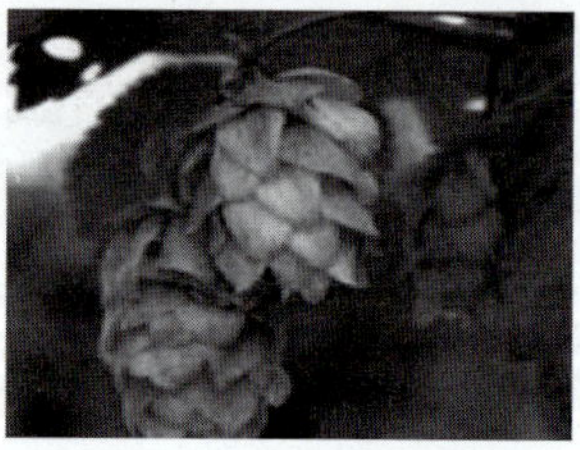

① 독특한 맛과 향을 낸다.
② 거품을 일게 하여 맛과 향이 날아가는 것을 방지
③ 효모 및 미생물의 활동을 억제시킨다.(보존성)
④ 수면 및 이뇨작용을 촉진
⑤ 홉은 암꽃만을 사용

③ 맥주의 제조과정

가. 맥아제조: 보리를 싹을 내서 건조시키면 엿기름(맥아)이 된다.

나. 당화: 당화 맥아를 분쇄하여 따뜻한 물을 넣고 가열하면 단맛의 액즙이 된다.

다. 발효

- 전발효: 호프를 제거하고 효모를 첨가하여 6~10일 정도 발효(전발효, 주발효)한다.
- 후발효: 주발효가 끝난 맥주는 60일 정도 저장 숙성(후발효)한다.

라. 저장: 병맥나 캔맥주는 살균처리를 하고, 생맥주 살균처리하지 않고 바로 마시는 맥주를 칭한다.

④ 맥주의 종류

가. 하면발효 맥주(저온발효): 독일식으로 세계 맥주 생산량의 약 3/4정도 차지하고, 발효 중 밑으로 가라앉는 하면발효 효모를 사용하여 비교적 저온에서 발효시킨 맥주를 말한다. 일반적으로 널리 알려진 라거비어(담색맥주)가 여기에 해당되며, 발효가 진행되면 주정은 가라앉고 거품이 뜬다. 5℃~6℃에서 7~8일간 발효하고, 주정 도수는 3~4%가 된다. 하면발효의 특징은 단맛이 나며, 도수가 비교적 낮고 저온발효(10℃)가 된다.

■ **종류**

a. 라거(lager): 살균처리된 보편적인 맥주로 향미가 좋다. (4~5%)

b. 드라프트(draft): 살균처리하지 않고 2차발효한 용기에서 바로 마시는 맥주

c. 뮌헨(munchen): 맥아향기가 짙고 쓴맛이 부드러운 흑맥주(4%) – 농색맥주 → 독일의 뮌헨(munchen)에서 유래된 타입

d. 필젠(pilsen): 맥아향기가 약하고 담백한맛, 색은 옅은 황금색(3~4%)–담색맥주 → 체코의 필젠(pilsen)에서 유래된 타입

e. 도르트문트(dortmund): 향미가 산뜻하며 쓴맛이 세다.(3~4%)

f. 복비어(bock beer): 독일에서 유래한 라거맥주의 일종, 알코올 도수가 높고 맥

아가 많이 함유된 진한 맥주(농색)의 타입이며 복비어의 종류에는 맑은 것(hells), 어두운 것(dunkles), 두배정도 도수가 높은 것(double bock) 등이 있다.

나. 상면발효 맥주(고온발효): 영국식 발효맥주로서 발효 중 액의 표면에 떠오르는 상면발효 효모를 사용하여 비교적 고온에서 발효시킨 맥주를 말한다. 보리 맥아의 발아를 중지시킬 때 화력을 강하게 해서 맥아를 그을려 그것을 원료로 발효시킨 흑맥주로서 최근에는 캐러멜 색소로 착색하기도 한다. Hop의 사용량이 많은 흑맥주 종류(북유럽 일부지방)가 많으며 발효가 진행되면 탄산가스와 고열로 주정은 위로 올라오고 거품이 가라앉는다. 10℃~20℃에서 7~8일간 발효하며, 영국의 Pale 맥주가 대표적이다. 상면발효 맥주의 특징은 강한 Hop향이 일품이며, 도수가 높고 고온발효(20℃)가 특징이라 할 수 있다.

■ **종류**

a. 에일(ale): 거품이 적고 호프의 냄새가 강하고 , 쓴맛도 강하다.(3~4%)
b. 스타우트(staut): 색깔이 진하고 알코올 함량이 높으며 맥아의 향미가 강하며, 감미를 느낄수 있는 흑맥주(6~8%)
c. 포터(porter): 호프의 맛은 에일에 비해 약하고 알코올 함량도 높지 않다. 포터는 짐을 운반하는 사람(porter)에서 유래된 말로 영국산 흑맥주의 일종(6%)이다.
d. 램빅(lambics): 벨기에의 브리셀에서 만드는 에일 맥주의 일종이다.

다. 맥주 맛있게 즐기는 법: 즉시 냉장고에 보관하고 장기간 두지 않도록 한다. 직사광선을 피하고, 3.4~4℃로 보관하였다가 여름에는 6~8℃, 겨울 10~12℃ 정도의 온도로 서브하는 것이 가장 이상적이다. 즉, 적온에서 차게 해 마시는 것이 좋다. 옮길 때는 거꾸로 하거나 흔들지 않도록 하며, 충격을 주지 않는다. 맥주를 따를 때는 거품을 1~3cm 정도 생기게 하여 맥주의 맛과 향 그리고 탄산가스가 날아가지 않게 한다. 잔에 맥주가 남아 있을 때는 더 따르지 않고 다 비운 다음에 따라야 신선도가 떨어지지 않는다. 안주는 단맛이

나는 것은 피하고 약간 짭짤하며 기름기가 조금 있는 것이 좋으나 오래되어 기름기가 변색, 변질된 것은 삼가야 한다. 콩 종류나 햄, 치즈, 크래커, 샐러드, 과일 등이 적합하다.

(5) 맥주 칵테일

① 레드 아이(red eye): 숙취 해소 칵테일로서 맥주 $\frac{1}{2}$, 토마토주스 $\frac{1}{2}$를 가미한다.
② 블랙 비어(black beer): 트로이 목마라고 하며 재료는 맥주 $\frac{1}{2}$, 콜라 $\frac{1}{2}$를 가미한다.
③ 블랙 벨벳(black velvet): 혀에 닿는 촉감이 벨벳처럼 부드러워 붙여진 이름으로 재료는 흑맥주 $\frac{1}{2}$, 발포성 포도주 $\frac{1}{2}$를 섞는다.
④ 섄디 개프(shandy gaff): 발포성 칵테일로 재료는 맥주 $\frac{1}{2}$, 진저엘 $\frac{1}{2}$을 섞는다.

(6) 기타 양조주

양조주	내 용
시드르(Cidre)	프랑스, 미국에서 사과를 사용하여 만든 양조주(Cider; Apple wine)
토디(Toddy)	야자수 즙액을 발효시켜 만든 양조주로 동남아 지방의 특산물 토디를 증류하면 아락(Arrack)이 됨
페리(Perry)	배를 사용해서 만든 양조주로 포도, 사과 다음으로 많이 만듬
풀케(Pulque)	멕시코에서 용설란(Agave)의 수액을 사용하여 만든 양조주
카바(Kava)	폴리네시아산 관목인 카바의 뿌리로 만든 양조주
미드(Mead)	벌꿀과 물에 이스트를 넣고 발효 시킨 양조주
케피르(Kefir)	불가리아 등에서 양이나 산양의 젖을 사용하여 만든 양조주
쿠미스(Kumys)	구 소련에서 말의 젖을 사용하여 만든 양조주
메스칼(Mezcal)	풀케(Pulque)를 증류하면 메스칼(Mezcal)이 된다.
사케(Sake)	쌀을 사용해서 만든 양조주로 일본에서 생산
애니사도(Anisado)	산양의 젖을 사용해서 만든 양
기타	샤오신주, 탁주(쌀), 약주, 청주

5. 증류주

1) 위스키

(1) 위스키의 개요

그레인(Grain)과 몰트(Malt)와 같이 전분질이 있는 곡물을 주원료로 하여 이것을 당화 · 발효시킨 후 증류하여 만든 술로 증류해 낸 술은 오크(oak)통에 묵혀서 숙성하고, 오크통에 숙성할 때 향미와 향취 그리고 위스키로서의 품격을 얻는다. 고대 게릭어(Gaelic)의 우스게 바하(Uisge-Beatha, 생명의 물)가 어원이다. Uisage-Baetha (우스게바하)에서 시작하여 Usque-Baugh(우스키보, 아일랜드어)를 거쳐 Whisybae (위스퀴보)에서 오늘날 Whiskey(위스키)가 되었다. 아일랜드와 미국은 Whiskey로, 스코틀랜드와 캐나다는 Whisky로 표기하며 뜻은 같다.

(2) 위스키의 역사

초창기의 스카치 위스키는 증류액에 불과하였다. 1707년 스코틀랜드를 합병시킨 영국정부는 부족한 재원을 확보하기 위하여 위스키에 고율의 세금을 부과하였다. 그래서 위스키 제조자들은 스코틀랜드 북부지방의 산속에 숨어 달빛 아래서 몰래 위스키를 밀조하기 시작하였다(moon shiner). 그러나 몰트를 건조시킬 연료가 부족하여 피트(peat)를 사용했는데 특유의 향이 발생되었고 이것이 피트의 훈연 때문인 것을 알게 되었다. 그후 밀조된 술이 많이 누적되어 은폐수단으로 스페인에서 수입해온 sherry 와인을 마시고 난 빈통에 담아 두었다. 당시에는 스페인으로부터 포도주를 다량 수입했기 때문에 빈통은 쉽게 구할 수 있었다. 나중에 술을 팔기 위하여 술통을 열어보니 투명한 호박색의 짙은 향취와 부드러운 맛의 술이 되어 있었다. 1823년 영국정부는 세계를 고치고, 밀조업자를 설득하여 John Smith가 위스키 제조면허를 세계최초로 받았다(지금은 J. E. Seagram의 계열회사가 되었음). 1930년 Coffey에 의해 연속증류가 발명되어 가벼운 타입의 그레인 위스키 (Grain Whisky: 곡물위스키)가 생산되면서 malt whisky(맥아위스키)와 두가지 혼합된 blended whisky 등 3가지 타입의 스카치가 나오게 되었다.

(3) 위스키의 분류

① 산지별 분류: 스카치 위스키, 아이리시 위스키, 아메리칸 위스키, 캐나디언 위스키

② 증류법에 의한 분류: 포트 스틸 위스키(단식 증류기), 파텐트 스틸 위스키(연속식)

③ 원료에 따른 분류: 몰트 위스키, 그레인 위스키, 블렌디드 위스키

④ 숙성기간에 의한 분류: 스탠다드, 프리미엄, 디럭스 프리미엄, 슈퍼 프리미엄

(4) 세계적으로 유명한 4대 위스키 산지

① 스카치 위스키(Scotch whisky): 보리(malt), 스콜틀랜드

② 아이리쉬 위스키(Irish whiskey): 보리(malt), 아일랜드

③ 캐나디안 위스키(Canadian whisky): 호밀(rye), 캐나다

④ 아메리칸 위스키(American whiskey): 옥수수(corn), 미국

⑤ 제페니스 위스키(Japanese whisky): 보리(malt), 일본

(5) 제조방법에 따른 분류

① 몰트 위스키(malt whisky): 보리에 싹을 낸 맥아(malt)를 이단(peat, 석탄의 일종)으로 건조하여 그 당액을 발효시키고 단식증류기(pot sill)로 증류한 후 오크(oak)통 속에 숙성시켜 만든 위스키로서 맛과 향이 강한 것이 특징이다.

② 그레인 위스키(grain whisky): 호밀(rye), 귀리(oat), 밀(wheat), 옥수수(corn)등의 곡물(grain)에다 맥아(보리싹)를 15~20%정도 혼합하고 당화 발효하여 연속식 증류기(patent still)로 증류한 위스키로서 몰트 위스키와 블렌딩(blending)할 목

적으로 제조하였으며, 캐다디안 위스키(Canadian whisky)가 대표적이다.

③ 브렌디드 위스키(blended whisky): 몰트 위스키와 그레인 위스키를 혼합한 위스키로서 대부분의 위스키가 여기에 해당된다고 볼 수 있다.

(6) 제조과정

① 몰트 스카치 위스키(malt scotch whisky): 보리–침맥–발아(몰트)–건조(피트)–분쇄–당화–발효–증류(단식증류, 2회)–숙성(오크통)–병입

② 그레인 스카치 위스키(grain scotch whisky): 곡물–분쇄–당화–발효–증류(연속식)–숙성(저장)

③ 브렌디드 스카치 위스키(blended scotch whisky): malt whisky와 grain whisky의 혼합(blending)–병입

(7) 유명상표

① 몰트위스키(malt whisky): 글렌피딕(Glenfiddich), 글렌리벳(Glenlivet)

② 브렌디드 위스키(blended whisky): 발렌타인(Ballentine), 블랙 앤 화이트(Black & White), 벨스(Bell's), 시바스리갈(Chivas Regal), 커티샥(Cutty Sark), 그랜츠(Grant's), 제이앤비(J&B), 조니워커(Johnnie Walker), 올드파(Old Parr), 로얄살루트(Royal Salute), 퀸앤(Queen Anne), 듀어스(Dewar's), 화이트 호스(White Horse), 베트69(VAT 69), 로비듀(Robbie Dhu), 킹어브스카츠(King of Scots), 헤이그(Haig), 맥킨레이(Mackinlay), 던힐(Dunhill), 훼이머스 그라우스(Famouse Grouse), 헌드레드 파이퍼즈(100 Pipers)

(8) 스카치 위스키 특징

스코틀랜드 원산으로 2,300여종이 있다. 전세계 위스키의 60%를 생산하고 있으며, 보리(barley)의 몰트(malt, 엿기름)가 주원료로, 스코틀랜드의 맑은 물을 이용하여

만든다. 엿기름은 이탄(peat)에다 건조 후 가루로 만들어서 발효시킨다. 그리고 증류시킬 때 단식(pot still)법으로 증류하며 2~3회 한다. malt whisky는 너무 농후하므로 혼합 업자로 하여금 부드럽고 순한 비율로 혼합한다. 스카치에는 드물기는 하나 스트레이트 스카치(straight Scotch)가 나오며 이는 곧 중화곡주(grain whisky)와 블렌딩(blending)하지 않는 순수한 몰트 위스키(Malt whisky)를 의미한다.

① 스카치 위스키의 5대 상표: 화이트 호스, 조니워커(Red, Black), 화이트 라벨, 헤이그, 블랙 앤 화이트

② 한국의 스카치 위스키: 한국의 주조회사들이 원액을 외국에서 수입해 들여와 25%로 희석한다. 패스포드(Passport), 윈저(Windser), 딤플(Dimple), 썸씽스페셜(Something Special), 임페리얼(Imperial) 등이 있다.

(9) 아메리칸 위스키

아메리칸 위스키는 미국내에서 생산되는 위스키를 총칭하며, 대표적인 것은 켄터키 주의 버번 위스키(Bourbon whiskey), 테네시 주의 테네시 위스키(Tennessee whiskey)가 있다. 아메리칸 위스키의 원료는 버번 위스키의 경우 51%이상의 옥수수(corn)를 사용하고, 콘 위스키의 경우 80%이상의 옥수수(corn)를 사용하며, 라이 위스키는 51%이상의 호밀(rye)을 사용하고 있다.

아메리칸 위스키의 특징은 세계에서 위스키를 가장 많이 소비하고 수입한다는 것이며, 아메리칸 위스키의 생산은 버번 위스키가 주종이다. 곡물을 발효시켜 만든 양조주를 증류하여 95% 이하의 알코올을 만든 다음 오크통에서 24개월 이상 숙성시켜 알코올 농도가 40% 이상으로 병입 한 것(미국 연방 알코올 통제법)이 특징이다.

아메리칸 위스키의 역사는 1600년대 초부터 시작된다. 당시는 과일을 원료로 한 것, 당밀을 원료로 한 것 등이었는데 삼각무역의 배경을 갖고 있는 럼이 주체였다. 이어 노예무역 폐지, 곡물의 과잉생산으로 잉여곡물처리 등의 사정으로 원료를 곡물로 사용하게 되었으며 펜실바니아가 중심이 되어 다른 주에도 전파되었다. 독립전쟁 후 정부는 경제사정상 과중한 과세를 해서 폭동이 일어나고 증류업자는 켄터키, 인디아나, 테네시 등 서부로 도망가게 되었다. 특히 켄터키(Kentucky)에서는 옥

수수를 사용하고 나무통속에 숙성한 새로운 위스키를 제조하게 되었다(bourbon의 시초). 1920년 금주법의 시행으로 증류업자는 밀조, 밀매하게 되는데 금주법 폐지와 더불어 단식증류기는 없어지고 연속식 증류기를 사용하여 대량생산하게 되고 미국의 독자적인 아메리칸 위스키가 세계적으로 알려지게 되었다.

1934년 만들어져서 1948년 개정한 법률은 29종(현재 31종)의 주류를 규정하였고, 질적 향상을 위하여 bottled-in-bond제를 실시하고 있다.

① 버번 위스키(bourbon whiskey)의 생산지는 미국 켄터키(Kentucky) 주에서 80% 이상이 생산되고 있으며, 제조과정은 옥수수 51%이상을 포함한 곡물을 발효, 증류하여 그을린 참나무 통속에서 숙성시키고 다른 위스키와 혼합하지 않은 위스키이다. 옥수수 66% 이상이면 상표에 "Kentuchy Straight Bourbon Whiskey"라고 표시한다.

② 유명상표는 짐빔(Jim Beam), 어얼리타임즈(Early Times), 블랜톤(Blanton), 와일드터키(Wild Turkey), 올드 그랜 데드(Old Grand Dad), 아이 더블유 하퍼(I.W.Harper), 에반 윌리암스(Evan Williams), 메이커즈 마크(Mayer's Mark), 텐하이(Ten High), 베이커스(Baker's) 벤치마크(Benchmark), 존 해밀톤(John Hamilton) 등이 있다.

③ 테네시 위스키(Tennessee whiskey)의 생산지는 테네시 주로서 원료는 버번과 같으나 증류한 후에 사탕 단풍나무로 만든 숯으로 여과하여 저장 숙성시킨다. 유명상표는 잭다니엘(Jack Daniel's), 죠지디켈(George Dickel) 등이 있다.

④ 라이 위스키(Rye whiskey)의 생산지는 미국 펜실베이니아주이며, 원료는 호밀을 원료로 51% 이상 사용하고 있다. 80℃ 이하의 증류액을 얻어 안쪽을 태운 화이트 오크통에다 2년 이상 숙성하여 만든 위스키이다.

⑤ 콘 위스키(Corn whiskey)는 미국 남부에서 주로 생산하고 있으며, 원료는 옥수수 80% 이상을 사용하고, 제조과정은 버번과 동일하나 저장면에서 버번위스키는 안쪽을 그을린 오크통을 넣어 저장 착색하는 데 비해, 콘 위스키는 단지 새통이나 저장에 한번 사용된 통을 다시 사용하여 오크통에서 저장만 할 뿐 착색하지 않는다.

⑥ 브렌디드 위스키(blended whiskey)는 알코올 도수 50%인 스트레이트 위스키를 20% 이상 섞어서 만든 위스키 병입시 알코올 40% 이상을 유지해야 한다.

(10) 아이리쉬 위스키

아이리쉬 위스키의 원산지는 아일랜드로서 보리(malt)가 25~50%이고 그외는 곡물을 사용한다. 아이리쉬 위스키의 역사는 1171년 잉글랜드 헨리 2세의 군대가 아일랜드에 건너갔을 때 원주민은 Usige Beatha(생명의 물)라고 하는 증류주를 마시고 있었다고 한다(위스키의 시초). 비록 생산량은 적지만 세계적 산지로 꼽는 이유는 위스키의 탄생지이며 양질의 위스키를 생산하고 있기 때문이다.

아이리쉬 위스키의 특징은 보리를 사용하여 최초로 whiskey를 만든 나라로 whiskey의 원조라는 것이며, 아이리쉬 위스키는 세 번 증류하며 반드시 단식 증류기(pot still)를 사용하여 만든다. 몰트(malt)를 이탄에 건조시킬 때 몰트가 불에 직접 닿지 않도록 해 특유한 냄새가 없다. 또한 맛이 부드러우면서 커피와 가장 잘 어울린다. 오크통에 묵힐 때는 4년 이상 혹은 7년 또는 그 이상을 묵힌 짙은 위스키이다.

(11) 캐나디안 위스키

캐나디안 위스키의 경우 스트레이트 위스키(straight whisky)는 법으로 금하고 있다. 호밀을 주원료로 한 위스키와 옥수수를 주원료로 한 위스키를 블렌딩하여 연속 증류기로 세계에서 가장 라이트 한 위스키를 생산하고 있는 것이 특징이며, 저장은 최소한 4년 이상 안쪽을 태우지 않은 통이나 버번 위스키에 사용된 빈 통을 사용하여 저장 숙성시킨다. 라이 위스키를 51% 이상 사용하여 혼합한 것을 라이 위스키(rye whiskey)라고 한다.

캐나디안 위스키의 유명상표로는 캐나디언클럽(Canadian Club), 크라운로얄(Crown Royal) 등이 있다.

2) 브랜디

(1) 브랜디의 정의

브랜디는 협의의 의미로 포도를 발효한 후 증류한 술이라 할 수 있으며, 광의의 의미로는 모든 과실주를 발효, 증류하여 만든 술(알코올 함량:43%)을 의미한다. 포도주를 증류한 것은 보통 브랜디라 부르고 기타 원료를 사용한 것은 brandy 앞에 과실이름을 붙인다.

원산지는 프랑스의 꼬냑(Cognac), 아르마냑(Armagnac)이라 할 수 있으며, 브랜디의 원료는 포도, 사과, 배, 살구 등을 사용한다.

(2) 브랜디의 어원

13(14)세기경 연금술사가 와인을 증류하여 만들어 낸 것이 브랜디의 시초인데 이 술을 반 브류레(Vin Brule, Eau-de-Vie)라고 불렀다. 이것을 네덜란드 상인이 직역해서 브란데비인(Brand-wijn)이라고 이름지어 유럽에 널리 판매한 것이 영국이나 북유럽에서 브랜디(brandy)라고 불려지게 되었다.

(3) 브랜디의 역사

브랜디는 12세기경 이탈리아의 연금술사들에 의해 시작되었으며, 13세기경 독일, 프랑스, 스페인등의 연금술사가 증류해 낸 Aqua Vitae(생명의 물)에 기원한다. 프랑스 아르마냑 지방에서 발견된 문헌에 따르면 1411년에 이 지방에서 '생명의 물'을 증류했다는 기록이 있다.

16세기에는 프랑스 각 지역(보르도, 파리, 알사스 등)에서도 증류하였으며, 17세기에 이르러 프랑스 꼬냑 지방에서는 '오드비 드 뱅(Eau-de-Vie)'로 불리어 졌고 종교전쟁으로 인한 포도밭이 황폐되어 포도 품질이 좋지 않음으로 wine을 증류하기 시작하여 현재와 같이 통에 저장 숙성하게 되었다.

(4) 브랜디의 등급

브랜디는 숙성기간이 길수록 품질도 향상된다. 그러므로 브랜디는 품질을 구별하기 위해서 여러 가지 부호로써 표시하는 관습이 있다. 꼬냑 브랜디(cognac brandy)에 처음으로 별표의 기호를 사용한 것은 1865년 헤네시(Hennesy)사에 의해서이다. 이러한 브랜디의 등급표시는 각 제조회사마다 공통된 부호를 사용하는 것은 아니다.

〈표 12-3〉 머리글자(Initial) 설명

머리글자	내용	표시	숙성기간
V	Very	☆	2~5년
S	Superior	☆☆	5~6년
O	Old	☆☆☆	7~10년
P	Pale	☆☆☆☆☆	10년 이상
X	Extra	V.O	12~15년
		V.S.O	15~25년
		V.S.O.P	25~30년
		NAPOLEON	30~40년
		X.O	50년 이상
		EXTRA	70년 이상

(5) 브랜디의 서비스 방법

브랜디는 주로 식후주(after dinner drink)로 서브되어 애음된다. 브랜디를 즐기기 위해서는 스니후터 글라스(snifter glass)를 사용하며, 브랜디를 마시는 방법은 스니후터에 술을 1~2oz 붓고 두 손바닥으로 글라스를 어루만지듯이 감싸 쥐고 천천히 움직여서 손바닥의 체온이 글라스 속에 골고루 전달 되면서 섬세한 향기가 피어오른다. 먼저 눈으로 훌륭한 색깔을 즐기고 코로 향취를 음미하면서 마신다.

6. 칵테일

(1) 칵테일의 정의

우리가 마시고 있는 음료는 크게 알코올음료(alcoholic beverage)와 비알코올음료(nonalcoholic beverage)로 나누고 있다. 이러한 음료는 여러 가지로 마시는 방법이 있지만 마시는 방법에 따라 크게 두 가지로 나눌 수 있다. 음료 그 자체만을 마시는 스트레이트 드링크(straight drink)와 여러 가지를 섞어서 마시는 믹스트 드링크(mixed drink)이다.

넓은 의미에서의 칵테일이란 바로 이 믹스트 드링크(mixed drink)를 말한다. 즉, 술과 술을 혼합하고 청량음료나 과일즙, 각종 향을 배합해서 여러 가지 과일장식을 하고 맛과 향을 음미하며 마실 수 있도록 만든 것을 말한다. 물론 알코올을 전혀 함유하고 있지 않은 청량음료나 과일즙 또는 쥬스와 쥬스를 섞어 마시는 것도 칵테일이라 할 수 있다.

다시 말해 칵테일(cocktail)이란 일반적으로 알코올음료에 또 다른 술을 섞거나 혹은 과즙류나 탄산음료 또는 향료 등의 부재료를 혼합하여 만들며 맛, 향기, 색채의 세가지 요소의 조화를 살린 예술적 감각의 음료라고 말할 수 있다.

(2) 칵테일의 역사

칵테일을 마시게 된 것은 아주 오래 전부터이다. 옛날 이집트에서는 맥주에다 벌꿀이나 과즙을 타서 마셨고 로마시대에는 와인에다 물을 타서 마셨다고 한다. 이렇게 간단하게 섞어서 마신 원시적인 방법이 칵테일의 시작이며 이때는 쉐이커(shaker)나 믹싱 글라스(mixing glass) 등의 기구를 사용한 것이 아니라 그냥 재료를 섞어서 맛을 변화시켜 마신 것이 전부였다.

제1차 세계대전 때 미군들이 유럽에 보급시켰고 19세기 초반 미국의 금주법 시대 때 일자리를 잃은 많은 바텐더들이 유럽으로 건너가서 유럽에 칵테일을 활성화시켰다. 우리나라는 8 · 15 광복과 함께 서양 문물이 들어오고 6 · 25전쟁 이후 미군들에 의해서 칵테일이 서서히 보급되기 시작하여 오늘날에 이르고 있다.

(3) 칵테일의 유래

칵테일(cocktail)을 직역하면 "수탉의 꼬리(tail of cock)"가 된다. 이 칵테일에 관한 이야기는 수없이 많지만 어느 것이 옳은지는 알 수가 없다. 다만 국제바텐더협회에서 사용하는 것을 보면 옛날 멕시코 유카탄 반도의 캄페체 항구에 영국배가 입항하여 거기에 내린 선원들이 술을 마시러 술집에 들어 갔는데 그때 조그마한 소년이 껍질을 벗긴 나무토막으로 믹스트 드링크(mixed drink)를 만들고 있었고 술집 안에 있던 손님들은 그것을 마시고 있었다. 당시 영국에서는 술을 스트레이트(straight)로만 마시고 있었기 때문에 그것은 신기한 일이었다. 그래서 한 선원이 그 소년에게 "얘야 그것이 무엇이니?"하고 물으니 그 소년이 "예. 이것은 꼬라 데 카죠(cola de gallo)입니다"라고 대답하였다. 선원은 드링크(drink)의 이름을 물은 것인데 소년은 그때 드링크(drink)를 만들어 젓고 있었기 때문에 그 젓는 막대기를 말하는 것인 줄 알고 그렇게 불렀다. '꼬라 데 카죠'는 스페인어로 '수탉의 꼬리'란 뜻으로 소년은 나무막대기의 모양이 닭 꼬리를 닮아서 그런 애칭을 사용하였다. 이 '꼬라 데 카죠'를 영어로 직역하면 '테일 오브 콕(tail of cock)'이 된다. 이 말을 줄여 지금의 칵테일이란 단어가 생겨나게 되었다고 한다.

(4) 칵테일의 목적

① 미각적: 알코올의 쓴맛을 완화시키고 단맛과 신맛을 잘 조화시켜 각자 입맛에 맞도록 맛있게 만드는 것이 그 목적이다.

② 시각적: 맛을 중요시하면서도 색깔을 아름답게 하고 여러 가지 과일을 사용하여 장식을 함으로써 먹고 싶은 욕구를 느낄 수 있도록 하는 것이 그 목적이다.

③ 저알코올: 너무 알코올 도수가 높은 술을 많이 마시게 되면 건강을 잃게 되므로 여러 가지 부재료를 섞어 도수를 낮게 하여 마시는 것이 그 목적이다.

④ 고칼로리: 칵테일은 술로서가 아니라 리큐르, 계란, 설탕 등을 사용하여 높은

칼로리를 가지게 하여 피로회복 및 감기 등 약용으로서의 효과를 높이는 데 그 목적이 있다.

⑤ 칵테일의 필요성: 부재료를 통하여 알코올 섭취로 인해 파괴되는 영양보완(비타민, 단백질 등)의 수단이며, 알코올도수를 낮추게 하여 위와 간의 부담을 적게 하는 데 필요하다.

(5) 칵테일의 조주 방법

① 빌딩(building, 직접 만들기법): 어떤 기구도 사용하지 않고 칵테일을 글라스에 직접 만드는 방법(pouring)으로 핫드링크, 층층이 띄우는 엔젤스 키스(Angel's Kiss)나 푸스카페(Pousse Cafe) 같이 글라스에서 직접 만드는 방법이다.

② 스터링(stirring, 젓기법): 믹싱글라스를 사용하며 비교적 혼합하기 쉬운 재료를 섞으면서 냉각시킬 때 사용하는 방법으로 마티니(Martini), 맨하탄(Manhattan) 같은 숏 드링크가 적합하다.

③ 쉐이킹(shaking, 흔들기법): 리큐르류나 크림, 계란, 설탕, 쥬스 등 혼합하기가 어려운 재료를 사용한 칵테일을 만들 때 이용하는 방법으로 브랜디 알렉산더(Brandy Alexander), 핑크 레이디(Pink lady)에 적합하다.

④ 블렌딩(blending, 믹서기로 만들기법): 일반적으로 우리가 생각하는 믹서를 이용하는 방법으로 프로즌 스타일 칵테일이나 밀크, 계란 등 혼합하기 어려운 재료를 사용할 때 적합한 방법이다.

⑤ 플로팅(floating, 띄우기): 술의 비중을 이용해 섞이지 않도록 띄우는(Floating) 방법으로 엔젤스 키스(Angel's Kiss), 푸즈 카페(Pousse Cafe), 레인보우(Rain-bow)에 적합한 방법이다.

⑥ 프로스팅(frosting, rimming, 묻히기): 잔의 가장자리 둘레에 설탕이나 소금을 묻히는 방법으로 키스어브화이어(Kiss of Fire), 마가리타(Margarita)에 적합한 방법이다.

⑦ 쉐이커 앤 빌드(shaker and build): 쉐이킹과 빌딩을 함께 사용하는 방법으로 실버피즈(Silver Fizz), 골든 피즈(Golden Fizz), 싱가폴슬에 적합한 방법이다.

연습문제

1. 음료의 정의에 대해 설명해 봅시다.

2. 술의 종류를 분류하고 주장관리 기법에 대해 설명해 봅시다.

3. 칵테일의 정의와 조주방법에 대해 설명해 봅시다.

부록

HOTEL MARKETING

메뉴 및 가격

Appetizers

Shrimp Rillettes with Grapefruit and Chive - 5,900

(Served with shrimp tuiles and chive oil) 프랑스식 새우 투윌케익

Grilled Vegetable and Hot Antipasto - 3,900

석쇠에 구운 야채 안티파스토

Grilled Tuna Salad - 5,500

(Grilled Tuna, String beans, Black Olives and tomatoes) 석쇠에 구운 튜나 셀러드

Seafood Cocktail in a Brandied Sauce - 5,900

씨푸드 칵테일

Sicilian Style Stuffed Squid - 3,900

이태리식 오징어 요리

Grilled Chicken Satay - 3,500

(Thai Style Chicken Skewers served with Spicy peanut sauce) 타일랜드식 닭고기

Smoked Fish Plate - 5,900

(Smoked Salmon with red onion, capers, egg whites, chopped egg and toast point) 훈제생선

Chicken Gratine - 3,500

닭고기로 만든 그라틴 요리

Prepared by Executive Chef Kim

Soups

Roasted Carrot, Apple and Vidalia Onion Soup - 3,500

당근 스프

Potato and Leek Soup - 3,500

감자 스프

New England Clam Chowder - 3,900

뉴 잉글랜드식 조개 스프

Manhattan Clam Chowder - 3,900

맨하탄식 조개 스프

French Onion Soup - 3,900

프랑스식 양파 스프

Seasonal Special Soups

계절별 특별 스프

Soup Sampler - 4,500

3가지의 스프로 구성된 샘플러 스프

Prepared by Executive Chef Kim

Salads

Green with Apples, Walnuts and Goat Cheese Dressing - 4,500

사과와 그린 샐러드

Spinach Salad - 4,500

(Fresh Spinach, Smoked Bacon, Balsamic Vinegar, Olive Oil and Shaved Egg) 시금치 샐러드

Traditional Caesar Salad - 4,500

(Heart of Romaine, Caesar Dressing, Parmesan Cheese and Croutons) 시저 샐러드

with Grilled Chicken, Shrimp (Additional) - 1,500 ~ 2,500

Market Salad - 4,500

(Organic Baby Green with Endive, Tomato and Cucumber) 신선한 그린 샐러드

Grilled Octopus Salad with Grilled Pepper, Frisee and Arugula - 5,500

석쇠에 구운 문어 샐러드

Romaine, Arugula & Dill Salad with Roasted Garlic Vinaigrette - 4,500

서양 상치 샐러드

Warm Shrimp Over Boston Lettuce Salad - 5,500

(Saute butter fried shrimps in butter with tomato concasse and scallions)
새우와 보스톤 상치 샐러드

Prepared by Executive Chef Kim

Sandwiches

The Grand Burger - 6,500

(Fresh Ground Beef Burger, served with Romaine Lettuce, sliced onion, tomato, coleslaw, pickle and french fries with bacon and cheese) 그랜드 버거

Club Sandwich - 5,500

(Turkey, bacon, tomato and crisp lettuce served on toasted bread with french fries or potato chips) 클럽 샌드위치

Chicken Parmigiana Sandwich - 5,900

이태리식 닭고기 샌드위치

Philly Steak Sandwich - 7,500

필리 소고기 샌드위치

Grilled Cheese Sandwich - 4,900

팬에 구워 만든 치즈 샌드위치

Santa Fe Chicken Sandwich - 5,900

산타페 닭고기 샌드위치

The Ultimate Beuben - 6,500

(Corned Beef piled high on rye toast with swiss cheese, sauerkraut and russian dressing) 루벤 샌드위치

Prepared by Executive Chef Kim

Pastas

Capellini alla Bolognese - 11,500

(Angel Hair Pasta with Meat Sauce) 까펠리니 누들과 고기소스

Linguine ai Frutti di Mare - 12,000

(Linguine with Seafood in a Light Tomatoe Sauce) 링귀니 누들과 씨푸드소스

Penne and Smoked Chicken - 9,000

(Served with wild mushrooms & sun dried tomatoes in a cream sauce)

페네 누들과 크림소스

Spaghetti alle Vongole - 11,000

(Spaghetti with clam) 스파게티 누들과 조개소스

FarFalle alla Vodka - 9,000

(Serced with Mozzarella Cheese & Grilled Chicken in a Vodka Sauce)

보우타이 모양의 누들과 보드카 크림소스

Prepared by Executive Chef Kim

Meats

Beef Medallions with Bordelaise Sauce - 23,900

(Served with Anna Potato, Sauteed Assorted Mushrooms and Turnip Sprouts)

소고기 안심요리

Beef Tendarloin with Red Wine and Pepper Corn Sauce - 23,900

(Serce with Spaetzle (or potato pan cake) and Spring Vegetables) 소고기 안심요리

Grilled N.Y Steak with Mustard Sauce - 21,900

(Serve with Garlic Mushrooms, Roasted Potatoes and Onion Rings) 소고기 등심요리

Pork Chop with Black Berry and Apple Sauce - 14,500

(Serce with sauteed Broccoli and Red Pepper(or Warm Cabbage Slaw), French Onion Rings) 돼지고기 등심요리

Chiken Romano with Tomato Coulis - 9,900

(Serve with Bread Pudding) 이태리식 닭고기 요리

Chicken Parmigiana - 9,900

(Chicken Breast breaded, pan fried and topped tomato sauce and mozzarella cheese, servd with side of pasta) 치킨 파마지아나

Herbs Crusted Rack of Lamb - 18,500

허브를 곁들인 양고기 요리

Prepared by Executive Chef Kim

Fish

Pan Seared Salmon with leek, Spinach and Shitake Mushroom Sauce - 18,500

(Serce with Srip Baked Ptatoes)팬에서 구워 만든 연어요리

Grilled Halibut with Marinara Sauce - 19,900

(Serve with Grilled Corn Bread or Bread Stick) 석쇠에서 구운 이태리식 광어요리

Cajun Salmon with Julienned Onions and Peppers - 18,500

(Serve with String Beans and Pureed Seet Potato) 매콤한 케이전식 연어요리

Poached Red Snapper with Seafood and Basil - 20,500

(Serve with Garlic Bread) 이태리식 도미와 씨푸드 스튜요리

Steamed Maine Mussles - 8,500

(Mediterranean-style Mussles with Chorizo, Garlic, Tomatoes and Thyme) 지중해식 홍합요리

Sriped Bass with Little Neck Clam Chowder - 21,500

프랑스식 농어요리

Calamari Fradiavolo - 9,000

(Sauteed Squid with spicy sauce over Linquine) 이태리식 매콤한 깔라마리 요리와 누들

Prepared by Executive Chef Kim

Desserts

Trio of Fruit Sorbets - 3,500

세가지 열매 샤베트

Crepes Filled with Seasonal Fruits - 4,500

계절 과일을 곁들인 크레페

Tiramity - 4,500

이태리식 케익 티라미슈

Cheese Cake - 4,500

치즈 케익

Apple Strudle - 4,500

애플 스트르틀

Peach Melba - 3,500

복숭아와 아이스크림이 곁들여진 피치 멜바

Prepared by Executive Chef Kim

Hotel & Restaurant

"A PERFECT PLACE FOR A PERFECT PARTY"

~COCKTAIL RECEPTION~

AN excellent selection of the following Hot Hors D'oeuvres and Cold Canapes. Passed Butler Style on Silver Trays

COLD

To Be Passed Butler Style
(Please Select 3 Items)

Melon and Procsiutto
멜론과 이태리 프로슈토햄

Smoked Salmon Triangle
훈제연어 트라이앵글

Endive stuffed with Roguefort Cream
앤다이브와 로케포트 크림

Brie with Strawberry
브리에 치즈와 딸기

Boursin Cheese, Sundried Tomato and Chive
보슨 치즈와 토마토

St. Andre Cheese with Grapes
새인트 앤드레 치즈와 포도

Tomato Bruschetta
토마토 부르스께따

Salami with Hers Cream Cheese
살라미 햄과 허브 치즈

Prepared by Executive Chef Kim

Hotel & Restaurant

"A PERFECT PLACE FOR A PERFECT PARTY"

HOT

To Be Passed Butler Style
(Please Select 4 Items)

Crab Cake 조갯살 케익

Potato Cake 감자 케익

Beef Kabob with Teriyaki sauce 소고기 꼬치와 데리야끼 소스

Negima Beef with Scallions 실파를 곁들인 소고기 롤

Sesame Chicken with Honey Mustard Sauce 닭고기와 서양겨자 소스

Vegetable Tempura 야채 튀김

Spicy Grilled Shrimp 석쇠에 구운 매콤한 새우

Grilled Chicken Satay with Spicy Peanut Sauce 석쇠에 구운 닭고기 사테이

Mussels with Herb Pesto Sauce 허브소스를 곁들여 구운 홍합

Asian Beef Nachos 아시안식 소고기 나쵸

Prepared by Executive Chef Kim

Hotel & Restaurant

"A PERFECT PLACE FOR A PERFECT PARTY"

~ADDITIONAL COCKTAIL SELECTION~

Cold Displays 찬 요리 음식

(Please Select Tree)

Sliced Fresh Fruit Display 계절열매 모듬

Assortment of Seasonal Fruits

Assorted Import Cheese Display 치즈 모듬

Served with French Baquettes and Grapes

Northern Italian Antipasto Display 이태리식 안티파스토 모듬

Fresh Garden Frilled Vegetables

Genoa Salami, Mortadella, Cappocala, Prosciutto,

Pepperonicino, Articoke Hearts, Gaeta Olives

Served with Focaccia and Bread Sticks

Assorted Smoked Fish Display 훈제생선 모듬

Somked Salmon, Trout and White Fish

Served with Capers, Cream Cheese, Onions, Horseradish,

Chopped Eggs, Chopped Tomatoes and Toast Points.

Prepared by Executive Chef Kim

Hotel & Restaurant

"A PERFECT PLACE FOR A PERFECT PARTY"

Pasta station 파스타 스테이션

(Please Select Two)

Penne Pasta with Crushed Tomatoes and Basil

페네 누들과 토마토 소스

Tortellini Carbonara with Fresh Peas, Mushrooms

Bacon and ham in Light Cream Sauce

또댈리니 누들과 크림소스

Farfalle with Salmon & Green Peas in Vodka Sauce

파팔레 누들과 보트카 소스

Cavatelli with Broccoli and Garlic

카바테리 누들과 브로콜리 마늘 소스

Fettucini Alfredo

빼듈치니 누들과 알프레도소스

Prepared by Executive Chef Kim

Hotel & Restaurant

"A PERFECT PLACE FOR A PERFECT PARTY"

Carving Station 카빙스테이션

(Please Select One)

Glazed Corn Beef WITH Dijon Sauce

콘비프와 겨자소스

Roasted Turkey with Cranberry Sauce

로스트한 터어키와 크랜베리소스

Baked Country Ham with Mustard Sauce

오븐에서 구운 햄과 겨자소스

Roasted Stffed Loin of Pork with Apple Chutney

로스트한 돼지등심과 사과소스

Roasted Beef Striplpin with Red Wine Sauce

오븐에서 구운 소고기 등심과 레드와인

Roasted Beef Tenderloin with Foie Gras Sauce

오븐에서 구운 소고기 안심과 거위간을 곁들인 소스

Served with Assorted Carving Rolls And Cocktail Breads

모듬 빵과 함께 제공됨

Prepared by Executive Chef Kim

Buffet Menu

Menu One

Chilled Asparagus Vinaigrette with Roasted Pappers and Prosciutto

아스파라거스와 프로슈토 햄

Caesar Salad

시저 샐러드

Sesame-Orange Noddles

오렌지 드레싱을 곁들인 누들 샐러드

Roasted Boneless Chicken with Orange Sauce

오븐에서 구운 닭고기 볼라 오렌지 소스

Steamed Mussels Mediterranean-style

지중해식 홍합

Beef stroganoff

비프 스트로가노프

Rice Pilat

라이스필랍

Sason Vegetable

계절야채

Assorted Roll and Butter

모듬 롤과 버터

Sliced Fresh platter

생과일

chef's Desserts or Banana Foster

디저트 또는 바나나 포스터

Coffee, Tea

커피, 티

Prepared by Executive Chef Kim

Buffet Menu

Menu Two

Cold Antipasto Platter with Assorted Charcuterie

이태리식 찬 야채와 모듬 소세지

Tossed Green Salad with Choice of Dressings

샐러드와 드레싱

German Style Potato Salad

독일식 감자 샐러드

Eggplant Rolatini with Meat Sauce

이태리식 가지와 고기소스

Grilled Salmon and Peppers with Citrus Sauce

석쇠에 구운 연어와 라임소스

Chicken Donuful

이태리식 닭고기

Sacory Bread Pudding

프랑스식 빵으로 만든 푸딩

Seasonal Vegetables

계절야채

Garlic Bread and Slices Italian Bread

마늘빵과 이태리 모듬 빵

Sliced Fresh Fruits or Banana Foster

생과일과 바나나 포스터

Chef's Desserts

디저트

Coffee, Tea

커피, 티

Prepared by Executive Chef Kim

Buffet Menu

Menu Three

Salad Bar to include 3 different Greens,
Tomatoes, Cucumbers, Mushrooms, Onions,
Peppers, Sliced Carrots, Bacon bits,
Croutons, and Chick Peas
with 3 kinds of Dressings
샐러드 바와 드레싱

Beef Roulade with Red Wine Sauce
소고기 롤라 레드와인소스

Grilled Chicken with Lemon and A Jus
석쇠에서 구운 닭고기와 레몬소스

Seafood Newburg
씨푸드 스튜

Dauphinoise Potatoes au Gratin
오븐에서 구운 프랑스식 감자

Seasonal Vegetables
계절 야채

Rolls and Butter
롤과 버터

Sliced Fresh Fruits
모듬 생과일

Sliced Fresh Fruits
생과일과 바나나 토스터

Chef's Desserts
디저트

Coffee, Tea
커피, 티

Prepared by Executive Chef Kim

Buffet Menu

+

The Following Can Be Added

(Piease Select 1 Item)1품목을 아래에서 선택 할수 있음

Pasta Station, Made to Oeder with Pesto, Atredo, Marinara Sauce,
Fresh Tomatoes, Wild Mushrooms, Broccoli Florets and Shrimps
파스타 스테이션

Roasted Prime Rids of Beef, Carved to Order with Horseradish and
Bordelaise Sauces and Rolls
로스트 소고기 등심

Roasted Fillet of Beef Tenderloin, Carved to Order with Horseradish and
Bordelaise Sauces and Rolls
로스트 소고기 안심

+

Kim Chi
김치

Cold Noodle Salad
잡채

Three Kinds Salads
삼색나물

Norimaki or Sushi
김밥 또는 생선 초밥

+

Sweet and Sour Pork or Gan Pung Ki
탕수육 또는 깐풍기

Prepared by Executive Chef Kim

Buffet Menu

\+

The Following Can Be Added

(Piease Select 1 Item)1품목을 아래에서 선택 할수 있음

Pasta Station, Made to Oeder with Pesto, Atredo, Marinara Sauce,
Fresh Tomatoes, Wild Mushrooms, Broccoli Florets and Shrimps

파스타 스테이션

Roasted Prime Rids of Beef, Carved to Order with Horseradish and
Bordelaise Sauces and Rolls

로스트 소고기 등심

Roasted Fillet of Beef Tenderloin, Carved to Order with Horseradish and
Bordelaise Sauces and Rolls

로스트 소고기 안심

\+

Kim Chi

김치

Cold Noodle Salad

잡채

Three Kinds Salads

삼색나물

Norimaki or Sushi

김밥 또는 생선 초밥

\+

Sweet and Sour Pork or Gan Pung Ki

탕수육 또는 깐풍기

Prepared by Executive Chef Kim

Coffee &Tea

Local/ 차 (안심차, 녹차, 홍차, 유자차)-3.000

Freshly Brewed coffee

coffee Regular/커피 레귤러-3.000

coffee Decaffeinated /커피 디카페인 -3.000

Ice Coffee/ 아이스 커피-3.000

Ice Green Tea/ 냉 녹차-3.000

Ice Red Tea/ 냉 홍차 -3.000

Lemonade/레몬에이드 -3.000

Ice Cream/아이스 크림-3.000

Coke/코크 -3.000

Diet Coke/다이어트 코크 -3.000

Splite/스프라이트-3.000

Ginger Ale/ 진저에일 -3.000

Fresh Juice

orange Juice/오렌지 쥬스-3.000

Cranberry Juice/크랜베리 쥬스 -3.000

Tomato Juice/토마토 쥬스 -3.000

Grapefruit Juice/하귤 쥬스-3.000

Apple Juice/사과 쥬스 -3.000

Wine

Red Wine (레드 와인)

Cabernet Sauvinon (케버넷 소비뇽)

Merlot (멀롯)

Pinot Noir (피넛 노아)

Chianti (키안띠)

White Wine (화이트 와인)

Chardonnay (샤르도네)

Sauvignon Blanc(소비뇽 블랑)

Pinot Gris (피노 그리스)

Riesling(리슬링)

White Zinfandel (하이트 진펀들)

Sparkling & Champagne(스파클링, 샴페인)

Beer(맥주)

Cass/카스 - 4,000

Hite/하이트 - 4,000

Cafri/카프리 - 4,000

Budwiser/ 버드와이저 - 4,000

Miler/밀러 - 5,000

Corona/코로나 -6,000

Heineken/하이네켄 - 6,000

Kilin/기린 - 7,000

Sapporo/사포로 - 8,000

Stout/스타우트 - 4,000

Bass/베스 - 8,000

Beck'sdark/벡스다크 - 6,000

참고문헌

구자혁 (2004). 호텔이용객들의 호텔광고에 대한 태도분석. 호텔관광연구, 16, pp. 51-65.

김봉규 (2006). 호텔마케팅. 파주: 형설출판사.

김상현 외 (2011). 마케팅. 서울: 이프레스.

김서은 (2012). 서비스드레지던스, 월간 마이더스 2012년 9월호.

김성일, 진양호, 박영일 (2009). 외식마케팅관리. 백산출판사.

김성혁, 김종수 (2000). 서비스마케팅. 파주: 형설출판사.

김영규 (2004). 현대호텔경영의 이해. 서울: 대왕사.

김이태 (2012). 호스피탈리티마케팅. 서울: 청람.

김진수, 정필용 (1999). 호텔선택결정에 미치는 영향요인에 관한 연구. 문화관광연구, 1(2), pp. 21-39.

나가노 케이타 (2005). 고객을 끌어들이는 힘. 라스베가스마케팅. 이혁재 역. 서울: 조선일보사.

남택영 (2008). 호텔식음료실무론. 서울: 새로미.

도미경 (2010). 관광마케팅. 서울: 기문사.

도비오카 켄 (1992). 이벤트의 마술 (최유진 · 이두엽 역). 파주: 김영사.

동아비즈니스리뷰 (2012. 2.). 몸은 거짓말을 하지 않는다. 고객의 마음조각을 찾아 마케팅 길을 열어라.

동아비즈니스리뷰 (2012. 7b). 욕망의 사업화를 위한 4단계 전략.

동아비즈니스리뷰 (2012. 7b). 정주영, 스티브잡스, 테레사수녀 욕망이 좌절될 때 그들은 달랐다.

동아비즈니스리뷰 (2012. 7b). 합리적 니즈에 의한 소비, 이젠 쾌락의 욕망이 마케팅 열쇠다.

리츠칼튼 서울 호텔 (1988). 호텔종합현황.

문보영, 김광남 (2012). 재미있는 관광이야기. 파주: 교문사.

박근수 (2009). 관광소비자행동. 서울: 백산출판사.

박대환, 정연국 (2010). 호텔경영론. 서울: 미래와 경영.

박시사 (2008). 관광소비자행동론. 서울: 백산출판사.

박정선 (1997). 특급호텔기업의 광고활동실태에 관한 연구. 관광연구논총, 9, pp. 125-144.

박정현 (2007). 오감브랜딩으로 차별화하라. CEO 리포트. LG경제연구원.

박진영, 홍경옥, 서보익 (2010). 관광객행동의 이해. 서울: 남두도서.

삼성경제연구소 (2002). 문화마케팅의 부상과 성공전략. 제372호.

손대현 (2000). 관광론. 서울: 백산출판사.

손대현, 장병권 (2003). 레저관광심리학(Mayo & Jarvis, Psychology of Leisure and Travel). 서울: 백산출판사.

손대현, 장희정 (2004). 웹사이트관광산업론. 파주: 김영사.

송규만, 유지인 (2012). 라이프스타일에 따른 부티크호텔이 건축적 프로그램 분석. 디자인지식저널, 22, pp. 85-96.

송성인, 김영식 (2007). 호텔경영학. 서울: 새로미.

송해룡, 김원제, 조항민 (2006). 대한민국은 지금 체험지향사회. 서울: 커뮤니케이션북스.

신우성 (2006). 호텔관광마케팅. 서울: 기문사.

양승훈 (2008). 관광마케팅 툴로서 대중스타. 호텔경영학연구, 18(2), pp. 221-239.

외교통상부 (2012). 2012 외교백서.

우경진 (2009). 인터넷시대 호텔기업 PR의 새로운 역할. 호텔리조트연구, 8(2), pp. 61-74.

원융희 (1997). 호텔실무론. 서울: 백산출판사.

윤종훈, 송인암, 박계홍, 정지복 (2007). 경영학원론. 파주: 학현사.

이경모 (2007). 이벤트학원론. 서울: 백산출판사.

이경목 (2008). 파티마케팅. 서울: 팜파스.

이유재 (2006). 비스마케팅. 파주: 학현사.

이정학 (2010). 호텔경영의 이해. 서울: 기문사.

이정학 (2009). 관광마케팅. 서울: 기문사.

이학식 (2009). 마케팅조사. 파주: 법문사.

이희천 (2009). 연회관리실무. 서울: 남두도서.

이희천, 한진수, 현경석 (2009). 호텔마케팅. 서울: 남두도서.

정경훈, 박호래 (1994). 호텔경영론. 파주: 형설출판사.

정규엽 (2012). Hotel · hospitality Marketing 호텔 · 외식 · 관광마케팅. 서울: 연경문화사

조문식, 윤영일 (2007). 호텔PR전략이 호텔기업의 브랜드이미지에 미치는 영향. 호텔경영학연구, 20(6), pp. 1-18.

조민호, 최인호, 장미 (2004). 호텔레스토랑 팁핑에 대한 국가문화적 인식차이에 관한 연구. 외식경영연구, 7, pp. 49~66.

조형진 (2006). 브랜디드엔터테인먼트의 광고효과연구. 세리엔터테인먼트연구, 6, pp. 99-122.

천현숙 (2011). BTL광고에 크리에티브라고. 서울: 나남.

최기종, 박상현, 김영갑, 문승일 (2011). 관광정보론. 서울: 백산출판사.

최복수 (2006). 호텔현관과 객실업무. 서울: 대왕사.

최태광, 김미경, 최문용 (2012). 호텔마케팅실무. 서울: 백산출판사.

한국여행발전연구회 (2009). 호텔관광마케팅. 서울: 대왕사.

한양대 EEP 과정 (2007). 비즈니스 커뮤니케이션 기술탐구. 세리엔터테인먼트연구, 7, pp. 213-249.

한정원 (2006). 문화예술스폰서십. 서울: 커뮤니케이션북스.

함주한 (2008). 마케팅 무작정따라하기. 서울: 길벗.

현대경영연구소 (2007). 이벤트 프로젝트 대전. 서울: 승산서관.

홍성용 (2008). 스페이스마케팅. 서울: 삼성경제연구소.

Gekezeau, V. 외 (2007). 도시의 창, 고급호텔. 양지윤 역. 서울: 후마니타스.

Goldblatt, G. (1995). 스페셜이벤트. 우진영 역. 파주: 김영사

Joseph T. Plummer (January 1974). "The concept and Application of Life-Style Segmentation," Journal of Marketing, p. 34.

Kaser, & Olekers (2004). 스포츠 & 엔터테인먼트마케팅. 강기두, 조용현, 서원석 역. 서울: 한올출판사

Kotler, P. (2003). 마케팅 A to Z. 홍수원 역 (2007). 서울: 세종연구원.

Kotler, P., Bowen, J., & Makens, J. (2003). Marketing for Hospitality and Tourism, Third Edition. Prentice Hall.

Mikunda, C. (2006). 제3의 공간. 최기철, 박성신 역 (2007). 서울: 미래의창.

Morin, E. (1957). 스타. Les Stars. 이상률 역 (1992). 서울: 문예출판사.

Pine, B., & Gilmore, J. H. (2000). 고객체험의 경제학. 신현승 역 (2002). 서울: 세종서적.

Settle, R., & Alreck, P. (1986). 소비의 심리학. 대홍기획 마케팅컨설팅그룹 역 (2003). 서울: 세종서적

UNWTO (2012). Tourism Highlights 2012 Edition.

국민일보 (2012. 10. 10.). 천상같은 해상에서의 여유.

노보텔 엠베서더 호텔. www.ambatel.com

라쿠텐트래블. www.travel.rakuten.co.kr

밀레니엄힐튼호텔서울. www.hilton.co.kr

쉐라톤 그랜드 워커힐. www.sheratonwalkerhill.co.kr

스포츠월드 (2012. 8. 22.). 특급호텔, 어린이 고객을 잡아라. http://sportsworldi.segye.com/Articles/LeisureLife/Article.asp?aid=20120822004262

여행신문 (2009. 7. 13.). 쉐라톤인천, 오픈 기념 이색 패키지. http://www.traveltimes.co.kr/news/news_tview.asp?idx=68959&page=1&pageblock=1&cnt=8&page_size=30&category=&code=&find=%BD%A6%B6%F3%C5%E6+%C0%CE%C3%B5&fopt=D&seq=5

웨스틴 조선호텔. www.echosunhotel.com

제주신라호텔. www.shilla.net/jeju

코모도호텔. www.commodore.co.kr

하얏트 리젠시 인천. incheon.regency.hyatt.kr

호텔 리츠칼튼 서울. www.ritzcarltonseoul.com

호텔트리스 & 료칸트리스. 재미있는 호텔이야기. http://blog.naver.com/PostView.nhn?blogId=prov76&logNo=110147740426

호팩. www.hopac.co.kr

Hotel Blogs. www.hotel-blogs.com/guillaume_thevenot/2009/07/how-hotels-use-and-misuse-facebook-5-examples-14-ideas-for-you.html

찾아보기

찾아보기

저 자 약 력

김수경

경기대학교 대학원 이벤트국제회의학과 박사 수료
(사)관광경영학회 이사
(사)웨딩산업학회 수석부회장
현재 우송정보대학 호텔관광계열 교수

김영갑

중앙대학교 회계학과 학사 및 경영학 석사
세종대학교 외식경영학 박사
현재 한양사이버대학교 호텔관광외식경영학과 교수
블로그: http://webkim.blog.me

박상현

한양대학교 관광학과 석사
한양대학교 관광학과 박사
한양사이버대학교 호텔관광외식경영학과 교수

양승훈

고려대학교 사회학과 학사
Florida Int'l University 호텔경영학과 석사
한양대학교 관광학박사
현재 신라대학교 호텔관광이벤트학과 교수
shyang@silla.ac.kr

장미향

이화여대 수학과 학사
Pennsylvania State University 호텔경영학과 석사
세종대학교 호텔관광경영대학 경영학박사
현재 한국관광대학교 호텔경영과 교수

최복수

경기대학교 경영대학원 석사
세종대학교 대학원 박사
현재 인천경제자유구역 송도컨벤시아 운영자문위원
현재 인천도시공사 관광자문위원
현재 인하공업전문대학 호텔경영과 교수

한동철

성균관대학교 건축공학과 학사
서울대학교 경영학과 석사
Saint Louis University 경영학과 박사
현재 서울여자대학교 경영학과 교수

저자와의
협의하에
인지생략

호텔마케팅

2013년 3월 5일 1판 1쇄 인쇄
2013년 3월 10일 1판 1쇄 발행

지 은 이 김수경 김영갑 박상현 양승훈 장미향 최복수 한동철
펴 낸 이 최용구
펴 낸 곳 이프레스

주 소 서울시 용산구 원효로 1가 48-1호(140-846)
전 화 537-1720(영업부), 537-1721(편집부), 537-1711(팩스)
이 메 일 epress01@naver.com
홈페이지 www.epress1.com
등 록 2009년 12월 10일 제16-2710호

기획마케팅 최용구 장만동 송대용
책임편집 박정선 최윤정 황가연
표 지 SDY

ISBN 978-89-90245-30-4 93320

정가 25,000원